BASTEI
LÜBBE

Über den Autor:

Peter Nichols, Journalist und Schriftsteller, lebt in New York und Washington. Mit *Allein auf hoher See*, seinem dritten Buch, gelang ihm in England und den USA der Durchbruch. Sein nächstes Buch wird von der großen Reise Charles Darwins handeln.

PETER NICHOLS

ALLEIN AUF HOHER SEE

Abenteuer einer Weltumseglung

Aus dem amerikanischen Englisch von
Hans Link

BASTEI LÜBBE

BASTEI LÜBBE TASCHENBUCH
Band 64203

1. Auflage: Juni 2004

Meinem Vater, Brayton C. Nichols, zum Angedenken
Seiner Schwester, Cynthia Harshorn
Meinem Vetter, Matt deGarmo

Vollständige Taschenbuchausgabe

Bastei Lübbe Taschenbücher ist ein Imprint
der Verlagsgruppe Lübbe

Titel der Originalausgabe: *A Voyage for Madmen*

Published by arrangement with HarperCollins Publishers, Inc.

Lizenzausgabe: Verlagsgruppe Lübbe GmbH & Co. KG,
Bergisch Gladbach
Lektorat: Katrin Steele
Titelbild: Collage von Picture aliance, dpa und
Robin Knox Johnston,
Portrait mit seiner Suhaili und Gilles Foucras/Picture 24
Einbandgestaltung: Binaca Sebastian
Satz: H & G Herstellung, Hamburg
Druck und Verarbeitung: Clausen & Bosse, Leck
Printed in Germany
ISBN 3-404-64203-1

Auf See kann man alles finden, je nachdem,
wonach der Geist verlangt.

JOSEPH CONRAD

Die Mitspieler

Die neun Teilnehmer des *Golden Globe Race* und ihre Boote in der Reihenfolge des Starts:

John Ridgway, 29, Captain (Hauptmann) der British Army. Ruderte 1966 zusammen mit Chay Blyth in einem offenen Boot von 20 Fuß Länge über den Atlantik. Ging am 1. Juni 1968 von Inishmore in Irland aus ins Rennen, auf der *English Rose IV*, einem 30 Fuß langen, slupgetakelten Doppelkieler aus Glasfaser.

Chay Blyth, 27, Sergeant (Hauptgefreiter) a. D. der British Army. Legte am 8. Juni in Hamble auf der *Dytiscus III* ab, seinem 30 Fuß langen, slupgetakelten Doppelkieler aus Glasfaser (sehr ähnlich der *English Rose IV*).

Robin Knox-Johnston, 28, Kapitän der britischen Handelsflotte. Lief am 14. Juni von Falmouth mit der 32 Fuß langen, in Indien aus Teakholz gebauten Ketsch *Suhaili* aus.

Bernard Moitessier, 45, französischer Segelbuchautor. Segelte 1965 bis 1966 mit seiner Frau auf seiner 39 Fuß langen Stahlketsch *Joshua* nonstop von Tahiti um Kap Hoorn nach Spanien. Trat die Wettfahrt am 22. August von Plymouth, Devon, aus auf der *Joshua* an.

Loïck Fougeron, 42, französischer Chef einer Motorradfabrik in Casablanca, Marokko, Freund von Moitessier. Verließ Plymouth am 22. August auf dem 30 Fuß langen, gaffelgetakelten Stahlkutter *Captain Browne*.

Bill King, 57, ehemaliger U-Boot-Kommandant der Royal Navy. Die *Galway Blazer II*, sein 42 Fuß langer Schoner aus formverleimtem Sperrholz mit Dschunkenrigg war eigens für eine Nonstop-Weltumseglung, aber nicht für eine Regatta entworfen und gebaut worden. Ging am 24. August von Plymouth aus in See.

Nigel Tetley, 45, Lieutenant Commander (Korvettenkapitän) der Royal Navy. Segelte auf seinem schwimmenden Zuhause, dem ketschgetakelten, 40 Fuß langen, 22 Fuß breiten Sperrholztrimaran *Victress*. Start in Plymouth am 16. September.

Alex Carozzo, 36, italienischer Einhandsegler, der bereits eine einhändige Überquerung des Pazifiks hinter sich hatte. Segelte die 66 Fuß lange, aus formverleimtem Sperrholz eigens für das *Golden Globe Race* gebaute Ketsch *Gancia Americano*. Er startete am 31. Oktober, dem letzten Tag der Frist, die von dem Sponsor der Regatta, der Londoner *Sunday Times*, für den Start festgelegt worden war. Eigentlich aber verlegte er an diesem Tag das Boot nur zu einem Liegeplatz vor Cowes auf der Isle of Wight, um seine Startvorbereitungen dort fortzusetzen. Eine Woche später ging er in See.

Donald Crowhurst, 36, englischer Elektronikingenieur. Sein 40 Fuß langer, ketschgetakelter Sperrholztrimaran *Teignmouth Electron* war ein etwas modifiziertes Schwesterschiff der *Victress* von Tetley. Er fuhr ebenfalls am 31. Oktober los – nur wenige Stunden vor Ablauf der von der *Sunday Times* gesetzten Frist.

Einführung

Gegen Ende der sechziger Jahre des letzten Jahrhunderts, kurz bevor sich die Menschheit ihren Traum von einem Flug zum Mond erfüllte, brachen neun Männer in kleinen Segelbooten auf, um sich ein Rennen rund um die überwiegend von Wasser bedeckte Erde zu liefern – ohne Zwischenstopp und jeder allein auf seinem Boot. Das hatte es zuvor noch nie gegeben. Und niemand wusste, ob es überhaupt durchführbar war.

Die Regatta wurde von ihrem späteren Geldgeber, der Londoner *Sunday Times*, auf den Namen *Golden Globe Race* getauft. Sie war der historische Vorläufer aller modernen Einhandsegelregatten, mit denen sie allerdings kaum noch Ähnlichkeit hat. Heute fahren von Konsortien finanzierte, hoch technisierte Rennmaschinen für viele Millionen Dollar in hundert oder weniger Tagen um den Erdball. Ihre Skipper telefonieren und korrespondieren über E-Mail mit ihren Familien und ihrem Hauptquartier an Land. Per Fax empfangen sie Wetterkarten und -vorhersagen. Sie navigieren mit Hilfe des Global Positioning System (GPS), das ihren Standort mit Hilfe von Satelliten auf Meter genau bestimmt. Ihre Positionen werden gleichzeitig den Organisatoren der Regatten an Land übertragen. Es ist heutzutage normalerweise nicht mehr möglich, als Teilnehmer eines solchen Rennens eine Zeit lang einfach unauffindbar zu sein oder mit Aussicht auf Erfolg irreführende Berichte über seinen Standort und die zurückgelegten Strecken durchzugeben. Wenn heute jemand bei einem Rennen in Schwierigkeiten gerät, erreicht ein Rettungsflugzeug seine exakte Position oft schon nach wenigen Stunden. Auch in den gefährlichsten Gewässern der Welt steht inzwischen ein weites und effizientes Netz von Sicherheitsvorkehrungen zur Verfügung.[1]

Die Teilnehmer des *Golden Globe Race* segelten zu einer Zeit, in der es noch keine punktgenaue Satellitennavigation und keine automatische Positionsbestimmung gab. Wie Captain Cook im 18. Jahrhundert navigierten sie mit Hilfe des Sextanten nach Sonne und Sternen. Ihre Welt auf See war der früherer Zeitalter sehr viel näher als der heutigen. Als sie in ihrer bunten Mischung von neuen und alten Booten aufbrachen, um die stürmischsten Meere der Erde zu befahren, erwartete sie hinter dem Horizont noch das tatsächlich Unbekannte. Die einzigen Informationen darüber, wo sie sich gerade befanden und wie es ihnen ging, erhielt die Außenwelt durch ihre Funkdurchsagen. Aber irgendwann gaben die Funkgeräte ihren Dienst auf; einige der Skipper hatten auch gar keins an Bord. Und einer der Teilnehmer, der in seinen Funkdurchsagen mit seinen Erfolgen prahlte, die ihn schon als den Sieger erscheinen ließen, kam in Wirklichkeit gar nicht über den Atlantik hinaus, sondern täuschte seine Fahrt um die Welt nur vor.

Verglichen mit den Yachten von heute waren die Boote primitiv und ungeschlacht – und außerdem klein: Der »Wohnraum«, in dem diese Segler den größten Teil eines Jahres zubringen wollten, hatte etwa die Ausmaße eines VW-Busses.

Die Gründe, die diese Männer zu ihrem Abenteuer bewegten, waren sehr viel komplexer, als ihnen selbst bewusst war. Jeder von ihnen entschloss sich unabhängig von den anderen zu seiner Fahrt; das Rennen zwischen ihnen ergab sich lediglich aus den Zufällen ihrer Zeitplanung. Sie waren keine Sportler und keine Regattasegler: Einer von ihnen konnte noch nicht einmal segeln, als er ablegte. Die Vorbereitungen und die Boote ließen die gleiche Vielfalt erkennen wie ihre Persönlichkeiten, und die Gegensätze waren erstaunlich. Nachdem sie sich einmal auf See gewagt hatten, waren sie furchtbareren Bedingungen ausgeliefert, als sie es sich hatten vorstellen können, und mussten mit einer Einsamkeit zurecht-

[1] Trotzdem kann man auch heute noch während einer solchen Wettfahrt verschwinden, vom Meer verschlungen werden, wie zum Beispiel der Kanadier Gerry Roufs im *Vendée Globe Race* von 1996.

kommen, für die es in der menschlichen Erfahrung kaum Beispiele gab.

Eingeschlossen in ihre winzigen Fahrzeuge, den Blicken der Öffentlichkeit verborgen, jeder Möglichkeit der Verstellung beraubt, lernten diese Segler ihr wahres Ich kennen. Wer *sie* waren – und nicht, was das Meer oder das Wetter war –, entschied, wie ihre Fahrt sein würde. Sie versagten oder behaupteten sich in größtem Maßstab. Nur einer der neun überquerte nach zehn Monaten auf See die Ziellinie und schlüpfte durch Fortunas aalglatte Membrane in die sonnige Welt von Ruhm, Reichtum und Ehre. Auf die anderen wartete als Belohnung die reichhaltige Palette von Scheitern, Schande, Wahnsinn und Tod.

Das Rennen ergab sich als ferne, aber logische Zwangsläufigkeit aus der ersten vorsichtigen Überquerung einer Lagune mit Hilfe eines Baumstamms: Am Ende fuhr der Mann in seinem Baumstamm allein und ohne Zwischenaufenthalt so weit, bis er wieder da ankam, von wo er aufgebrochen war – die weiteste Fahrt, die uns auf Erden möglich ist.

Wie die Erstbesteigung des Mount Everest war es eine Bravourleistung ohne jeden höheren Zweck als den, vollbracht zu werden.

Zur Zeit des *Golden Globe Race* ging ich in England zur Schule. Segelboote und Segeln bedeuteten mir noch nichts. Aber einige Jahre später sollte mein Leben nach einer kurzen (katastrophalen, furchterregenden und unglaublich aufregenden) Fahrt auf einem alten hölzernen Schoner aus dem Lot geraten und in einen Strudel gerissen werden, der es in Richtung See davontrug. Danach verbrachte ich anderthalb Jahrzehnte auf dem Wasser. Ich durchlief die ganze Tretmühle – vom Farbekratzen angefangen – und arbeitete schließlich als professioneller Skipper mit allen nötigen Zeugnissen und Lizenzen; ich überführte Segelboote für deren Eigner ins Mittelmeer, in die Karibik und über den Atlantik. Schließlich kauften meine Frau und ich uns selbst ein kleines, aus Holz gebautes Segelboot, das unser ständiges Zuhause wurde.

Während dieser Jahre sammelte und las ich jedes Buch über das

Meer und über weite Fahrten in kleinen Booten, das ich finden konnte. Diese Geschichten interessierten mich ebenso sehr wie das Meer selbst. So gelangten schließlich auch einige Bücher über das *Golden Globe Race* in meine Hände, die mich sofort in ihren Bann zogen. Ich durchstöberte Zeitungsarchive nach Artikeln über das Rennen und überlegte, wie es wohl sein mochte, über längere Zeit hinweg allein auf See zu sein. Die Männer, die an dem Rennen teilgenommen hatten, begannen mich zu interessieren. Ich beschloss, es auch einmal mit dem Alleinsegeln zu probieren, um ein wenig von dem zu spüren, was diese Männer allein auf hoher See erfahren hatten.

Ich bekam, was ich wollte – mehr als mir lieb war. Nach dem Scheitern meiner Ehe brach ich mit der *Toad*, meinem 27 Fuß langen, 44 Jahre alten hölzernen Segelboot, allein zu einer Überquerung des Atlantiks von England nach den Vereinigten Staaten auf. Es war eine ereignisreiche, bittersüße Fahrt, die damit endete, dass die *Toad* sank – etwa eine Woche bevor wir die amerikanische Küste erreicht hätten.

Das Abenteuer, einen ganzen Ozean allein überquert zu haben und mitzuerleben, wie mein Boot unter mir wegsank, steigerte noch die Faszination, die das *Golden Globe Race* auf mich ausübte. Für dieses Buch habe ich nicht nur gründliche Nachforschungen über das Rennen angestellt, sondern auch versucht, mich an Bord jedes der damals beteiligten Boote zu versetzen und die Gedanken und Gefühle der neun so verschiedenen Teilnehmer nachzuempfinden.

Allein AUF HOHER SEE

1

In den Jahren 1966 bis 1967 segelte Francis Chichester, ein 65 Jahre alter Engländer, allein um die Welt. Er ging unterwegs nur einmal an Land – in Australien.

Der große, dünne, bereits erkahlende Mann mit den dicken Brillengläsern hätte auf den ersten Blick eher der Leiter einer Schule für Halbwüchsige sein können als ein Abenteurer. Er führte einen kleinen Buch- und Landkartenladen in London und war Vegetarier. Dennoch hatte der Drang, sich extremen Belastungen auszusetzen, sein Leben bestimmt. In seiner Jugend hatte er in einem kleinen Flugzeug einen bahnbrechenden Flug von England nach Australien unternommen. 1960, im Alter von 59, waren er und vier Freunde die Wette eingegangen, in ihren vier sehr unterschiedlichen Booten jeweils allein segelnd eine Wettfahrt quer über den Atlantik auszutragen. Start war am Leuchtturm Eddystone in Plymouth, und Ziel war das Feuerschiff Ambrose vor dem New Yorker Hafen; die Strecke zwischen diesen beiden Punkten konnte jeder der Segler selbst wählen. Weitere Regeln gab es nicht. Der Preis für den Gewinner betrug eine halbe Krone.

Francis Chichester gewann die Wette. Auf seiner 39 Fuß langen Slup *Gipsy Moth III*, dem größten der fünf Boote, brauchte er 40 Tage, bis er das Feuerschiff Ambrose erreichte. Doch der Sieg reichte ihm nicht; er glaubte, dass er die Strecke noch schneller bewältigen könne. Zwei Jahre später, im Wettbewerb mit niemandem außer sich selbst, fuhr er noch einmal über den Atlantik und verbesserte die Zeit seiner ersten Fahrt um mehr als sechs Tage. Aber er war damit immer noch nicht zufrieden; er meinte, eine Überfahrt in weniger als 30 Tagen müsse möglich sein.

Der Londoner *Observer* hatte über das Rennen von 1960 berichtet und damit großes öffentliches Interesse geweckt. Vier Jahre später, 1964, tat sich der *Observer* als Sponsor einer zweiten Einhandregatta über den Atlantik hervor (die inzwischen unter ihrem Akronym *OSTAR* bekannt und berühmt ist). Zehn weitere Wettbewerber gesellten sich zu den Teilnehmern des ersten Rennens. Einer dieser Neulinge, der Franzose Eric Tabarly, schlug den Rest der Flotte vernichtend und gewann in 27 Tagen, 3 Stunden und 56 Minuten. Chichester kam als Zweiter 20 Stunden und eine Minute später ins Ziel. Er hatte seinen persönlichen Rekord mit Leichtigkeit unterboten, aber der zweite Platz war etwas ganz Neues für ihn, eine geradezu schändliche Position für einen einsamen Abenteurer.

Tabarly wurde in die Ehrenlegion aufgenommen und galt in Frankreich als Nationalheld. »Ihm ist es zu verdanken, dass die französische Flagge im längsten und spektakulärsten Ozeanrennen, das die Angelsachsen als ihre ureigenste Domäne ansehen, triumphiert hat«, verkündete *Paris Jour*.

Einhandregatten wurden große Mode. Der Nationalstolz auf beiden Seiten des Kanals bei zwei Völkern, deren Überlegenheitsgefühl und Rivalität sprichwörtlich ist, konzentrierte sich nun auf das dritte *OSTAR*, das 1968 stattfinden sollte. Mindestens 40 Segler kündigten an, dass sie daran teilnehmen wollten. Viele ließen sich neue, avantgardistische Boote eigens für diesen Zweck zeichnen und bauen. Eric Tabarly arbeitete an einem neuen Trimaran von 67 Fuß Länge, der zu einer unglaublichen Höchstgeschwindigkeit fähig sein sollte; bis dahin hatte man es nicht für möglich gehalten, dass ein Boot von dieser Größe überhaupt von einer Person beherrscht werden konnte. Die Boote wurden durch ihre Größe, ihre Ausrüstung und ihre Technik so kostspielig, dass ein Segler allein sie nicht mehr bezahlen konnte. Der Yachtsport entwickelte Ähnlichkeiten mit dem Motorsport, und die lang gestreckten und immer hässlicheren Rümpfe wurden mit Werbung und Firmenemblemen zugepflastert.

Einige wenige Segler fanden, dass das alles kaum noch etwas mit Sport zu tun habe. Sie schrieben missbilligende Briefe an die Segelsportzeitschriften, schieden aus und überließen das Feld jüngeren Seglern. Diese lernten, auch mit den unberechenbaren Strömungen des Wirtschaftssponsorings zurechtzukommen.

Chichester beschloss, 1968 den Kampf mit der Meute nicht aufzunehmen. Er hätte es mit jüngeren Leuten zu tun bekommen, die größere Boote segelten, und das Ergebnis musste ihm deutlich vor Augen gestanden haben: Er würde der lahme, alte Veteran sein, der irgendwo im Mittelfeld einen respektablen Platz belegte. Er trat still beiseite, um sich anderen Zielen zuzuwenden.

Allein um die Welt zu segeln war nichts Neues. Als Erstem war es dem in Neuschottland geborenen Amerikaner Joshua Slocum gelungen, einem Segelschiffkapitän, der in seinen besten Jahren durch die aufkommende Dampfschifffahrt buchstäblich ausgebootet worden war. Er segelte von 1895 bis 1898 von Gloucester, Massachusetts, aus in westliche Richtung um den Erdball, durch die Magellanstraße nördlich Kap Hoorn und gegen die dort vorherrschenden heftigen Winde. Sein Schiff war ein offenbar unhandiger alter Austernfänger ohne Maschine, slupgetakelt und mit vollem Rumpf. Er hatte es sich selbst umgebaut und auf den Namen *Spray* getauft. Wie Slocum seine Reise mit der für kaum als seetüchtig geltenden *Spray* hatte bewältigen können, sorgt seither immer wieder für Verwunderung und Diskussionen in der Seglerwelt. Slocum (ein Nichtschwimmer, der einmal beim Ankerfallen vor der Küste Uruguays fast ertrank) lief viele Häfen an. Er beschrieb sein Abenteuer mit trockenem Humor und dennoch hinreißend in dem Buch *Sailing Alone Around the World.* [2] Es ist nach 100 Jahren immer noch der Standard, an dem sich alle anderen Berichte von Segelabenteuern messen lassen müssen.

18 weitere Männer hatten den Erdball bereits allein umsegelt, als Chichester 1967 aufbrach, aber dennoch erregte seine Fahrt das Interesse der Öffentlichkeit wie vielleicht keine andere seit Slocums erstmaliger Weltumsegelung. Es war keine Vergnügungsfahrt. Er wählte die Route nach Süden durch den Atlantik und dann in östlicher Richtung um die Erde und schließlich wieder durch den Atlantik zurück nach Norden. Praktisch der ganze ostwestliche Teil seiner Weltumseglung führte ihn durch ein Meer, das auf den meis-

[2] New York: Century 1900. Deutsche Ausgaben: *Erdumseglung ganz allein*, Leipzig: Brockhaus 1937; *Allein um die Welt*, Bielefeld: Delius, Klasing 1977 [Anm. des Übers.].

ten Atlanten nicht verzeichnet, aber allen Seglern als der berüchtigte südliche Ozean bekannt ist: die windgepeitschten Wasserwüsten im Süden des Atlantiks, Pazifiks und Indischen Ozeans zwischen 40° und 60° südlicher Breite. Sie liegen zwischen der bewohnbaren Welt und der Antarktis, wo Westwinde von Sturmstärke wüten und rund um den Globus gewaltige Seen vor sich hertreiben, von keinem Land gebremst außer an dem einen furchtbaren Ort: Kap Hoorn, dem südlichsten Felsen der Anden, der Spitze des Skorpionschwanzes Südamerikas.

Unter Seglern wird dieses erdumspannende Band aufgewühlter Meere voller Respekt und Furcht nach den Breitengraden benannt: Roaring Fourties (die »Brüllenden Vierziger«), Furious Fifties (die »Wütenden Fünfziger«) und Screaming Sixties (die »Kreischenden Sechziger«). Die Teeklipper von Indien und China und die schnellen, rahgetakelten Getreidesegler von Australien fuhren auf dieser Route nach Europa; von den Westwinden durch die öden Wassermassen der »Vierziger« und »Fünfziger« getrieben, umrundeten sie die Erde auf der kurzen Strecke in den hohen Breiten, dem schnellsten Weg rund um den Globus.

Aber diese Route führte die Seeleute auch durch das entlegenste Meer der Erde, die verlassenste aller Wasserwüsten, den Ozean, der von jedem bewohnbaren Land am weitesten entfernt lag. Diese einsame Abkürzung bedeutete für Schiff und Mannschaft jedes Mal eine faustische Wette: Seemeilen gegen die fast an Sicherheit grenzende Wahrscheinlichkeit, den gewaltigsten Seen und dem stürmischsten Wetter auf Erden ausgesetzt zu sein. Sie hatten es mit gigantischen Wellen zu tun, die manchmal über 30 Meter hoch wurden, mit Graupel, Hagel und Schnee, mit Eisbergen und Nebel, und das zu jeder Jahreszeit. Viele Schiffe verschwanden in diesen Gewässern, und viele Seeleute wurden über Bord gespült, fast stets auf Nimmerwiedersehen.

An einem Ort vereinten sich all diese Schrecken in ihrer furchtbarsten Gestalt zu der größten Herausforderung, die ein Schiff annehmen konnte. Auf 57° südlicher Breite zwang Kap Hoorn – von Seeleuten zumeist nur »Hoorn« genannt – die Schiffe am weitesten hinaus in den kalten, stürmischen Süden, wenn sie zurück in den Atlantik wollten. Dort werden die Stürme und die Wassermassen durch die Drakestraße gezwungen, eine 600 Meilen breite Passage zwischen Kap Hoorn und der antarktischen Halbinsel. Das flache Wasser vor Kap Hoorn führt dazu, dass sich die ohnehin schon gewaltigen Wellen noch höher auftürmen. Plötzliche Stürme von Orkanstärke stürzen brüllend die Andengletscher hinab. Die Stürme, die riesenhaften Wellen und die wilden Strömungen verwandeln die Gewässer rund um Kap Hoorn in einen einzigen gewaltigen Mahlstrom. 400 Jahre lang, bis zum Bau des Panamakanals, war die Route um Kap Hoorn der übliche Weg eines Schiffes, um vom Pazifik in den Atlantik zu gelangen – ein Weg, an dem viele scheiterten. »Friedhof der See« wurde dieser Ort auch genannt.

Wenn sie einmal um das Hoorn gefahren waren, nannten sich die Seeleute auf den rahgetakelten Seglern stolz »Kap Hoorniers«. Diejenigen unter ihnen, denen es gefiel, trugen dann stolz einen Goldring im linken Ohr – in dem Ohr, das dem Hoorn während der Fahrt nach Osten am nächsten gewesen war.

Dies war auch Chichesters Route um die Erde. Seine Fahrt war eine grausame Verschärfung der Prüfungen, denen ein Einhandsegler bei einer Atlantiküberquerung ausgesetzt sein kann. Sein erklärtes Ziel war, die Zeit der alten Segelschiffe zu unterbieten. Er wollte allein in einer kleinen, modernen Yacht gegen sie antreten. Das Konzept war einfach, gefährlich und wagemutig zugleich, und Chichester erhöhte den Einsatz noch, indem er nur ein einziges Mal an Land ging, nämlich in Australien. Nicht nur die Segler, sondern auch die große Masse des nichtsegelnden Publikums verstand vollkommen, um was es dabei eigentlich ging: um einen Härtetest sondergleichen. Die Alleinbesteigung des Mount Everest wäre etwas Vergleichbares gewesen.

Vor allem für die Briten, deren Bedeutung auf der Bühne der Welt seit den ruhmreichen Tagen Churchills im Zweiten Weltkrieg stark nachgelassen hatte, die keine wagemutigen Astronauten vorweisen konnten, deren Regierung erst kurz zuvor wegen der Verbindungen zwischen Politikern und zwei Prostituierten sowie dem KGB in die Schlagzeilen geraten war, stellte Chichester das noch nicht vergessene Ideal eines heldenhaften Abenteurers dar. Britische Zeitungen zeigten auf den Titelseiten Fotos der *Gipsy Moth IV*, die mit stark gerefften Segeln gegen die Stürme vor Kap

Hoorn ankämpft. Die Fotos waren von britischen Kriegsschiffen und Flugzeugen aufgenommen worden, die zu Chichesters Verärgerung stets in seiner Nähe blieben, um ihn, der plötzlich zu einer Person nationalen Interesses geworden war, im Auge zu behalten. An dem Maiabend, an dem er die Heimat wieder erreichte, drängten sich im Hafen von Plymouth eine Viertelmillion Menschen. Geplante Fernsehsendungen wurden verschoben, um über das Ereignis live berichten zu können. Die ganze Nation sah stundenlang zu, wie die *Gipsy Moth IV* die letzten Meilen vor der gewaltigen Kulisse einer Empfangsflotte von Schiffen und Booten zurücklegte, die sich von der Küste aus bis weit hinaus auf See erstreckte. Man wartete die ganze lange englische Dämmerung hindurch, um dabei zu sein, wenn der einsame Segler den ersten Schritt an Land tat. Die Fernsehkommentatoren spekulierten über seine ersten Schritte an Land nach den vielen Monaten auf See sogar, dass der 65-jährige Held womöglich vorneüberfallen könne, während die Nation ihm zusehe. Sie grübelten auf Sendung über die Wahrscheinlichkeit nach, dass die Würdenträger, die Chichester willkommen heißen sollten, ihn sogleich packen und um jeden Preis wieder aufrichten müssten. Wie sich schließlich herausstellte, kam Chichester ganz gut allein zurecht und ging an Land, als stiege er aus einem Golfwagen.

Später kam Chichester noch einmal in Greenwich (London) an Land und kniete vor Königin Elisabeth II. nieder, die ihn mit einem Schwertschlag adelte.[3] Dies war ein meisterhafter Streich in einer trüben Zeit: Jeder Brite kannte die Szene aus den Geschichtsbüchern seiner Schulzeit; nun wurde der Mythos im Fernsehen lebendig, und ein Schauder nationalen Stolzes durchlief das ganze Land.

Chichester hatte zwar nicht die Rekordmarke der alten Klipper unterboten, aber das kümmerte niemanden. Er war ein Nationalheld, schon bevor die Königin ihn adelte. Sein Buch über die Fahrt, *Gipsy Moth Circles the World*, das im gleichen Jahr erschien, wurde sofort zu einem dauerhaften Bestseller. Seine Tat hatte das Publi-

[3] Die Zeremonie war bewusst dem Ritterschlag Sir Francis Drakes durch Königin Elisabeth I. am Plymouth Hoe nachempfunden.

kum in ihren Bann gezogen und den etwas lädierten Ruhm des Inselvolkes wieder aufpoliert.

Warum hatte er das getan? Chichester hätte keinen roten Heller darum gewettet, die Fahrzeiten der alten Klipper zu unterbieten – das war nur der Vorwand für seine Fahrt gewesen, die wohlfeile Antwort, die er brauchte, wenn ihn jemand nach dem Warum fragte. Der Vergleich der Fahrtzeiten von Yachten mit denen von Klippern ist eine trockene, langweilige Geschichte, die vielleicht einen Bootskonstrukteur, einen Historiker und eine Hand voll Segler interessiert, aber bestimmt nicht Millionen in einen kollektiven Rausch treibt und einen Mann mittleren Alters dazu bringt, sein Leben aufs Spiel zu setzen. Chichester war das *Warum* völlig gleichgültig gewesen. Er hatte nur gewusst, dass er es tun musste.

In seinem Buch *The Ulysses Factor* (das unmittelbar vor dem Beginn des *Golden Globe Race* erschien) schreibt der britische Schriftsteller J. R. L. Anderson über die Figur des einsamen Helden, des seltenen Charakters, der durch seine Taten ein gewaltiges Massenerlebnis auslöst. Homers Odysseus ist das klassische Urbild dieses Typs. Anderson hält den »Ulysses-Faktor« – einen mächtigen Antrieb, der sich aus Fantasie, Selbstdisziplin, Selbstsucht, Ausdauer, Furcht, Mut und vielleicht am allermeisten aus sozialer Labilität speist – für einen in uns allen verankerten genetischen Instinkt, der allerdings meistens in seinem Dornröschenschlaf verharrt. Aber wir sprechen stark darauf an, wenn dieser Instinkt durch die außergewöhnlichen Abenteuer der wenigen, die von ihm getrieben werden, offensichtlich wird.

»Der Teufel reitet mich«, antwortete der viktorianische Entdeckungsreisende Sir Richard Burton auf die Frage, warum er darauf bestehe, weiter nach Afrika und Asien zu reisen und große Entbehrungen, entstellende Verwundungen (ihm wurde ein Speer durchs Gesicht getrieben) sowie die ständige Drohung eines gewaltsamen Todes auf sich zu nehmen, obwohl er doch hätte in England bleiben und es dort auf mannigfaltige Weise zu Ruhm und Ansehen bringen können. Aber er verspürte den Drang fortzugehen, sich selbst bis an die Grenze des Erträglichen zu belasten, und er konnte diesem Drang nicht widerstehen. Tapfer, unbezähmbar, nicht zu halten und unkontrollierbar – die Frauen fanden ihn unwiderstehlich, Männer bewunderten ihn, und die Öffentlichkeit verschlang gierig jeden Bericht seiner Abenteuer. Er ist der einsame, vom Ulysses-Faktor getriebene Held der Mythen und Geschichten aller Zeitalter und Kulturen, den Joseph Campbell in seinem Buch *The Hero With a Thousand Faces* beschreibt. Desgleichen der Cowboy im Film: ein romantischer, sozial labiler Held, der am Rand menschlicher Siedlungen auftaucht und Männer wie Frauen in Aufruhr versetzt, bevor er ein unterschwelliges soziales Bedürfnis befriedigt und dann wieder verschwindet. Seine Motive sind ganz und gar persönlicher Art; er handelt nur im eigenen Interesse, aber seine Taten sind von elementarer Wirkung auf die Gemeinschaft. Die Polarforscher Peary, Scott und Amundsen, Charles Lindbergh, der die ersten Alleinflüge über den Atlantik unternahm, Bergsteiger und Einhandsegler – sie alle entsprechen dem Typus dieses einsamen Helden.

Zur Anziehungskraft dieser Einzelgänger trägt auch bei, dass sie gewöhnlich einen ganz normalen Eindruck machen: Sie sehen aus wie unseresgleichen. Sie sind meist bescheiden, wenn sie gefragt werden, wie sie die furchtbaren Strapazen überlebt haben, und sie geben bereitwillig ihre Furcht zu. Doch wenn sie das tun, machen sie damit allen anderen weis, dass sie genauso sind wie sie – oder genauer gesagt, dass die anderen so sein könnten wie diese wenigen. Sie werden zu unserem idealisierten Selbst, und auf diese Weise nehmen sie uns gewissermaßen mit, wenn sie den Mount Everest besteigen oder rund Kap Hoorn segeln.

Aber sie können die einfache Frage nach dem »Warum« nicht beantworten. Sie können niemandem, der nicht zu Gleichem fähig ist wie sie, ihre Gründe erklären. Als George Mallory, bevor er am Mount Everest verschollen blieb, gefragt wurde, warum er den Berg besteigen wolle, gab er die Antwort, die vielleicht von allen die beste ist, die so einfach ist wie die Auflösung eines Zen-Koans: »Weil er da ist.«

Die massenhaften Lobpreisungen, die Chichesters Fahrt folgten, die Inspiration, die die Teilnehmer des *Golden Globe Race* ihm verdanken, und die fieberhaften Anstrengungen derjenigen, die diesen Teilnehmern nur allzu gern halfen, ihr Leben aufs Spiel zu setzen, sind deutliche Reaktionen auf den Ulysses-Faktor. Segler und

Möchtegern-Abenteurer überall sahen, was Chichester massenweise geerntet hatte – Ruhm und Geld –, und sie alle wussten, welche Herausforderungen noch warteten.

Im Herbst 1967 – Chichester trennten noch zwei Monate Ozeanfahrt von England – verbrachte Robin Knox-Johnston, ein 28-jähriger Offizier der englischen Handelsmarine, seinen Urlaub in seinem Elternhaus in Downey, Kent, bevor er seinen Dienst als Erster Offizier auf dem Handelsschiff *Kenya* antrat. Eines Morgens las sein Vater in der Zeitung vom neuen Trimaran des *OSTAR*-Siegers Eric Tabarly. Vater und Sohn spekulierten beim Frühstück über die Pläne des Franzosen. Knox-Johnston glaubte nicht, dass das Boot eine gute Wahl für ein Transatlantikrennen war. Sein Vater mutmaßte, Tabarly denke vielleicht an eine weitere Erdumseglung.

»Ich frage mich, ob er vielleicht Chichesters Zeit unterbieten oder einmal nonstop um die Welt segeln will«, sagte Knox-Johnston senior. »Das ist so ungefähr das Einzige, was noch zu tun ist, nicht wahr?«

Nachdem sein Vater zur Arbeit gegangen war, blieb Robin Knox-Johnston am Küchentisch sitzen, starrte in seinen Kaffee und dachte darüber nach, was sein Vater da gesagt hatte. Früher oder später würde jemand genau das tun: ohne Zwischenaufenthalt allein um die Welt segeln. Tabarly konnte es schaffen, aber die Vorstellung, dass er aufs Neue derjenige sein würde, der eine solche seglerische Großtat für sich reklamierte, war allzu schmerzlich. »Franzose zeigt seine Überlegenheit auf dem angelsächsichen Meer«, hatten die französischen Zeitungen anlässlich Tabarlys Sieg beim *OSTAR* verkündet, und das hatte den jungen Engländer schon damals erzürnt. »Von Rechts wegen«, dachte er, »sollte ein Brite es als Erster schaffen.«

Von Rechts wegen? In England marschierten damals die jungen Leute gegen die Bombe; in den Vereinigten Staaten protestierten sie gegen den Vietnamkrieg. Wir schreiben die sechziger Jahre, und die Jugend wandte sich vielerorts leidenschaftlich und oft auch gewalttätig gegen das Establishment. Aber nicht alle machten dabei mit, auch Robin Knox-Johnston nicht. Er war zwar etwa so alt wie die Beatles und die Rolling Stones, aber dennoch ein unmoderner, fast schon exzentrisch biederer junger Mann wie aus einem anderen Zeitalter. Seine Helden hießen Drake und Frobisher, Englands berühmte Freibeuter aus der Zeit Elisabeths I., deren Heldentaten zum historischen Nährstoff gehörten, mit dem die englischen Schulkinder aufgepäppelt wurden, und deren Landraub, Plünderzüge und Metzeleien von einem zwingenden, typisch englischen Gefühl gottgegebener Überlegenheit geprägt waren. Diese Tradition, dieser Anspruch eines moralischen Rechts der Engländer, die Bahnbrecher zu sein und zu erobern, war auch bezeichnend für Captain Robert Scotts Gefühl, der Südpol stehe von Rechts wegen ihm zu. Er und ganz England empfanden die plötzliche Ankunft Roald Amundsens und seiner erstklassigen Polarmannschaft in der Antarktis als Affront. 1912 besiegte Amundsen Scott im Wettlauf zum Pol um einen Monat; er fuhr mit Hundeschlitten hin und zurück wie ein Extremwanderer und ohne auch nur einen Mann zu verlieren. Zu Englands Entsetzen und Abscheu hatte Amundsen unterwegs seine Hunde verzehrt – er hatte sich von seinem Proviant zum Pol ziehen lassen; das war zwar brillant, zeigte aber gleichzeitig, dass er ein kalter, ruchloser ausländischer Halunke war. Scott und seine Mannschaft starben unter der Bürde ihrer romantischen Vorstellung, ihre Schlitten selbst zu ziehen. Scott, der großartige Dilettant, galt danach Generationen englischer Schulkinder als Urbild eines Helden. Sein edles Sterben, besiegt von dem skrupellosen, Hunde verzehrenden norwegischen Eindringling, machte ihn für England zum ewigen Sieger. *Dieu et mon droit* – »Für Gott und mein Recht« – lautet das Motto auf dem königlichen Wappen von England. *Von Rechts wegen.*

Mit 17 Jahren fiel Knox-Johnston durch die Aufnahmeprüfung der Royal Navy, also ging er zur Handelsmarine und machte bei der British India Steam Navigation Company (der Britisch-Indischen Dampfschifffahrtsgesellschaft) eine Lehre. Er übte Knoten, Spleiße und den Umgang mit dem Marlspieker. Er lernte mit dem Sextanten zu navigieren, wie es die Kapitäne Cook und Bligh getan hatten. Er eignete sich die Seemannschaft an Bord von Schiffen auf der Fahrt zu den Häfen Ostafrikas, Indiens und des Persischen Golfs an – den alten Außenposten des britischen Empire. Aber wahrscheinlich wurde in keinem Hafen, den der junge Seemann kennen lernte, diese untergehende Welt so authentisch bewahrt wie an Bord der traditionsverhafteten Schiffe der britischen Handelsmarine, auf denen Matrosen und Offiziere heranwuchsen, die es an Engstirnigkeit durchaus mit den Abgängern der englischen Eliteschulen aufnehmen konnten. Dort gab es noch die raue, anspruchsvolle seemännische Ausbildung des 19. Jahrhunderts.

Während Knox-Johnston in Bombay stationiert war, beschloss er gemeinsam mit einem Offizierskollegen, bei einer indischen Bootswerft eine Yacht in Auftrag zu geben. Sie forderten von einem Konstruktionsbüro in England die Pläne für eine schnittige Ketsch an, die sie in einer Segelzeitschrift gesehen hatten. Was sie allerdings dann per Post erhielten, war eine wesentlich ältere, langsamere Konstruktion, ein wannenartiger Doppelender mit steilem, gerundetem Bug, den der amerikanische Yachtkonstrukteur William Atkins 1924 für die Zeitschrift *Motor Boat* gezeichnet hatte. Der von einem als *redningskoite* bezeichneten Typ norwegischer Rettungsboote abgeleitete Entwurf zeigte zweifellos eine seegängige Rumpfform, war aber doch weit von jedem schnittigen Design aus einer modernen Segelzeitschrift entfernt. Da aber nur begrenzte Zeit zur Verfügung stand und die Pläne ein solides, seetüchtiges Schiff versprachen, gaben Knox-Johnston und sein Partner diese ältere Konstruktion in Auftrag.

Die indischen Schiffszimmerleute benutzten Dechseln, Äxte und Handbohrer – die gleichen Werkzeuge und Techniken, die sie verwendeten, um ihre Dauen zu bauen. Das Boot wurde vollständig und massiv (zu massiv, würden die Yachtkonstrukteure und -bauer von heute sagen) aus indischem Teakholz gebaut. Konstruktion und Finish waren eher die eines Fischerbootes als die einer Yacht. Das Schiff wurde *Suhaili* getauft, auf den Namen des Südostwindes im Arabischen Golf, und bei seinem Stapellauf ließ man eine Kokosnuss am Bug zerschellen, während die Schiffsbauer uralte Segenslieder anstimmten.

Es war noch ein weiterer Offizierskollege dem Eignerkonsortium beigetreten, aber das Leben durchkreuzte die Segelpläne der stolzen Besitzer. Knox-Johnstons Partner zogen sich aus dem Projekt zurück. Außerdem fiel seine Hochzeit ins Wasser. Wahrscheinlich war sie seiner vielfach langen Abwesenheit von daheim, wie sie im Leben eines Seemanns unvermeidlich ist, zum Opfer gefallen. Trotz all dieser Wechselfälle konnte er an seinem neuen Boot festhalten. Er zahlte seine ehemaligen Partner aus und segelte die *Suhaili* 1966 zusammen mit seinem Bruder und einem anderen Offizier der Handelsmarine in Etappen von Indien nach Südafrika. Während ihrer Landaufenthalte hielten die drei sich mit Jobs über Wasser. Im November des gleichen Jahres schließlich setzten sie Segel Richtung England. Diesen letzten Teil der Fahrt, 8000 Meilen von Kapstadt nach London, legten sie nonstop in 74 Tagen zurück.

Die *Suhaili* hatte sich durchaus als seetüchtig erwiesen. Trotzdem hielt Knox-Johnston sie für gänzlich ungeeignet, um damit allein in einer Regatta nonstop um die Welt zu segeln – vor allem, wenn man mit Tabarlys Trimaran von 67 Fuß als Gegner rechnen musste. Diesem Urteil hätte jeder beigepflichtet.

Konnte er es möglicherweise dennoch schaffen? Er stellte sich vor, was für ein Boot er wohl für eine Fahrt von sieben bis zehn Monaten benötigen würde. Er fragte sich, ob er es aushalten mochte, die ganze Zeit über allein zu sein und mit niemandem reden zu können. Er war ein geselliger Mensch aus einer zufriedenen, bürgerlichen Familie mit Brüdern und einer Schwester, und er war bisher nie länger als 24 Stunden allein gewesen. Vielleicht würde er verrückt werden. Eine solche Reise kam, wie er sehr wohl wusste, der grausamsten Gefängnisstrafe gleich: Einzelhaft bei härtester Arbeit und ständiger Gefahr des Ertrinkens. Aber er merkte schon bald, dass ihn das nicht störte. Er wollte diese Fahrt machen.

Die Entscheidung war die Sache eines Augenblicks. Er hatte den Ablauf der Reise vor Augen und wollte sie unternehmen. Er hatte ebenso wenig wie die anderen, die zu der gleichen Entscheidung finden sollten, vorher reifliche Überlegungen angestellt, hatte sich nicht um eine rationale Erklärung bemüht, keinen tieferen Grund gesucht. Es war bei ihnen allen das Gleiche: Im gleichen Augenblick, da sie die Idee hatten, war auch schon die Entscheidung gefallen. Sollten doch die anderen über das Warum räsonnieren.

Anfang April 1967 – Francis Chichester befand sich noch im Südatlantik, sieben Wochen Fahrtzeit von zu Hause entfernt – bot Robin Knox-Johnston die *Suhaili* zum Verkauf an und begab sich zu Colin Mudie, einem herausragenden englischen Yachtkonstrukteur, um mit ihm über ein Boot für eine Erdumseglung zu sprechen. Mudie war Feuer und Flamme und begann bereits ein Boot zu zeichnen, während sie sich noch unterhielten.

Chichesters Fahrt mit nur einem Zwischenaufenthalt brachte auch andere ins Grübeln. Abenteuerlustigen Träumern überall war der Fehdehandschuh hingeworfen worden, und vom Zeitgeist beflügelte Fantasien von einer Nonstop-Einhand-Erdumseglung verbreiteten sich in der ganzen Segelwelt. Viele sprachen im Jahr 1967 davon – innerhalb der eigenen vier Wände, in den Yachtclubs, auf Wochenendkreuzfahrten, bei der Arbeit –, so wie es auch Knox-Johnston und sein Vater an jenem Morgen beim Frühstück getan hatten. »Irgendjemand muss es ja machen!«, sagten sie, und viele stellten sich vor, dass sie selbst diejenigen sein würden. Für die meisten blieb es blauer Dunst, aber als Chichester im Mai 1967 wieder in England eintraf, schmiedeten mindestens drei weitere Männer ernsthafte Pläne für eine Nonstop-Erdumseglung. Sie alle schienen bessere Aussichten für eine erfolgreiche Fahrt mitzubringen als Knox-Johnston.

Der Älteste von ihnen war mit 57 Jahren Bill King, ehemaliger U-Boot-Kommandant, der 1924 im Alter von 14 Jahren der Royal Navy beigetreten war. Er war der erste Mensch gewesen, der in einem Flugzeug vom Deck eines Schiffs katapultiert worden war, und er war während des gesamten Zweiten Weltkriegs in hartem Einsatz gewesen, hauptsächlich unter Wasser. Seitdem lebte er auf seinem Bauernhof im County Galway in Irland, züchtete Rinder und folgte dann und wann, zusammen mit den Galway Blazers, in Zylinder und kniehohen Stiefeln hoch zu Ross der Hundemeute. Er hatte früher einmal mit Freunden und deren Yachten an Regatten teilgenommen und war auf seinem eigenen Boot, der *Galway Blazer*, über den Atlantik und durch die Karibik gesegelt. Die letzten 18 Jahre allerdings hatte ihn das Familienleben an seinen Hof gefesselt. Aber ein Mann, der einmal vom Deck eines Schiffs katapultiert worden war, wird nicht schläfrig in den Ruhestand hinübergleiten, und Francis Chichesters Erdumseglung hatte seine Fantasie beflügelt.

»Es schien mir, dass ich um die Erde segeln könne, *ohne* in Australien zu einer Überholung an Land zu gehen.« Gefesselt von dieser Vorstellung bat King seinen Freund »Blondie« Hasler um Hilfe bei der Konstruktion und Ausrüstung des idealen Boots für solch eine Fahrt. Hasler war ein ehemaliger Marineinfanterist (Royal Marine), ein Held des Zweiten Weltkriegs und einer der Teilnehmer des ersten *OSTAR*. Er war vier Mal in seinem eigenen kleinen Boot über den Atlantik gesegelt. Er erklärte sich bereit, King zu helfen, und zog den Yachtkonstrukteur Angus Primrose hinzu, den Mitkonstrukteur der *Gipsy Moth IV*, dessen Konstruktionsbüro Illingworth and Primrose eine Anzahl berühmter englischer Rennyachten gezeichnet hatte.

Sie schlugen schließlich etwas bemerkenswert Ungewöhnliches vor: einen 42 Fuß langen Schoner mit Waldeck, also einem in Querschiffsebene stark gewölbten Deck, das fließend in die Bordwände übergeht. Das Grundprinzip dieser Konstruktion – das gleiche, das die Form eines Eis, einer Flasche oder eines Unterseebootes bestimmt – besteht darin, die potenziellen Schwachstellen zu vermeiden, die rechtwinklige scharfe Kanten darstellen, und keine Nahtstellen zwischen Deck und Bordwänden oder Deck und Kabinenwänden zuzulassen, die den Wellen Angriffsfläche bieten und von ihnen möglicherweise geschwächt oder zerstört werden könnten. Das Ergebnis mochte ziemlich merkwürdig und bucklig wirken, aber Seeleute und Konstrukteure sind durchaus in der Lage, den Grundgedanken hinter dieser seltsamen äußeren Gestalt anzuerkennen und sich damit anzufreunden. Zugleich bot die Konstruktion maximalen Schutz für den Skipper: Das Cockpit befand sich unter Deck, abgeriegelt durch zwei enge runde Luken, einer an Backbord und einer an Steuerbord, jede etwa so groß wie das Einstiegsloch in einem Kajak. Um die Segel zu bedienen, war es lediglich nötig, sich bis zur Taille aus einer dieser Luken herauszuschieben, ohne wirklich auf Deck zu gehen. Das ganze Boot sollte mit dünnen Holzschichten über die Spanten und Schotten formverleimt werden, ein solides (und heute sehr gängiges) Verfahren des Bootsbaus, das unter dem Namen kaltformverleimte Sperrholzbauweise bekannt ist. Das gewölbte Deck und die Bordwände würden eine einheitliche Struktur bilden, fast wie eine Röhre aus Sperrholz. Die sollte das Boot unglaublich widerstandsfähig machen.

Zumindest theoretisch, nach der Papierform. Mit viereinhalb Tonnen würde Kings leichtes und gut anspringendes Boot von 42 Fuß Länge nur halb so viel wiegen wie Robin Knox-Johnstons träge, bauchige, 32 Fuß lange *Suhaili.*

Das Rigg, das Blondie Hasler für King zeichnete, war für eine lange Fahrt über die Ozeane rund um die Antarktis ein wesentlich radikalerer und zweifelhafterer Vorschlag. Das Boot sollte als Schoner mit unverstagtem Dschunkenrigg fahren: das heißt mit zwei Masten, die spitz zuliefen wie Fahnenstangen, auf dem Kiel in die Mastspur gestellt wurden und nur an den Mastlöchern des Decks gesichert werden sollten. Keine Verstagung aus Stahlseilen würde die Masten festhalten. Sie sollten dank ihrer eigenen Elastizität aufrecht stehen bleiben und den Druck aufnehmen, den die Segel auf sie übertrugen. An jedem Mast würde ein zusammenfaltbares chinesisches Luggersegel gesetzt werden, das leicht von einer Person gerefft und gehandhabt werden konnte – es war das gleiche Rigg, wie es die chinesischen Dschunken fahren. Hasler hatte sein eigenes Boot, die Slup *Jester*, mit einem ähnlichen Dschunkenrigg ausgerüstet, und das System hatte sich bei zwei Hin- und Rückfahrten über den Atlantik bewährt. Aber ob Masten ohne Verstagung den Stürmen der »Brüllenden Vierziger« oder einer Kenterung standhalten würden, konnte niemand wissen. Es war jedenfalls eine kühne und abenteuerliche Wahl.

Die ursprüngliche Schätzung der Kosten für das Boot belief sich auf 7000 Pfund, die King sich leisten zu können glaubte. Aber der Betrag wuchs schnell auf 10 000 Pfund an, und so machte sich King auf die Suche nach Sponsoren, die einen Teil der Kosten übernehmen sollten.

Man kann sich heute – angesichts von Kreditkarten, die mit fünfstelligen Beträgen belastet werden können und von den Banken ohne weiteres ausgegeben werden, und der fantastischen Zahlungen, wie sie Athleten und Abenteurer erhalten – kaum noch vorstellen, wie schwierig es in den sechziger Jahren in England war, 3000 Pfund aufzubringen. Geld war damals knapp: Die Rationierung von

Lebensmitteln, ein Überbleibsel aus den Tagen des Zweiten Weltkriegs, war erst seit einem Jahrzehnt außer Kraft gesetzt, und 3000 Pfund waren damals in Großbritannien ein gutes Jahresgehalt. Noch waren Uhrenhersteller, Finanzdienstleister und Unternehmen der Nahrungsmittel- und Getränkeindustrie nicht mit der Vorstellung vertraut, einen Mann dafür zu bezahlen, bei einem Abenteuer sein Leben aufs Spiel zu setzen und als Gegenleistung dafür an seinem Ruhm teilzuhaben. Was man für sein Geld bekam, erschien zweifelhaft und unberechenbar – und was war, wenn der Abenteurer ums Leben kam? Die Bravourstückchen, um die es hier ging, waren immer die Domäne von Einzelgängern und Sonderlingen gewesen, also von Menschen, die kaum geeignet schienen, das Bild eines Unternehmens in der Öffentlichkeit zu repräsentieren. Die Medien – CNN, Sportzeitschriften, Kabelfernsehprogramme –, die heute eine Ballonfahrt rund um den Globus vollständig übertragen (die zum Beispiel vom Uhrenhersteller Breitling gesponsert wird), existierten vor 30 Jahren noch nicht. Die Berichterstattung beschränkte sich gewöhnlich auf ein paar Zeilen in der Zeitung und möglicherweise noch auf ein schnell geschriebenes Buch. Die Unterstützung von Extremabenteuern durch Sponsoren steckte noch in ihren Kinderschuhen und war hauptsächlich beschränkt auf Angebote der Zeitungen – für die gewöhnlich eine gute Story heraussprang, ganz gleich, ob der Abenteurer nun überlebte oder starb – und Buchverlage. Und an ebendiese wandte sich Bill King, um an die fehlenden 3000 Pfund zu gelangen.

Es schadete natürlich nichts, dass er einige Ähnlichkeit mit Francis Chichester aufwies: Er war groß, drahtig und schlank, ein Bücherwurm und ein Vegetarier wie Chichester, aber acht Jahre jünger. Da er sein bisheriges Leben größtenteils auf See verbracht hatte und außerdem über ein schnittiges Segelboot verfügen würde, das von einem berühmten Team konstruiert worden war, schien er ein ernsthafter und glaubwürdiger Mitbewerber zu sein. Die Zeitungen *Daily Express* und *Sunday Express* stellten die 3000 Pfund als Gegenleistung für das Exklusivrecht auf seine Story zur Verfügung.

Souters aus Cowes auf der Isle of Wight, eine alte und angesehene Bootswerft, die für ihre hervorragenden Holzboote bekannt war, began noch im Jahre 1967 mit dem Bau der Yacht, die King *Galway Blazer II* taufte.

1966 ruderten John Ridgway, ein Hauptmann des Fallschirmjägerregiments des britischen Heeres, und der Oberfeldwebel Chay Blyth in einem offenen, 20 Fuß langen Dory[4] über den Atlantik.[5] Die Fallschirmjägerausbildung des Heeres und das militärische Überlebenstraining in der Arktis waren Ridgway nicht hart genug gewesen. Ihn verlangte es nach einer wilderen, wirklich gefährlichen Erfahrung, aber er hatte keine rechte Vorstellung, was das denn sein könnte, bis er im Radio ein Interview mit dem Journalisten David Johnstone hörte, der sich vorgenommen hatte, über den Atlantik zu rudern. Er setzte sich sofort mit Johnstone in Verbindung und fragte, ob er mit ihm rudern könne. Als sie sich persönlich kennen lernten, war für Johnstone schnell klar, dass er nicht vorhatte, viel Zeit in einem kleinen Boot zusammen mit dem harten und bestimmten Hauptmann zu verbringen. Daraufhin beschloss Ridgway, eine eigene Ruderexpedition in militärischem Stil auf die Beine zu stellen, und als Freiwilliger stellte sich Blyth zur Verfügung. Obwohl ihn vor allem die Vorstellung der monumentalen Ruderstrecke faszinierte, war sich Ridgway sehr wohl darüber im Klaren, dass er durch seine Nachahmung David Johnstones praktisch in einen Wettkampf mit diesem eintrat, und er wollte diesen Wettkampf gewinnen.

David Johnstone und ein weiterer Journalist, John Hoare, ruderten am 21. Mai vom Südzipfel der Chesapeake Bay los. So befanden sie sich von vornherein in der Nähe der östlichen Strömung des

4 Ein leichtes, flachbodiges und stapelbares Ruderboot, das hauptsächlich von Fischern zum Angeln auf hoher See benutzt wird (Wolfram Claviez: *Seemännisches Wörterbuch*, Bielefeld: Delius Klasing 1994, S. 75) [Anm. des Übers.].

5 Dies war nicht die erste Atlantiküberquerung zweier Männer in einem Ruderboot: George Harbo und Frank Samuelson, zwei aus Norwegen eingewanderte Fischer aus New Jersey, hatten am 6. Juni 1896 von New York City aus in einem 18 Fuß langen, klinkerbeplankten Ruderboot in 55 Tagen St. Mary's auf den Skilly Islands erreicht.

Golfstroms, die ihnen zu einem ordentlichen Schub über den Atlantik verhelfen sollte.

Die beiden Soldaten aber wurden durch die Vorbereitung des Bootes und eine Blutvergiftung bei Ridgway aufgehalten. Schließlich ruderten sie am 4. Juni von Cape Cod aus los. Wochenlang kamen sie nur entmutigend langsam voran, bis sie schließlich den ostwärts gerichteten Golfstrom erreichten. Sie fanden, dass die Fahrt und die mörderische Stumpfsinnigkeit des Pullens eine gewaltige Qual waren, aber sie waren gute Partner, die sich durch unterschiedliche, einander ergänzende Stärken auszeichneten, und ihnen war eine perverse soldatische Befriedigung angesichts ihrer selbst auferlegten Entbehrungen gemein. Nach 92 Tagen auf See erreichten sie Inishmore, eine der Arran Islands vor der Küste von Galway in Irland.

Johnstone und Hoare tauchten nie wieder auf. Ein Orkan hatte am 4. September ihren Kurs gekreuzt. Am 14. Oktober wurde ihr voll geschlagenes Boot mit Johnstones Tagebüchern mitten im Atlantik gefunden.

Ridgway und Blyth hatten vielleicht einfach mehr Glück gehabt – ein kritischer, aber unbeherrschbarer Faktor bei jedem Abenteuer auf See –, aber es war ihnen bestimmt auch eine Hilfe gewesen, dass sie ihre monumentale Ruderpartie wie eine militärische Mission angingen und durchführten. Und auf jeden Fall erwiesen sie sich dabei als harte, entschlossene Männer.

Die beiden Soldaten wurden auf einen Schlag berühmt. Sie traten im Fernsehen auf, gaben Interviews und wurden von der Queen zu einer Cocktailparty im Buckingham Palace eingeladen. Ridgway versetzte die Aussicht, die von ihm einstmals regelrecht angehimmelte Herrscherin kennen zu lernen, in Hochstimmung. Aber in der Rolle einer Berühmtheit fühlte er sich nicht wohl. Er wurde zu allerlei Anlässen bewirtet, war mit seiner Lichtbildschau überall begehrt, ein willkommener Gast bei den Reichen und Prominenten, aber er nahm dabei fast 30 Pfund zu und kam sich in dem sozialen Wirbel mehr und mehr haltlos und verloren vor. Was er getan hatte, die Überquerung des Atlantiks, war, wie er jetzt bemerkte, der Tat selbst Lohn genug gewesen. Er brauchte wieder etwas zu tun, etwas Hartes und Handfestes, das ihn aus den Exzessen guten Essens und des Glanzes herausbrachte, die er inzwischen als flüchtig und unwirklich durchschaute. Chichesters Fahrt machte ihm klar, was das Gegenmittel sein konnte: »Es war nur noch eins geblieben: eine Einhandfahrt von Großbritannien aus um die Welt und zurück, ohne zwischendurch einen Hafen anzulaufen.«

Ridgway machte sich über eine Nonstop-Weltumseglung Gedanken – die er aber erst in zwei Jahren, nämlich 1969, beginnen wollte. Der 29-jährige Heeresoffizier verfügte über einige Segelerfahrung, war aber noch nicht allein gesegelt, und er wollte zuerst am *OSTAR* 1968 teilnehmen. Diese Regatta, dachte er, würde ein guter Testlauf für eine Weltumseglung sein, zu der er dann im Jahr darauf bereit sein wollte.

Im Juni 1967 lernte er David Sanders von Westerly Marine kennen, dem Hersteller der *Westerly 30*, einer seriengefertigten Kreuzeryacht aus GFK. Als Doppelkieler – mit zwei flachen Flossenkielen links und rechts unter dem Rumpf statt eines einzelnen tief reichenden Kiels – war die *Westerly* ein Konstruktionskompromiss zugunsten der Befahrbarkeit flacher Gewässer auf Kosten von Geschwindigkeit und Stabilität. Die *Westerly* war ein gutes Boot für eine kleine Familie, die damit die Küsten Britanniens befahren und vielleicht auch einmal Abstecher in die Flüsse und kleineren Wasserläufe des Landesinneren machen wollte. Der paarige Kiel bot auch den Vorteil, dass das Boot, wenn es im Gezeitenbereich trockenfiel, aufrecht stehen blieb. Aber Sanders brannte darauf, sein Boot auch unter Hochseebedingungen erproben zu lassen, wo es sich, wie er glaubte, gut bewähren würde. Das prestigeträchtige *OSTAR* wäre die perfekte Bewährungsprobe. Er stellte Ridgway das Vorführmodell des Unternehmens zur Verfügung, um ihm damit Training im Einhandsegeln zu ermöglichen, und bot ihm an, zusammen mit anderen Sponsoren die Kosten für eine neue *Westerly 30* für die Regatta aufzubringen, falls Ridgway das Boot zufrieden stellend fand.

Eine der Bedingungen, die die Organisatoren des *OSTAR* an jeden Teilnehmer stellten, war der Nachweis, mindestens 500 Seemeilen nonstop allein gesegelt zu haben. Ende Juli segelte Ridgway die geliehene *Westerly* von Plymouth in Devon zum Fastnet Rock vor der Südküste Irlands und zurück. Bei der sechstägigen Fahrt ging alles gut. Er bekam einen Vorgeschmack dessen, was schlechtes Wetter bedeutete, und kehrte mit dem Vertrauen zurück, dass er den Atlantik allein bewältigen könne. Er berichtete Sanders, dass er mit dem Boot zufrieden sei und mit der von der Werft verstärkten *Westerly 30* im nächsten Jahr an der Transatlantikregatta teilnehmen wolle. Aber keine wie auch immer geartete Verstärkung konnte die inhärente Untauglichkeit der *Westerly 30* für eine Atlantiküberquerung wettmachen, ganz zu schweigen von den Problemen, die die riesenhaften Seen der südlichen Ozeane Ridgway bescheren würden, wenn er sein Ziel einer Einhand-Weltumseglung weiter verfolgte. Von allen Alternativen, die einem nicht ganz unbefahrenen Mann offen standen – der über fast grenzenlose Möglichkeiten verfügte, sich Rat zu holen, wenn er es nur versucht hätte –, hatte er sich für die denkbar schlechteste entschieden. Aber er war in einem sechs Meter langen Ruderboot über den Atlantik gerudert, und es gab kaum jemanden, der sich angemaßt hätte, einem solchen Mann zu sagen, was er nicht tun durfte.

2

Bernard Moitessier war 1925 in Hanoi zur Welt gekommen, als Vietnam noch Französisch Indochina hieß. Er wuchs in Saigon als privilegierter Sohn eines französischen Kolonialgeschäftsmannes auf, aber er lernte auch Vietnamesisch und erwies sich als empfänglich für die ostasiatische, buddhistisch geprägte Lebenseinstellung. Diese miteinander konkurrierenden Einflüsse führten dazu, dass er sein Leben lang wie Yin und Yang von einander widerstreitendem weltlichen Ehrgeiz und asketischen Mystizismus hin- und hergerissen wurde.

Die idyllische Welt seiner Kindheit zerbrach, als die Japaner 1940 in Vietnam einmarschierten. Moitessier und seine Familie wurden für kurze Zeit interniert. Nachdem sich die Japaner am Ende des Zweiten Weltkrieges zurückgezogen hatten, diente er im Krieg gegen die kommunistischen Viet Minh auf einem Kanonenboot der französischen Streitkräfte. Es war der Anfang dessen, was später in den Vietnamkrieg münden sollte.

Mit 27 schließlich segelte er auf und davon. Seine Heimat war ganz in den Strudel des immer heftigeren Krieges geraten, ein Bruder und ein enger Freund waren gefallen. Moitessier kaufte sich ein primitives Boot, wie die Vietnamesen es benutzten, taufte es *Marie Thérèse* und segelte damit langsam durch den Golf von Siam und den Golf von Bengalen nach Westen. Seine Navigationskunst steckte noch in den Kinderschuhen, und er lief mitten im Indischen Ozean bei den Tschagos-Inseln auf Grund und verlor sein Boot. Er verbrachte drei Jahre auf Mauritius, wo er sich eine Ketsch baute, die *Marie Thérèse II*. Er segelte weiter bis in die Karibik, wo er ein zweites Mal Schiffbruch erlitt und wiederum sein Boot einbüßte.

Man setzte ihn auf Trinidad an Land, wo Moitessier kurz und verzweifelt erwog, sich ein Boot aus Holzresten und leimbestrichenem Zeitungspapier zu bauen, befolgte dann aber lieber den Rat des norwegischen Konsuls auf Trinidad, eines alten Kap Hoorniers, der ihm sagte: »Wenn Sie auf den Antillen bleiben, werden Sie auch arm bleiben. Gehen Sie nach Europa, wo die Leute reich sind.« Der Konsul machte einen kleinen Tanker ausfindig, auf dem Moitessier für die Überfahrt anheuern konnte; so kam Moitessier nach Hamburg und schließlich nach Frankreich. Über diese frühen und unheilvollen Abenteuer schrieb er ein Buch, das angemessenerweise den Titel *Vagabond des mers du sud* erhielt (»Vagabund der südlichen Ozeane«; der englische Titel deutete etwas prosaischer auf sein letztes Ziel hin: *Sailing to the Reefs*, »Kurs auf die Riffe«).

Das Buch wurde in Frankreich ein Bestseller. Moitessier wurde von der Seglerwelt als Berühmtheit gefeiert. Er heiratete und trat durch den geheimnisvollen magischen Spiegel, der jedem offen steht, nennt er nur genug Ruhm und Erfolg sein Eigen. Leute treten ungebeten an den Erfolgreichen heran und fragen, ob sie ihm nicht geben dürfen, was er braucht. Der französische Yachtkonstrukteur Jean Knocker erbot sich, die Pläne für Moitessiers nächstes Boot kostenlos zu erstellen. Und der Geschäftsmann und Amateursegler Jean Fricaud erklärte sich bereit, das neue Boot in seiner Kesselschmiede aus Kesselstahl zu den Selbstkosten des Stahls zu bauen. Knocker war ein angesehener Bootsdesigner, und nachdem Moitessier zwei Mal ein Boot auf ein Riff gesetzt hatte, fand er Gefallen an der Vorstellung, ein Boot aus dickem Walzstahl zu fahren.

Das neue Boot wurde 39 Fuß lang, war als Ketsch getakelt und hatte einen langen Bugspriet. Heute würde es etwas konservativ und altmodisch wirken, aber als es 1961 vom Stapel lief, entsprach es ganz den Idealvorstellungen einer hochseetauglichen Kreuzeryacht, und als solche wäre es auch heute noch eine gute Wahl. Moitessier taufte seine Yacht *Joshua*, nach Slocum, dem alten Kapitän, der als Erster allein um die Welt gesegelt war. Der solide Rumpf wurde sehr grobschlächtig ausgerüstet: Telegrafenmasten dienten als Masten, verzinkte Telegrafendrähte als stehendes Gut. Nachdem er die *Joshua* zwei Sommer lang von Marseille aus als Segelschulschiff gefahren hatte, setzten Moitessier und seine Frau Françoise Segel; ihr Ziel war Polynesien. Sie fuhren über den Atlantik in die Karibik und gelangten durch den Panamakanal in den Pazifik.

Die *Joshua* erwies sich als ideales Blauwasserschiff. Ihr rohes, aber sehr starkes Rigg, ihre mächtige Verdrängung, der lange Kiel und die Rumpfform führten dazu, dass sich das Boot auch unter harter Beanspruchung gut durch eine Windfahne lenken ließ, handlich blieb und gut in den Wellen lag.

Françoise hatte drei Kinder aus einer früheren Ehe, die in Frankreich auf der Schule und bei ihren Eltern zurückgeblieben waren. Bernard und Françoise hatten den Kindern gesagt, sie würden so bald als möglich zurückkommen, aber von Polynesien aus bedeutete das, wenn sie auf den üblichen Passatrouten weiter westwärts segelten, ein weiteres Jahr, bevor sie Frankreich über das Rote Meer und den Suezkanal erreichten. Als sie Tahiti anfuhren, vermisste Françoise ihre Kinder allerdings so sehr, dass Moitessier eine andere, deutlich schnellere Route nach Hause vorschlug. Wenn sie mit der *Joshua* in die Meere um die Antarktis segelten und dann nach Osten auf die Route der alten Klipper einschwenkten, konnten sie in den »Brüllenden Vierzigern« und vorbei an Kap Hoorn zurück nach Europa gelangen. Das würde nur vier Monate dauern und nicht ein ganzes Jahr. Vorausgesetzt man fuhr eine starke und solide Yacht – was, wie sie beide glaubten, auf die *Joshua* zutraf –, so war der Weg rund Kap Hoorn, das erklärte Moitessier seiner Frau, eine logische und vernünftige Strecke. Obwohl er sie vor den Bedingungen, die sie vorfinden konnten, warnte, hatte Françoise kaum eine Vorstellung von dem, was sie erwartete. Ebenso wenig wie Moitessier selbst, wie sich noch herausstellen sollte.

Sie legten am 23. November 1965 von Tahiti ab. Es war eine Fahrt, die in der Blauwassersegelei kleiner Boote Geschichte machen sollte. Am 13. Dezember, auf 44° Süd, in der einsamsten Wasserwüste der südlichen Ozeane, begann das Barometer stark zu fallen, und ein stürmischer Nordwestwind setzte ein. Um 6.00 Uhr früh am nächsten Morgen liefen sie ohne Tuch (alle Segel waren weggestaut) vor einem ausgewachsenen Sturm ab – die Windgeschwindigkeit betrug 40 bis 50 Knoten. Das Barometer fiel immer noch, der Sturm wurde stärker. Die Selbststeuerungsanlage funktionierte bei der Windstärke nicht: Sie war nicht mehr in der Lage, das Heck der *Joshua* im Wind und in den Wellen zu halten, sodass Moitessier sie abnahm und unter Deck verstaute; er steuerte nun von Hand – und das, solange der Sturm anhielt.

Moitessier glaubte genau zu wissen, was er unter diesen Umständen tun musste. Bevor er Tahiti verließ, hatte er den amerikanischen Segler William Albert Robinson kennen gelernt und sich mit ihm unterhalten. Robinson hatte seine 70-Fuß-Brigantine *Varua* im gleichen Meer, in dem »ultimativen Sturm«, wie er in seinem Buch *To the Great Southern Sea* schrieb, vor Topp und Takel lenzen lassen. Damit war er der allgemein anerkannten Technik zum Abwettern eines Sturms gefolgt, der zufolge man achtern Trossen mit Treibankern oder Ballast ausbrachte, um die vor Wind und Wellen laufende Yacht so weit zu verlangsamen, dass sie nicht aus dem Ruder lief und möglicherweise kenterte. In Robinsons Fall hatte sich diese Technik bewährt. Moitessier hatte Robinsons Buch gelesen und auch Miles Smeetons aufregenden und sogar komischen Bericht über das zweimalige katastrophale Kentern seiner Yacht *Tzu Hang* in den südlichen Meeren westlich von Kap Hoorn, der unter dem Titel *Once Is Enough* (»Ein Mal reicht«) erschienen war. Viele Segler, die sich mit kleinen Booten in diese Gewässer wagten (und viele begeisterte Lehnstuhlabenteurer), haben diese beiden Klassiker gelesen und dabei inbrünstig gehofft, niemals in die gleiche Situation zu geraten. Smeeton hatte ebenfalls Leinen ausgebracht, aber sie hatten nicht verhindert, dass die *Tzu Hang* nach vorn geschleudert wurde und ihre Nase in der See vergrub, während ihr Heck von einer gigantischen Welle angehoben wurde, die die Yacht überschlug, beide Masten glatt abscherte und das gesamte Deckshaus abriss, sodass auf dem Deck der Yacht ein klaffendes Loch zurückblieb. Smeeton hatte sich in seinem Buch gefragt, ob irgendwelche anderen Vorsichtsmaßnahmen oder Techniken angesichts der gewaltigen See, die die *Tzu Hang* umschlug, überhaupt einen Unterschied gemacht hätten – aber wie auch immer, ein Seemann musste sich schließlich gewissenhaft an das halten, was nach guter Seemannschaft als sicherste Methode galt. Mit einem Behelfsrigg, einem kurzen Mast aus Bodenbrettern, hatte sich die *Tzu Hang* anschließend nach Valparaiso geschleppt, wo Smeeton und seine einzigartig abenteuerlustige Frau Beryl fast ein ganzes Jahr benötigten, um ihre Yacht wieder instand zu setzen. Dann waren sie wieder nach Süden zum Hoorn gefahren und *noch einmal* in einem Sturm gekentert, was wieder die gleichen Schäden zur Folge gehabt hatte.

Moitessier war vorbereitet. Er hatte alles zur Hand, um Fahrt aus der *Joshua* zu nehmen. In kurzer Zeit hatte er fünf dicke Trossen, 16 bis 55 Faden lang (30 bis 100 Meter), ausgebracht. Drei davon waren mit zwei oder drei Roheisenbrocken von fast 20 Kilogramm Gewicht beschwert. Die vierte Leine zog ein großes Netz als Lenzsack hinter sich her. An der fünften Leine hing kein weiterer Ballast. Diese enorme Hemmung verlangsamte die Fahrt der *Joshua* in der Tat. Die sich brechenden Wellen spülten über Deck, und das Boot schien stillzustehen oder gar Fahrt achteraus zu machen.

Moitessier steuerte das Boot mit einem kleinen Rad unter einem drehturmartigen Aufbau, den er sich auf Tahiti aus einer Stahlspüle und Plexiglas zusammengebastelt hatte und aus dem er hinaussehen konnte, ohne durchnässt zu werden. Er und Françoise wechselten sich anfangs am Ruder ab, aber die ausgebrachten Leinen hatten die Reaktion des Bootes träge werden lassen, und jetzt konnte nur noch er selbst es mit Schwierigkeiten und bei äußerster Konzentration auf Kurs halten – wobei »Kurs« in dieser extremen Situation bedeutete, das Heck der *Joshua* stets den gewaltigen Wellen zuzukehren. Man konnte sich im Boot nur noch kriechend und mit Hilfe der Handläufe bewegen. Moitessier klammerte sich auf seinem Ausguck an das Steuerrad, und Françoise verkroch sich in ihre Koje. An Essen, soweit es nichts war, was man ohne weiteres in einer Hand halten konnte, war nicht mehr zu denken.

Ein Tag und eine Nacht vergingen, und wieder wurde es Morgen. Das Barometer fiel immer noch, erreichte einen selten niedrigen Stand, und der Sturm nahm weiter zu. Die Wellen wuchsen zu alptraumhafter Größe an, waren zwischen Wellentrog und Wellenkamm so hoch wie ein achtgeschossiges Gebäude, rollten immer schneller übers Meer und nahmen das Boot unweigerlich mit sich, bis Moitessier schließlich glaubte, dass die *Joshua* trotz all seiner Vorbereitungen, seiner Lektüre und seiner Technik kurz davor stand, von der See überwältigt zu werden. Ihm dämmerte die furchtbare Wahrheit: Die *Joshua* mochte die perfekte Kreuzeryacht für den Passatwindgürtel sein, aber in den südlichen Ozeanen, in diesem Sturm, in dem sie sich nun befand, war sie auf verhängnisvolle Weise fehl am Platz. Es drohte eine unabwendbare Katastrophe.

Aber Moitessier war die Schlussfolgerung zuwider, dass die *Joshua* nicht schaffen sollte, was andere Boote geschafft hatten – gute, aber nicht bessere Boote. In diesem verzweifelten Augenblick, als er das Gefühl hatte, sein Boot werde bald untergehen, fiel ihm ein anderes Schiff ein, ein anderes Buch, ein anderer Segler. Es war der Argentinier Vito Dumas, der von 1942 bis 1943 auf seiner Ketsch *Legh II* allein um die Erde gesegelt war, einem der *Joshua* von der Rumpfform her recht ähnlichen, aber mit 31 Fuß Länge deutlich kleineren Doppelender. Dumas' Buch *Alone Through the Roaring Forties* (»Allein durch die Brüllenden Vierziger«) gehört ebenfalls zur klassischen Pflichtlektüre, wenn es um Segelabenteuer in den südlichen Ozeanen geht, und Moitessier entsann sich, dass Dumas behauptet hatte, bei *jedem* Wetter vor dem Wind zumindest ein kleines Stagsegel gefahren zu haben – selbst unter allerübelsten Bedingungen. Demzufolge hatte er in einer Lage wie der jetzigen für zusätzliches Tempo gesorgt und nicht etwa Fahrt aus dem Schiff genommen.

Dann erfasste eine Welle die *Joshua* nicht direkt von achtern, sondern etwas seitlich ausgelenkt, und trotz aller Leinen und Gewichte, die sie im Wasser hinter sich herzog, wurde sie mit einer ungeheuren Geschwindigkeit nach vorn getrieben. Aber statt vorn einzutauchen und mit dem Bug zu unterschneiden, warf der Wind die *Joshua* auf die Seite, sodass sie wie ein Wasserski auf der Krone der sich brechenden Welle entlangsurfte. Dann war die See, ohne weiteres Unheil anzurichten, unter dem Boot hindurchgegangen, und Moitessier hatte Vito Dumas' Geheimnis begriffen.

»Schnell!«, rief er Françoise zu. »Nimm für zwei Sekunden das Ruder.«

Er zog sein Opinel hervor, das kleine französische Taschenmesser mit dem hölzernen Griff und der wunderbar scharfen Stahlklinge, kroch hinaus auf Deck und kappte alle nachgeschleppten Trossen.

Zurück am Ruder spürte er sofort die Veränderung. Von Trägheit konnte keine Rede mehr sein. Die *Joshua* lag nicht mehr im Wasser wie eine müde Ente, um sich von den gewaltigen Seen hin und her werfen zu lassen, sondern lief nun vor ihnen davon. Er ließ das Boot wie zuvor vor dem Wind laufen, aber jedes Mal, wenn von hinten eine Welle herankam, legte er kurz Ruder, um das Schiff im letzten Augenblick etwas zu drehen, sodass die Welle ihn unter einem Winkel von 15 bis 20 Grad erfasste. Dann traf der Wind leicht auf die Seite, legte das Schiff über, und es flog davon und surfte über den Kamm der Welle. Die Geschwindigkeit führte zu stärkerer Ruderwirkung und ließ das Schiff unmittelbar auf das Ruder reagieren, wenn die Welle unter ihnen hindurchgelaufen war und Moitessier das Heck des Bootes wieder vor den Wind brachte. Die gewaltigen Wogen, deren scheinbare Kraft durch die Geschwindigkeit vermindert wurde, mit der die *Joshua* vor ihnen ablief, rollten harmlos unter dem Achterschiff durch.

Der Sturm dauerte sechs Tage und sechs Nächte. Bernard Moitessier steuerte in diesen sechs Tagen das Schiff länger durch schweres Wetter und lernte mehr über die Handhabung eines Schiffes unter solchen Bedingungen, als es die meisten anderen Segler ihr ganzes Leben lang tun. Es war eine komprimierte Erfahrung, die ihn in einer einzigen Woche zu einem erstklassigen Seemann machte, einem Mann, der eine kleine Ewigkeit in den extremsten Bereichen dessen zugebracht hatte, was alle Segler fürchten.

Vier Monate später ankerten die Moitessiers im spanischen Alicante – nach 14 216 Seemeilen ihr erster Zwischenaufenthalt. Ohne es beabsichtigt zu haben, nur weil sie schnell nach Hause wollten aus Sehnsucht nach den Kindern, hatten sie die bis dato längste Nonstop-Fahrt in der Geschichte der Sportschifffahrt gemacht – ein Weltrekord –, und das ausgerechnet um das gefürchtete Hoorn.

Moitessier schrieb sehr schnell ein weiteres Buch, sein zweites, über diese Fahrt: *Cap Horn à la voile* (*Kap Hoorn – der logische Weg*), das noch rechtzeitig zur wichtigsten französischen Bootsmesse, dem *Salon Nautique*, erschien. Es wurde ein gewaltiger Bestseller. In Frankreich, wo Blauwassersegler die gleiche Art von Starruhm genießen, wie er heute vielleicht in den Vereinigten Staaten einem Sportler wie Michael Jordan zuteil wird, avancierte Moitessier zu einem Nationalhelden. Er wurde mit Auszeichnungen überhäuft. In England wurde die »Methode Moitessier« im Forum über Segeltechniken bei schwerem Wetter in der *Yachting World* diskutiert und als »ziemlich erstaunlich« apostrophiert. Ende 1966 war Moitessier weltberühmt.

Und sehr unglücklich. Er hatte das Gefühl, sein Buch zu schnell geschrieben zu haben, damit es nur ja zum *Salon Nautique* fertig war und den Glanz dieser Ausstellung vermehrte. Nun kam es ihm vor, wie er später schrieb, dass er damit ein Verbrechen begangen habe. Moitessier erlebte nichts in gemäßigter Form. Seine Bücher zeichnen sich durch einen unschuldigen, überschwänglichen Mangel an Zurückhaltung (und an redaktionellen Eingriffen) aus. Sie sind ein sinnliches Loblied auf die See. Wenn er oben war, dann war er ganz oben. Aber wenn er unten war...

> Der Oktober (1967) war verheerend. In Schweigen eingehüllt, aufgezehrt von einer gewaltigen inneren Leere, versank ich in einem Abgrund... Der Wahnsinn wütete in mir wie ein schreckliches Tier. Ich fragte mich schließlich, welche letzten Gedanken wohl jemand hegt, der eine tödliche Dosis Gift geschluckt hat.

Das geht über die Reue für schludrige Arbeit an einem Buch weit hinaus. Es scheint eher so, dass er nach seiner monumentalen Fahrt und dem Ruhm und der Ehre, die ihm zuteil geworden waren, jetzt als Kehrseite der Medaille ein gewaltiges Tief durchmachte.

Er befreite sich daraus mit dem für ihn typischen steilen Aufschwung in die Stratosphäre.

> Ich muss wohl kurz vor dem Selbstmord gestanden haben ... als ich plötzlich gleich einer Vision ... sah, wie ich mich retten konnte. Da ich Verrat beging, indem ich mir das Buch praktisch aus dem Ärmel geschüttelt hatte, musste ich jetzt ein weiteres

> Buch schreiben, um das erste vergessen zu machen und mich von dem Fluch zu befreien, der auf meiner Seele lastete.
> Ein frisches, brandneues Buch über eine neue Reise ... eine gigantische Fahrt...
> Trunken vor Freude, wieder erfüllt von Leben, erhob ich mich zu den Sternen. Sowohl mein Herz als auch meine Hände griffen nach der einzigen Lösung, und sie war so strahlend, so offensichtlich und auch so gewaltig, dass ich ganz davon durchdrungen war: Es musste eine Nonstop-Fahrt um die Welt werden... Und diesmal würde ich zum Kampf meines Lebens allein antreten.

Er erwähnte Chichester nicht. Aber seine Vision scheint ihn etwa Ende 1967 heimgesucht zu haben. Im Mai dieses Jahres war Chichester wieder nach England zurückgekehrt.

3

Der englische Winter ist eine für Segler trostlose Jahreszeit. Das Wetter vor der Küste ist schlecht, die grauen Küstennebel sind undurchdringlich und wirken wenig einladend. Die Boote liegen kalt und feucht unter Persennings oder zwischen den Pfützen in ihren Winterlagern. Aber im Januar gibt es einen ersten Lichtblick, wenn alljährlich die Londoner Bootsmesse stattfindet. Bootsbesitzer, Bootsbauer, Yachtdesigner, Schiffsausrüster und Segelsportjournalisten kommen von überall aus dem verregneten Land und schauen sich an, was es an Booten und Ausrüstungen Neues gibt. Sie betasten wasserdichte Segelbekleidung, unterhalten sich über Ankerketten und versuchen irgendetwas in dem großen Angebot zu finden, das ihren Frauen oder Freundinnen gefällt. Und sie studieren die Führer durch die Fahrtgebiete Großbritanniens oder die Bahamas oder irgendeine andere Gegend, die ein Segelboot erreichen kann. So ist der Winter also gleichzeitig die Jahreszeit der Träume.

Einer dieser Träume im Januar 1968 war episch, odysseehaft, und die Gespräche darüber verbreiteten sich in der Seglerwelt wie eine Seuche. Alle wussten inzwischen, welches die nächste seglerische Großtat sein würde: eine Einhand-Weltumseglung nonstop. Als dann auf der Bootsmesse Gerüchte umgingen, dass sich Bernard Moitessier für eine weitere Fahrt vorbereitete, war leicht zu erraten, worum es sich dabei handeln würde. Auch Details über Bill Kings *Galway Blazer II*, die damals im Bau war, wurden während der Schau in den Zeitungen veröffentlicht, sodass seine Absichten ebenfalls allen bekannt wurden. Und man sprach von anderen, die ähnliche Pläne schmiedeten.

John Ridgway nahm eine »militärische Lagebeurteilung« vor, als er von Bill Kings beabsichtigter Fahrt erfuhr, und beschloss, seine Pläne ein Jahr vorzuziehen. Er würde auf das transatlantische Rennen verzichten, das ihm als eine gute Übung für die Weltumseglung erschienen war, und sich voll und ganz auf die größere Fahrt konzentrieren. Sein literarischer Agent setzte sich sofort mit der Zeitung *The People* in Verbindung, die bereits seine Atlantiküberquerung im Ruderboot gesponsert hatte, und schloss mit ihr ein Übereinkommen, seine Weltumseglung zu unterstützen. Um sich einen Vorsprung vor King und dessen größerem, schnelleren Boot zu verschaffen, beschloss Ridgway, am 1. Juni loszusegeln. Dieser Starttermin würde bedeuten, dass er die südlichen Ozeane irgendwann im September zu Beginn des Südfrühlings erreichte – ein wenig zu früh, um dort günstige Verhältnisse anzutreffen. Dafür würde er Kap Hoorn im Januar runden – also mitten im Südsommer –, der sichersten Zeit für die Passage des sturmumtosten Kaps.

Die *Sunday Times*, verbürgtermaßen Großbritanniens anspruchsvollste Sonntagszeitung, die Francis Chichester gesponsert und sich damit eine goldene Nase verdient hatte, war sehr erpicht darauf, einen der Nonstop-Weltumsegler an sich zu binden. Die Zeitung beauftragte Murray Sayle, den Reporter, der über Chichesters Weltumseglung berichtet hatte, sich einen Überblick über die wachsende Zahl möglicher Teilnehmer an dieser letzten großen Segel-»Ersttat« zu verschaffen.

Er fand Gefallen an »Tahiti-Bill« Howell, einem 42-jährigen Australier, der jahrelang durch die Südsee gesegelt war und sich als fahrender Zahnarzt über Wasser gehalten hatte. Seine bisherige Laufbahn war bewundernswert: Er hatte die 24-Fuß-Yacht *Wanderer II*, ein berühmtes Boot, das einst dem hoch geschätzten englischen Segler Eric Hiscock gehört hatte, mit nur einem Begleiter von England nach Tahiti gesegelt und von dort aus allein über Hawaii nach British Columbia. 1964 hatte er mit einem 30-Fuß-Boot den sechsten Platz im *OSTAR* belegt. Inzwischen nannte er einen Katamaran von 40 Fuß Länge sein Eigen, *Golden Cockerel*, der zu viel höherer Geschwindigkeit fähig war als jedes Einrumpfboot. Er hatte vor, sein Boot in diesem Sommer beim dritten *OSTAR* über den Atlantik zu segeln, um dann sofort nach dem Überqueren der Ziellinie nach Süden abzudrehen und die Nonstop-Weltumseglung gleich anzuschließen.

Wenn sie überhaupt jemanden sponsern wollte, musste die *Sunday Times* sich rasch entschließen. King erhielt Unterstützung durch den *Sunday Express*, und Ridgway hatte *The People* auf seiner Seite. Beide Männer segelten neue Boote und kamen als Gewinner in Frage. Wenn die *Sunday Times* sich »Tahiti-Bill« nicht sofort sicherte, musste sie vielleicht später mit irgendeinem Träumer vorlieb nehmen, dessen Boot von vornherein unterlegen war und der bei diesem Rennen sein Schicksal zum ersten Mal herausforderte.

Aber wer waren diese anderen – die Unbekannten, die noch nicht Gemeldeten, die schwarzen Ritter, die noch aus dem Nichts erscheinen und den anderen die Schau stehlen konnten? Wer würde sie unterstützen?

Murray Sayle und Ron Hall, Sayles leitender Redakteur bei der *Sunday Times*, verfielen auf die Idee, eine Regatta zu sponsern, an der jeder teilnehmen konnte. Sie kamen beide gleichzeitig, aber unabhängig voneinander auf die Idee, und anfangs unterschieden sich ihre Vorstellungen für ein solches Rennen auch etwas. Murray Sayle glaubte zu Recht, dass es sowohl die Wettbewerber als auch die Öffentlichkeit am meisten interessieren würde, wer die Erde als Erster nonstop umsegelte. Dieser Segler würde in die Geschichtsbücher eingehen, an ihn würde man sich erinnern.

Ron Halls Überlegung dagegen ging dahin, dass, wenn es schon ein Rennen gäbe, die Segler in irgendeiner Weise gegeneinander antreten müssten, die ihnen allen eine faire Chance bot. Aber ein offizieller Start, bei dem alle gleichzeitig mit einem Kanonenschuss über die Startlinie gingen, war fraglos völlig ausgeschlossen. Die Männer, die inzwischen eifrig dabei waren, ihre Boote vorzubereiten und die sich alle der Anstrengungen einer wachsenden Zahl von Rivalen nur zu bewusst waren, würden auf jeden Fall augenblicklich Segel setzen, wenn ihre Boote fertig waren – wenn nicht etwas früher. Einige von ihnen hatten schon Vereinbarungen mit Verlegern und anderen Zeitungen geschlossen. Wenn die *Sunday Times* eine Regatta vorschlug, würden diese Segler vielleicht nicht daran teilnehmen. Eine Regatta war in der Tat das Letzte, was ein jeder von ihnen wollte. Sie waren keine Sportsmänner, keine Regattasegler.

Sie waren ausgeprägte Egomanen, die von ihren komplexen Bedürfnissen und ihrer Ruhmsucht getrieben wurden, sich auf ein extremes, lebensgefährliches Abenteuer einzulassen. Sie alle hatten eine sehr klare Vorstellung davon, dass etwas Bestimmtes getan werden musste, und sie alle verzehrten sich in dem Drang, es als Erste zu tun. Sie waren Einzelgänger. Keiner von ihnen würde auf irgendjemanden warten.

Und trotzdem hatte das Rennen, der Erste zu sein, bereits begonnen.

Eines Nachmittags im März setzten sich Murray Sayle und Ron Hall zusammen und brüteten eine geniale Methode aus, um alle rivalisierenden Zeitungen auszubooten und das unvermeidliche Rennen fest in den Griff der *Sunday Times* zu bekommen. Die Zeitung würde einen Pokal stiften, der, wie die beiden Journalisten an Ort und Stelle entschieden, *Golden Globe* heißen sollte, und zwar für den ersten Segler, der wieder in der Heimat eintraf. Zusätzlich wurde, um Ron Halls Wunsch nach einem sportlichen Wettbewerb zu genügen, ein Geldpreis in Höhe von 5000 Pfund – 1968 eine königliche Summe – für die schnellste Erdumseglung ausgesetzt. Wenn also der erste Heimkehrer den *Golden Globe* schlicht und einfach deshalb gewann, weil er als Erster losgefahren war, dann bestände für die anderen immer noch der Anreiz, in der schnellsten Zeit wieder heimzukehren, um das Geld zu gewinnen. Die Wettbewerber brauchten nicht einmal offiziell am Rennen teilzunehmen. Jeder, der, ganz gleich ob gesponsert oder nicht, zu einer Erdumseglung in See ging und dessen Ausreise- und Ankunftsdatum belegt werden konnte, würde für die Preise der *Sunday Times* in Frage kommen. Auf diese Weise war es gar nicht möglich, dass einer der Weltumsegler *nicht* an dem Wettbewerb teilnahm.

Die Regeln waren einfach und darauf ausgerichtet, den unterschiedlichen Plänen gerecht zu werden, die ja bereits verfolgt wurden: Die Teilnehmer konnten von jedem beliebigen Hafen auf den britischen Inseln irgendwann zwischen dem 1. Juni und dem 31. Oktober 1968 zu ihrer Fahrt aufbrechen. Früherer oder späterer Start konnte bedeuten, die südlichen Ozeane und Kap Hoorn im Südwinter zu erreichen, wenn das Wetter dort noch gefährlicher war, und die *Sunday Times* wollte es vermeiden, zu unnötigen Risiken zu ermutigen. Allerdings beschränkte sie ihre Fürsorge auch tatsächlich auf diesen einen Punkt.

Die Route führte »um die drei Kaps« rund um die Erde, so, wie die alten Klipper gefahren waren: um das Kap der Guten Hoffnung in Südafrika, um Kap Leeuwin in Australien und um Südamerikas berüchtigtes Kap Hoorn. Die Teilnehmer würden allein segeln, ohne Zwischenhalt, ohne einen Hafen anzulaufen, ohne Hilfe und ohne Auffrischung ihrer Vorräte. Und sie mussten ihre Reise in dem Hafen beenden, von dem aus sie sie angetreten hatten.

Um ihren Vorstellungen Glanz und Autorität zu verleihen, stellte die *Sunday Times* schnell eine Jury aus gewichtigen Persönlichkeiten der Segelszene zusammen: Vorsitzender wurde Sir Francis Chichester.

Nachdem Colin Mudie ihm Pläne einer Yacht für die Erdumseglung gezeichnet hatte, holte Robin Knox-Johnston Angebote von Bootswerften ein. Die Konstruktion des geplanten Bootes – 33 Fuß lang, einfach und leicht trotz des Stahlrumpfes – war so ungewöhnlich, dass die meisten Werften erst gar kein Angebot machten oder ihn mit übertrieben hohen Forderungen abwimmelten. Schließlich fand er eine Werft an der Themse, auf der normalerweise Barkassen zusammengeschweißt wurden, die den Rumpf für 2800 Pfund bauen wollte und sogar ein gewisses Interesse an dem Projekt erkennen ließ. Dieser Preis bedeutete, dass das segelklare Boot möglicherweise nur um die 5000 Pfund kosten würde, was außerordentlich preiswert war.

Aber Knox-Johnston hatte gar kein Geld. Bis Ende 1967 hatte er in über 50 Briefen an Firmen und Unternehmen um Unterstützung nachgesucht, aber als Antworten – sofern überhaupt – nur Absagen erhalten. Die *Suhaili*, sein einziges Vermögen, stand immer noch zum Verkauf, entsprach aber, altmodisch und roh zusammengehauen, wie sie nun einmal war, kaum den Vorstellungen potenzieller Kunden von einer ordentlichen Yacht, und bisher hatte sich kein Käufer gefunden.

Aber dennoch: Er hatte sich entschlossen, die Fahrt anzutreten.

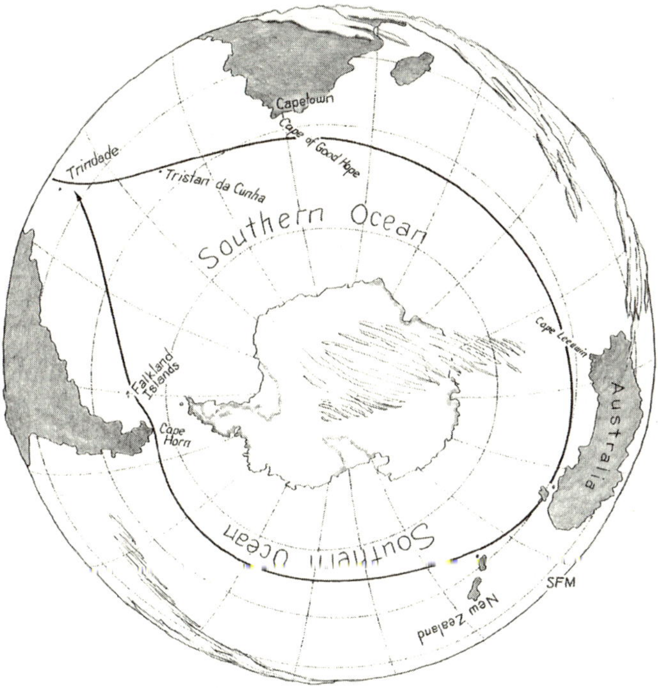

Rund um die Erde entlang der drei Kaps

Mehr und mehr kehrten seine Gedanken zur *Suhaili* zurück, dem Boot, mit dem er um das Kap der Guten Hoffnung gefahren war und 10 000 Meilen auf hoher See zurückgelegt hatte. Zwischen seinen Berufseinsätzen auf See hatte er zwei Jahre lang an Bord seines Bootes gelebt. Er kannte es, es war ein erprobtes Schiff – und es war verfügbar.

Das Boot würde eine Überholung benötigen, neue Segel, ein neues Rigg, irgendeine Selbststeuerungsanlage, und er würde es mit dem Proviant für ein Jahr beladen müssen – aber all das schien möglich. Er wandte dem blauen Dunst des so viel schlankeren Entwurfs entschlossen den Rücken zu und beschloss, mit der *Suhaili* zu segeln. Das Geld, das er dann noch benötigte, würde er schon auftreiben.

George Greenfield, ein Literaturagent aus London, glaubte, dass Knox-Johnstons Fahrt wohl für ein Buch taugen würde. Greenfield hatte sich auf Abenteurer spezialisiert – der eben erst geadelte Sir Francis Chichester war einer seiner Klienten, genauso wie der britische Entdeckungsreisende Wally Herbert, der damals gerade die Britische Transarktische Expedition zusammenstellte, um mit Hundeschlitten eine Überquerung der arktischen Eisdecke über den Nordpol zu wagen. Greenfield hatte den Eindruck, dass der junge Offizier der Handelsmarine aus gleichem Holz geschnitzt war. Er mochte in Seglerkreisen unbekannt sein, aber er hatte sein Boot von Indien nach Hause gesegelt, und Greenfield war angetan von der Idee einer Nonstop-Weltumseglung. Er ermutigte Knox-Johnston, mit seinen Vorbereitungen fortzufahren.

Anfang 1968 verkaufte Greenfield die Buchrechte über Knox-Johnstons Fahrt an den Londoner Verlag Cassell. Der Vorschuss, den Knox-Johnston dafür erhielt, reichte für die Überholung der *Suhaili* aus. Als Nächstes nahm Greenfield Verbindung mit der *Sunday Times* auf. Er hoffte dort auf die gleiche Berichterstattung und Unterstützung, die er für Chichester herausgehandelt hatte, aber die Zeitung zeigte sich unbeeindruckt – es waren ja gerade die mageren Erfolgsaussichten Knox-Johnstons und seines altertümlichen, in Indien gebauten Bootes, das die *Sunday Times* dazu brachte, »Tahiti-Bill« Howell zu unterstützen. Schließlich konnte Greenfield den Londoner *Sunday Mirror* für die Rechte an den exklusiven Berichten interessieren, die Knox-Johnston von hoher See aus über Funk durchgeben würde. Aber bevor man etwas unterschrieb, wollten die Leute vom *Sunday Mirror* den Segler kennen lernen, und Greenfield verabredete ein gemeinsames Mittagessen auf einem Restaurantboot auf der Themse. Während des Essens fuhr ein Schlepper auf dem Fluss vorbei und versetzte mit seiner Bugwelle das Restaurant ins Schwanken. Der harte junge Abenteurer, der allein um die Welt segeln sollte, verlor sein Gleichgewicht und fiel vom Stuhl. Aber trotzdem kam Greenfield zu seinem Abschluss.

Im Besitz von genügend Geld für eine Überholung des Bootes sowie Proviant und Ausrüstung widmete Knox-Johnston jetzt all seine freie Zeit – er war inzwischen von der Royal Navy zum Reservedienst an Bord von *HMS Duncan* eingezogen worden – seinen Vorbereitungen.

Bernard Moitessier hatte bereits den Vertrag mit seinem französischen Verleger Jacques Arthaud für das Buch unterzeichnet, das er über seine monumentale Nonstop-Einhandfahrt schreiben würde. Er verbrachte das Frühjahr 1968 damit, die *Joshua* im französischen Mittelmeerhafen Toulon hochseeklar zu machen. Als die *Sunday Times* von seinen Absichten erfuhr, schickte man Murray Sayle zu ihm, um ihn zur Teilnahme an dem Rennen einzuladen. Sayle fand den Franzosen in einem Bistro am Hafen.

Moitessier war völlig entgeistert. Er hatte einen Pakt mit den Göttern geschlossen, um den Verrat an seinem früheren Buch wiedergutzumachen, und war der Meinung, dass die Motive für seine geplante Fahrt so rein wie frisch gefallener Schnee bleiben mussten. Er sagte Sayle, dass die Vorstellung einer Regatta ihm Übelkeit verursache. Eine solche Fahrt, so sagte er, gehöre in einen geheiligten Bereich und müsse den Geist der See respektieren. Ein Rennen um Geld und einen goldfarbenen Globus würde alle Anstrengungen zu einer Art Zirkus machen. Erzürnt stand er auf und verließ das Bistro.

Sayle und seine Zeitung waren verblüfft. Moitessier mit seinem Boot aus Kesselstahl war zweifellos das beste Eisen im Feuer. Von allen Seglern und Booten, die sich jetzt vorbereiteten oder vorbereitet wurden, waren der geheimnisvolle Franzose und seine *Joshua* die Einzigen, die überhaupt jemals in den »Brüllenden Vierzigern« gewesen waren. Sie hatten das Hoorn gerundet, das große, furchtbare Schreckgespenst der südlichen Ozeane. Moitessier würde möglicherweise von Toulon nach Toulon um die Welt fahren und das *Golden Globe Race* zur Farce machen. Da sie ihren beeindruckendsten Teilnehmer nicht verlieren und das Rennen nicht gegenstandslos gemacht sehen wollte, revidierte die *Sunday Times* eine Regel des *Golden Globe* für die erste Nonstop-Erdumseglung. Es war nun automatisch jeder daran beteiligt, der von irgendeinem Hafen oberhalb von 40° nördlicher Breite startete – das war knapp südlich der französisch-spanischen Grenze.

Ein paar Tage später nahm Sayle Moitessier noch einmal in die Zange. Er führte laut Moitessier zunächst an, dass dessen berühmte Fahrt von Tahiti nach Alicante der Auslöser für Chichesters Erdumseglung gewesen sei (was unwahrscheinlich war, da Chichester seine Vorbereitungen für die Erdumseglung schon begonnen hatte, bevor die *Joshua* Alicante erreichte) und ebenso für alle Fahrten, die jetzt geplant seien. Aber Moitessier bedurfte gar keiner Überredung mehr; er hatte bereits beschlossen, an dem Rennen teilzunehmen. Er hatte an nichts anderes mehr gedacht, seit Murray Sayle sich zum ersten Mal mit ihm getroffen hatte. Er wollte an der Regatta teilnehmen und von Plymouth in Devon aus in See gehen. Dorthin würde er auch zurückkehren, damit er beide Preise für sich beanspruchen könne. Und falls er als Erster und Schnellster zurückkehren werde, würde er den Scheck ohne ein Wort des Dankes entgegennehmen und den *Golden Globe* in einer Versteigerung veräußern, um der *Sunday Times* seine ganze Verachtung zu zeigen.

Das war Moitessier, wie er leibte und lebte. In ihm tobte der Kampf des Yin und Yang, der Einflüsse, denen er während seiner Kindheit ausgesetzt gewesen war. Sein ganzes Leben lang bereiteten ihm der Ruhm und das Geld, die ihm gewöhnlich einfach dadurch zufielen, dass er tat, was er wollte, ebenso viel Lust wie Unbehagen. Seine Ambivalenz, was die Regatta anbelangte, rührte sicherlich stark von dem Gefühl her, ein solches Rennen müsste die Reinheit seiner Absichten und Anstrengungen beflecken. Aber er wusste auch, dass es ein großes historisches Rennen mit würdigen Gegnern zu werden versprach und er abseits stehen würde, wenn er nicht daran teilnahm. Er wusste weiter, dass er sehr gute Chancen hatte, beide Preise zu gewinnen und seinen Stern noch heller strahlen zu lassen – und dem konnte er nicht widerstehen.

Am 17. März 1968 schrieb die *Sunday Times* den *Golden Globe* für eine Erdumseglung aus:

£ 5,000

Der Preis von £ 5,000 der *Sunday Times* für die Rund-um-die-Welt-Regatta wird demjenigen Alleinsegler zugesprochen werden, der die schnellste Nonstop-Erdumseglung mit Start zwischen dem 1. Juni und dem 31. Oktober 1968 von einem Hafen der britischen Hauptinsel aus rund um die drei Kaps (das Kap der Guten Hoffnung, Kap Leeuwin und Kap Hoorn) vollbringt.

Golden Globe

Der *Golden Globe* der *Sunday Times* wird dem ersten Alleinsegler verliehen werden, der die Erde nonstop umrundet. Die Fahrt kann von jedem beliebigen Hafen oberhalb von 40° nördlicher Breite aus angetreten werden, muss zum gleichen Hafen zurückführen und um die drei Kaps führen.

Für beide Preise muss die Erdumseglung ohne jede physische äußere Hilfe vollendet werden; weder Treibstoff noch Proviant, weder Wasser noch Ausrüstung dürfen nach dem Start an Bord genommen werden.

Dies sind die einzigen Bedingungen. Jedem der Teilnehmer steht frei, beide Preise gleichzeitig zu gewinnen. Eine formale Anmeldung ist nicht nötig… Es können Segler aller Nationen mit einer Yacht beliebiger Bauart und Herkunft teilnehmen. Jede Art von finanzieller Unterstützung ist erlaubt, und die *Sunday Times* verlangt vom Sieger nichts…

Sir Francis Chichester, der Vorsitzende des Schiedsgerichts, hat …

> seine Besorgnis über die Gefahren, die auf einer solchen Fahrt drohen, ausgesprochen. Es kann nicht genug betont werden, dass zwar theoretisch jeder an dieser Regatta teilnehmen kann..., jedoch nur Männer mit ausreichender Hochseeerfahrung über lange Strecken eine Teilnahme in Erwägung ziehen sollten.

An anderer Stelle in der Zeitung wurde Chichester, der Oberseebär, zitiert:

> Einige dieser Burschen wissen nicht, auf was sie sich einlassen. Falls es einem von ihnen gelingt, um die Welt zu kommen, dann wird das schon sehr bemerkenswert sein. Verglichen mit dieser Route ist der Atlantik nicht mehr als ein Bootsausflug im Hyde Park.

Die Liste der Teilnehmer war beeindruckend: Bill King, das ehemalige U-Boot-Ass, mit seiner revolutionären *Galway Blazer II*; John Ridgway, der unglaublich durchtrainierte Hauptmann der Armee, der bereits eine Überquerung des Atlantiks im Ruderboot hinter sich hatte; »Tahiti-Bill« Howell, der segelnde Zahnarzt, der bereits 20 000 Meilen auf dem Pazifik gefahren war, den größten Teil davon als Alleinsegler, was ihn zum erfahrensten Einhandsegler aller Wettbewerber machte, und der zudem das potenziell schnellste Boot fuhr; Robin Knox-Johnston, der Kapitän der Handelsmarine, über den sonst kaum etwas bekannt war; und Bernard Moitessier, der berühmte französische Yachtsegler, bekannt geworden durch die monumentale Fahrt von Tahiti nach Alicante auf seiner Yacht *Joshua* und (so berichtete die *Times*) berühmt für seinen trockenen Humor.

Ein weiterer Segler, der sich mit dem Bazillus der gewaltigen Fahrt infiziert hatte, war Donald Crowhurst. Er war Elektronikingenieur und Hersteller des Navicator, eines Geräts zur Funknavigation für den Yachtmarkt, das er in jenem Januar an einem Verkaufsstand auf der Bootsausstellung feilbot. Er besaß kein eigenes Boot. Daher versuchte er, die Cutty Sark Society, die Chichesters *Gipsy Moth IV* zu kaufen gedachte, um sie neben dem Rahsegler *Cutty Sark* im Nationalmuseum für Seefahrt in Greenwich aufzustellen, zu überzeugen, dass er, Crowhurst, dieses Boot noch einmal nonstop um die Erde segeln solle.

Crowhurst schien ein erfahrener Segler zu sein. Er hatte eine Anzahl von Leuten, darunter auch Angus Primrose (den Co-Designer der *Gipsy Moth IV* und der *Galway Blazer II*), von seiner Idee überzeugt. Damals stieß sowohl in der Öffentlichkeit als auch in der Seglerwelt der Gedanke, eine so berühmte Yacht für alle Zeiten auf einen Betonsockel zu stellen, auf beträchtliche Abneigung. Viele meinten, die *Gipsy Moth IV* sollte flottgehalten und für so eine ehrenhafte und epische Fahrt benutzt werden, wie Donald Crowhurst sie vorschlug. Aber die Cutty Sark Society lehnte sein Ansinnen schließlich ab, und die *Gipsy Moth IV* wurde zu einem rußgeschwärzten Museumsschaustück. Crowhurst ließ sich dadurch jedoch nicht entmutigen.

Vier Tage nach der Ausschreibung in der *Sunday Times* erklärte Donald Crowhurst sich zum Teilnehmer der Regatta. Kaum jemand schenkte ihm Beachtung. In den folgenden sechs Monaten wurde er von der *Sunday Times* nur einmal in einer Übersicht möglicher Mitbewerber aufgeführt. Weitere Informationen über ihn wurden nicht gegeben, außer dass er im September loszufahren gedenke und es sich bei seinem Boot um eine »revolutionäre Ketsch« handele.

Er war der schwarze Ritter. Seine Geschichte würde allen anderen die Schau stehlen.

4

Auf bescheidene Weise hatte Donald Crowhurst durchaus etwas zustande gebracht. Nach einer holprigen Laufbahn schien er als Elektronikingenieur endlich kurz vor einem Erfolg zu stehen, und Mitte der sechziger Jahre hatte sein Unternehmen eine profitable Phase erreicht. Er war ein zufriedener Familienvater mit Frau und vier kleinen Kindern und einem großen, verschachtelten Haus in einem hübschen Landstädtchen in Somerset. In seiner Gemeinde war er beliebt, ein Mann mit Ausstrahlung, er gehörte zur Laienspielschar und war in seiner Heimatstadt Bridgewater sogar in den Rat gewählt worden.

Aber Crowhursts frühere Jahre waren von Rückschlägen und enttäuschten Erwartungen geprägt gewesen. Und als es mit seinem Geschäft Ende der sechziger Jahre bergab ging und seine Visionen eines anhaltenden Erfolges ins Wanken gerieten und dahinschwanden, spürte er, wie ihn das so schmerzlich vertraute Gefühl des Versagens beschlich. Er suchte verzweifelt nach etwas, das seinen Fall aufhalten konnte.

Er war in Indien als Sohn des Verwaltungschefs der Northwestern India Railway Company und dessen Frau, einer Lehrerin, geboren worden. Ihr behaglicher und für die über Indien herrschenden Briten typischer Lebensstil – mit Dienern und Vorrechten, die anderswo völlig undenkbar waren – fand 1947 ein abruptes Ende, als Indien die britische Herrschaft abschüttelte. Die Crowhursts kehrten nach England zurück, um sich dort wie so viele englische Kolonialbeamte bei der Rückkehr in ihre »Heimat«, die nie ihr Zuhause gewesen war, in stark eingeschränkten Verhältnissen wiederzufinden.

Mit 16 war Donald Crowhurst gezwungen, von der Schule zu gehen. Er hatte gehofft, in Cambridge studieren zu können, trat aber stattdessen nun eine Ausbildung als Elektronikingenieur an einer technischen Fachschule an. In Englands damals streng geschichteter Sozialstruktur war er sich der Folge des Abstiegs seiner Familie aus ihrer früheren privilegierten Position und seiner eigenen zerstobenen Hoffnungen auf eine gute Ausbildung und den herausgehobenen Status, zu dem diese ihm verholfen hätte, aufs Schärfste bewusst.

Mit 21 begann für ihn eine ganze Serie von Fehlstarts zu einer geordneten Berufslaufbahn. Er trat in die Royal Air Force ein, lernte zu fliegen und ließ sich auf die Rolle des schneidigen jungen Offiziers ein, raste in Sportwagen herum, trank zu viel und verleitete andere zum gleichen wilden Treiben. Bald stand er im Ruf, ein Unruhestifter zu sein, und wurde aus der RAF entlassen. Als Nächstes ging er zum Heer, spezialisierte sich dort auf elektronische Ausrüstung und gefiel sich weiter in der Rolle des schneidigen Offiziers. Und wieder geriet er ständig in Schwierigkeiten: Er fuhr sein Auto zu Schrott, wurde dabei erwischt, wie er ein anderes Auto kurzzuschließen versuchte, um nach einer durchfeierten Nacht noch rechtzeitig zurück in die Kaserne zu kommen, und wurde schließlich gebeten, seinen Abschied zu nehmen. Dann erhielt er eine Stelle bei einer Elektronikfirma, fuhr den Firmenwagen zu Schrott, wurde abgemahnt und anschließend entlassen. Inzwischen hatte er geheiratet, wechselte weiterhin ständig seine Stellen und zog mit seiner wachsenden Familie überall in Südengland umher. In Bridgewater, Somerset, kamen sie schließlich zur Ruhe. Crowhurst wurde Entwicklungsleiter bei einer Elektronikfirma. Sie waren dort nicht weit vom Bristol-Kanal entfernt. Donalds Frau, Clare, war Katholikin – in regelmäßigen Abständen bekam sie Kinder. Das Geld war ständig knapp, doch trotzdem schaffte sich Crowhurst zu dieser Zeit eine kleine, 20 Fuß lange Slup an und begann zu segeln.

Die einzige Konstante außer seiner Unfähigkeit, vernünftig für andere zu arbeiten, war sein Interesse an der Elektronik. Zu Hause verbrachte er viele Stunden in seiner Werkstatt, über Drähte und Schaltkreise gebeugt, und versuchte, nützliche Gerätschaften zu erfinden. Angeregt von seinem wachsenden Interesse an der Segelei stellte er schließlich einen Peilempfänger her.

Die Navigation eines Bootes mit Hilfe von Funkpeilung wurde in den sechziger Jahren recht populär. Die Funkpeilempfänger waren, als sie aufkamen, kaum teurer als ein kleines Transistorradio und eroberten sich schnell einen Platz in der Standardausrüstung einer Yacht – vor allen Dingen, wenn man in englischen Gewässern segelte, wo man es mit starken Gezeitenströmen und einer Küstenlinie zu tun hat, die sehr gleichförmig wirkt und bei dem gewöhnlich trüben Wetter rasch aus den Augen gerät.

Crowhurst nannte seinen Peilempfänger den Navicator. Das Gerät brachte keinerlei Neuerungen, war aber von gutem Design – es hatte eine handliche Pistolenform. Mit dem kleinen Kompass, der darauf montiert war, sah es aus wie eine Strahlenpistole aus einem Weltraumfilm aus den fünfziger Jahren. Der Benutzer konnte den Empfänger leicht auf das Ziel ausrichten und eine Peilung ablesen.

Unterdessen schluckte Alice Crowhurst, Donalds Mutter, in dem offensichtlichen Versuch, sich umzubringen, eine Hand voll Schlaftabletten. Sie wurde in ein Krankenhaus gebracht und blieb in stationärer Pflege. Ihr Haus wurde verkauft – Crowhursts Vater war bereits einige Jahre zuvor verstorben –, und Crowhurst beschloss, einen Teil des Erlöses für die Gründung eines eigenen Elektronikunternehmens zu verwenden. Er nannte die Firma Electron Utilisation. Die Firma stellte den von ihm entwickelten Navicator her.

Es war das richtige Produkt zur richtigen Zeit. Bald beschäftigte Crowhurst sechs Vollzeitkräfte in seiner kleinen Fabrik. Pye Radio, damals in Großbritannien ein überall bekannter Hersteller von Radios, Fernsehgeräten und Schallplattenspielern, verhandelte mit Crowhurst über den Kauf des Navicators. Sie zahlten ihm schließlich 8500 Pfund, eine Summe, die heute etwa das Fünfzigfache dieser Zahl bedeuten würde. Er kaufte sich ein Haus, Woodlands in Bridgewater, und richtete sich in dem dazugehörigen kleinen Stall seine Werkstatt ein. Donald Crowhurst hatte den Durchbruch geschafft.

Er riss die anderen in seiner sprühenden Art mit. Da ihm niemand an Intellekt oder Ichbezogenheit gewachsen war, niemand ihn herunterholte, ernüchterte oder die Seifenblasen zerstach, die er ständig emporschweben ließ, riss er sich schließlich selbst davon.

Er trat der örtlichen Laienspielschar bei und wurde einer der Stars der Truppe, aber die große Bühne der weiten Welt, auf der er seinen Platz einnehmen wollte, schien für ihn unerreichbar zu sein.

Sein Navicator, sein endloses Gebastel mit Drähten und Transistoren auf der Suche nach weiteren Erfindungen, sein Interesse am Amateurtheater, seine dominierende, aufgeladene Persönlichkeit waren Symptome seines Drangs, ein Zeichen zu setzen. Crowhurst glaubte, dass er der Welt etwas Wichtiges zu geben hatte, und diesem Etwas jagte er ständig hinterher.

Am Sonntag, dem 28. Mai 1967, während sich Francis Chichester Plymouth näherte – das nur 70 Meilen von Bridgewater entfernt lag –, segelte Donald Crowhurst mit einem Freund. Sie fuhren auf den Bristol Channel hinaus, auf die andere Seite von Englands südwestlicher Halbinsel, weit weg von den Gewässern, die sich den ganzen Tag über in Erwartung der *Gipsy Moth IV* immer mehr mit Booten füllten. Crowhurst bewunderte Chichester. Er hatte dessen frühere Bücher über die einsamen Atlantiküberquerungen gelesen und Chichesters Fahrt um die Erde genau verfolgt. An jenem Tag jedoch wollte er nichts von Chichester wissen, stand abseits und hatte nur Verachtung für den einst Bewunderten übrig. Während die beiden Männer auf ihrem Boot den Radiobericht der BBC verfolgten, machte Crowhurst sich über Chichesters Erfolg lustig. Viele waren bisher um die Welt gesegelt, sagte er, und Chichester hatte unterwegs in Australien eine lange Pause eingelegt.

Crowhurst erzählte seinem Freund, dass er schon seit Jahren überlege, ob er nicht allein und nonstop um die Welt segeln solle. *Das* wäre etwas, für das sich der Aufwand wirklich lohne.

Nachdem sie später wieder in den Hafen eingelaufen waren, fuhren sie nach Hause und sahen sich wie alle anderen Chichesters Ankunft im Fernsehen an.

Crowhursts Rolle als erfolgreicher Geschäftsmann war kurzlebig. Pye Radio trat von dem Geschäft mit dem Navicator zurück. Die erste Zahlung der Gesellschaft hatte Crowhurst und Electron Utilisation für eine Weile den Anschein der Prosperität verliehen, aber schließlich war er gezwungen, seine kleine Fabrik aufzugeben und bis auf eine Teilzeitkraft alle seine Arbeitskräfte in seiner Stallwerkstatt zu entlassen. Der Navicator würde nicht, wie er gehofft hatte, bei jedem Schiffsausrüster und Schiffsausstatter in Großbritannien erhältlich sein. Er würde ihn nun an einem Stand auf Bootsausstellungen allein feilbieten müssen.

Aber sein Glaube an sich selbst, seine Intelligenz, seine Ideen und sein Charme hatten etwas Überzeugendes. Auf der Suche nach neuen Geldgebern wurde er Stanley Best vorgestellt, einem Geschäftsmann aus dem nahe gelegenen Taunton in Somerset, der mit dem Verkauf von Wohnwagen reich geworden war. 1967 tätigte Best versuchsweise eine erste Investition in Crowhursts Electron Utilisation. Man wählte die Form eines Darlehens von 1000 Pfund. Crowhursts unverzagte und immer größere Visionen zogen Stanley Best lange über den Punkt hinaus in ihren Bann, an dem sein praktischer Geschäftssinn ihn hätte aufhalten sollen.

5

John Ridgway segelte am Samstag, dem 1. Juni 1968, um 11.38 Uhr von der abgelegenen Arran-Insel Inishmore, 40 Meilen vor der Küste von Galway in Nordwestirland, los. Er war der erste Teilnehmer des *Golden Globe Race*, der aufbrach.

Es war ein teuflischer Startplatz. Um dorthin zu gelangen, hatte Ridgway seine kleine 30-Fuß-Yacht von der Werft in Portsmouth in Südengland, wo sie gebaut worden war, fast 1000 Seemeilen weit durch den Ärmelkanal über die Irische See die wilde Westküste Irlands hinaufgesegelt. Ridgway ging viel weiter nördlich in See als alle seine Rivalen – eine merkwürdige Wahl, da ja seine Route nach Süden über den Atlantik führte, also genau in die entgegengesetzte Richtung.

Aber er und Chay Blyth waren nach ihrer monumentalen Ruderfahrt über den Atlantik vor beinahe zwei Jahren in Inishmore an Land gegangen. Ridgway sagte den Reportern, die sich dort versammelt hatten, um über sein Auslaufen zu berichten, dass er sich den Insulanern verbunden fühle, »die so eng mit der See zusammenleben; es sind gute Leute, die wissen, was Leiden bedeutet«. Die Einheimischen erwiderten seine Gefühle. Sie hatten im Hafen von Kilronan eine Tafel aufgehängt, um die Stelle zu markieren, an der er und Blyth an Land gekommen waren, und ihm zu Ehren im Dorfgemeinschaftshaus am Abend vor seinem Start Jigs und Reels getanzt. Aber Ridgway war nicht nur aus sentimentalen Gründen die ganze Strecke bis Inishmore gefahren. Es war eine Entscheidung aus Aberglauben. Die damit verbundenen Unannehmlichkeiten und geografischen Nachteile waren kaum mit dem harten Pragmatismus

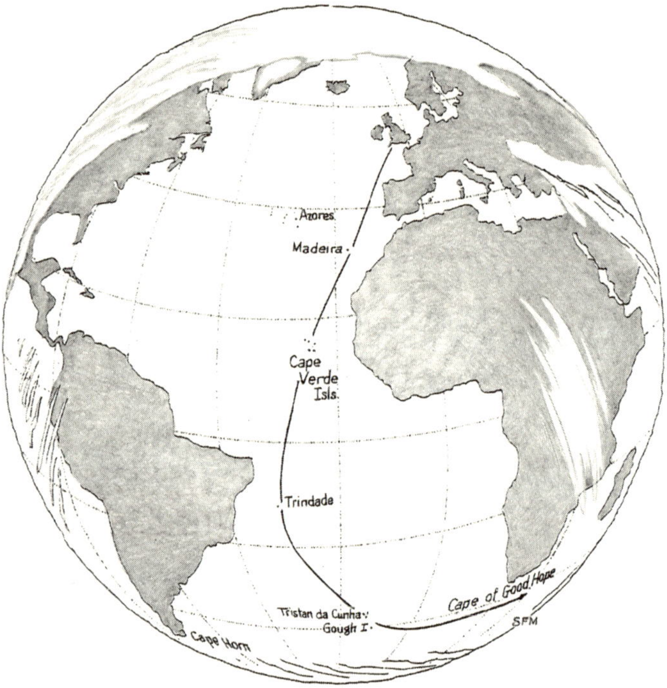

Die Hinfahrt über den Atlantik

seiner Armeeausbildung in Einklang zu bringen. Er erwies sich mit dieser Entscheidung als abergläubisch im klassischen Sinne, wie es all die Seeleute sind, die keine Fahrt an einem Freitag beginnen oder die ihr Messer in den hölzernen Mast treiben und dadurch den Wind herbeirufen, wenn sie in einer Flaute festsitzen. Er hatte den weiten Weg nach Inishmore in Kauf genommen, um dort sein Glück zu suchen.

Aber bereits einige Minuten nach dem Start wendete sich das Glück gegen ihn. Ein Kameraboot der BBC kam bei dem Versuch, die Konkurrenz von ITN auszumanövrieren, der *English Rose IV* zu nahe und rammte deren Heck. Ridgway, der ohnehin ziemlich nervös war und sich angesichts der Kameras und begeisterten Zuschauer Mühe gab, Haltung zu bewahren, verlor die Fassung und beschimpfte das BBC-Team. Anscheinend war aber nichts beschädigt worden.

Ungefähr 20 Minuten später kam das Boot der ITN, ein gecharterter 25-Tonnen-Trawler, der auch seine 23 Jahre alte Frau Marie Christine sowie eine Anzahl von Presseleuten und Förderern seiner Sache an Bord hatte, längsseits an die *English Rose IV* heran, und der Schwell drückte die beiden Boote gegeneinander, sodass alle an Bord des Trawlers ein schweres Rumsen vernahmen. Diesmal war Ridgway so empört, dass er kein Wort mehr hervorbrachte. Sein Schweigen trug ihm die Bewunderung der Reporter auf dem Trawler ein. Sie nahmen es als ein Zeichen bemerkenswerter Souveränität, als eine Andeutung des harten, schweigsamen Stoizismus, mit dem er später auch ernsthafteren Schwierigkeiten begegnen würde.

Der Zusammenstoß zersplitterte die hölzerne Scheuerleiste der *English Rose IV* auf Höhe der Wanten, ein nur oberflächlicher und mehr kosmetischer Schaden, der Ridgway dennoch einiges an Nerven kostete: »Ich schaute das zersplitterte Holz an – und sah mich im Geist schon als Verlierer.«

Ridgway ließ schließlich die ihn bedrängenden Boote in seinem Kielwasser zurück, als er auf den einsamen Atlantik hinaussegelte. Seine Fahrt hatte unter unglücklichen Vorzeichen begonnen – das konnte er nicht mehr vergessen.

Chay Blyth, John Ridgways Partner bei der Überquerung des Atlantiks im Ruderboot, war ein Mann, bei dem der Ulysses-Faktor gewissermaßen mit Händen zu greifen war. Er war das ideale Beispiel dafür, wie dieser Faktor in anderen den Wunsch hervorruft, solch einen Mann an seiner einzigartigen Aufgabe wachsen zu sehen, sich um ihn zu scharen und ihn dazu zu treiben, etwas zu tun, wovon keiner von ihnen selbst auch nur zu träumen wagte.

Chay Blyth war zwar kleiner als sein über 1,80 Meter großer Hauptmann, stämmig und in der Armee von geringerem Rang, aber er war nichtsdestoweniger ein Abenteurer. Er war zäher, hatte mehr Durchhaltewillen und neigte weniger zu Zweifeln und Selbstbeobachtung als Ridgway. Einige Jahre zuvor hatten die beiden zusammen eine kräftezehrende, zweitägige Kanuwettfahrt über 75 Meilen dank Chay Blyths unbeirrbarer Entschlossenheit für sich entschieden. Nachdem sie in dem kalten Wasser gekentert, durch die weiß schäumenden Strudel unterhalb eines Wehrs gewirbelt worden und nur knapp dem Ertrinken entronnen waren, um sich danach mit einer schweren Unterkühlung auseinander setzen zu müssen, hatte Ridgway vorgeschlagen aufzugeben. »Nein! Wir gewinnen«, hatte Blyth geantwortet. Er trieb sie vorwärts, und sie gewannen. Für Ridgway war es eine Erleuchtung zu sehen, in welchem Maß Blyths absolute Entschlossenheit ihre objektive Situation geändert hatte. Vor ihrer Ruderfahrt über den Atlantik waren sie zusammen zum Überlebenstraining in den Wüsten des Nahen Ostens und in der kanadischen Arktis gewesen. Ridgway hatte sich dabei immer ganz gut geschlagen, aber Blyth – Blyth hatte die Entbehrungen geradezu herbeigesehnt.

Später verfolgte der Sergeant mit unwiderstehlichem Neid, wie Ridgway sich zunächst für das *OSTAR* vorbereitete und dann eine Nonstop-Erdumseglung ins Auge fasste. Das schien ihm der großartigste Überlebenstest überhaupt zu sein. Ridgway hatte ein wenig gesegelt und seine Alleinfahrt von 500 Meilen (zum Fastnet Rock) absolviert. Blyth dagegen konnte auf keine einzige Meile Segelerfahrung verweisen. Aber das schreckte ihn nicht; vor seiner Ruderpartie über den Atlantik war Chay Blyth auch kein einziges Mal an Bord eines Ruderbootes gewesen. Wenn er sich entschloss, ebenfalls um die Erde zu segeln, würde niemand auf die Idee kommen, den Mann, der über den Atlantik gerudert war, nach seiner Qualifikation zu fragen. Wenn Ridgway es konnte, dann konnte Blyth es ebenfalls.

Ebenso wie Ridgway wurde Blyth von einer Firma, die darauf brannte, ihre Produkte in einer so heiß umkämpften Regatta erprobt zu sehen, bereitwillig ein Boot angeboten. Es war eine *Kingfisher 30*, getauft auf den Namen *Dytiscus III* und wie die fast baugleiche *English Rose IV* Ridgways ein Doppelkieler.

Es fanden sich Segler, Seefahrer und Experten aller Art ein, um ihn zu instruieren und auf den Weg zu bringen. Als er ihnen gegenüber seinen völligen Mangel an Segelerfahrung zugab, machte ihn niemand darauf aufmerksam, dass es für einen Segelanfänger absoluter Wahnsinn war, auf einem Familienkreuzer mit Kimmkielen die südlichen Ozeane und die Gewässer um Kap Hoorn zu befahren. Sie alle schoben vorsätzlich ihren gesunden Menschenverstand beiseite. Manche äußerten zwar ihre Zweifel hinsichtlich des Bootes, aber dennoch halfen sie alle eifrig mit, Blyth an den Rand eines Abgrunds zu manövrieren, in dessen Nähe sich keiner von ihnen selbst gewagt hätte.

Obwohl sie ihre Boote gleichzeitig und nur eine Viertelmeile voneinander entfernt am Hamble vorbereiteten und einander oft sahen, erzählte Blyth seinem ehemaligen Partner erst kurz vor ihrem Start von seinen Plänen. Er hatte zu viel Angst, dass Ridgway ihm die Frage stellen würde, die ihm sonst niemand stellte: »Was, in Gottes Namen, tust du da eigentlich?« Er konzentrierte sich auf seine Vorbereitungen und bemühte sich nach Kräften, das gewaltige Gewicht der Gründe, die gegen seine Fahrt sprachen, zu ignorieren.

Maureen, Chays Frau, erwies sich als seine eifrigste Sachwalterin und Verbündete. Obwohl ihre Tochter bei seinem Fahrtantritt erst zehn Monate alt war, sah Maureen nur die positive Seite des Ganzen. Sie half ihm bei der Planung, trieb ihn an und beschaffte und verstaute seinen gesamten Proviant. So sorgte sie dafür, dass er sich abwechslungsreich, vielseitig und gesund ernähren konnte. Zu seinen Vorräten gehörten kartonweise Paellas, Konserven mit Haggis und geröstetem Moorschneehuhn und scheinbar endlose Mengen von Smarties, seiner liebsten Nascherei. Auf See aß er besser als die meisten seiner Konkurrenten.

Am Tag seiner Abfahrt – am 8. Juni, eine Woche nach Ridgways Start – erklärte der 27-jährige Blyth einem Reporter der *Sunday Times* seine Gründe, diese Reise anzutreten. »Hier draußen gibt es nur Schwarz und Weiß, und es geht ständig ums Überleben. Das Meer bedeutet mir nicht viel, es geht mir nur um die Herausforderung des Überlebens.«

Kaum einer, der in einem Dingi zu einer nachmittäglichen Segelpartie aus einem Hafenbecken ausläuft, wirft die Leinen mit weniger Erfahrung los, als Chay Blyth sie vorzuweisen hatte, als er zu seiner Weltumseglung aufbrach. Er war so von der Ausrüstung seines Bootes in Anspruch genommen, dass er es nicht – wie er es sich erhofft hatte – schaffte, die 500 Seemeilen allein zu segeln, die die Voraussetzung für eine Teilnahme am *OSTAR* waren. (Die Regeln für das *Golden Globe Race* sahen diese Voraussetzung nicht vor. Um jedem Interessenten die Teilnahme zu ermöglichen, setzte man der Einfachheit halber bei allen Bewerbern ein gewisses Maß an seemännischem Können voraus.) Chay Blyth hatte keine sechs Seemeilen selbst gesegelt, und die auch nur bei denkbar leichtem Wind.

An jenem Samstagvormittag kamen Freunde zu ihm auf die *Dytiscus III*, setzten Segel und richteten die Selbststeuerungsanlage ein, um dann wieder von Bord zu gehen. Andere fuhren ihm in einem weiteren Segelboot voraus, sodass Blyth ihre Manöver nachmachen konnte, als er bei laufenden Fernsehkameras den Hafen verließ. Aber da die Windfahne das Boot steuerte, gab es für ihn nichts zu tun, und er segelte mit den Händen in den Taschen davon.

Doch dann entdeckte er, dass er verloren war. Als zum ersten Mal kein Land mehr in Sicht war, verließen ihn seine hastig erworbenen Navigationskenntnisse. Er wusste nur, dass er sich irgendwo im Ärmelkanal befand und dass der Atlantik westlich davon lag. In diese Richtung lenkte er das Boot. Fünf Tage später sichtete und erkannte er zutreffend die französische Ile de Ouessant am Westende des Kanals. Er fuhr auf den Atlantik hinaus.

Drei Wochen später, am 1. Juli, geriet er jenseits von Madeira in einen nicht jahreszeitengemäßen Sturm und bekam den ersten Eindruck von den Schwerwettereigenschaften des Doppelkielers. Die Selbststeuerungsanlage hielt bei dem Wind das Schiff nicht auf Kurs. Auch Blyths Versuch, das Boot eigenhändig zu steuern, brachte kein besseres Ergebnis. Die beiden flachen Kiele blieben in dem direkt unter der Oberfläche aufgewühlten Wasser ohne Wirkung, und die *Dytiscus III* begann sich unkontrolliert quer zu legen. Eine Welle drückte das Boot zur Seite herum, nahm dem Ruder jede Wirkung, und die nächste traf es dann mit einem furchtbaren Schlag. Das Boot wurde unbeherrschbar. Und nichts, was Blyth tat, schien daran etwas ändern zu können.

> Also strich ich die Segel ... und als sie unten waren, blieb mir nichts anderes zu tun, als zu beten. Also betete ich. Und ab und zu nahm ich eins meiner Segelhandbücher hervor, um nachzuschauen, welchen Rat es für mich bereithielt. Es war wie in der Hölle – Gebrauchsanweisung inklusive.

Die beiden Fallschirmspringer waren bereits unterwegs, als sich für Robin Knox-Johnston ebenfalls der Tag der Abreise näherte. Er hatte gehofft, am 1. Juni Segel setzen zu können, dem frühesten Termin, den die wenigen Regeln des *Golden Globe Race* festgeschrieben hatten, aber die Gründlichkeit und die Schwierigkeiten seiner Vorbereitungen hielten ihn auf. Den größten Teil davon traf er in den Surrey Commercial Docks am Südufer der Themse in den Außenbezirken Londons. Das war ein rauer, aber praktischer Platz, billiger als jeder Yachthafen und nicht weit entfernt vom Haus seiner Eltern in Downe, Kent, wo er wohnte.

Eine der schwierigsten Aufgaben für jeden Alleinsegler ist die Installation der Selbststeuerungsanlage. Wenn Segeln zwangsläufig hieße, Tag und Nacht im Cockpit eines Bootes auszuharren, an der Pinne zu stehen und die Augen nicht von der Kompassrose zu lösen – höchstens einmal zwischendurch blitzschnell unter Deck zu eilen, um sich etwas zu essen zu holen –, würde kaum jemand zum Vergnügen in See gehen. Selbst auf einem voll bemannten Boot ist eine Zweistundenwache am Ruder die belastendste und eintönigste Aufgabe, und so haben die Segler ihre ganze Erfindungsgabe darauf verwendet, Vorrichtungen zu ersinnen und zu bauen, die ihnen diese Aufgabe abnehmen. Heutzutage werden auf den meisten Yachten batteriebetriebene Autopiloten benutzt, aber die dazu nötigen Batterien gab es 1968 noch nicht, und die Teilnehmer am *Golden Globe Race* hätten diese Vorrichtungen nicht verwenden können, ohne große Generatoren und gewaltige Treibstofftanks mitzuführen. Sie verwendeten stattdessen mechanische, vom Wind angetriebene Selbststeuerungsanlagen. Sie sehen aus wie Wetterfahnen und sind selbst bei leichtestem Wind in der Lage, ein Boot ungefähr auf Kurs zu halten. Wind ist frei verfügbar, und eine Einrichtung, die ihn auf solch geschickte Weise ausnutzt, muss uns wie ein glücklich ersonnenes Wunder erscheinen. Es überrascht daher nicht, dass die Segler und vor allem die Alleinsegler dazu neigen, ihre Windfahnen zu vermenschlichen, ihnen Spitznamen zu geben und sie voller Zuneigung – und manchmal voller Ärger – anzusprechen.

Diese Steueranlagen arbeiten nach einem einfachen Prinzip: Die an einer senkrechten Achse wie ein Wetterhahn drehbare Windfahne ist mit einer schmalen Trimmklappe verbunden, die an der Achterkante des Ruders sitzt wie eine Landeklappe an der Tragfläche eines Flugzeugs. Wenn das Boot auf Kurs ist, wird die Windfahne so eingestellt, dass ihre Vorderkante genau in den Wind zeigt und sie ihm möglichst wenig Widerstand entgegensetzt. Wenn das Boot vom Kurs abkommt, wird die Windfahne gleichzeitig aus dem Wind gedreht. Der jetzt etwas seitlich auftreffende Wind dreht sie um ihre Achse, und diese Bewegung wird durch ein Gestänge auf die Trimmklappe übertragen, die das Boot zurück auf seinen ursprünglichen Kurs bringt. Die Konstruktion einer solchen Vorrichtung kann roh und billig oder auch elegant und kostspielig sein, aber der zugrunde liegende Plan ist in jedem Falle einfach, hat sich auf See als robust bewährt und ist für den Alleinsegler, dem eine Fahrt über Zehntausende Seemeilen bevorsteht, ein lebenswichtiger Teil der Ausrüstung.[6]

Normalerweise wird die Selbststeuerungsanlage am Heck eines Bootes direkt über dem Ruder angebracht. Auf der *Suhaili* war dies allerdings nicht möglich, weil hier Besansegel und Besanbaum nach

[6] So funktionierten die Selbststeuerungsanlagen mit Trimmklappen. Moderne Windfahnen bedienen sich oft eines etwas anderen Prinzips.

hinten über das Ruder hinausragten und sich mit einer Windfahne an dieser Stelle nicht vertragen hätten. Knox-Johnston entwarf schließlich eine eigene Vorrichtung. Zu beiden Seiten des Bootes waren auf Stahlrohrauslegern zwei Windfahnen angebracht, die miteinander verbunden waren durch auf Rollen zum Heck geführte Leinen. Es war bestenfalls eine Verlegenheitslösung, weil die Ausleger und die Verbindung durch Leinen den Bewegungsraum an Deck einschränkten, allerdings passte sie ganz gut zum etwas ungehobelten Äußeren des Bootes.

Die *Suhaili* war zwar nur zwei Fuß länger als Ridgways und Blyths Boote, aber sie war doppelt so schwer wie diese Doppelkieler. Teilweise war ihr größeres Gewicht auf die massive Teakholzkonstruktion zurückzuführen. Der Trawler, der bei der Ausfahrt Ridgways *English Rose IV* rammte, hätte bei einem Zusammenstoß mit der *Suhaili* selbst eine Beule davongetragen. Der größte Teil ging jedoch aufs Konto eines voluminöseren Rumpfes, den Knox-Johnston mit einer unglaublichen Menge von Proviant und Ausrüstung beladen konnte.

Da er geschieden war und sich niemand um seine einsamen Mahlzeiten Gedanken machte, entschied sich Robin Knox-Johnston kurz entschlossen für die Standardkost des Seglers – Konserven mit Corned Beef und mit gebackenen Bohnen, ein Fraß, den der begeisterte Wochenendsegler von Freitag bis Sonntagabend gern erträgt – und multiplizierte die Tagesration mit garstigen 300 plus x. Diese Kost war ein Spiegelbild des unbeirrbaren Stumpfsinns und der Armseligkeit der englischen Nachkriegsernährung, deren Kantinenversion Knox-Johnston jahrelang an Bord britischer Handelsschiffe zu sich genommen hatte. Er belud die *Suhaili* mit über 1500 Dosen, die er vorher allesamt von ihren Papieretiketten befreite, einwachste – damit sie vom Seewasser nicht rostig wurden – und kennzeichnete. Das war das altbewährte Verfahren englischer Segler, um den Verhältnissen auf den nicht ganz dichten Holzbooten Rechnung zu tragen. Seine Vorräte umfassten:

216 Dosen Corned Beef
144 Dosen Schmorfleisch
48 Dosen Würstchen

je 72 Dosen Gartenbohnen, Feuerbohnen, Möhren und Mischgemüse
144 Dosen Heinz' gebackene Bohnen
48 Dosen Heinz' Spaghetti in Tomatensoße
216 Dosen Kondensmilch
40 Dosen Schmelzkäse

Dazu kamen noch Dosen mit Obst, Marmelade, Salatdressing, Kochfett und Suppe und viele, viele andere mehr.

Um alles verstauen zu können, riss Knox-Johnston im Vorschiff der *Suhaili* die Kojen heraus und baute Regale und Schränke ein. Weiterer Proviant wurde in 20-Liter-Behälter gepackt, bis schließlich Krüge, Tonnen und Kisten mit fester und flüssiger Nahrung den gesamten Boden zwischen den Kojen der Hauptkabine bedeckten, sogar ins Cockpit gezwängt waren und schlicht jeglichen verfügbaren Raum des Bootes ausfüllten. Außerdem nahm er das Warenlager eines kleineren Schiffsausrüsters an Bord, mit Werkzeugen, Ersatzsegeln, Tauwerk, Drähten für das Rigg, Ankern, Kanistern voller Petroleum, Diesel und Benzin und Ersatzteilen für alle Vorrichtungen an Bord. So war sein Schiff für einen nahezu unbegrenzten Aufenthalt auf See vorbereitet.

Obwohl er eine Leseratte war, waren Knox-Johnstons Kenntnisse der Klassiker doch eher rudimentär. Jetzt bot sich ihm die Gelegenheit, etwas nachzuholen; das unwahrscheinliche »eines Tages« stand plötzlich unmittelbar bevor. Dr. Ronald Hope vom Seemännischen Bildungsdienst (Seafarer's Education Service) versorgte ihn mit einer ganzen Bootsladung von Werken wie *Tristram Shandy*, *Jahrmarkt der Eitelkeiten*, *Krieg und Frieden*, *Schuld und Sühne*, *Tom Jones*, *Clarissa*, *Geschichte der westlichen Philosophie* und Einführungen wie *Schach kurz gefasst*, *Wirtschaft leicht verständlich* und *Elementare Rechenkunst*. Er nahm noch vieles mehr mit, und es war alles – genau wie seine Kost – ausnahmslos grundsolide.

Außerdem besorgte er sich einen Fernkurs für das Examen des Instituts für Verkehr und Transport. Es war eine bewusste Entscheidung, seinem Geist zusätzliche Beschäftigung zu verschaffen. Vom gleichen Geist beseelt, schickte ihn sein Sponsor, die *Sunday Mirror*, zu einem Psychiater, damit sein geistiger Zustand vor und nach seiner Fahrt verglichen werden konnte. Der Psychiater erklärte ihn für »beunruhigend normal«.

Seine »Normalität« war für den Psychiater zweifellos beunruhigend, aber die Diagnose ging auf elementare Weise fehl. Normale Menschen treibt es nicht dazu, allein und ohne zwischendurch irgendwo an Land zu gehen, um die Welt zu segeln. Sie halten nicht mitten im Leben inne und stürzen sich unter zielstrebiger Aufbietung all ihrer Kräfte und unter Mobilisierung sämtlicher verfügbarer Ressourcen in ein haarsträubendes Abenteuer, das niemals zuvor versucht worden ist und ihnen gute Aussichten eröffnet, bald ums Leben zu kommen. In diesem Sinne dürfte daher kein Teilnehmer des *Golden Globe Race* als normal gelten. Aber Knox-Johnston schien der Einzige unter seinen Mitbewerbern zu sein, auf dessen aufrechte Persönlichkeit nicht die Spur eines Schattens der Introspektion fiel. In einer heiteren Welt, in der der Mensch nicht danach beurteilt wird, ob er von einem hypothetischen Standard abweicht, mochte er wohl als normal gelten.

Am 3. Juni lief er mit der *Suhaili* aus den Surrey Commercial Docks aus. Vom Ufer winkte ihm seine fünfjährige Tochter Sarah zu, die aus seiner in Indien zerbrochenen Ehe hervorgegangen war. Seit seiner Rückkehr aus England hatte er sie recht gut kennen gelernt, und sie hatten das letzte Wochenende zusammen an Land verbracht. Für ihn war es ein schmerzlicher Moment, und er konnte nur hoffen, dass es für die Kleine nicht allzu schlimm sein würde. Aber sie war es gewohnt, dass er sich für längere Zeit verabschiedete, und so konnte er noch mit Erleichterung beobachten, dass sie aufhörte zu winken, um mit ihrem kleinen Radio zu spielen.

Die *Suhaili* bot ein merkwürdiges Bild, während sie vom Ebbstrom hinaus in die Themsemündung getragen wurde: Mit ihren zwei Windfahnen (die Knox-Johnston der besseren Sichtbarkeit halber signalorange gestrichen hatte) auf den Stahlauslegern beidseits des Rumpfes wirkte sie wie ein merkwürdiges, selbst gebautes Fischerboot. Und beladen mit einem Jahresvorrat an Proviant und Trinkwasser lag sie tief im Wasser und bewegte sich träge; die schon zuvor langsame Rumpfform war noch langsamer geworden. Knox-Johnston konnte nur darauf hoffen, dass sie etwas an Geschwindigkeit und Elan zulegen würde, wenn er in die südlichen Ozeane kam und sich langsam durch seine Ladung gegessen hatte.

Er hatte noch eine dreiköpfige Mannschaft an Bord, darunter Bruce Maxwell, einen Reporter vom *Sunday Mirror*, und einen Fotografen vom gleichen Blatt, die ihm auf einem der gefährlichsten Abschnitte seiner gesamten Fahrt helfen sollte: Im Ärmelkanal, auf dem sich der Schiffsverkehr derart drängt, dass er in der Straße von Dover auf Radarschirmen kontrolliert und gelenkt werden muss wie der Flugverkehr vom Kontrollturm eines Flughafens aus. Die *Suhaili* war nach Falmouth in Cornwall unterwegs, dem westlichsten der etwas größeren Häfen in Südengland, von dem aus im Zeitalter der Segelschiffe viele große Reisen ihren Ausgang genommen hatten, weil er leichten Zugang zum offenen Atlantik bot. Dort sollte die Fahrt der *Suhaili* offiziell beginnen. Falmouth, ein schönes Städtchen, das sich in der weiten Mündung des Flusses Fal zwischen grüne Hügel schmiegt, ist seit alters her vom Meer und der Schifffahrt geprägt. Es ist ein guter Platz, um an einem Boot in letzter Minute noch etwas zu richten, und ein Glück verheißender Hafen, um auf große Fahrt zu gehen.

Knox-Johnston und seine Crew erreichten Falmouth am 9. Juni. Dort verbrachten sie fünf meist chaotische Tage im Hafen, um sich um eine Unmenge letzter Details zu kümmern.

Er startete schließlich am 14. Juni (eine Woche nach Chay Blyth) zu seiner Erdumseglung und lieferte damit einen weiteren Beweis, wie weit er von echter Normalität entfernt war: Es war ein Freitag. Damit setzte er sich bemerkenswerterweise über einen alten seemännischen Aberglauben hinweg. Glück ist ein anerkannter, aber nicht genau bestimmbarer Faktor auf See. Knox-Johnston glaubte offensichtlich, dass er seines machen würde. Er war bereit, das Wetter war günstig, sein Boot war langsam, und er wollte keinen einzigen Tag mehr verschwenden. Also setzte er Segel und legte ab.

»Der Seemann mit Flinte und Bibel ist auf See«, berichtete die *Sunday Times* und führte aus, dass ihm sein Vater – ein Kirchenvorsteher – unmittelbar vor seinem Start in Falmouth 100 Schuss .303-Munition für die Flinte, die er an Bord mitführte, übergeben hatte, und dass der Hafenkaplan ihn mit in das Städtchen genommen habe, um ihm Ersatz für die Bibel zu besorgen, die Knox-

Johnston zu Hause hatte liegen lassen. Die *Suhaili* sehe unter Deck »noch etwas versumpft aus«, erklärte Knox-Johnston den Reportern. Die bescheinigten dem Boot im Übrigen, dass seine primitiven Auslegerwindfahnen es wie einen »schlingernden Fischtrawler erscheinen ließen«. Und ein Hafenbeamter mit trockenem Humor, der die nordischen Vorläufer der *Suhaili* entweder kannte oder vermutete, stellte fest, dass es sich bei dem Boot um einen »echten alten Eisbrecher handelte. Wenn es mit England kollidierte, würde ich mir Sorgen um England machen.«

Barkassen mit Presseleuten und seiner Familie folgten der *Suhaili* noch ein paar Seemeilen und machten dann wieder kehrt. Es wehte ein schwacher Nordost, und das Boot entfernte sich in südwestlicher Richtung gemächlich vom Land. Während seiner ersten Nacht auf See – mitten im Verkehr der Schiffe, die sich in den Ärmelkanal einfädelten – döste er mit einem Leuchtsignal in den Händen im Cockpit, jederzeit bereit, seinen Kurs zu ändern und ein anderes Schiff auf seine Anwesenheit aufmerksam zu machen.

Die erste Woche auf See erwies sich als enttäuschend. Der Wind blieb schwach, und die schwer beladene *Suhaili* legte Etmale von 77, 80, 52, 38, 67, 87 und 100 Seemeilen zurück. Allerdings waren die Etmale von Ridgway und Blyth, den im Vergleich zu Knox-Johnston wesentlich unerfahreneren Seglern, im gleichen Wetter noch geringer. Ohne dass einer der drei es ahnte, holte Knox-Johnston langsam auf.

Am Sonntag, dem 30. Juni, brachte die *Sunday Times* eine ganze Seite über das *Golden Globe Race*. Ein neuer Wettbewerber wurde vorgestellt: Nigel Tetley, 45, Lieutenant Commander (Korvettenkapitän) der Royal Navy. Er hatte keinen Sponsor und plante im September mit dem Trimaran an der Regatta teilzunehmen, auf dem er und seine Frau wohnten.

Der Artikel beschrieb kurz alle Teilnehmer und ihre Boote. Und zitierte Sir Francis Chichesters Hoffnung, dass jeder Teilnehmer des Rennens angemessen über die nötige Ausrüstung und Bevorratung und die ihm bevorstehenden Bedingungen instruiert werden würde:

»Wir können niemanden aufhalten, der zur Teilnahme entschlossen ist, aber wir können dafür sorgen, dass er weiß, was ihn erwartet.«

Das wäre eine gute Idee gewesen, aber weder Sir Francis noch irgendein Offizieller des *Golden Globe Race* instruierte oder beriet die Männer, die an den Start gingen. Die *Sunday Times* schickte seine Reporter lediglich aus, um darüber zu berichten, was die einzelnen Segler sagten oder taten, und bemannte natürlich Kameraboote, die dann mit der Konkurrenz um die günstigsten Positionen rangelten. Und dennoch scheute sich die Zeitung nicht, diejenigen zu ermahnen, die sie für mangelhaft instruiert hielt:

> Drei Segler sind bereits von England aus gestartet – schlecht beraten, denn die meisten erfahrenen Segler sind sich einig, dass ein im Juni gestartetes Boot auf den südlichen Ozeanen fast unweigerlich schlechte Wetterbedingungen antreffen wird. ... Alle drei [Ridgway, Blyth, Knox-Johnston] sind junge Männer.
>
> Die fähigsten Seeleute – Howell, Commander Bill King, das ehemalige U-Boot-Ass, Loïck Fougeron und Bernard Moitessier, der trockene, ruhige französische Alleinsegler – werden alle im Juli und August starten, um sich der bestmöglichen Wetterbedingungen zu versichern... Commander Nigel Tetley ... wird sich erst im Herbst auf den Weg machen. Daneben gibt es noch einen geheimnisumwitterten Mitbewerber – Donald Crowhurst, einen 35 Jahre alten Hersteller von Navigationsgeräten, der nichts über seine neue Ketsch verlauten lassen will, damit nicht andere Segler einige seiner »revolutionären« Ideen nachahmen. Er ... und Tetley sind beide erfahrene Segler. Es scheint, dass die jüngeren, unbesonneneren Männer zuerst an den Start gegangen sind.

6

Nur drei Monate zuvor hatte sich ein fünfter Segler – wenn man Bernard Moitessier, der in Toulon seine Vorbereitungen traf, mitzählte – zur Teilnahme an der Regatta entschieden.

Am Sonntag, dem 17. März 1968, lag die englische Südküste in winterlicher Kälte. Nigel Tetley und seine Frau Eve lasen daheim im Bett die Zeitung. Ihr Zuhause war ein Trimaran von 40 Fuß Länge im Hafen von Plymouth. Ständig an Bord ihres Trimarans zu leben, war nicht so unbequem, wie es vielleicht auf einem gleich langen Einrumpfboot gewesen wäre: Die *Victress* war immerhin 22 Fuß breit, sodass die Wohnfläche mit der eines kleinen Landhäuschens vergleichbar war. An jenem Sonntag sorgte ein kleiner Kohleofen für Wärme in der Kajüte. Tetley, 44, Kapitän der Royal Navy, hatte kein ganzes Jahr mehr bis zu seiner Pensionierung, und Eve, seine zweite Frau, unterrichtete Geografie an einer Schule in Plymouth.

Während Eve eine der Zeitungen durchblätterte, fiel Tetley in der anderen eine Schlagzeile auf: »Wettfahrt rund um die Welt.« Er vertiefte sich in den Artikel der *Sunday Times* und machte sich mit den Details des *Golden Globe Race* vertraut.

Tetley hatte schon einmal daran gedacht, allein um die Welt zu segeln, dann aber vor zwei Jahren Eve kennen gelernt und wie viele verhinderte Einhandsegler seine Vorstellungen von einsamen Abenteuern begraben.

Doch jetzt staunte er über sich selbst. Der Bericht über dieses Rennen rührte bei ihm an eine Zwangsvorstellung, die stärker war, als er es für möglich gehalten hatte. Er wusste auf der Stelle, dass er dabei sein wollte.

Er schob die Zeitung zu Eve auf die andere Seite der Koje, damit sie den Artikel las. Als sie damit durch war, fragte er nur: »Lässt du mich gehen?«

Nachdem sie ihren Ehemann lange angeschaut hatte, sagte Eve: »Ich möchte nicht versuchen, dich aufzuhalten.«

Die Zeit für die Vorbereitung eines solchen Unternehmens war bereits knapp, und Tetley machte sich unverzüglich an die Arbeit. Wie Commander Bill King und Robin Knox-Johnston glaubte er die besten Chancen zu haben, wenn er sich ein Boot speziell für dieses Rennen zeichnen und bauen ließ. Seine *Victress* war kein Boot für solch ein Unterfangen, sondern eine inzwischen fünf Jahre alte Fahrtenyacht, auf der man komfortabel leben konnte. Tetley hatte sie 1966 mit einer Mannschaft im *Round Britain Race* gesegelt. Dabei hatte sich der Trimaran gut bewährt, und sie hatten den fünften Platz erreicht. Aber im Sommer in einigen Wochen um die britischen Inseln zu segeln, war mit einer vier- bis fünfmonatigen Fahrt durch die südlichen Ozeane nicht vergleichbar. Er dachte jetzt an etwas ganz anderes, nämlich an einen schnellen, einfachen Trimaran von 50 Fuß Länge, der ihn 10 000 Pfund kosten würde – Geld, das er nicht besaß.

Er schrieb Briefe an mögliche Sponsoren. Den Anfang machte er bei Tetley Tea in der Hoffnung, dass der Firma die Namensgleichheit gefallen würde und die Tatsache, dass das Rennen entlang der alten Teeklipperrouten führte. Aber die Teehändler winkten ab. Er schrieb andere Tee-, Tabak- und Getränkefirmen an – das Ergebnis war stets das gleiche. Er konnte einem Sponsor nichts bieten. Er war nicht wie Ridgway oder Blyth ein bereits berühmter Abenteurer. Er war sicherlich ein besserer Seemann als diese beiden, aber welcher Sponsor hielt schon nach einem fähigen, jedoch gänzlich unbekannten Segler Ausschau.

Sein zweites Problem war, dass er gar nicht kurzfristig aufbrechen konnte. Tetley stand immer noch im aktiven Marinedienst, glaubte aber, dass die Navy ihn möglicherweise bereits im September, fünf Monate vor seinem offiziellen Pensionierungsdatum, ziehen lassen würde. Dann könnte er noch vor Ablauf der von der *Sunday Times* gesetzten Frist bis 31. Oktober starten, läge damit aber bereits deutlich hinter dem Feld der Mitbewerber. Er hätte dann nur noch eine Siegchance: schneller zu sein als alle anderen – und das schien mit einem Trimaran möglich.

Gegen Ende März brachen die Tetleys, während sie auf Antworten der prospektiven Sponsoren warteten, mit Nigels beiden Söhnen aus erster Ehe zu einer kurzen Kreuzfahrt an Bord der *Victress* auf. Beim Versuch, unter widrigen Windverhältnissen im Hafen von Penzance in Cornwall anzulegen, wurde eine Sektion des Backbordbugs der *Victress* beschädigt. Alle Bootswerften am Ort waren vollauf damit beschäftigt, Boote für das Osterwochenende vorzubereiten. Der Einzige, den Tetley schließlich für die Reparatur auftreiben konnte, war ein Sargschreiner.

Seeleute neigen verständlicherweise zum Aberglauben. Wenn sie sich auf See begeben, bleibt viel gesellschaftlicher Ballast an Land zurück. Auf ihrer Fahrt begleiten sie die Sternschnuppen über ihren Köpfen, das Phosphoreszieren in ihrem Kielwasser und alle möglichen Formen und Gestalten, die sich auf dem Meer und am Himmel abzeichnen. Allzu leicht und verständlicherweise kommt dann Furcht auf. Seeleute sind grundsätzlich sorgfältige und gewissenhafte Techniker, basteln endlos an ihren Fahrzeugen herum, um sie seegängig zu halten, aber wenn sie alles getan haben, was ein Mensch tun kann, dann nehmen sie sehr schnell Zuflucht zum Gebet. Es gibt viele Gebete, die ihnen aus der Seele sprechen und die wie Psalm 107 sicherlich von einem Seemann verfasst sind.

Die mit Schiffen auf dem Meere fuhren und trieben
  ihren Handel auf großen Wassern,
die des Herrn Werke erfahren haben und seine Wunder
  auf dem Meer,
und wenn er sprach und einen Sturmwind erregte,
  der die Wellen erhob,
und sie gen Himmel fuhren und in den Abgrund sanken,
  dass ihre Seele vor Angst verzagte,
dass sie taumelten und wankten wie ein Trunkener
  und wussten keinen Rat mehr,
und dann zum Herrn schrien in ihrer Not, und er führte
  sie aus ihren Ängsten

und stillte das Ungewitter, dass die Wellen sich legten
und sie froh wurden, dass es still geworden war und er sie
zum erwünschten Lande brachte.

Gebete mögen Trost spenden, sie mögen sogar wirken. Aber als zusätzlichen Rückhalt verfügt der Seemann über eine große Seekiste von Aberglauben aller Art, von Riten und Beschwörungen, die seit Homers Zeiten überliefert sind. Manche davon sind sehr spezifisch: Trete eine Reise nie an einem Freitag an; pfeife niemals an Bord, außer um Wind herbeizurufen, wenn Flaute ist; und lasse Neptun bei jeder Überquerung des Äquators ein Trankopfer zukommen. Eine Vorsichtsmaßnahme sollte eigentlich für alle selbstverständlich sein und nicht nur für den alten Fahrensmann: Lasse dein Schiff niemals von einem Sargschreiner ausbessern. Aber Tetley zeigte sich nicht beunruhigt und erteilte dem Sargschreiner den Auftrag.

Nachdem er einen ganzen Stapel ablehnender Antworten von seinen erhofften Sponsoren erhalten hatte, entschied Tetley – ebenso wie es Knox-Johnston getan hatte –, dass er, wenn er überhaupt fahren wollte, das ihm zur Verfügung stehende Boot benutzen musste, also die gerade eben reparierte *Victress*. Aber trotzdem musste er Geld auftreiben, um die Ausrüstung seines Bootes für die Fahrt zu bezahlen.

Erst in der dritten Juniwoche, nachdem die ersten drei »unbesonnenen« jungen Männer bereits auf See waren, gab er seine Absicht zur Teilnahme (ohne Sponsor) der *Sunday Times* bekannt. Ein Reporter und ein Fotograf kamen nach Plymouth, um den jüngsten Mitbewerber zu interviewen und zu fotografieren. Tetley bemerkte gegenüber den Journalisten, dass er und Eve beim Segeln gern klassische Musik hörten, und er führte ihnen das Stereobandgerät des Trimarans vor. Daraufhin riet der Reporter ihm, sich doch nach einer Schallplattenfirma als Sponsor umzusehen.

Am folgenden Wochenende, am 23. Juni, brachte die *Sunday Times* unter der Überschrift: »Rund um die Welt mit 80 Symphonien« einen Artikel mit einem Foto von Tetley und dessen Frau Eve, offensichtlich sympathischen Menschen, die lachend am Esstisch der *Victress* sitzen. In dem Artikel wird auch erwähnt, die Tetleys hätten die Liebe zur Musik gemeinsam und der Kapitän werde sich in der Hoffnung auf einen Sponsor aus der Musikszene »auch nicht daran stören, unter dem Spitznamen ›Mit-80-Symphonien-um-die-Welt‹-Seemann zu segeln«.

Richard Baldwyn, der Leiter von Music for Pleasure, einer Gesellschaft, die Musikkassetten vertrieb, las den Artikel auf dem Rückflug von Südfrankreich nach England. Als die Maschine England erreichte, gab der Pilot ein Problem mit dem Fahrwerk bekannt: Es ließ sich nicht ausfahren. Baldwyn sandte ein Stoßgebet zum Himmel: Wenn er jemals wieder festen Boden unter die Füße bekäme, würde er den Musikliebhaber Tetley sponsern. Das Flugzeug landete sicher, und Tetley hatte seinen Sponsor.

Er und Eve verwendeten all ihre freie Zeit darauf, die *Victress* in den Millbay Docks von Plymouth vorzubereiten. Da sie beide tagsüber arbeiteten – Tetley war immer noch im Marinedienst und würde nicht vor dem 1. September entlassen werden –, blieben ihnen dazu nur die Nachmittage und die Abende.

Eve kümmerte sich sehr sorgfältig und unter Berücksichtigung von Nährwert, Abwechslung und Schmackhaftigkeit um Tetleys Kost. Sie bereicherte das unvermeidliche Corned Beef und die übrige Basisdiät der Seeleute um Konserven mit gebratener Ente, gebratener Gans, Hasenpfeffer, geräuchertem Truthahnfleisch, Wild, gebratenen Fasanen und einer gewaltigen Auswahl an Fisch und Meeresfrüchten, zu der auch Tintenfisch und Regenbogenforelle gehörten.

Plymouth hat einen großen Naturhafen, die Heimstatt der britischen Kriegsmarine, der ideale Platz, um ein Schiff gleich welcher Art für die große Fahrt auszurüsten. Schon bald gesellten sich drei weitere Teilnehmer des *Golden Globe Race* zu Tetley. Der Erste davon traf an einem Julitag ein. Als sich das Schleusentor der Millbay Docks öffnete, sah Nigel Tetley eine irgendwie ungeschlacht wirkende Stahlketsch ins Hafenbecken segeln. Sie war mit keiner Yacht vergleichbar, die er bisher zu Gesicht bekommen hatte. Alles an ihr war von geradezu brutaler Zweckmäßigkeit: Telefonleitungsmasten dienten als Maste, ein Stahlrohr als Bugspriet, nirgendwo gab es Holz zu polieren, alles war schlicht gestrichen – das Einzige, was etwas Wärme vermittelte, war das Feuerwehrrot des Rumpfes. Eine drahtige, muskulöse Gestalt stand auf dem Vorschiff und drehte sich eine Zigarette, während das Boot langsam und wie von selbst in das Hafenbecken segelte. Tetley grüßte den Neuankömmling und fragte nach dem Namen des Schiffes.

»*Joshua*«, lautete die Antwort. Bernard Moitessier war angekommen.

In den folgenden Wochen machten noch zwei weitere Boote, Loïck Fougerons Stahlkutter *Captain Browne* und Bill Kings brandneuer, leichter, glatter, kaltverleimter Schoner *Galway Blazer II* mit dem Dschunkenrigg, neben der *Victress* und der *Joshua* im Hafenbecken fest.

Fougeron, ein 42-jähriger Bretone, der in Casablanca eine Motorradfabrik leitete, war mit Bernard Moitessier befreundet. Er war mit ihm an Bord der *Joshua* von der marokkanischen Küste zu den Kanaren gesegelt und stand zweifellos sehr unter dem Einfluss des Superstars der französischen Segelszene. Fougeron hatte ein brauchbares Schiff, ein 30-Fuß-Boot mit Stahlrumpf, das auch Moitessiers Billigung gefunden hätte. Bevor er die *Captain Browne* von Toulon, wo er sie in der Nähe von Moitessiers *Joshua* ausgerüstet hatte, nach Plymouth segelte, hatte Fougeron über so gut wie keine Erfahrung im Alleinsegeln verfügt.

Die vier Segler ließen schnell alle Rivalität hinter sich. Sie inspizierten miteinander ihre Boote, tauschten bereitwillig Informationen aus, aßen zusammen und sprachen über ihr Rennen. Es entstand eine Kameradschaft wie zwischen Soldaten, die auf ihren Kriegseinsatz warten.

7

Mitte Juni, zwei Wochen nach seinem Start, näherte sich John Ridgway Madeira. Dort war ein Treffen mit Bill Gardner, einem Journalisten seines Sponsors *The People* verabredet, um Briefe und Fotografien zu übergeben. Er kam gut voran, aber seine Stimmung war durchweg schlecht. Die Einsamkeit, an die sich die meisten Alleinsegler schnell gewöhnen, war für Ridgway nur immer bohrender geworden. Sein mit einer Handkurbel betriebenes Lifeline-Funkgerät, das gleiche Modell, das sich bei der Atlantiküberquerung im Ruderboot bewährt hatte, funktionierte nicht mehr. Ohne die Möglichkeit, Nachrichten nach Hause zu senden und von dort zu empfangen, wuchs seine Einsamkeit noch. An Land war er ein zwanghafter Esser, aber jetzt ließ ihn sein Appetit im Stich, und er musste sich zwingen, die für ihn von der Firma Horlick zusammengestellten Tagesrationen zu bewältigen. Darüber hinaus hatten die Kollisionen ganz zu Beginn seiner Fahrt eine unergründliche Quelle der Angst in ihm freigelegt. Er vertraute seinem Logbuch an, dass er jetzt neben dem ständigen Ächzen, wie es für ein Boot auf See normal ist, ein »Unheil verheißendes Quietschen« von der Seite des Bootes höre, die von dem Trawler gerammt worden war. Ridgways Vertrauen in sich selbst und in sein Boot schmolz dahin.

Am 16. Juni, einem Sonntag (zwei Tage nach Robin Knox-Johnstons Start in Falmouth), erhob sich Madeiras gebirgiges Profil vor ihm aus dem Meer. Fischer winkten Ridgway aus ihren kleinen Booten zu. Als er näher kam, nahm das Land eine grüne Farbe an, und er konnte die in Terrassen angelegten Felder erkennen. Aber als er sich am Nachmittag der Nordwestecke der Insel näherte, wo er mit Bill Gardner verabredet war, frischte ein starker lokaler Wind auf und trieb ihn von Land weg. Er kürzte die Segel und drehte für die Nacht bei.

Am nächsten Tag machte Gardner, der sich ein Boot gechartert hatte, Ridgway und dessen *English Rose IV* ausfindig. Die Männer winkten einander zu und benutzten zunächst Megafone, aber dann war Gardners Boot dicht genug herangekommen, um normal sprechen und sogar scherzen zu können.

»Ich warte schon seit zehn Tagen«, sagte Gardner.

»Das will ich glauben. Am Strand in der Sonne.«

Einige kostbare Minuten lang hatte Ridgway die Gesellschaft, die er so schmerzlich vermisste.

Mittels wasserdichter Kanister, die sie an einer Leine durchs Wasser zogen, schickte er Gardner einen Packen mit Tagebüchern, Filmen und Bandaufnahmen hinüber. Gardner revanchierte sich mit Briefen, Zeitungen sowie in Madeira gekauften Lebensmitteln: Brot, Käse, Sardinen und Bier. Sie sprachen über das Rennen, und Gardner erzählte ihm, wann Chay Blyth und Robin Knox-Johnston in See gegangen waren.

Und schon war es wieder Zeit, auseinander zu gehen. Ridgway bat Gardner, Marie Christine liebe Grüße zu bestellen und seiner Tochter Rebecca, die noch ein Säugling war. Schließlich vereinbarten die Männer noch, dass sie sich im Oktober in dreieinhalb Monaten vor dem Städtchen Bluff in Neuseeland wiedertreffen wollten. Dann fuhr Gardners Motorboot davon.

Ridgway nahm Kurs auf die hohe See. Nun war er aufs Neue absoluter Isolation ausgeliefert.

Als er später eine Ausgabe der *Sunday Times* las, die Gardner ihm übergeben hatte, entdeckte Ridgway, dass die Regeln des Rennens bezüglich »Aufnahme von Versorgungsgütern« sich auch auf die Post und die eine frische Mahlzeit erstreckten, die er gerade bekommen hatte. Wie lächerlich, dachte er, erzürnt von solcher Kleinlichkeit. Offenbar hatte Gardner, der jetzt streng genommen Ridgway disqualifiziert hatte, genauso gedacht wie er.

Ridgway fuhr verbissen weiter, war aber nach wie vor verzweifelt einsam und unglücklich. Nachdem er sich eines Morgens bei ungünstigem Wind abgekämpft hatte, um ein Segel zu bergen, ging er unter Deck und brach in Tränen aus. Und ihm wurde bewusst, dass er an jedem der letzten 27 Tage irgendwann einmal geweint hatte.

Er fragte sich, warum er sich an dieser Fahrt versuchte und was die anderen Wettbewerber zu ihrem Unternehmen trieb. Als er vor Jahren daran gedacht hatte, das Kanurennen aufzugeben, nachdem sie gekentert waren, hatte sein Partner Chay Blyth äußerste Entschlossenheit gezeigt, nicht aufzugeben, hatte sie weitergetrieben und zum Sieg geführt. Bei ihrer Atlantiküberquerung hatte Blyth dafür gesorgt, dass ihnen der Mut nicht sank. Einmal hatte er während eines fünf Tage anhaltenden Sturms immer wieder gesagt: »Es ist fast vorbei, es wird bald nur noch eine Erinnerung sein.«

Ridgway schrieb später:

> Wann immer es uns wirklich schlecht ging, stimmte Chay die alten schottischen Lieder seiner Kindheit an. »The Road and the Miles to Dundee« verfehlte niemals seine Wirkung auf mich. Er war einfach wunderbar, wenn es wirklich schlimm wurde.

Als sie sich der irischen Küste genähert und befürchtet hatten, dass sie ein Sturm auf die Klippen werfen könnte, hatte Ridgway vorgeschlagen, über das Funkgerät um Hilfe zu bitten. »Wir machen weiter«, hatte Blyth unerschütterlich erwidert.

Jetzt keimte in Ridgway der Verdacht, dass er selbst nicht siegeshungrig genug war.

Ein Seemann wird man nicht, indem man einfach zur See fährt. Man muss auch die Liebe zum Meer in sich entdecken. Ridgway hatte das Meer nichts zu sagen. Er hatte kein Gefühl dafür, liebte die Literatur nicht, die es in den Mittelpunkt stellte, hatte keine Seehelden als Vorbilder. So wie bei seiner Atlantiküberquerung im Ruderboot war das Meer für ihn einfach eine feindliche Umgebung, die man bewältigen und überleben musste, die Fahrt eine Qual, die es auszustehen galt. Ridgways Geist blieb an Land. Er dachte an zu Hause. Er dachte an die Abenteuerschule, die er gern zusammen mit Marie Christine in Schottland eröffnen würde. Er hörte Übertragungen der Cricket Test Matches vom BBC World Service, die ihm seine eigenen Besuche auf Lord's Cricket Ground in London in Erinnerung riefen: »Die großen Tüten mit Kirschen, die langsam auf den Tribünen verzehrt wurden, während weit unten weiße Gestalten über das grüne Gras flitzten... Die Tauben, der verhaltene Applaus, die Tafel mit dem Punktestand – ich sah alles deutlich vor mir.«

Er hielt die *English Rose IV* auf südlichem Kurs, aber sein Herz gehörte nicht mehr seinem Boot und dem Rennen.

Einige hundert Seemeilen im Kielwasser von Ridgway befand sich Chay Blyth in einem ähnlichen Gemütszustand. Auch er hatte Schwierigkeiten, sein Funkgerät zum Senden zu benutzen, sein Boot bereitete ihm Sorgen, und er war einsam. Und er hatte ein weiteres Problem: Er war sich immer noch im Unklaren über seine Position. Nach einem seiner ersten Versuche mit der astronomischen Navigation musste er eigentlich mitten auf einer Insel der gebirgigen Kapverden (deren höchster Gipfel sich auf fast 2000 Meter erhebt) stecken, aber um sich herum sah er nichts als endloses Meer.

Er fragte sich, wie es Ridgway wohl erginge, und setzte neiderfüllt voraus, dass sein ehemaliger Bootskamerad nicht von den gleichen Sorgen und der gleichen Einsamkeit gepeinigt wurde wie er. Aber Blyth kannte Ridgway nur in der Gesellschaft von Blyth. Er hatte keine Vorstellung davon, dass sein vorgesetzter Offizier ohne ihn vor die Hunde gehen würde, ohne die unerbittliche Antriebskraft, die Blyths Persönlichkeit auszeichnete.

Allerdings war die Vorstellung, dass es Ridgway so viel besser ging als ihm, für ihn eigentlich ein Segen – so wie es alle seine Schwierigkeiten waren. Widrigkeiten waren für Chay Blyth so etwas wie ein elektrischer Viehtreiber. Sie spornten ihn an. Seine Reaktion auf schwierige oder verzweifelte Bedingungen war immer genau die entgegengesetzte gewesen wie die von Ridgway.

Ridgway, einem zutiefst introvertierten Mann, war die eigene Tendenz zu Schwäche und Nachgiebigkeit aufs Schärfste bewusst. Er hatte sie zu seiner Schulzeit bekämpft, indem er boxte, und beim Militär, indem er sich dazu zwang, so hart und unempfindlich zu werden, wie es eben ging. Er glaubte, dass es seine eigene Kraft oder

Schwäche war, die ihm Erfolg oder Misserfolg brachte. Er zählte nur auf sich selbst. Chay Blyths Einstellung war weitaus einfacher. Seine Anstrengungen hatten ihre Grenzen, danach lag alles bei Gott. Und Gott stand ihm zur Seite, daran zweifelte er nicht. Wenn er während schlechten Wetters gebetet hatte und das Wetter daraufhin besser geworden war, wusste er warum. »Es hat sich jetzt etwas beruhigt«, schrieb er in sein Logbuch, »nachdem ich dafür gebetet habe, dass sich der Sturm legt. Niemand auf Erden könnte mich davon überzeugen, dass es keinen Gott gibt.«

Verloren und allein mitten auf dem Atlantik, umhergeworfen in seinem schlingernden Wochenendkreuzer, wurden Chay Blyth unweigerlich die Schwächen seines Bootes bewusst. Es war aufgrund seiner Bauform von Hause aus ungeeignet für die südlichen Ozeane. Ihm dämmerte langsam, dass er irgendwann auf dieser Fahrt – wahrscheinlich, wenn er die südlichen Ozeane erreichte – vor der Wahl stehen würde, weiterzufahren, obwohl er auf elementare Weise unvorbereitet und im falschen Boot unterwegs war, oder aufzugeben. Aber trotzdem kämpfte er sich zunächst einmal mit wilder Entschlossenheit weiter. Mit all der Zähigkeit, die er dem jahrelangen Training bei der Armee verdankte, warf er sich beinahe überschwänglich allem in die Arme, was sich ihm entgegenstellte.

Blyth bekam allmählich ein Gefühl für das Meer. Er wurde ein Seemann.

Für Robin Knox-Johnston war es kein Problem, auf See zufrieden zu sein. Er hatte bereits zwei Jahre an Bord der *Suhaili* gelebt, sowohl im Hafen als auch auf See, und fühlte sich auf seinem Boot ganz zu Hause. Schnell und leicht kehrte er zum Rhythmus der Tage auf See zurück, wie er ihn von seiner 10 000-Seemeilen-Fahrt von Indien kannte.

Anders als die meisten Segler – ganz gleich, ob sie allein oder mit anderen unterwegs sind – sprang Knox-Johnston an warmen Tagen gern einmal über Bord, um eine Runde zu schwimmen. Auf See hört die eigene Sicherheit gewöhnlich da auf, wo auch das Boot zu Ende ist, jenseits davon drohen Gefahr und möglicher Tod, deren

Nähe immer scharf empfunden wird. Das führt dazu, dass man meist an Bord bleibt. Die tief aus dem Bauch kommende, blinde Furcht, verloren zu gehen, und die unergründliche Tiefe des Meeres mit all seinen Kreaturen machen es den meisten Menschen unmöglich, leichthin über Bord zu springen, wenn sie die Küste erst einmal hinter sich gelassen haben – selbst wenn vertrauenswürdige und fähige Kameraden an Bord sind. Bei ihrer Ruderfahrt über den Atlantik standen Ridgway und Blyth einmal vor dem Problem, dass einer von ihnen tauchen musste, um zu prüfen, ob das Ruder des Bootes beschädigt war. Es war heiß, die See war ruhig, und dennoch stritten sie den ganzen Tag darum, wer über Bord gehen sollte. Schließlich war Ridgway derjenige, der den Tauchgang unternahm, das Ruder inspizierte und, so schnell er konnte, wieder ins Boot stieg. »Versuch's auch mal, Chay, es ist einfach herrlich«, sagte er grinsend. Blyth sprang also auch ins Wasser und war ebenso schnell wieder an Bord. Keiner von ihnen badete während der Fahrt ein zweites Mal.

Knox-Johnston dagegen war unbesorgt. Er schleppte eine Leine nach und sprang vom Bugspriet aus ins Wasser, schwamm längsseits an der *Suhaili* vorbei, ergriff dann die Leine und zog sich daran wieder an Bord. Das, so glaubte er, hielt ihn fit und sauber.

Für ihn hätte das Ganze auch eine Urlaubsreise sein können.

> Nach dem Schwimmen gönnte ich mir einen gemütlichen Lunch; gewöhnlich bestand er aus Keksen und Käse und bei besonderen Anlässen zusätzlich aus einer eingelegten Zwiebel. Die Nachmittage verbrachte ich wie die Vormittage, arbeitete oder las bis fünf Uhr. Dann ließ ich je nach Gusto alles für ein Bier oder einen Whisky stehen und liegen.

Und in sein Logbuch schrieb er:

> Ich reparierte die Musikkassette von Gilbert O'Sullivan ... und hatte einen wunderbaren Abend. Ich saß im gemütlichen Licht der Kajütlampe und sang mit. Es ist noch nicht kalt genug, um etwas anzuziehen, einfach nur angenehm ... Ich denke, ich werde mir einen Schluck Grant's gönnen. Ich kann mir niemanden vorstellen, mit dem ich zurzeit tauschen möchte.

Er war ein erfahrener Navigator, war als Seemann mit den Wind- und Strömungsverhältnissen auf den Ozeanen vertraut und kam gleichmäßig, wenn auch unspektakulär nach Süden voran. Sein Rückstand auf die beiden segelnden Armeeleute schrumpfte.

Wie alle Alleinsegler musste er sich überlegen, wie lange er schlafen konnte, bevor er zum nächsten Mal Ausschau hielt, ob nicht die Gefahr bestand, von einem größeren Schiff untergepflügt zu werden. Die Wahrscheinlichkeit der Begegnung mit einem anderen Schiff auf See genauer einzugrenzen ist unmöglich. Bis zur Mitte des 20. Jahrhunderts hielten sich die meisten Schiffe an festgelegte Schifffahrtswege, Routen über die Ozeane, auf denen die annehmbarsten Wetter- und Seebedingungen herrschten und die gleichzeitig ökonomisch vertretbar waren. Das von der britischen Admiralität herausgegebene Handbuch *Ocean Passages of the World*, das die Teilnehmer des *Golden Globe Race* alle mit an Bord hatten, ist das Standardwerk, in dem diese bevorzugten Routen für stärker und schwächer motorisierte Schiffe als auch für Segelschiffe verzeichnet sind. Außerdem enthält es Karten dieser Schifffahrtswege.

Die Einhandsegler früherer Zeiten – ebenso wie die schlafhungrigen Mannschaften von knapp bemannten kleinen Segelbooten – konnten diese Autobahnen der Meere vermeiden. Und sie wussten, wenn sie doch einmal einen dieser Wege kreuzten, was sie dort erwartete. Dann mussten sie sich darauf einstellen, einige Tage wach zu bleiben oder mit kürzesten Schlafpausen vorlieb zu nehmen. Kamen sie wieder in wenig befahrene Gebiete, wo ihnen kein Unheil drohte, konnten sie wieder mehrere Stunden hintereinander schlafen und taten das gewöhnlich auch. Aber zur Zeit des *Golden Globe Race* hielten sich die großen Schiffe nicht mehr an die althergebrachten Routen. Die heutzutage immer stärker motorisierten Schiffe können auch gegen vorherrschende Winde und Strömungen ihre Zielhäfen direkt ansteuern. Und von den Küstenstationen des Seefunks werden ihnen optimierte Kurse durchgegeben, die sie um kritische lokale Wettersysteme herumleiten.

Es gab auch Zeiten, da ein Alleinsegler noch hoffen konnte, dass jemand auf einem sich nähernden Schiff ihn bemerken und den Kurs ändern würde, so wie es gesetzlich vorgeschrieben ist, denn ein Fahrzeug unter Segeln hat Vorfahrt vor jedem maschinengetriebenen Schiff. Die Segler konnten früher damit rechnen, dass jedes Fahrzeug, dem sie begegneten, einen Mann auf dem Vorschiff hatte, der in die Dunkelheit spähte, das kleine Licht des Seglers sah und die Brücke benachrichtigte, sodass das Schiff abdrehen konnte. Aber in den sechziger Jahren des letzten Jahrhunderts war das schon zunehmend nicht mehr der Fall. Die Schiffe waren immer größer, ihre Technik war immer ausgefeilter und ihre Besatzung immer kleiner geworden. Ein Supertanker hat vielleicht nicht einmal mehr 20 Mann an Bord, von denen jeweils ein Drittel dienstfrei hat, schläft oder unter Deck einer Freizeitbeschäftigung nachgeht. Nur wenige Reedereien unterhalten auf ihren Schiffen noch einen Ausguck, einen Mann auf dem Vorschiff, der über Funk Verbindung zur Brücke hat. Auf vielen Schiffen, vor allem auf solchen, die unter Billigflaggen fahren, ist man nicht so sorgfältig. Dort verlässt man sich ganz auf sein Radar, und wenn das Radar ein kleines Boot nicht erfasst, ist es eben unsichtbar. Yachten, vor allem solche aus Holz, geben kein gutes Radarecho. Sie sind klein und auf dem Radarschirm oft nicht von den Reflexionen der Seeoberfläche zu unterscheiden – sie sind nicht mehr als eine weitere Welle auf dem Radarschirm. Und wenn ein Segler ein Schiff über Funk anruft, um zu fragen, wie sein Boot auf dem Radar zu sehen sei, stellt sich oft heraus, dass das Radargerät des Schiffes gar nicht in Betrieb ist.

Die Brücke eines großen Tankers kann 400 Meter vom Bug entfernt sein und sich fast 30 Meter über der Wasseroberfläche befinden – es ist etwa so, als ob man von den oberen Stockwerken eines Hochhauses in Miami Beach auf die Straße von Florida hinausblickt. Die Mannschaft auf der Brücke sieht von dort aus alles, was ausreichend groß ist, andere Schiffe etwa, aber ein kleines Segelboot wird oft gar nicht bemerkt. Bei Nacht ist das Positionslicht eines Segelbootes, da es sich nicht hoch genug über der Wasseroberfläche befindet, kaum mehr als einen Kilometer weit zu sehen. Das heißt, wenn es gesehen wird, bleiben wegen der Schwerfälligkeit der großen Schiffe nur noch wenige Minuten, um einen Zusammenstoß zu vermeiden.

Die Krümmung der Erdoberfläche ist, wie man auf See schnell feststellt, ziemlich ausgeprägt. Der Horizont, den man vom Deck einer kleinen Yacht aus sieht, ist ungefähr drei Seemeilen weit entfernt. Ein Schiff, das sich jenseits dieser Drei-Meilen-Grenze befindet, liegt mit seinem Rumpf bereits unterhalb des Horizonts, man sieht davon nur die Aufbauten. Bei mehr als acht Seemeilen Entfernung ist das ganze Schiff unter dem Horizont verschwunden. Dunst, Wolken, Regen oder schwere Dünung an einem sonnigen Tag können die Sicht bis auf wenige Meter reduzieren. Ein Schiff, das 18 Knoten Fahrt macht (das ist vielleicht die Geschwindigkeit eines durchschnittlichen Containerschiffs, viele sind aber schneller) und noch nicht zu sehen ist, wenn der Segler an Deck kommt und sorgfältig die See um sich herum absucht, bevor er wieder nach unten geht, kann, wenn es danach am Horizont auftaucht, eine Yacht etwa 20 Minuten später schon überfahren – und es kann auch schneller gehen.

So ist es auf jeden Fall vernünftig, wenn der Segler versucht, sich von den größeren Schiffen fern zu halten. Daher muss der Alleinsegler etwa alle 15, 20 oder 30 Minuten wach werden, an Deck gehen und sich umsehen – es gibt keine feste Regel, und jeder Alleinsegler macht es etwas anders.

Knox-Johnston, Offizier der Handelsmarine, der auf streng und ordentlich geführten britischen Schiffen sein Handwerk gelernt hatte, vertraute auf rührend altmodische Weise darauf, dass alle Schiffe einen Ausguck besetzt halten. Aber dieses Vertrauen sollte dahin sein, bevor seine Fahrt noch vorüber war. In der Nähe von Küsten und Schifffahrtsstraßen pflegte er im Cockpit zu dösen, stets bereit, wach zu werden und seinen Kurs zu ändern. Mitten auf dem Meer quälten ihn, was diese Frage anbelangte, ebenso wenig Zweifel wie bei seinen Bädern, sodass er, wenn das Wetter gut war und die *Suhaili* seiner Aufmerksamkeit nicht bedurfte, oft für viele Stunden schlief.

Aber auch die *Suhaili* hatte ihre Probleme. Selbst bei ruhiger See lief die Bilge voll Wasser, sodass Knox-Johnston sie zwei Mal am Tag auspumpen musste. Das Boot hatte schon vorher geleckt, auf der Fahrt von Indien und auch auf dem kurzen Schlag von London nach Falmouth. Aber jetzt hatte sich das Problem verschärft. Ein wenig Wasser in der Bilge ist nicht ungewöhnlich und bei Holzbooten, die konventionell über die Spanten beplankt sind, wie es die *Suhaili* war, eigentlich die Regel. Aber die Menge an Wasser, die jetzt in das Boot eindrang, war zu groß, und Knox-Johnston befürchtete, dass dies ein Anzeichen für eine Schwachstelle im Rumpf sein könnte.

Als er südlich der Kapverdischen Inseln in einer Flaute lag, setzte er Tauchmaske und Schnorchel auf, sprang über Bord und tauchte, um das Unterwasserschiff zu inspizieren. Das Problem war sofort deutlich zu erkennen: ein langer Spalt in einer Naht zwischen den Planken direkt oberhalb des Kiels, etwa auf der Höhe, wo im Schiffsinneren der Fuß des Hauptmastes im Kielschwein verankert ist. Und auf der anderen Seite des Schiffes klaffte an der gleichen Stelle ebenfalls ein Spalt. Knox-Johnston konnte beobachten, wie sich der Nahtspalt mit den leichten Rollbewegungen der *Suhaili* öffnete und wieder schloss. Er tauchte wieder auf, kletterte an Bord, zündete sich eine Zigarette an und bedachte das Problem. Er war besorgt wegen der Bodenwrangen – nicht der Bodenbretter, sondern der dicken Bauteile, die die Spanten mit dem Kiel verbanden und die Bolzen aufnahmen, mit denen der schwere Eisenballast am Boden des Bootes befestigt war. Wenn sie nachgaben, konnte das eine Katastrophe heraufbeschwören und im schlimmsten Fall das Auseinanderfallen des Bootsbodens bedeuten. Der größte Teil der Bodenwrangen war mit eingebauten Wassertanks bedeckt, aber Knox-Johnston stocherte in der Bilge herum, inspizierte die Bodenwrangen, die er sehen konnte, und tat, was in seinen Möglichkeiten stand, um sich zu überzeugen, dass damit alles seine Ordnung hatte. Es handelte sich schlicht und einfach um ein Problem der Abdichtung, entschied er – das einzige Problem, mit dem er realistischerweise auch fertig werden konnte.

Nachdem er sich überzeugt hatte, dass das Kalfatern – das Einschlagen zusammengedrehten Wergs in die Nähte und der abschließende Anstrich mit Dichtungsmasse – die Antwort auf seine Schwierigkeiten war, musste er einen Weg finden, wie er das anderthalb Meter unter Wasser fertig bringen konnte. Er band einen Hammer an einer Leine fest und ließ ihn auf Höhe des Schadens an der Bordwand hinunter. Dann ging er über Bord. Zuvor hatte er sich ein dunkles Hemd und eine dunkle Jeans angezogen, um mit dem Weiß seines Körpers nicht unnötig Haie anzulocken.

Die Aufgabe erwies sich aber als so nicht lösbar. Er versuchte, das

Werg in die Nähte zu schlagen, und benutzte dazu einen Schraubenzieher statt des üblicherweise verwendeten Kalfatereisens, aber es blieb nicht in den Nähten und kam jedes Mal wieder heraus, wenn er auftauchte, um Luft zu holen. Nach einer halben Stunde nutzloser Arbeit kletterte er wieder an Bord.

Dann beschloss er, die Wergstränge auf einen langen, schmalen Streifen Leinwand zu nähen, den er danach mit Holzteer bestrich, um ihn steifer zu machen. Dann steckte er Kupferstifte durch das Segeltuch. Er ließ sich wieder an der Bordwand herab, tauchte und hielt den langen Streifen Segeltuch so gegen die Bordwand, dass das Werg in die Naht zu liegen kam, und hämmerte die Kupferstifte in die Planken. Nach mehreren Tauchgängen war das lange Pflaster endlich festgenagelt. Aber für wie lange? Er fürchtete, das Segeltuch würde schnell verschleißen. Es fehlte noch eine widerstandsfähige Schicht darüber. Er schnitt sich einen Streifen Kupfer aus den langen Blechen, die die Techniker von Marconi nach der Installation seiner Funkanlage an Bord zurückgelassen hatten. Durch diesen Streifen Kupferblech, den er unter Wasser über das Segeltuch nageln wollte, schlug er zur Vorbereitung schon an Deck die Stifte.

Aber zuerst machte er sich, um nach zweieinhalb Stunden im Wasser wieder warm zu werden, eine Tasse Kaffee. Während er in der Sonne saß und seinen Kaffee trank, merkte er, dass sich etwas Dunkelgraues dem Boot näherte: ein Hai. Er beobachtete ihn und hoffte, er würde wieder verschwinden. Wenn er ihn tötete, konnte das nur noch mehr Haie anziehen. Als aber der Hai nach zehn Minuten immer noch das Boot umkreiste, holte er seine .303-Flinte heraus, warf etwas Toilettenpapier ins Wasser und wartete. Zuerst schwamm der Hai unter dem Papier durch, drehte dann aber um und stieß zu dem Papier empor. Als sein Kopf über der Wasseroberfläche auftauchte, feuerte Knox-Johnston. Der Hai krampfte sich eine halbe Minute lang wie wild zusammen und versank dann reglos in der Tiefe. Zwei Pilotfische, die mit dem Hai geschwommen waren, lösten sich von ihm und bezogen unter dem Rumpf der *Suhaili* Position. Eine halbe Stunde lang hielt Knox-Johnston Ausschau nach weiteren Haien, aber dann kam ein leichter Wind auf und zwang ihn, seine Arbeit unter Wasser fortzusetzen. Er benötigte noch anderthalb Stunden, um den Kupferstreifen an Backbord über seine Abdichtung zu nageln, und jede einzelne Minute davon rechnete er damit, dass plötzlich eine düstere Gestalt neben ihm auftauchte. Inzwischen hatte der Wind weiter aufgefrischt und trieb die *Suhaili* so schnell voran, dass er die Abdichtung der Steuerbordseite bis zur nächsten Flaute zurückstellen musste. Er war insgesamt vier Stunden lang im Wasser gewesen.

Zwei Tage später lag die *Suhaili* wieder in einer Flaute, und Knox-Johnston konnte auf bewährte Weise die Steuerbordseite abdichten. Danach machte das Boot kaum noch Wasser.

8

Ein Jahr nachdem er Donald Crowhurst 1000 Pfund geliehen hatte, verlangte Stanley Best, der Geschäftsmann aus Taunton, der durch den Verkauf von Wohnwagen reich geworden war, sein Geld zurück. Ihn hatte der schleppende Verkauf des Navicator über die weiteren Aussichten von Electron Utilisation ernüchtert.

In einem Brief vom 20. Mai 1968 antwortete Crowhurst ihm. Er gab zu bedenken, dass die Gesellschaft – anders, als Best jetzt anzunehmen scheine – gewaltig von seiner Teilnahme am *Golden Globe Race* profitieren werde. Er plane, sich einen Trimaran bauen zu lassen, und habe gute Chancen auf den Sieg. Der Trimaran, schrieb er, sei ein neuer und umstrittener Typ von Segelboot, der schon bald zum »Wohnwagen des Meeres« werden würde. Außerdem, fuhr er fort, »ist der Trimaran eine hochgradig geeignete Plattform für Ausrüstung zur elektronischen Prozesssteuerung. Was dazu bisher auf dem Markt ist, funktioniert unbeholfen und nach völlig falschen Prinzipien... Wenn die praktische Brauchbarkeit der Ausrüstung, die ich vorschlage, auf so spektakuläre Weise wie den Gewinn des *Golden Globe* der *Sunday Times* und/oder des ausgesetzten Preises von 5000 Pfund gezeigt werden kann und durch Patente ausreichend geschützt wird, kann an einer schnellen profitablen Entwicklung dieser Gesellschaft keinerlei Zweifel mehr bestehen.«

Was er schrieb, machte Sinn. Den Mehrrumpfbooten gehörte die Zukunft. 1960 hatte Arthur Piver, ein Amerikaner, sich für nicht mehr als 2000 Dollar aus billigem Sperrholz seine *Nimble* gebaut, einen Trimaran von 30 Fuß Länge, und war damit in 28

Tagen von Fall River, Massachusetts, mit einem Zwischenaufenthalt auf den Azoren über den Atlantik nach England gesegelt. Seine durchschnittliche Tagesstrecke hatte 136 Seemeilen betragen. Er hatte nur wenige Stunden länger gebraucht als Eric Tabarly vier Jahre später im *OSTAR* 1964 für seine Nonstop-Rekordpassage von 27 Tagen. 1961 segelte Piver seine 35 Fuß lange Yacht *Lodestar* in 15 Tagen mit durchschnittlichen Etmalen von 150 Seemeilen von Los Angeles nach Honolulu. Das waren für Fahrtenyachten auf hoher See bisher ungeahnte Geschwindigkeiten. In England baute James Wharram die ersten schmalrümpfigen Katamarane in Anlehnung an polynesische Boote und segelte damit über den Atlantik. Allerdings galten diese beiden Pioniere unter den Designern in der Segelszene als Verrückte. Man sprach ihren leichten, ohne Ballast gesegelten Booten langfristig die Seegängigkeit ab. Aber dann schlugen sich im *OSTAR* von 1964 zwei Katamarane gut, und der eindrucksvolle Sieg Derek Kelsalls mit seinem Trimaran *Toria* in der rauen Wettfahrt rund um Britannien 1966 brachte den Meinungsumschwung. Eric Tabarly fuhr einmal auf Kelsalls Trimaran mit und beschloss dann, für das *OSTAR* von 1968 einen eigenen Trimaran bauen zu lassen. Mehrrumpfboote hatten zu viele Vorteile, um sie zu ignorieren: Sie boten einfach mehr für weniger Geld. Da sie viel leichter waren als Einrumpfboote, waren sie billiger zu bauen. Innen groß und geräumig, mit Doppelkojen und großen Kombüsen, segelten sie aufrecht mit sehr wenig Krängung. Ihre Mannschaft fuhr trockener, bequemer und entspannter als auf den traditionellen Segelbooten. Viele Segler, deren Frauen sich nie hatten für das Segeln erwärmen können, stellten fest, dass die Damen sich auf einem Katamaran oder Trimaran wohler fühlten und sich eher für eine kleine Wochenendkreuzfahrt gewinnen ließen. Und die Mehrrumpfboote waren schnell – zwei oder sogar drei Mal so schnell wie ein gleich langes Einrumpfboot. Sie waren die Rennboote der Zukunft.

Mehrrumpfboote hatten allerdings auch einen Nachteil: Ohne den Ballastkiel und die Fähigkeit traditioneller Segelboote, sich selbst wieder aufzurichten, blieben sie liegen, wenn sie erst einmal gekentert waren. Wenn überhaupt, dann waren sie, wenn der Mast ganz untergetaucht war und wie ein leichtgewichtiger Kiel wirkte, noch stabiler als in ihrer ursprünglichen Position. Das geschah nur selten, wenn ein Boot mit zu großer Segelfläche von einer Mannschaft im Rennen zu hart gesegelt wurde. Aber der wichtigste Teil der Ausrüstung, an dem Donald Crowhurst arbeitete, wie er Stanley Best erklärte, und den er in seinem Boot benutzen würde, war ein revolutionärer, elektronisch aktivierter Selbstaufrichtungsmechanismus, der ein solches Kentern verhindern sollte.

Wenn Stanley Best 1968 irgendjemanden nach Trimaranen gefragt hätte, wären ihm die meisten von Crowhursts Behauptungen bestätigt worden. Eine neue Generation von Konstrukteuren und Bootsbauern, die sich den Mehrrumpfbooten verschrieben hatten, machte überall in England mit ihren Booten und deren Hochseetörns Furore. Die englischen Gebrüder Prout stellten mit die größten Katamarane her, und ihre Entwürfe gehörten zu den beliebtesten Europas. Tabarly hatte das Interesse der Franzosen geweckt, die sich ohnehin vielleicht eher auf Änderungen einlassen und von der Ästhetik traditionellen Bootsbaus weniger belastet sind als die Engländer. Schon bald fuhren sie auf ihren Trimaranen und Katamaranen begeistert auf den europäischen Gewässern und über den Atlantik. Mehrrumpfboote waren ein Wachstumsmarkt, und falls Crowhursts Spielereien sich bei einer schnellen Fahrt rund um die Erde bewährten, konnte Electron Utilisation ebenfalls von dem Boom profitieren.

Aber Crowhurst war noch nie auf einem Trimaran gesegelt. Er bezog seine Kenntnisse samt und sonders aus Zeitschriftenartikeln. Angesichts des sich formierenden Feldes der übrigen Wettbewerber um den *Golden Globe* und des weit fortgeschrittenen Stands ihrer Vorbereitung entsprach seine plötzliche Begeisterung für Trimarane einer zwingenden Notwendigkeit. Wenn er sich ein Boot bauen lassen wollte, musste es billig sein. Und er würde sehr spät loskommen, als einer der Letzten, also musste sein Boot sehr schnell sein. Ein Trimaran war die einleuchtende Lösung.

In dem Augenblick, als Stanley Best drauf und dran war, seine Verbindung zu ihm abzubrechen, köderte Donald Crowhurst ihn mit seinen großartigen Ideen und wickelte ihn aufs Neue ein. Best fand das später auch unerklärlich. »Ich, der ich mich bis dahin immer nur auf völlig sichere Geschäfte oder doch streng durchkalkulierte Risiken eingelassen hatte, warf mich plötzlich in dieses Mammutunternehmen, das ich in Wirklichkeit gar nicht verstand und das nur nebulöse Aussichten dafür bot, sich angemessen auszuzahlen. Ich nehme an, es war der Glanz der Idee, der Publicity, und die Begeisterung – und Donalds Überzeugungskraft. Er war, das muss man ihm lassen, der Beeindruckendste und Überzeugendste aller Menschen.«

Irgendwann Ende Mai oder Anfang Juni erklärte sich Best einverstanden, die Kosten für den Bau des Trimarans zu übernehmen, obwohl er erwartete, dass Crowhurst sich weiterhin bemühte, andere Sponsoren zu finden, die sich an den Kosten der Reise beteiligen sollten. Wenn Crowhurst das Rennen gewann, würde sich Bests Investition unmittelbar auszahlen. Falls er nicht siegte, hofften sie doch beide, dass seine Teilnahme am Rennen eine gute Werbung für die von Electron Utilisation entwickelten Produkte sein würde. Allerdings versuchte Stanley Best sich selbst auch vor einer totalen Pleite zu schützen: Ihre Vereinbarung sah vor, dass Crowhurst, falls er, ganz gleich aus welchen Gründen, die Fahrt nicht beendete, Best die Kosten für das Boot zurückerstatten musste. Das bedeutete, dass Crowhurst, wenn er in dem Rennen nicht bei der Stange blieb, sein Geschäft verlieren und bankrott sein würde.

Aber das beunruhigte Crowhurst nicht. Er war zutiefst von seiner Fähigkeit überzeugt, zu schaffen, was er sich vorgenommen hatte. Dies war die große Herausforderung, die überragende Möglichkeit, seine Fähigkeiten zur Geltung zu bringen. Es war das, worauf er sein ganzes Leben lang gewartet hatte. Damit würde die lange Pechsträhne enden, die sein Leben und das seiner Eltern heimgesucht hatte. Er war unfähig, irgendeinen anderen Ausgang der Sache zu erwarten als den, dass er die Preise, den Ruhm und die Ehre einheimste. Wenn Stanley Best es zur Sicherung seiner Investition so wollte, dann stimmte Crowhurst dieser Bedingung gern zu.

Er verhandelte bereits mit Bootswerften. Die Zeit war inzwischen sehr knapp. Keine Werft würde sich bereit finden, in den fünf Monaten bis zum letzten Starttermin am 31. Oktober für Crowhurst aus dem Nichts ein fertiges Boot zu bauen. Aber Cox Marine in Essex, eine größere Bootswerft, die auch Trimarane in ihrem Programm hatte, schlug vor, die drei Rümpfe zu bauen und einem anderen Bootsbauer, der nicht allzu weit entfernten Werft Eastwoods in Norfolk, den Zusammenbau der Rümpfe und die Fertigstellung des Bootes zu überlassen. John Eastwood und sein Partner John Elliot waren einverstanden. Es war zwar eine sehr umfangreiche Arbeit für ihren kleinen Betrieb, aber sie erkannten und ergriffen die Gelegenheit. Wie die Bootsbauer, die Ridgway und Blyth ihre unpassenden Boote zur Verfügung gestellt hatten, reizte auch sie die Vorstellung einer Nonstop-Erdumseglung. Jedes Boot, das eine solche Fahrt heil überstand, würde seinem Hersteller Ruhm und gefüllte Auftragsbücher bescheren.

Crowhurst schwebte ein Trimaran der *Victress*-Klasse vor, 41 Fuß Länge, 22 Fuß Breite – ein Schwesterschiff von Nigel Tetleys Trimaran. Cox Marine baute gerade die nächste *Victress*, sodass die Voraussetzungen dafür, kurzfristig noch drei weitere Rümpfe herzustellen, gar nicht besser hätten sein können. Auch die *Victress* war von dem Amerikaner Arthur Piver gezeichnet worden, dessen Ruf nicht allzu sehr darunter gelitten hatte, dass er 1968 mit einem seiner Boote auf See geblieben war. Vielleicht war sein Boot gekentert, es konnte aber genauso gut überfahren worden oder von irgendeinem anderen Missgeschick heimgesucht worden sein, wie sie jeder Segler einkalkulieren muss, der die hohe See befährt.

Crowhurst und seine Bootsbauer waren noch mit der Ausarbeitung der Pläne im Einzelnen befasst, als sie in der Ausgabe der *Sunday Times* vom 23. Juni lasen, dass Commander Nigel Tetley von der Royal Navy mit seiner *Victress* an der Wettfahrt um den *Golden Globe* teilnehmen wolle. Sein voraussichtlicher Starttermin wurde mit irgendwann nach dem August angegeben. Diese Nachricht ließ allen anderen den Puls höher gehen, aber Crowhurst zeigte sich nicht weiter beunruhigt. Seine revolutionäre Selbstaufrichtungsanlage würde bedeuten, dass er höher am Wind als Tetley segeln und, wenn es denn dazu kommen sollte, nach einer Kenterung wieder flott werden und weitersegeln konnte.

In sehr kurzer Frist schien Crowhursts Traum Wirklichkeit zu werden. Er hatte das Geld aufgetrieben, und sein Boot war im Bau. Das alles verdankte er der Macht seiner Vorstellung. Der schwierigste Teil, andere von sich zu überzeugen, war bewältigt. Was blieb, war lediglich die Verwirklichung des Plans, und Crowhurst hatte sich eine Tabelle angefertigt, die mathematisch die hohe Wahrscheinlichkeit seines Doppelsieges »bewies«.[7]

Teilnehmer	*Wahrsch. Höchstgeschw.*	*Höchste vermutl. Durchschnittsgeschw.*	*Abfahrtsdat. (v = vermutet)*	*Fahrtdauer (Tage)*	*Datum der Ankunft*	*Platzierung*
Ridgeway	7,5 kn	4 kn (95 sm/Tag)	1. Juni	295	1. April	7
Blyth	7,5 kn	4 kn (95 sm/Tag)	1. Juni	295	8. April	8
Knox-Johnston	7,25 kn	4,25 kn (108 sm/Tag)	14. Juni	260	3. März	6
Moitessier	8,5 kn	5 kn (120 sm/Tag)	21. Juli (v)	234	14. März	5
Fougeron	7 kn	4 kn (95 sm/Tag)	21. Juli (v)	295	18. Mai	9
King	9,5 kn	6 kn (144 sm/Tag)	1. Aug. (v)	194	14. Feb.	4
Crowhurst	15 kn	9 kn (220 sm/Tag)	1. Okt. (v)	130	7. Feb.	1
Tetley	15 kn	8 kn (192 sm/Tag)	1. Sept. (v)	146	12. Feb.	3
Howell	15 kn	8 kn (192 sm/Tag)	14. Sept. (v)	146	10. Feb.	2

Crowhurst traute sich selbst merklich mehr zu als Tetley und »Tahiti-Bill« Howell, die beide ähnliche Boote segelten und beide eine gute Weile vor ihm ins Rennen gehen wollten. Vielleicht ging er davon aus, dass seine revolutionären Erfindungen ihn schneller machten oder er sich als der zähere Bursche erweisen und sein Boot härter segeln würde. Über Tetley war nichts bekannt, aber »Tahiti-Bills« Jahre auf hoher See, die Zehntausende von Seemeilen, die er bereits als Alleinsegler zurückgelegt hatte, waren in der Segelwelt wohl bekannt. Dass Crowhurst darüber hinwegsah, war bewusste Irreführung.

Aber der Kardinalfehler seiner Tabelle war der Umstand, dass er weder den Einfluss des Meeres selbst gelten ließ noch den des Glücks, das die See für jeden bereithält. Crowhursts Tabelle konnte nur von einem Mann stammen, der von der See nichts verstand.

[7] Die Tabelle ist in sich nicht schlüssig. Leichte Ungenauigkeiten zeigen die »Seemeilen/Tag« in Klammern in Spalte 3, und völlig andere Daten ergeben sich, wenn man auf Basis der vorstehenden Spalten das Datum der erwarteten Ankunft in Spalte 6 nachrechnet. Entsprechend ändern sich dann auch die Platzierungen in Spalte 7 [Anm. des Übers.].

Cox Marine lieferte die drei Rümpfe der *Victress* am 28. Juli an Eastwoods aus, wo Donald Crowhursts Boot zusammengebaut werden sollte. Ein Rumpf (und das Gleiche gilt für drei Rümpfe) ist letzten Endes nur ein Bestandteil eines Bootes, die Grundlage, der alles Weitere hinzugefügt wird. Der Rumpf wird als Erstes fertig. Sperrholzrümpfe wie die des Trimarans *Victress* können von einer eingespielten Mannschaft in wenigen Tagen hergestellt werden, vor allem, wenn eine Bootswerft wie Cox bereits eine gleichartige Serie von Rümpfen gefertigt hat, sodass gebrauchsfertige Schablonen bereitstehen und auch die nötige Erfahrung vorhanden ist. Die meiste Zeit und das meiste Geld kosten beim Bau einer Yacht die vielen Details, die nach der Fertigstellung des Rumpfes installiert werden. Und genau in dieser Phase kam Crowhursts Boot im Morast fest.

John Eastwood verbrachte den 28. Juli, einen Sonntag (den gleichen Tag, an dem die drei Rümpfe nach Norfolk geliefert wurden), bei Donald Crowhurst in dessen Haus in Bridgewater. Sie besprachen von neun Uhr morgens bis neun Uhr abends die Einzelheiten des Baus, und Eastwood war beeindruckt von Crowhursts technischen Fähigkeiten, seiner Vorstellungskraft und seinem mühelosen Verständnis der vielen komplexen Details.

Crowhurst schlug einen glatteren Aufbau für das Boot vor, ohne die große Kajüte, die Piver gezeichnet hatte und die den gewaltigen, schnellen Wellen der südlichen Meere eine zu gute Angriffsfläche bieten würde. Er wollte einen Glattdecker mit nur einem kleinen gerundeten Kajütaufbau unmittelbar vor dem Cockpit haben – eine sehr vernünftige und seemännische Anordnung, außerdem schneller und billiger zu bauen. Zudem schlug er noch weitere Änderungen für sein Boot vor, die Eastwood wohl durchdacht erschienen; einige hielt der Bootsbauer sogar für brillant.

Dazu gehörte auch der Eckstein von Crowhursts Neuerungsvorschlägen für Trimarane, sein System zur Verhinderung des Umschlagens. Falls sich das Boot gefährlich weit krängte, sollten Elektroden in den Bordwänden der Rümpfe Signale an einen Schaltmechanismus (Crowhurst nannte ihn seinen »Computer«) senden. Dieser wiederum sollte eine mit einem in dem hohen Mast befindlichen Rohr verbundene Kohlendioxidpatrone zünden, durch die ein Ballon an der Mastspitze als Auftriebskörper aufgeblasen wurde. So würde verhindert, dass das Boot komplett umschlug. Wenn der Trimaran nun auf der Seite lag, wollte Crowhurst Wasser in den oben liegenden Rumpf pumpen, welcher immer schwerer werden, nach unten ziehen und schließlich das Boot wieder in eine aufrechte Lage bringen würde.

Sein »Computer« an Bord sollte aber auch noch andere Dinge erledigen. Er würde elektronisch die Spannung des Riggs überwachen und optischen und akustischen Alarm geben, falls irgendwelche Belastungen kritische Werte erreichten. In Verbindung mit einem Windmesser sollte er automatisch Schoten und Segel schricken.

Die Kabel und die Rohrleitungen für das Kohlendioxid gehörten zu den Dingen, die John Eastwood auf dem Boot einbauen sollte. Crowhurst sagte Eastwood, diese Vorrichtungen seien getestet und »funktionierten einwandfrei«. Es seien Resultate eines »Entwicklungsprojekts« der Electron Utilisation Limited. Das Gleiche versprach er auch auf Reklamehandzetteln, die er versandte.

Aber ein solches Entwicklungsprojekt hatte es in seiner Werkstatt in dem ehemaligen Stallgebäude hinter seinem Haus in Bridgewater niemals gegeben.

Ein Freund beschrieb Crowhurst zu jener Zeit als »in Anspruch genommen von Problemen und daher euphorisch«. Donald Crowhurst war in seinem Freundeskreis immer der Klügste gewesen. Seine Diagramme, Argumente und Forschungen müssen den anderen überwältigend vorgekommen sein. Aber er beeindruckte nicht nur diejenigen in seiner Umgebung, die keine Experten waren, die weniger wussten als er, die weniger Ausstrahlung hatten, denen es an seiner Fähigkeit fehlte, die anderen mit seinen Kenntnissen zu überwältigen. Er hatte auch Angus Primrose, den Designer von Bill Kings *Galway Blazer II,* im Januar auf der Londoner Bootsschau beeindruckt. Er hatte den pragmatischen Stanley Best überzeugt. Er hatte bei John Eastwood einen guten Eindruck hinterlassen. Selbst die *Sunday Times* hatte berichtet, er sei ein »erfahrener Segler«, und hatte ihn wohlwollend den »unbesonnenen jungen Männern« gegenübergestellt. Donald

Crowhurst verfügte über die außergewöhnliche Fähigkeit, Menschen dazu zu bringen, ihm zu glauben. Die Kraft dazu bezog er aus dem Umstand, dass er von sich selbst vollkommen überzeugt war.

9

600 Seemeilen südlich des Äquators und 600 Seemeilen östlich der brasilianischen Küste kreuzte die *English Rose IV* mit Backbordhalsen (also mit Wind von Backbord – Hals wird die luvwärtige Seite eines Rahsegels genannt) gegen den Südostpassat auf. Diese Segelführung bedeutet, dass die Wanten an Backbord die Last des Winddrucks auf das Segel, soweit sie sich auf die Mastspitze überträgt, aufnehmen müssen. Und John Ridgway war »entsetzt«, wie er in sein Logbuch schrieb, als er entdeckte, dass sich das Deck rund um den achteren Püttingbeschlag an Backbord nach oben gewölbt hatte.

Der Beschlag war mit zwei auf der Unterseite des Decks durch Muttern und Unterlegscheiben gesicherte Bolzen an Deck befestigt. Ein kleiner, flacher Teil der Decksfläche nahm den gesamten Zug des Mastes und der Segel auf und zeigte nun Wirkung. Das Want, das von diesem Püttingbeschlag gesichert wurde, gehörte zum stehenden Gut, das den Mast aufrecht hielt. Das war durchaus typisch für die Leichtbauweise, wie man sie für Wochenendkreuzer verwendete. Bei Booten dagegen, die von Haus aus für Hochseefahrten eingerichtet sind, ist das stehende Gut mit langen Rüsteisen verankert – dicken Stahl- oder Bronzebändern, die am Bootsrumpf oder an Schotts im Bootsinneren mit durchgehenden Bolzen befestigt sind und den Zug vom Mast auf die Hauptverbände des Bootes übertragen. Was Ridgway jetzt mit Entsetzen sah, war ein klarer Fall unangemessener Konstruktion, die unter übermäßiger Belastung nachgab. Er fürchtete völlig zu Recht, dass der Püttingbeschlag oder das Deck nachgeben und die *English Rose IV* ihren Mast verlieren würde.

Er barg die Segel, löste das Want und dann die Bolzen, die die Stahlplatte hielten. Er ersetzte den Beschlag durch einen neuen und sicherte ihn auf der Unterseite des Decks durch einen untergelegten Sperrholzklotz. Davon erhoffte er sich eine Verstärkung des Decks rund um den Beschlag, wo sich schon Risse im GFK zeigten. Aber als er am nächsten Morgen seine Reparatur inspizierte, musste er feststellen, dass das Sperrholz sich rings um die Stahlplatte mit dem Deck zusammen aufbog und, wie er festhielt, »Unheil verkündend quietschte«.

Die Ursache all dessen wurde Ridgway allerdings immer noch nicht deutlich. Als Segler nahm er an (wie es viele Käufer einer Segelyacht tun), dass die Experten wussten, was sie taten, dass die Konstrukteure und Erbauer der *English Rose IV* in Kenntnis seines Vorhabens eine Yacht für ihn hergestellt hatten, die all den Bedingungen gerecht werden konnte, denen er zu begegnen erwartete. Aber das hatten sie nicht. Welche Berechnungen und Folgerungen die Planungs- und Produktionsabteilung von Westerly über die Eignung dieses speziell »verstärkten« Bootes für seine Fahrt auch immer angestellt haben mochte: Sie lag damit bedauerlich falsch. Diejenigen, die es hätten besser wissen müssen, schickten Ridgway um die Welt in der Hoffnung, dass sein Glück, welches er als Abenteurer bewiesen hatte, seine Entschlossenheit und seine Starqualitäten die Tatsache kompensieren würden, dass ihr Boot für sein Vorhaben völlig ungeeignet war. Sie hofften, dass er es einfach irgendwie schaffen würde. Es war das Gleiche, als hätte ein Küfer, der nichts über Wasserfälle weiß, einem Mann ein Fass gebaut, der nichts über Fässer weiß, aber darauf pocht, dass er in einem Fass die Niagarafälle bewältigen könne.

Aber Ridgway vermochte das nicht zu erkennen. Er glaubte weiterhin, das Problem habe sich aus dem Zusammenstoß mit dem Trawler ergeben:

> Ich versuchte es den ganzen Tag lang zu enträtseln. Ich hatte die Risse am 1. Juli fotografiert. Damals schrieb ich: »Ich glaube nicht, dass sie allzu unheilverkündend sind.« Aber im Stillen fragte ich mich bereits, warum es eigentlich Risse an Backbord und nicht auch an Steuerbord gab. Ich kam zu dem Schluss, dass die

> Wucht, als der Trawler am ersten Tag der Fahrt das Vorschiff an Steuerbord rammte, einen plötzlichen »Schlag« im Mast hervorgerufen haben musste, durch den die Püttings an Backbord überlastet worden sein könnten. Was auch immer die Ursache dieser Beschädigung gewesen sein mag, ihr Ergebnis war jedenfalls eine sich ständig vergrößernde Aufwölbung des Decks rund um den Püttingbeschlag. Hätte ich diesen Beschlag nicht gestern ersetzt, wäre er – davon bin ich fest überzeugt – im Laufe der Nacht mit katastrophalen Folgen herausgerissen worden. Doch das Holzstück verlangsamte diesen unaufhaltsamen Prozess nur.

Aber es hatte keine Beschädigung der Backbordseite des Bootes gegeben. Jedes Problem, das sich aus einem Ausschlagen des Mastes ergeben hätte, wäre schon an jenem ersten Tag der Fahrt deutlich sichtbar geworden. Seine Folgerungen eröffneten ihm lediglich eine Alternative zu dem für ihn Unvorstellbaren: Die *English Rose IV* wies schlicht und einfach Anzeichen dafür auf, dass sie sich befand, wo sie offensichtlich nicht hingehörte.

Das wäre schon für einen optimistischen Teilnehmer eine trostlose Situation gewesen, aber für einen Mann, der unter Einsamkeit und Depressionen litt, bedeutete es das Ende. Die »Unheil verkündenden Risse« hatten ihn geschafft. Am Abend des 16. Juli, nach gerade sechs Wochen auf See, gab John Ridgway auf. Er ließ die *English Rose IV* von ihrem Am-Wind-Kurs mit seiner starken Beanspruchung abfallen und steuerte Recife in Brasilien an, den nächsten Hafen vor dem Wind mit einem britischen Konsulat.

Fünf Tage lang segelte er westwärts, bitter enttäuscht von sich selbst, obwohl sich sein Appetit erholte und er sich besondere Leckerbissen wie zum Beispiel schottisches Moorschneehuhn gönnte, die eigentlich für Feiertage und Höhepunkte des Rennens vorgesehen waren. Er dachte an all die Menschen, die ihm geholfen hatten und die er, wie er nun glaubte, im Stich ließ. »Ich glaube nicht, dass ich jemals zuvor im Leben aufgegeben habe«, schrieb er in sein Logbuch. »Ich komme mir erniedrigt und wertlos vor. Die Zukunft erscheint trostlos ...«

Am 21. Juli lief er in den Hafen von Recife ein und war damit aus dem Rennen ausgeschieden.

Ridgways Sponsor, *The People*, mochte ihren Held nicht als Opfer irgendwelcher technischen Kinkerlitzchen hinstellen. Ihre Schlagzeilen daheim in England boten einen nobleren Ausweg: »Ridgway von berghohen Wellen und orkanartigen Winden geschlagen.«

10

In den sommerlichen Wochen nach John Ridgways Ausscheiden verlief das Rennen ruhig. Chay Blyths Funkgerät funktionierte nicht (selbst wenn es funktionierte, war seine Reichweite gering, und die Zeitungen hielten sein Schweigen nicht für ein Alarmzeichen), und Robin Knox-Johnston, dessen leistungsstarkes Marconi-Funkgerät funktionierte, meldete stetiges, wenn auch nicht spektakuläres Vorankommen im Atlantik. Die Kricket-Ergebnisse interessierten die Daheimgebliebenen in England mehr. In den Vereinigten Staaten, wo sich im Augenblick alles um Flower-Power, den Nationalkongress der Demokraten in Chicago und die Präsidentenwahlkampagnen Hubert Humphreys und des ehemaligen Vizepräsidenten Richard Nixon drehte, war ohnehin nur wenigen bekannt, dass zwei Engländer in ihren winzigen und wenig glanzvollen Booten über den Atlantik segelten.

Mitte August fegte nördlich der Azoren der Wirbelsturm Dolly in Richtung Europa vorbei. Bernard Moitessier, Loïck Fougeron – die »trockenen, ruhigen französischen Alleinsegler«, wie die *Sunday Times* sie genannt hatte, als sie die unbesonnenen frühen Starter kritisierte – und Bill King lagen mit ihren Booten startbereit in Plymouth. Aber Dolly machte sich im Ärmelkanal mit stärkeren Winden bemerkbar, als den drei Seglern für den Start ihrer Reise lieb war. So blieben sie im Hafen, hörten die Wetterberichte der meteorologischen Station der RAF auf dem Mount Batten in der Nähe von Plymouth, legten an ihren Yachten letzte Hand an und wurden immer unruhiger.

Die *Sunday Times* hatte Moitessier ein Funkgerät mit auf den

Weg geben wollen, damit er das Blatt auf dem Laufenden halten konnte. Aber er lehnte ab, um seinen inneren Frieden zu bewahren, nahm aber eine Nikonos-Kamera und ein Dutzend Filme in verschraubbaren Aluminiumbehältern an. Darin konnte er die belichteten Filme zusammen mit seinen Berichten und Mitteilungen verstauen und sie bei einer der zu erwartenden Begegnungen mit seiner Schleuder einem anderen Schiff auf Deck schießen. Er beherrschte das Schießen mit der Schleuder seit seiner Kindheit in Vietnam und erklärte dem Reporter, dass eine gute Schleuder so viel wert sei wie alle Funkgeräte der Welt zusammen. Die Journalisten aus der Yachtszene, die die Teilnehmer am *Golden Globe Race* bei ihren Vorbereitungen nicht aus den Augen ließen, hatten ihre Freude an Moitessier. Sie fotografierten ihn bei einer Vorführung seiner Schleudertechnik und druckten seine asketischen Tiraden ab: »Es geht hier nicht um Geld – Scheiß auf das Geld ... Geld ist schon in Ordnung, solange man so viel hat, wie man für eine Tasse Tee braucht. Aber darüber hinaus interessiert es mich nicht mehr.« Sie beschrieben ihn als »dünn, einen Strich in der Landschaft und braun wie eine Paranuss« und berichteten, er hoffe, sich noch Disneys »Dschungelbuch« ansehen zu können, solange er auf einen Wetterumschwung warte.

Am Morgen des 22. August, eines Donnerstags, ließ die Wettervorhersage der BBC für die Seefahrt in den nächsten beiden Tagen günstige Winde erwarten, aber auch Nebel. In Plymouth schien allerdings die Sonne. Moitessier und Fougeron, deren Boote im Hafen lagen, riefen sich von ihren Liegeplätzen aus an, besprachen die Vorhersage und beschlossen, es eher zu riskieren, in den Nebel zu geraten, als bis Samstag zu warten und den Wind dann gegen sich zu haben. Und am Freitag würden sie nicht starten. »Kein Segler geht gern an einem Freitag in See«, schrieb Moitessier, »selbst wenn er nicht abergläubisch ist.«

Bill King missfiel die mögliche Aussicht auf Nebel. Er sagte den Franzosen, er wolle bis Samstag warten.

Françoise, Moitessiers Frau, weinte, als er die Segel hisste, und er reagierte darauf schroff: »Hör mal, wir sehen uns ja bald wieder! Was sind schon acht oder neun Monate in einer ganzen Lebensspanne? Werd bei so einer Gelegenheit doch nicht schwermütig!«

Sie stieg von der *Joshua* auf ein Presseboot um, das den Booten der beiden Franzosen aus dem Hafen folgte. Ihre wohl den meisten Ehefrauen verständlichen Gefühle passten nicht zu Moitessiers angespannter und euphorischer Stimmung. Er hatte es eilig fortzukommen.

> Ich spürte ein starkes Bedürfnis, den Wind der hohen See wiederzuentdecken; in diesem Moment zählte nichts anderes... Die *Joshua* und ich wollten nur eins, allein mit uns sein... Man fragt ja auch nicht eine gezähmte Möwe, warum sie von Zeit zu Zeit das Bedürfnis hat, auf die offene See hinauszufliegen. Sie fliegt, und damit hat es sich.

Es war vielleicht aufregend, mit Bernard Moitessier verheiratet zu sein, aber es war von vornherein kein Full-Time-Job, wie Françoise inzwischen bestimmt begriffen hatte.

Die beiden Franzosen segelten hoch am Wind gegen einen leichten Südost durch den Plymouth Sound. Die *Joshua* steuerte sich selbst. Moitessier stand in Badehose auf Deck, trimmte die Segel und drehte sich eine Zigarette. Fougeron holte für die Pressefotografen in den Begleitbooten Roulis an Deck, sein marokkanisches Kätzchen. Als sie den Hafendamm hinter sich gelassen hatten, fielen sie ab und nahmen Kurs auf den westlichen Kanalausgang. Die *Joshua* setzte sich an die Spitze.

Moitessier hatte Monate auf die Überprüfung der Ausrüstung und des Riggs der *Joshua* verwendet und für das kommende Segelabenteuer, das er für das größte seines Lebens hielt, alles soweit wie notwendig erneuert. Auf seiner Rückreise von Tahiti mit Françoise hatte er die gesamte Ausstattung und alle Ersatzteile gefahren, die zwei Personen auf einer ausgedehnten Reise durch die Tropen mitzuführen pflegen, und dazu ein ganzes Sammelsurium von nur möglicherweise noch Brauchbarem, wie es sich auf einem solchen Boot im Laufe der Jahre ansammelt. In Toulon hatte er das meiste davon von Bord geschafft und später, in Plymouth, das Boot von weiterem Ballast befreit. Maschine und Ankerspill waren ausgebaut und das Beiboot an Land geschafft worden – ebenso wie ein Koffer voller Bücher, Karten und Segelanweisungen für Gebiete, die er nicht zu befahren erwartete, 4 Anker, 400 Kilogramm Ankerkette, den größten Teil seines Ersatztauwerks und 125 Kilogramm Farbe in Dosen. Er behielt das absolute Minimum an Ausrüstung an Bord: 2 Anker, 60 Meter Kette, eine Ankerleine aus Nylon, die ihm zusammen mit der Kette ermöglichen würde, auch in den tiefsten Häfen zu ankern. Außerdem sorgte er für einen optimalen Trimm des Bootes, belastete Bug und Heck gleich gering, damit sie viel Auftrieb bekamen, und staute die schwersten Dinge möglichst tief in der Mitte des Bootes.

Während Robin Knox-Johnston seine *Suhaili* mit allem beladen hatte, was er möglicherweise brauchen könnte, schaffte Moitessier alles bis auf die elementarste Ausrüstung von Bord. Diese beiden Männer, wahrscheinlich die erfahrensten Segler unter den tatsächlichen Teilnehmern des *Golden Globe Race*, lösten die Frage der Ausrüstung ihrer Boote auf völlig verschiedene Weise. Der weitere Verlauf des Rennens zeigte, dass sich ihre spezielle Wahl als jeweils vollkommen angemessen herausstellte.

Leichter und besser ausgetrimmt als jemals zuvor und mit einem Skipper auf dem Höhepunkt seines Könnens flog die *Joshua* übers Meer wie noch nie. In seiner ersten Woche auf See betrug Moitessiers durchschnittliche Tagesstrecke fast 150 Seemeilen. Das war für ein Einrumpfboot von 40 Fuß Länge eine unglaubliche Geschwindigkeit – und mehr als doppelt so viel wie die 71 Seemeilen, die Knox-Johnston als Tagesdurchschnitt seiner ersten Woche erreichte. Knox-Johnston hatte 26 Tage benötigt, um die Kapverdischen Inseln vor der Küste Westafrikas zu erreichen, Moitessier war bereits am 8. September dort, gerade einmal 17 Tage nach seiner Abreise aus England. Als diese guten Zeiten in England bekannt wurden, war sofort klar, dass Moitessier trotz seines späteren Starts gute Chancen hatte, zu Blyth und Knox-Johnston, den beiden Führenden, aufzuschließen und sie zu überholen.

In weit fortgeschrittenem Stadium seiner Vorbereitungen hatte Commander Bill King feststellen müssen, dass das Projekt ihn weit mehr kostete, als er vorhergesehen hatte. Er musste schnell weitere

7000 Pfund auftreiben. Ein paar hundert bekam er für den Verkauf der Film- und Fernsehrechte, und ein Verleger zahlte ihm für ein Buch über seine Reise etwas im Voraus. Aber es fehlte immer noch der größte Teil der Summe. Also plünderte er seine Altersvorsorge, verkaufte all seine Rinder und Schafe, verpachtete seine Weiden und verkaufte seinen Wagen.

Als er zum ersten Mal an seine Fahrt gedacht hatte, hatte er sie noch für sich selbst unternehmen wollen. Dass daraus nun eine Wettfahrt geworden war, hatte ihn unangenehm überrascht. Aber nachdem er seine gesamten finanziellen Reserven dafür aufs Spiel gesetzt hatte, überkam ihn das gleiche Gefühl, das all seine Rivalen kannten: Sie alle mussten schließlich feststellen, dass jeder Aspekt ihres Lebens von dieser Wettfahrt bestimmt wurde. Genau wie die anderen musste er gewinnen.

King legte am Samstagmorgen, dem 24. August, zwei Tage nach Fougeron und Moitessier im Hafen von Plymouth ab. Es begleitete ihn bei leichtestem Wind eine Ehrengarde von drei Marinefahrzeugen, und auf dem Hafendamm feuerte eine Kanone der Navy Salut. Der Kanal empfing ihn mit glatter See, aber der leichte Wind hatte sich, wie Moitessier und Fougeron es befürchtet hatten, gedreht und wehte nun aus Südwest, also direkt von vorn. Das Dschunkenrigg war am leistungsfähigsten bei Wind von querab oder raumschots – den vermutlich auf dieser Erdumseglung vorherrschenden Bedingungen, für die Kings Boot eigens ausgelegt war –, aber es konnte nicht annähernd so hoch am Wind, vor allem an leichtem Wind, gesegelt werden wie eine konventionell getakelte moderne Yacht. King blieb nichts anderes übrig, als gegenanzukreuzen und sich damit abzufinden, zunächst einmal nur langsam voranzukommen.

Robin Knox-Johnston war zu diesem Zeitpunkt bereits zwei Monate unterwegs und befand sich auf 33° Süd und 13° West, etwa 1500 Seemeilen westlich von Kapstadt. Er hatte die Tropen inzwischen hinter sich gelassen, das Wetter wurde langsam kälter und der Wind stärker. Er näherte sich den südlichen Ozeanen, die offiziell am 40. Breitengrad Süd, also noch 420 Seemeilen von ihm entfernt, begannen. Die *Suhaili* ließ inzwischen weitere Abnutzungserscheinungen erkennen. Das nagte an Knox-Johnstons Zuversicht.

Die Bremse der Fallwinsch funktionierte nicht mehr. Wenn er Groß- und Vorsegel setzte oder reffte, versagten die Bremsen, und die Segel kamen von oben. Bei schönem Wetter wäre dieser Defekt lediglich lästig gewesen, aber bei Starkwind, wie er ihn jetzt hatte, konnte er ihm die Handhabung der Segel völlig unmöglich machen.

Er reparierte die Bremse behelfsmäßig, aber am 6. August bemerkte er, dass der Lümmelbeschlag des Großbaums – ein gelenkiger Beschlag, der den Baum mit dem Mast verbindet – zu brechen drohte. Ohne Lümmelbeschlag würde er das Großsegel nicht mehr effektiv fahren können und eine drastische Verlangsamung des Bootes in Kauf nehmen müssen, und wenn der Beschlag in einem ungünstigen Augenblick brach, konnten dadurch Schäden verursacht werden, die ihn zur Aufgabe des Rennens zwangen.

Am Abend schrieb Knox-Johnston in sein Logbuch, er habe im Laufe des Tages ernsthaft erwogen, aufzugeben und Kapstadt anzulaufen. Zur Aufmunterung legte er eine Operette von Gilbert O'Sullivan auf, sang die einzelnen Nummern lautstark mit und stellte sich vor, seine Seehelden Drake, Frobisher und Nelson sähen aus hehren Gefilden auf ihn herab.

Aber Helden taugten nicht besonders als Gesellschaft. Wie alle anderen Teilnehmer des Rennens – sogar Bernard Moitessier blieb gelegentlich nicht davon verschont – litt Knox-Johnston unter der Einsamkeit. Die ersten Minuten seiner Fahrt, als das Boot mit seinen Familienangehörigen abgedreht und nach Falmouth zurückgekehrt war, hatte er als verheerend empfunden. Zwei Monate später, an einem Samstagabend, schrieb er, während er im Radio Lourenço Marques aus Südafrika hörte: »Heute Abend fühle ich mich einsam. L. M. zu hören hat Erinnerungen an Südafrika in mir wachgerufen ... die Partys dort sind mir noch allzu gut im Gedächtnis.«

Es waren sein bemerkenswert zäher Einfallsreichtum und seine Fähigkeit, an den Herausforderungen zu wachsen, die ihn aufrecht hielten. Nach einem Funkkontakt mit einem südafrikanischen Sender stellte er fest, dass sein Ladegerät die Batterie nicht mehr auflud, also nahm er es auseinander. Als er die Zündkerzen gereinigt hatte, stellte er fest, dass er gar keine Fühlerlehre an Bord hatte, um den Zündkerzen-Elektroden-Abstand neu einzustellen. Er machte sich ein brauchbares Messinstrument selbst, indem er die Seiten seines Logbuchs abzählte. Der Abstand musste zwischen 12 Tausendstel und 15 Tausendstel eines Zolls betragen. 200 Seiten pro Zoll bedeuteten, dass jede Seite 5 Tausendstel Zoll dick sein musste. Er stellte also den Zündkerzen-Elektroden-Abstand von 12 bis 15 Tausendstel Zoll ein, indem er den Abstand mit drei Seiten abglich, und das Ladegerät funktionierte wieder. Jede Schwierigkeit, so schien es, ließ sich irgendwie überwinden.

Während er den südlichen Ozeanen näher kam, begann Knox-Johnston sich auf die Stürme vorzubereiten, die ihm, wie er wusste, mit Sicherheit bevorstanden. Er brachte fast die gesamte auf Deck gefahrene Ausrüstung unter Deck. Dann legte er Sturmsegel, Treibanker, Ersatzleinen und Zurrings bereit, damit alles gegebenenfalls schnell zur Hand war. Aus den großen Tanks in der Vorschiffkabine füllte er die Kanister für Petroleum (Beleuchtung und Kochen) und Benzin (zum Laden der Batterie) auf, die er gewöhnlich im Salon aufbewahrte. Er verstaute seine Tropenkleidung und holte Pullover, Jeans und Socken hervor.

Am 27. August schließlich erlebte er den ersten richtigen Sturm der Fahrt. Aber der Wind blies nicht aus Westen, wie er es in der Nähe der »Brüllenden Vierziger« erwartet hätte, sondern von Südosten, aus der Richtung, in die er segeln wollte.

Die *Suhaili* machte gegen den Wind kaum Höhe. Sie war nicht dafür gebaut, hart am Wind geknüppelt zu werden, und Knox-Johnston hatte die Segel gerefft, um das Boot nicht übermäßig zu belasten. Eine Nacht und einen Tag lang kreuzte er abwechselnd auf Nordost- und Südwestkurs gegen den Wind an, je nachdem, auf welchem Schlag er gerade höher am Wind laufen konnte. Die Wellen bauten sich langsam auf, bis sie steil wurden und sich brachen, ohne dem schweren Spitzgatter viel anzuhaben. Die *Suhaili* war in ihrem Element. Unter dem gerefften Rigg perfekt ausbalanciert ritt sie die Wellen glatt ab.

Allerdings nahm das Boot durch die Luken viel Wasser über. Das ist nicht so beunruhigend wie unterhalb der Wasserlinie in den Rumpf eindringendes Wasser, aber es reicht doch, um dem Seemann sein Zuhause auf See in ein tropfnasses Jammerloch zu verwandeln. Mit jeder Welle, die das Boot übernahm, ergoss sich Salzwasser durch das Niedergangsluk und lief über den Kartentisch, das Bücherregal und das Funkgerät. Knox-Johnston bedeckte das alles mit Handtüchern und alten Lappen, aber die sorgten nur für eine anhaltende Feuchtigkeit. Durch das Oberlicht über seinem Schlafsack tropfte es unablässig. Er breitete ein Stück Segeltuch darüber aus, um nicht völlig durchnässt zu werden. Es drang so viel Wasser ein, dass Knox-Johnston während dieses ersten Sturms auch unter Deck sein vor Salzwasser triefendes Ölzeug – Jacke und Hose – trug.

Ein Boot ist auf See der einzige feste Halt seiner Mannschaft, und wenn es auf dem Boot unter Deck kalt und nass ist, die Ausrüstung allmählich versagt, dann kann die Trübseligkeit einer solchen Situation kaum noch übertroffen werden. Sie unterminiert die wichtigste Illusion des Seemanns: dass er auf seinem Boot sicher ist. Als er durchnässt und zerschlagen 1000 Seemeilen westlich von Kapstadt lag, machte es Knox-Johnston schwer zu schaffen, dass Sicherheit, Wärme und Gesellschaft nun wieder so greifbar nahe waren. Erneut dachte er daran aufzugeben.

Nur ein paar hundert Seemeilen entfernt – zwei Tagesstrecken vor Knox-Johnston an der Spitze des Feldes – kämpfte Chay Blyth gegen den gleichen Sturm an. Das Tiefdrucksystem war fern vom Land auf seinem Weg nach Westen am 27. August über Robin Knox-Johnston aufgetaucht und erreichte Blyth auf seiner *Dytiscus III*, den schlechteren Segler auf dem schlechteren Boot, in den frühen, dunklen Stunden des 28. August. Aber keiner kam Chay Blyth darin gleich, alles, was ihm im Weg stand, mit soldatischem Mut anzugehen.

Zwei Tage lang trieb ihn (so wie Knox-Johnston) der Sturm nach Nordosten, dann nach Südwesten. Als er vorüber war, kamen nach einem Tag Ruhe wieder Winde von Sturmstärke auf, diesmal aus Süden. Blyth ging auf östlichen Kurs und knüppelte die *Dytiscus III* so hart am Wind, wie er konnte, und härter, als er sollte – wie er genau wusste, denn ihm war die Schwäche seines Bootes inzwischen wohl bekannt. Der kleine Wochenendkreuzer leckte stark, die Ausrüstung ließ die ersten Abnutzungserscheinungen erkennen, und manches auf dem Boot brach einfach. Aber was er bis dahin mit dem Boot geschafft hatte, war bemerkenswert. Knox-Johnston ging vorsichtig mit der *Suhaili* um und war entschlossen, sie während dieses ersten Sturms nicht überzustrapazieren. Chay Blyth dagegen tat praktisch sein Bestes, um die *Dytiscus III* an ihre Grenzen zu bringen. Bevor er weiter nach Osten und Süden in die wirklich gefährlichen Gewässer der »Brüllenden Vierziger« fuhr, bot Südafrika die letzte Möglichkeit, einen Hafen anzulaufen, falls er das Rennen aufgeben wollte. Der Bruch irgendeines wichtigen Teils, der Verlust eines Mastes zum Beispiel, war weit draußen in der gewaltigen Wasserwüste der südlichen Ozeane möglicherweise eine tödliche Erfahrung. Falls solch eine Katastrophe eintreten sollte, dann besser früher als später.

Am 6. September erreichte Chay Blyth die »Brüllenden Vierziger«.

Mit dem nächsten Tag, seinem 92. auf See, erreichte seine Fahrt die gleiche Dauer wie seine Atlantiküberquerung im Ruderboot, und wie aufs Stichwort, wie um zu beweisen, dass er sich jetzt in einem anderen Reich befand, brach das Pendelblatt seiner Windfahnen-Selbststeuerungsanlage.

Genau dergleichen, das tückische Versagen irgendeines wichtigen Ausrüstungsgegenstands, hatte er gefürchtet und sogar erwartet. Aber trotzdem stürzte es Blyth in eine Entscheidungskrise. Mit der Kursstabilität der *Dytiscus III* war es nicht weit her. Sie konnte mit ihren flachen Kimmkielen in dieser Hinsicht nicht mit Booten mithalten, deren Mittelschiff viel tiefer lag. Deshalb bedurfte ihr Ruder ständiger Aufmerksamkeit, entweder von Blyth oder von seiner Selbststeuerungsanlage. Ohne Selbststeuerung konnte er nicht weiterfahren. Er ersetzte das zerstörte Blatt durch den einzigen Ersatz, den er mit sich führte. Dann überlegte er, ob er Südafrika anlaufen sollte, um sich Ersatz für das Ersatzteil einfliegen zu lassen. Das war nach den Regeln der *Sunday Times* nicht statthaft, aber das kümmerte ihn nicht länger. Nach den Regeln hatte er sich ohnehin schon disqualifiziert.

Schon Wochen vorher hatte er festgestellt, dass sich sein Benzinvorrat in eine milchig weiße Brühe verwandelt hatte: Salzwasser aus einem der vielen Lecks des Bootes hatte ihn verunreinigt. Das bedeutete, dass er das Batterieladegerät nicht länger betreiben konnte, und eine geladene Batterie war Voraussetzung für den Betrieb der Positionslichter und, was noch wichtiger war, des Funkgeräts. Wenn er sich nicht mehr meldete, würde sich Maureen, seine Frau, sicherlich große Sorgen um ihn machen. Zuerst dachte er daran, einen südafrikanischen Hafen anzulaufen und dort Benzin zu bunkern, wofür er aber bestimmt disqualifiziert worden wäre. Letztlich beschloss er dann, Tristan da Cunha anzulaufen, eine kleine, isolierte britische Inselgruppe im Südatlantik, wo er vielleicht nahe genug ein anderes Schiff passieren würde, um es anzupreien und eine Nachricht hinüberzurufen, dass man in England ausrichten solle, ihm gehe es gut.

Er erreichte Tristan, eine hoch aufragende, unzugänglich wirkende Insel, am 15. August unter Umständen, die jeden Seemann das Fürchten gelehrt hätten. Er lief mit achterlichem Wind auf eine Felsküste zu und hatte keine Karte, die ihm gezeigt hätte, wie tief der Grund unter ihm war – ein sicheres Rezept für eine Katastrophe. Als er näher kam, sah er, dass ein Schiff vor der Insel ankerte, und feuerte ein Seenotsignal ab. Das ist unseemännisch, sofern man sich nicht in Gefahr befindet, aber Blyth erreichte dadurch sein Ziel: Ein kleines Boot löste sich von dem Schiff und kam zu ihm herüber. Das Schiff war, wie die Männer in dem Boot ihm erklärten, die *Gillian Gaggins*. Sie war zu einem ihrer drei jährlichen Besuche der Insel am Morgen von Kapstadt hier eingetroffen, um Benzin an Land zu pumpen. Die Männer von der *Gillian Gaggins* sagten ihm auch, dass es nirgendwo in der Nähe sicheren Ankergrund gebe und dass er am Heck ihres Schiffes festmachen könne. Blyth segelte die *Dytiscus III* an den Tanker heran. Der Kapitän der *Gillian Gaggins*, Neil MacAlister, ebenfalls ein Schotte, begrüßte Blyth und lud ihn auf einen Drink an Bord ein. Außerdem bot er ihm sowohl Benzin als auch jede andere Hilfe an, die er benötigte. Das war zu viel für Chay Blyth. Alle Anzeichen deuteten darauf hin, dass es sich hier um eine Intervention göttlicher Mächte handeln musste:

> Es war vollkommen unglaublich... Meine Ankunft war mit derjenigen MacAlisters gleichzeitig erfolgt, entgegen einer Wahrscheinlichkeit von 120 zu 1, und nun war er also da mit seinem Schiff und konnte mir genau das geben, was ich brauchte... Das war mehr als Glück. Zufälliges Zusammentreffen allein konnte dafür keine Erklärung sein. Gott war für mich während der gesamten Fahrt Wirklichkeit gewesen, und nun hatte er ein weiteres Mal sein Wirken erkennen lassen.

Er würde Gott nicht in Frage stellen. Gott hatte ihm die Entscheidung, ob er Benzin an Bord nehmen sollte oder nicht, abgenommen, indem er ihm ein Tankschiff über den Weg schickte.

Zum ersten Mal seit neun Wochen verließ er die *Dytiscus III* und ging an Bord der *Gillian Gaggins*. Er trank mit dem Kapitän guten schottischen Whisky, während der Schiffsingenieur seinen durch Salzwasser beschädigten Generator reparierte. Er erfuhr von Kapitän MacAlister, dass John Ridgway aus dem Rennen ausgeschieden war. Blyth war fassungslos. Ridgway, sein Leitoffizier, der bei vielen gemeinsamen Abenteuern das Kommando gehabt hatte, war ihm immer als der Experte schlechthin erschienen, als der echte Seemann von ihnen beiden, der bessere Planer, der besser Ausgerüstete – der bessere Mann. Bisher hatte er angenommen, dass sein ehemaliger Partner mit seinem Boot irgendwo vor ihm stand, dass sie wie bei ihrer gemeinsamen Atlantiküberquerung beide wenn schon nicht im gleichen Boot saßen, so doch auf dem gleichen Ozean schwammen. Dieses Wissen hatte ihn beruhigt. Ridgways Ausscheiden machte Blyth plötzlich verwundbar. Er lag nun in Führung, allein auf dem Weg in die südlichen Ozeane, ohne dass ihm einer voransegelte.

Er nahm Kapitän MacAlisters Hilfe und Gastfreundschaft an. Er nahm eine heiße Dusche und verbrachte den Tag an Bord des Schiffes, sandte Telegramme an Maureen und andere, die ihm bei der Ausrüstung des Bootes geholfen hatten, und erbat ihren Rat zu verschiedenen Problemen. Sie nahmen ein ausgiebiges Abendessen zu sich, und er widerstand auch nicht der Einladung, die Nacht an Bord der *Gillian Gaggins* zu verbringen.

Blyth konnte sich nicht entscheiden, was die Bedingungen des

Rennens für ihn eigentlich bedeuteten. In den Telegrammen, die er vom Schiff aus nach England sandte, teilte er mit, dass er Treibstoff an Bord genommen habe, nicht aber an Land gegangen sei. Dass dies den Regeln nach nicht gestattet war, wusste er zu diesem Zeitpunkt bereits. Sein Ehrgeiz verlagerte sich auf eine aus eigenen, persönlichen Gründen versuchte Nonstop-Erdumseglung. Er stellte sich inzwischen die Frage, die sie sich alle angesichts der unbarmherzigen Härte und Einsamkeit einer solchen Reise früher oder später stellten: *Was tue ich hier eigentlich? Was soll das Ganze?* Zu gegebener Zeit fand jeder Segler eine andere Antwort darauf und verhielt sich entsprechend. »Wir werden gewinnen!«, hatte er Ridgway am Tiefpunkt ihrer Kanuwettfahrt gesagt, und dieses Ziel hatte jeden Zweifel überlagert. Aber jetzt beschloss Blyth, dass er mehr daran interessiert war, herauszufinden, ob er die Erdumseglung schaffen konnte, als das Rennen zu gewinnen.

Als er am nächsten Morgen an Bord der *Gillian Gaggins* frühstückte, meldete der Bootsmann, dass die *Dytiscus III*, die die ganze Nacht am Heck des Schiffes gelegen hatte, freigekommen war und auf die felsige Küste zutrieb. Im Laufe der Nacht waren Seegang und Wind stärker geworden. So war es erforderlich gewesen, das Abpumpen des Benzins aus dem Schiff zu unterbrechen und es etwas weiter hinaus auf See zu verlegen. Dabei war die Trosse, an der die *Dytiscus III* lag, gerissen. Blyth wollte verzweifeln, aber MacAlister fuhr der treibenden Yacht nach: Ein Suchhaken wurde ausgeworfen und das Boot wieder in Schlepp genommen. Man brachte Blyth mit dem Rettungsboot auf die *Dytiscus III* hinüber. Er nahm die Benzinkanister an Bord, setzte Segel und fuhr wieder auf den rauen, einsamen Ozean hinaus – doch jetzt zu seinen eigenen Bedingungen.

Als die *Dytiscus III* drei Wochen später 400 Seemeilen von Südafrika und 4400 Seemeilen von Australien entfernt einen weiteren Sturm abritt, beschloss Chay Blyth, nur dann weiterzufahren, wenn er sich zuvor Ersatz für das Pendelruder besorgen konnte. Durch die freundliche Vermittlung eines Schiffes irgendwo in der Nähe sandte er Funktelegramme nach England, in denen er bat, ihm Ersatzruder, Bolzen und Bohrer nach Port Elizabeth zu schicken. Dann nahm er Kurs auf die Küste.

> Es lief darauf hinaus, dass ich jetzt eigentlich neugierig auf mich war. Das Boot hatte versagt, ganz einfach, weil ich damit Gewässer befuhr, für die es nicht geschaffen war... Aber ich wusste noch nicht, ob ich selbst die Erdumseglung aushalten würde – und wenn ich es herausfinden konnte, dann wollte ich das auch tun.
>
> Es lief darauf hinaus, mich selbst bei dem Körper, den Gott mir gegeben hat, durch und durch unbeliebt zu machen, und das ist etwas, das mich schon fast so lange fasziniert, wie ich mich erinnern kann... Ich kann nicht sagen, dass ich mein Überlebenstraining in der Arktis und in der Wüste oder die raueren Partien der Atlantiküberquerung genossen hätte – ebenso wenig wie ich sagen kann, es wäre schön gewesen, mir in der *Dytiscus III* das Innere nach außen kehren zu lassen, und doch ist eine Art Vergnügen ... und ich wollte keineswegs, wenn ich es irgendwie zu verhindern wusste, darauf verzichten, so viel ich konnte über diese Erdumseglung herauszufinden – schon gar nicht, nur weil mein Boot nicht dazu geeignet war, das Ganze in einem Rutsch zu schaffen. Das Durchstehen des Ganzen war schließlich das Ziel gewesen, mit dem ich meine Vorbereitungen begonnen hatte, lange bevor eine Zeitung daherkam und ein Rennen daraus machte. Wenn ich nicht gerade zu tollkühn werden musste, um weiterzumachen, dann wollte ich auch wissen, wie es weiterging. Das war meine Entdeckungsreise, und was ich entdecken wollte, war ich selbst.

Mit dem letzten Satz berührte Blyth das Credo aller Abenteurer, seien sie nun Segler, Bergsteiger oder Entdecker. Das Wohin und Wie ist ihnen allen nur ein Mittel, um so tief wie möglich in sich selbst zu graben. Sie suchen die Antwort auf die Frage, die den Geist zu beherrschen beginnt, wenn eine Erfahrung schmerzhaft und bitter wird: *Was tue ich hier eigentlich? Was soll das Ganze?*

Ein weiterer Sturm trieb ihn an Port Elizabeth vorbei. In den frühen Stunden des 13. September stand Blyth vor East London. Er rief die Funkstelle des Hafens an und erbat einen Schlepper, um ihn in den Hafen zu ziehen. Um 8.30 Uhr erschien die Barkasse des Hafenlotsen von East London, übergab ihm eine Trosse und schleppte ihn in den Hafen. Geschleppt zu werden bedeutet fast immer die schmähliche Aufgabe der Selbstständigkeit, die ein Segler auf See gerade sucht – aber dennoch ging Blyth, nachdem er sein Boot am Kai festgemacht hatte, zunächst nicht von Bord. Er hatte das Rennen und die Erdumseglung noch nicht aufgegeben. Daher hatte er sich vorgenommen, an Bord auszuharren, bis ihm seine Ersatzteile von Port Elizabeth aus zugeschickt worden waren, um dann wieder auszulaufen. Seine Vorstellung von »allein« und »nonstop« hatte allerdings nicht mehr viel mit dem zu tun, was die Veranstalter der Regatta darunter verstanden, und sein Kompromiss – im Hafen am Kai zu liegen, aber nicht an Land zu gehen –, der ihm die Fortsetzung des Rennens ermöglichen sollte, wirkte einigermaßen bemüht.

Chick Gough, ein früherer Freund von den Fallschirmspringern, den es nach Südafrika verschlagen hatte, tauchte mit einer Flasche Whisky am Kai auf. Er kam an Bord, und sie tranken den Whisky. Dann machte sich Gough noch einmal auf den Weg und kam mit Bier zurück. Die Männer tranken bis in die Nacht. Nach vier Tagen am Kai, während derer Blyth mit Gough trank und mit einigen anderen an Land sprach, aber niemals sein Boot verließ, trafen die Ersatzteile ein. Blyth nahm sie an Bord und legte ab.

Zwei Tage später gab er in einem starken Sturm – Blyth schätzte, dass der Wind mit etwa 60 Knoten blies, und beschrieb die Wellen als »kolossal«, als die größten, die er je gesehen habe – das Rennen auf und nahm wieder Kurs auf Port Elizabeth. Er akzeptierte endlich, dass er das falsche Boot segelte und da, wo er stand, nichts damit zu suchen hatte. Er telegrafierte Maureen, dass er sich zur Aufgabe entschlossen habe, und bat sie, mit dem Flugzeug herzukommen, um das Boot mit ihm nach Hause zu segeln, und sie willigte ein.

Seine Leistung war für einen Neuling bemerkenswert – und wäre es auch für einen erfahrenen Segler gewesen. In drei Monaten hatte Robin Knox-Johnston, Seemann von Beruf und aus Leidenschaft, der sechs Tage nach ihm mit einem größeren Boot gestartet war, nur vier Tage wettgemacht.

Für Chay Blyth war das Rennen vorbei. Er hatte das furchtbare und überwältigende Testgelände der See persönlich kennen gelernt. Er würde wiederkommen und sein Experiment fortsetzen.

11

Seit langem gelten die Gewässer vor Kap Hoorn als die furchtbarsten, in die es ein Segelschiff verschlagen kann. Gleichwohl lassen die Stürme der südlichen Ozeane auch Südafrikas Kap der Guten Hoffnung auf 34° Süd nicht ungeschoren. Es stellt eine ganz eigene Gefahr für Seeleute dar, die versuchen, die Südspitze Afrikas zu runden, um vom Atlantischen in den Indischen Ozean zu fahren oder umgekehrt.

Ihnen macht der Agulhasstrom das Leben schwer, ein Strom von gewaltiger Stärke, der sich aus den nach Süden abfließenden Wassermassen des Indischen Ozeans speist. Wie durch eine Düse wird er durch die Straße von Mosambik gepresst und drängt anschließend als schmaler, reißender, vom kalten Wasser deutlich abgegrenzter Strom weg vom Kap nach Süden und Westen, also direkt gegen das vorherrschende Westwindsystem der südlichen Meere. Wenn diese Weststürme oder auch die plötzlichen Südstürme des Kaps gegen den Agulhasstrom anwüten, stehen Wind und Wasserströmung gegeneinander und sorgen für so heftige Turbulenzen, wie es sie nirgendwo sonst auf Erden gibt. Es treten ganz außerordentliche Monsterseen und gewaltige Wellentäler auf. Schiffe von Hunderten Fuß Länge sind dort buchstäblich von gigantischen Wellen herabgestürzt, hinein in die tiefen, schlundähnlichen Wellentröge, und haben dann ihren Weg nach unten einfach fortgesetzt. Der Agulhasstrom tritt vor allem längs der parallel zur Küste verlaufenden Tiefenlinie von hundert Faden in Erscheinung. Strudel warmen Wassers lösen sich jedoch oft vom Hauptstrom ab und wirbeln wie sich ausstreckende Finger weit hinaus in die kalten südlichen Ozeane. Die chaotische Wechselhaftigkeit der Gewässer vor Südafrika steht im Gegensatz zu den stabileren Verhältnissen vor Kap Hoorn. Viele Seeleute, die wissen, wovon sie reden, haben mehr Respekt davor, Südafrika zu umrunden als das Hoorn. Denn hier überkommen einen die Katastrophen völlig unerwartet.

Robin Knox-Johnston überquerte den 40. Grad südlicher Breite am 3. September, etwa 500 Seemeilen Westsüdwest vom Kap der Guten Hoffnung. Der Südwinter näherte sich seinem Ende. Ein nördlicher Wind trieb ihn Richtung Südost, weiter hinein in die »Brüllenden Vierziger«. In der Nacht überraschte eine abgeirrte Bö die *Suhaili* und zerriss den kleinen Spinnaker, den er vorn gesetzt hatte.

Die Überquerung des 40. Breitengrades bedeutete keine automatische, plötzliche Verschlechterung des Wetters, aber Knox-Johnston stellte fest, dass er angespannt darauf wartete und hoffte, dass das seines Wissens nach Unabwendbare lieber bald geschähe. Zwei Tage lang blieb das Wetter gut, aber dann begann das Barometer steil zu fallen und kündigte damit stürmische Verhältnisse an. Aber dessen ungeachtet dämmerte der 5. September fast windstill herauf, sodass Knox-Johnston weitere Segel setzte. Im Laufe des Nachmittags frischte der Wind auf, und gegen 17.00 Uhr erreichte ihn die erste Kaltfront südlich des 40. Breitengrades. Sie kam plötzlich und gewaltsam. Innerhalb von Minuten drehte der Wind von Nord auf Südwest und nahm auf Sturmstärke zu. Brutale Wellen von Hagel fegten über das Deck der *Suhaili* und peitschten Knox-Johnston die Hände und das Gesicht, während er Groß und Besan stark reffte und die Fock durch die winzige, besonders verstärkte Sturmfock ersetzte. Als er wieder unter Deck geflohen war, nasskalt und mit brennender Haut, gönnte er sich einen guten Schluck Brandy.

Die *Suhaili* lief vor dem weiter zunehmenden Wind nach Osten. Die von dem Südweststurm aufgeworfenen Wellen schoben sich über die alte nördliche Dünung, sodass sich bald eine unberechenbare Kreuzsee aufbaute. Allerdings hatte Knox-Johnston das Gefühl, dass »der Admiral«, wie er seine Windfahne nannte, in dem stärkeren Wind gut funktionierte und die *Suhaili* mit den Bedingungen zurechtzukommen schien.

Trotzdem hatte er ein ungutes Gefühl und behielt am Abend seine Schlechtwetterbekleidung an. Er legte sich auf das Segeltuch, mit dem er seinen Schlafsack abdeckte, und hielt sich in Bereitschaft für das, was noch kommen mochte. Die Kajüte der *Suhaili* – ein enger Kasten von 2,40 m mal 3,60 m, voll gestopft mit Büchern, Ausrüstung sowie Behältern mit Essen und Treibstoff – vollführte steile Berg- und Talfahrten und legte sich in Übelkeit erregender Weise und mit der rohen Gewalt einer Achterbahnfahrt von einer Seite auf die andere. Das Tosen des Sturms – die Wellen, die über das Boot krachten, die Seen, die nur wenige Zentimeter von seinem Kopf entfernt außen an den Planken vorbeirauschten, und der Wind, der auf die gerefften Segel eindrosch, am Rigg rüttelte und das ganze Boot heftig erbeben ließ, wenn es gerade einmal nicht von den Wassermassen umhergeworfen wurde – hielt Knox-Johnston wach. Die Kakophonie, die ein Sturm auf See im Rigg eines Bootes entfacht, findet an Land nicht ihresgleichen. Die dort oberirdisch geführten Kabel von Strom- und Telefonleitungen sind lang und stehen nicht unter hoher Spannung. Wenn der Wind durch diese Drähte pfeift, werden tiefe Töne ohne viele atonale Obertöne erzeugt. Aber die *Suhaili* war mit einem Gespinst von über dreißig Drähten und Leinen unterschiedlicher Länge überzogen, die in ihre Masten hinaufführten und straff gespannt waren, teilweise sogar mit Winden angezogen. Ihr boshaftes, geisterhaftes Kreischen war schwer zu ertragen. Es zerrte an Knox-Johnstons Nerven. Denn es war unverkennbar die Begleitmusik der unmittelbar bevorstehenden Katastrophe, die immer wahrscheinlicher und schließlich unausweichlich zu werden schien, je länger dieses Kreischen anhielt.

An diesem Abend diktierte Knox-Johnston auf Band, um seine Nerven zu beruhigen, wie man es tut, indem man vielleicht mit einem Freund telefoniert. Er versuchte die Umstände und seine Gefühle zu beschreiben. Als aber die Zeit voranschritt und doch nichts geschah, schlief er schließlich ein.

Ein schreckliches Brüllen begleitete eine Kaskade schwerer Objekte, die auf ihn herabstürzten, und weckte ihn auf. Die Petroleumlampe, die von der Decke der Kabine baumelte, schwang gewaltig hin und her und verlöschte. Während er noch versuchte, sich von dem auf ihm lastenden Gewicht zu befreien, begriff er in der Dunkelheit, dass seine kleine Welt sich 90° um ihre Achse gedreht hatte und er von der Bordwand nicht loskam, die jetzt unter ihm lag.

Als er sich schließlich befreit hatte, richtete sich die *Suhaili* schlagartig wieder auf, sodass er zusammen mit Gerätschaften, Dosen und Speisen – einer ganzen Masse fliegender Objekte – quer durch die Kabine geworfen wurde. Das Boot war auf die Seite gelegt worden und hatte sich dann selbst wieder aufgerichtet. Während er sich durch die Dunkelheit zum Niedergang vorkämpfte, hatte er die Vision dessen vor Augen, was ihn draußen auf Deck ganz gewiss erwartete: die Stümpfe abgebrochener Masten, ein Gewirr von Drähten und zerrissenen Segeln und anschließend der Kampf einer langen Nacht, flott und am Leben zu bleiben. Er war sich dessen so sicher, dass er einige Augenblicke benötigte, bevor er glauben konnte, dass die Masten, die er vor sich aufragen sah, wirklich noch standen.

In der Dunkelheit konnte er auf Deck ertasten, dass eine der beiden Windfahnen des Admirals über ein Backstag des Besanmastes gebogen war. Er arbeitete sich weiter Richtung Vorschiff, betastete und besah sich, was in seiner Reichweite war, und konnte keine anderen offensichtlichen Schäden feststellen. Währenddessen kam eine weitere gewaltige See über und legte das Schiff wieder auf die Seite, sodass Knox-Johnston alle Mühe hatte, nicht über Bord gespült zu werden. Er hatte das Gefühl, dass die *Suhaili* in den wilden Kreuzseen schlecht lag, korrigierte den Kurs etwas und stellte die verbliebene Windfahne ein, die das Boot immer noch steuerte. Dann ging er wieder hinunter.

Wasser stand überall und umspülte ihm die Füße. Mit einer gewissen Besorgnis und jederzeit in Erwartung einer weiteren übergroßen Welle, die das Schiff umlegte, begann er die Bilgepumpe zu betätigen. Dann jedoch beruhigte ihn der vertraute Ritus des Lenzens. Als er den Wasserstand bis unter die Bodenbretter gesenkt hatte, machte er sich daran, die Kajüte aufzuräumen.

Alles – Bücher, Kleider, Früchte, Geräte, medizinische Ausrüstung – war durcheinander geworfen und verstreut worden. Während er langsam alles sortierte und wieder an seinem Platz verstaute, soweit ihm das möglich war, merkte er, dass mit jeder Welle, die das Boot übernahm – und das bedeutete oft –, weiteres Wasser in die

Kajüte eindrang. Knox-Johnston musste zu seinem Entsetzen feststellen, dass längs aller Kanten zwischen Kajütaufbau und Deck lange Risse verliefen und dass die Schotts von der Gewalt der Welle, die sich über dem Boot gebrochen und es auf die Seite gelegt hatte, verschoben worden waren. Wahrscheinlich war der Kajütaufbau nicht direkt durch den Aufprall der See, die ihn von Luv her überrollt hatte, beschädigt worden, sondern durch das folgende Aufschlagen des Bootes auf dem Wasser in Lee. Seewasser ist mit noch flüssigem Beton vergleichbar, und wenn man sich vorstellt, dass ein Boot mit der Breitseite voran in solchen Beton stürzt, ist der an Deck festgebolzte Kajütaufbau und nicht der viel stärkere Rumpf der strukturell gefährdetste Teil des Bootes. Die Kraft des Wassers (oder Betons) ist aufwärts gerichtet, wenn das Boot darauf kracht, sodass die Tendenz besteht, den Kajütaufbau nach oben zu drücken und vom Deck abzuscheren.

Während er den Schaden inspizierte, brach sich wieder eine Welle über dem Boot, und er spürte, dass sich die gesamte Kajüte bewegte. Ein weiteres Umlegen konnte dazu führen, dass der ganze Kajütaufbau abgerissen wurde und ein Loch von 1,80 m mal 3,60 m im Deck hinterließ, durch das rasch Wasser eindringen und die *Suhaili* sofort zum Sinken bringen würde. Aber es gab nichts, was er dagegen im Dunkeln und bei dem herrschenden Sturm, der jeden Reparaturversuch verhinderte, hätte tun können. Also griff Knox-Johnston zur Whiskyflasche, nahm einen guten Schluck, wickelte sich in sein Segeltuch ein und fand – irgendwie – in den Schlaf zurück.

Als er am Morgen aufwachte und hinaussah, fegten Böen über die See, trieben Hagel vor sich her und wühlten das Wasser zu einem milchigen Weiß auf. Aber der Sturm schien seinen Höhepunkt überschritten zu haben. Er machte sich Porridge zum Frühstück, und nach einem Becher Kaffee und einer Zigarette fühlte er sich »ganz glücklich«. Aus seinen beachtlichen Lagerbeständen suchte er sich eine Anzahl von Bolzen und Schrauben zusammen und verbrachte den ganzen Tag damit, das Kajütdach zu verstärken.

Zwei Tage nach dem Überlegen des Bootes hatten sich die Verhältnisse ausreichend beruhigt. Er konnte die verbogene Windfahne reparieren, ohne dass sie ihm davonflog, aber die Wellen waren immer noch hoch genug, um die *Suhaili* schwer rollen zu lassen, und Knox-Johnston, der an den röhrenförmigen Auslegern arbeitete, die die Fahnen hielten, wurde wiederholt in die kalte See getaucht.

Die relative Ruhe hielt nur kurz an. Ein weiterer Sturm zog über ihn hinweg, und das tägliche Einerlei der Fahrt nahm jetzt ein völlig neues Gepräge an. In den 80 Tagen, bis er 40° Süd erreichte, hatte Knox-Johnston nur einen echten Sturm erlebt. Jetzt zog von Westen her durchschnittlich alle zwei Tage der nächste über ihn hinweg. Gewöhnlich blies der Wind zuerst aus nördlichen Richtungen, drehte dann plötzlich nach West, während er stürmisch oder orkanartig auffrischte (Windgeschwindigkeiten zwischen 34 und 60 Knoten), um dann innerhalb einiger Tage weiter auf Südwest und Süd zu drehen und dabei schwächer zu werden. Die von diesen starken und in der Richtung schnell wechselnden Winden aufgeworfenen Wellen kreuzten einander aus zwei oder mehr Richtungen und führten zu chaotischen und gefährlichen Kreuzseen. Für eine Yacht von der Größe der *Suhaili* wäre es bei solchen Stürmen das Üblichste und Sicherste gewesen, sie beigedreht zu legen, Fahrt aus dem Boot zu nehmen und den Sturm mit weit reduzierter Segelfläche abzuwettern, aber das hätte Knox-Johnston nicht weitergebracht. Die Stürme kamen vorherrschend aus westlichen Richtungen und trieben ihn wie erwünscht nach Osten, und wenn er gewinnen wollte, dann musste er sie nutzen.

Da er das Boot über die gewöhnlichen Sicherheitsgrenzen hinaustrieb, brachte er sich um seine ausreichenden Ruhezeiten. Er schlief voll bekleidet, in Segeltuch eingewickelt, und musste sich damit abfinden, immer wieder von gewaltigen Schlägen geweckt zu werden, die ihn durch die Kajüte warfen. Der Schlafentzug und das zermürbende Umhergeworfenwerden durch die gewalttätigen Bewegungen des Bootes wirkten sich schnell auf seine Moral aus.

9. September 1968
Ich wurde schließlich um 11.00 Uhr nach drei Stunden ununterbrochenen Schlafs wieder wach... Wir rollten schwer, und es war schwierig, in der Kajüte zu stehen, aber ich schaffte es, mir etwas Suppe heiß zu machen... Beim Aufstehen fühlte ich mich sehr bedrückt... Ich habe letzte Nacht viel Nervenkraft gelas-

sen, nur weil ich die Fock stehen gelassen habe, aber wofür? Vielleicht 20 Meilen mehr, als es sonst gewesen wären, wenn es hochkommt, und welchen Unterschied machen schon 20 Meilen, wenn ich 20 000 zurücklegen muss?
Die Zukunft erscheint in nicht besonders hellem Licht ... mich noch 150 Tage hier herumwerfen zu lassen ... und zwischendurch ständig durchnässt zu werden, wenn ich Segel bergen oder setzen muss, das sind keine besonders angenehmen Aussichten. Nach vier Stürmen sind meine Hände verbraucht und schlimm zerschnitten, und ich spüre jeden meiner Finger vor Schmerzen von den Rissen in der Haut und den gebrochenen Fingernägeln. Ich bin grün und blau geschlagen, weil ich ständig umhergeworfen werde. Meine Haut ist wund von der dauernden Reibung auf nassem Stoff, und ich weiß nicht mehr, wann ich mich zum letzten Mal richtig gewaschen habe... Ich fühle mich seelisch und körperlich völlig erschöpft und bin doch erst eine Woche in den südlichen Ozeanen. Es scheint Jahre her zu sein, seit ich auf östlichen Kurs gegangen bin, und doch war es erst letzten Donnerstagabend, vor nicht mehr als sechs Tagen, und ich habe noch 150 Tage von dieser Sorte vor mir. Bis dahin bin ich ein lebender Leichnam. Ich habe für den Augenblick genug vom Segeln. Es wäre eigentlich an der Zeit, dass ich mir einen Hafen suchte, ein langes heißes Bad nähme, ein Steak mit Eiern, Erbsen und jungen Kartoffeln verspeiste, und mir dann Zitronentorte, Kaffee, Drambui und schließlich eine Zigarre und einen schönen, langen, ungestörten Schlaf gönnte...
Kein Gefangener in Dartmoor wird so hart rangenommen, die Öffentlichkeit würde es nicht dulden, und dabei hat er noch Gesellschaft, wie unerfreulich sie auch sein mag. Außerdem bekommt er trockene Kleider, und man lässt ihn ungestört schlafen. Ich frage mich, wie die Kriminalitätsrate sich entwickeln würde, wenn die Verbrecher verurteilt würden, allein um die Welt zu segeln, statt ins Gefängnis zu gehen. Es sind zehn Monate Einzelhaft bei harter Zwangsarbeit...

Am 10. September brach die Trimmklappe der Selbststeuerungsanlage. Genau wie Chay Blyth hatte er einen Ersatz dafür an Bord.

Der Austausch war nicht einfach. Die Klappe steckte unten in einem Metallschuh, der verlängerten Unterkante des Kiels, und befand sich vier Fuß unter der Wasseroberfläche. Es gelang ihm nicht, auf dem Achterdeck kniend die Trimmklappe in den Schuh zu stecken. Schließlich zog er seine Kleider aus, wappnete sich gegen das Kommende mit einem guten Schluck Brandy und ging über Bord. Während das Boot sich in den Wellen hob und senkte und ihn vollständig in das zehn Grad kalte Wasser tauchte, musste sich Knox-Johnston mit einer Hand festhalten und gleichzeitig versuchen, die Trimmklappe an ihren Platz zu stecken.

Das Versagen der Trimmklappe machte ihm ebensolche Sorgen, wie sie auch Blyth gequält hatten. Sie hatte nach 8000 Seemeilen ihren Dienst versagt und nur eine Woche den »Brüllenden Vierzigern« standgehalten. Er hatte noch wenigstens 20 weitere Wochen vor sich, bevor er das Hoorn rundete und nach Norden in den Atlantik abdrehen konnte.

Dann machte sich ein noch größeres Problem bemerkbar. Um seinen Wasservorrat zu schonen, hatte Knox-Johnston bisher das Wasser aus Plastikbehältern in der Kajüte benutzt und es durch Regenwasser ersetzt, das er in einem am Lümmelbeschlag unter dem Großsegel aufgehängten Eimer gesammelt hatte. Seinen Hauptwasservorrat von 400 Litern in zwei Tanks unterhalb des Bodens der Kajüte hatte er noch nicht angerührt. Jetzt beschloss er, als Nächstes das Wasser von dem vorderen der beiden Tanks zu benutzen, um den Bug der *Suhaili* leichter zu machen. Nach seinem Gefühl würden sich die Segeleigenschaften der *Suhaili* vorm Wind unter den härteren Bedingungen der südlichen Ozeane dadurch verbessern. Also schloss er den fraglichen Tank an die Pumpe für den Wasserhahn in der Pantry an, aber alles, was aus dem Hahn quoll, war eine stinkende braune Brühe. Der Tank war mit Seewasser verunreinigt, wahrscheinlich als Ergebnis der Überschwemmung unter Deck nach dem Überlegen des Bootes. Er versuchte sein Glück mit dem anderen, größeren Tank – das gleiche Resultat.

Knox-Johnston zündete sich eine Zigarette an und überdachte die Lage. Es war das alte Dilemma der Seeleute: »Überall Wasser, Wasser, aber kein Tropfen zu trinken.« Es bestand kein unmittelbarer Anlass zur Sorge: Er hatte noch fast 50 Liter in den Plastikbehältern, mehr als genug, um Kapstadt anzulaufen – falls das notwendig sein sollte. Konnte er im Rennen bleiben? Die 50 Liter deckten den Wasserbedarf für 40 Tage, wenn er seinen bisherigen Verbrauch zugrunde legte; Australien war ungefähr 50 Tagesreisen entfernt. Sicherlich konnte er mit dem Regen und dem Hagel, den die Stürme der »Brüllenden Vierziger« brachten, bis dorthin kommen. Außerdem fuhr er Hunderte Dosen mit Fruchtsaft. Er beschloss weiterzusegeln und hoffte, dass das Wassersammeln ihm immer einen ausreichenden Trinkwasservorrat garantieren würde.

Am 13. September erfuhr er über Funk, dass Chay Blyth East London angelaufen und das Rennen aufgegeben hatte. Während des ersten großen Sturms war ihm die Frage durch den Kopf gegangen, wie dicht Blyth und er wohl beieinander standen, und nun erfuhr er, dass Blyth bis zum Schluss zwei Tage Vorsprung vor ihm gehalten hatte. Chay Blyth war am Ende seiner Fahrt nicht mehr der Anfänger, als der er die Leinen losgemacht hatte, und es ist interessant, Spekulationen anzustellen, was für ein Rennen sich diese beiden ungewöhnlich zähen jungen Männer geliefert hätten, wenn Blyth ein angemesseneres Boot gefahren hätte. Knox-Johnston, dem das Ausmaß von Blyths Unerfahrenheit nicht bekannt war, tat es Leid, den Druck durch einen gleichwertigen Mitbewerber zu verlieren.

Er hatte geplant, so dicht wie möglich am 40. Breitengrad Süd nach Westen zu segeln, um die schlimmsten Stürme der Südmeere so weit wie möglich zu vermeiden. Er war aber schon nach Süden über diese Breite hinausgetrieben worden und segelte nun ein paar Tage lang nach Nordosten. Das Wetter wurde entsprechend besser, und er begann mit der Ausbesserung des gerissenen Spinnakers in der Hoffnung, auf so leichten Wind zu stoßen, dass er es wieder einsetzen konnte. Er band das Liek des Segels an den gegenüberliegenden Enden der Kajüte fest, um es aufzuspannen, und begann dann entlang des Liektaus zu nähen.

> Als ich das Ende einer Rolle Segelgarn erreicht hatte, nahm ich meine Zähne zu Hilfe, um einen Knoten zu knüpfen, und wollte dann aufstehen. Ich hatte mich noch keine drei Zoll von der Stelle bewegt, als ich ein schmerzhaftes Ziehen spürte… Mein

Schnurrbart war fest mit dem Spinnaker verbunden ... Ich versuchte mich zu strecken und die mir nächstgelegene Stelle zu erreichen, wo ich das Liek festgemacht hatte, aber dazu war meine Reichweite um gut einen Fuß zu kurz. Ich rollte mit den Augen und sah mich nach einem Messer um, aber qualvollerweise konnte ich es ebenfalls nicht erreichen ... Ich konnte den Knoten, der mich festhielt, weder lösen noch durchschneiden, und die Zeit für ein Bier rückte jetzt schnell näher. Es gab nur einen Ausweg. Ich schloss die Augen, biss die Zähne zusammen und riss meinen Kopf scharf zurück. Damit befreite ich mich, aber es tat höllisch weh, und mir standen die Tränen in den Augen, was aber bald nachließ. Schließlich lief ich zum Spiegel und konnte mich dort vergewissern, dass die Symmetrie des Schnurrbarts nicht wesentlich gestört war.

Ein paar Tage später hatte er einen ernsteren Unfall. Während er in dem voll gestopften »Maschinenraum« über den Batterien hockte und sie mit einem Hydrometer überprüfte, schlug die *Suhaili* vor einer großen Welle quer. Knox-Johnston stürzte, und Säure aus der Batterie spritzte ihm ins linke Auge. Er ging, so schnell er konnte, an Deck und warf sich fünf Minuten lang Salzwasser ins Auge. Dann ging er wieder hinunter und wusch sich das Auge mit etwas von dem kostbaren Süßwasser aus. Er verabreichte sich auch noch Augentropfen, aber das Auge schmerzte inzwischen stechend.

In der Nacht fragte er sich düster, ob er wohl sein linkes Auge verlieren würde. Er überlegte, umzukehren und Durban anzulaufen, um sich dort behandeln zu lassen. Aber dann dachte er wieder an Bill King und Bernard Moitessier, die beiden nicht zu verachtenden Herausforderer, die noch weit hinter ihm lagen, aber zweifelsohne schnell aufholten. Er lag in Führung, und er beschloss, dass der Sieg ein Auge wert sein würde.

Aber es schmerzte!

22. September 1968 – 100. Tag
Letzter Tag des Südwinters.
Stellte nach dem Aufwachen fest, dass wir nördlichen Kurs segelten; ging also hinauf und fuhr eine Halse. Während der

Nacht hatte ich mir den Ellbogen übel angestoßen. Das und die zahlreichen anderen Prellungen und das pochende Auge verschafften mir ein Gefühl, als hätte ich gerade zehn Runden mit Cassius Clay hinter mir.

12

Rodney Hallworth war als Besitzer der Devon News Agency sein eigener Herr. Er sammelte Lokalnachrichten für die Zeitungen des Südwestens, betätigte sich gleichzeitig als Korrespondent der landesweit verbreiteten Zeitungen und als Publizist. In London war er Kriminalberichterstatter für die *Daily Mail* und den *Daily Express* gewesen, und als er in die kaum sensationsträchtige Küstenstadt Teignmouth in Devon umzog und dort der PR-Manager des Ortes wurde, brachte er seine Begabung für melodramatische Wendungen mit ein. Mehr als es unter Journalisten üblich ist – die eigentlich unbeteiligt aus dem Hintergrund beobachten sollten –, verausgabte Hallworth seine ganze Leidenschaft an seine Storys und seine Klienten.

Er hörte zum ersten Mal von Donald Crowhurst, als die *Sunday Times* ihn beauftragte, den geheimnisvollen neuen Teilnehmer der Wettfahrt um den *Golden Globe* zu fotografieren. Hallworth schickte einen Fotografen in Crowhursts Heimatstadt Bridgewater in Somerset. Bei seiner Rückkehr erzählte der Fotograf Hallworth von dem elektronischen Hexenmeister, der mit seinem computergesteuerten Trimaran rund um die Welt segeln würde, und erwähnte auch, dass Crowhurst noch ein Publizist fehle. Hallworth setzte sich sofort mit Crowhurst in Verbindung, und sie trafen sich in einem Hotel in Taunton, einem Städtchen nicht weit von Bridgewater.

Hallworth, ein großer, extravagant gekleideter Mann, der eine unwiderstehliche Leutseligkeit verströmte, hielt Crowhurst zunächst für reserviert. Aber nach einem gemeinsamen Essen glaubte er, dass sie große Freunde seien. Er hatte den Eindruck, seine Weltverbundenheit gefiel Donald Crowhurst, den er genau wie sich selbst als einige Nummern zu groß für eine kleine Provinzstadt einschätzte.

Für Crowhurst war Rodney Hallworth ein Geschenk des Himmels. Stanley Best war bereit gewesen, den Grundpreis für Crowhursts Boot zu übernehmen, und zwar unter dem Vorbehalt, dass Crowhurst sich um weitere Sponsoren bemühte, die die übrigen mit dem Unternehmen verbundenen Kosten übernähmen: die Verpflegung für die Fahrt, die Ausrüstung, Crowhursts »revolutionäres« System für sein Boot und auch den Lebensunterhalt für seine Frau Clare und ihre vier Kinder, während er auf großer Fahrt war. Aber Crowhurst hatte so gut wie nichts erreicht. Seine vielen Briefe an Firmen überall in Großbritannien, denen er von seiner geplanten Fahrt, seinen Aussichten, seiner eigenen Firma und deren innovativen Design schrieb, hatten ihm nicht viel mehr eingebracht als zehn Kisten mit Konserven von Heinz und etwas Starkbier von Whitbread.[8] Um seine Investition in das Boot abzusichern und dafür zu sorgen, dass Crowhurst tatsächlich wenigstens bis an den Start kam, war Stanley Best gezwungen, noch tiefer in die Tasche zu greifen und viele dieser weiteren Ausgaben selbst zu tragen. Er entschied sich, Crowhurst eine zweite Hypothek auf dessen Haus zu gewähren. Das bedeutete: Wenn Crowhurst nicht gewann, und zwar deutlich gewann, würde er ruiniert sein.

Hallworths Enthusiasmus, sein offensives Vertrauen, sein Versprechen, sich um die Presseberichterstattung zu kümmern, und seine Zuversicht, dass er Sponsoren interessieren konnte, waren überzeugend – er war wie Donald Crowhurst ein Mann mit der Gabe, andere das glauben zu lassen, woran er selbst glauben wollte. Er schlug vor, dass Crowhurst in Teignmouth startete und den Namen der Stadt für den Namen seines Bootes verwendete. Dann würde er

[8] Whitbreads sehr gemäßigtes Interesse an Crowhursts Weltumseglung sollte später einem viel stärkeren Engagement Platz machen, als die Brauerei zum Sponsor eines größeren internationalen Segelmarathons, des *Whitbread Round-the-World Race*, wurde. Zu diesem Grand Prix der Segelwelt ging eine Flotte voll bemannter Maxis an den Start. Es fand in den siebziger, den achtziger und den frühen neunziger Jahren alle vier Jahre statt. [Derzeit wird es vom Autohersteller Volvo unter dem Namen *Volvo Ocean Race* weitergeführt. Anm. d.

dort eine Kampagne in Gang setzen, um Sponsoren zu finden. Crowhurst, der diese Bedingungen gern erfüllte, schlug als Namen des Bootes *Electron of Teignmouth* vor. So wollte er gleichzeitig seinen Firmennamen an die Öffentlichkeit bringen. Rodney Hallworth dagegen, der sprachgewandteste Advokat seines wichtigsten Klienten, bestand auf *Teignmouth Electron.*

Der 31. August, das Datum, an dem das Boot zu Wasser gelassen werden sollte, kam und ging, ohne dass der Trimaran fertig gewesen wäre. Ein für den 12. September neu festgesetzter Termin ging ebenfalls vorüber. Eastwoods wurden durch die Extraarbeiten aufgehalten, die Crowhurst verlangt hatte. Die Verstärkung gegenüber den ursprünglichen Plänen von Piver, um die lange Fahrt durch die Südmeere zu überstehen, und die Modifizierungen, die er für seine Selbstaufrichtungsanlage und weitere Ausrüstung brauchte, kosteten Zeit. Da der aufblasbare Auftriebsballon, der am Top des Hauptmastes festgemacht werden sollte, sehr schwer war, musste der Mast kürzer gewählt werden, und das bedeutete eine Überarbeitung des Plans für das gesamte Rigg, die Crowhurst den Bootsbauern zwar versprochen, aber nicht geliefert hatte. Eastwood und sein Partner John Elliot waren jetzt häufig auf Crowhursts Anwesenheit in der Werft angewiesen, um die endgültigen Festlegungen für diese und viele andere Änderungen treffen zu können. Aber die Werft befand sich in Norfolk am gegenüberliegenden Ende Südenglands, damals eine gute Tagesfahrt von Bridgewater entfernt, und sie bekamen ihn nicht oft genug zu sehen. Er war voll ausgelastet – er besuchte einen Kursus für Morsetelegrafie in Bristol, arbeitete zusammen mit Stanley Best und Clare die Einzelheiten ihres finanziellen Arrangements für die Zeit seiner Abwesenheit aus, besprach sich mit einem Freund, der den Verkauf seines Navicators übernehmen sollte, suchte immer noch nach Sponsoren und bastelte wahrscheinlich auch weiter an seinem »Computer« und seinen viel gepriesenen Systemen herum. Am 21. September – zwei Tage vor dem nächsten »endgültigen« Termin für den Stapellauf – fochten Crowhurst und die Bootsbauer am Telefon einen bösen Streit aus. Eastwood erklärte ihm, dass sie nicht vorhätten, die Sperrholzdecks des Bootes mit GFK zu überziehen, wie es die (von Cox Marine gebauten) Sperrholzrümpfe waren. Diese GFK-Ummantelung des Bootes gehörte zu den besonderen Spezifikationen des Designs und war wesentlich, um die Wasserfestigkeit, die Stabilität und die Haltbarkeit des Decks zu gewährleisten. Eastwood machte geltend, dass die Verzögerung bei der Fertigstellung des neuen Riggplans (den John Eastwood schließlich selbst gezeichnet hatte) ihnen keine Zeit mehr ließ, die Decks zu verkleiden. Sie planten jetzt, das rohe Sperrholz einfach mit einem Anstrich zu versehen, und meinten, da ohnehin nur eine sehr dünne GFK-Schicht vorgesehen gewesen wäre, würde ein guter Polyurethananstrich es genauso tun (eine fehlerhafte Annahme und demzufolge ein unprofessioneller Vorschlag). Crowhurst war wütend, aber er konnte nichts mehr gegen diese Änderung unternehmen. Der Tag war schon zu weit fortgeschritten.

Clare Crowhurst hatte sich im Laufe der Jahre durch Crowhursts Intelligenz und die Energie seiner Persönlichkeit davon überzeugen lassen, dass er alles schaffen konnte, was er sich in den Kopf setzte – es war ihm immer gelungen. Mit der Idee der Erdumseglung schien es wieder einmal das Gleiche zu sein. Donald hatte beschlossen, dass er es tun würde, und so geschah es, wie er es geplant hatte. Aber an dem Abend nach seinem Telefongespräch mit Eastwood war Crowhurst so aufgebracht, dass Clare ihn anflehte, die Abnahme des Bootes zu verweigern und das Projekt aufzugeben. Zu ihrer Überraschung hörte er ihr wirklich zu. »Ich nehme an, dass du Recht hast«, sagte er, »aber die ganze Sache ist mir inzwischen zu wichtig geworden. Ich muss jetzt weitermachen, selbst wenn ich das Boot auf dem Weg um die Erde selbst fertig bauen muss.«

Es war das einzige Mal, dass Clare ihn bat aufzugeben. Sie nahm ihn beim Wort, unterstützte ihn und tat alles, um ihm zu helfen. Sie versuchte nicht wieder, ihn von seinem Vorhaben abzubringen.

Am 15. September berichtete die *Sunday Times*, dass Chay Blyth East London angelaufen habe und inzwischen nicht mehr im Rennen sei. In dem Artikel hieß es weiter, der zuletzt gestartete Wettbewerber, Commander Bill King, Englands U-Boot-Ass, sei mit seiner eigens für das Rennen entworfenen Yacht der Erste, der einen seiner Rivalen, nämlich Loïck Fougeron, eingeholt habe. Am voraufgegangenen Mittwoch habe King über Funk berichtet, dass er sich zwischen den Kapverdischen Inseln und der Westküste Afrikas befinde. Am gleichen Tag sei Fougeron von einem Schiff 350 Seemeilen südwestlich der Kanaren gesichtet worden, also 500 Seemeilen hinter King. Dies sah nach nur drei Wochen auf See nach einer beeindruckenden Verfolgungsjagd des Engländers mit seinem zweckmäßigen Schoner aus. Aber Fougeron hatte ein sehr bedächtiges Tempo vorgelegt. Kings Tagesdurchschnitt von 110 Seemeilen lag immer noch unter den 128 Seemeilen, die Francis Chichester zu Beginn seiner Reise erzielt hatte – der Messlatte, nach der die Teilnehmer des *Golden Globe Race* stets beurteilt wurden. Moitessier war seit Anfang September nicht mehr gesichtet worden, und sein Tagesdurchschnitt von 143 Seemeilen war noch nicht bekannt. Im gleichen Artikel widmete sich die *Sunday Times* zum ersten Mal ernsthaft Donald Crowhursts Vorbereitungen. Man berichtete über den Computer an Bord des Trimarans und Crowhursts »patentierte« Selbstaufrichtungsanlage.

Außerdem berichtete die Zeitung, dass Lieutenant Commander Nigel Tetley unbezahlten Urlaub bei der Royal Navy genommen habe und seine Abfahrt mit seinem Trimaran von Plymouth aus unmittelbar bevorstehe.

Tetley segelte am nächsten Tag – Montag, den 16. September. Die *Victress* führte an der Seite des Kajütaufbaus ein Banner mit dem Namen von Tetleys Sponsor, *Music for Pleasure*, der ihn mit einer ganzen Bootsladung voller Musikkassetten auf die Reise geschickt hatte. Zu Klängen einer Blaskapelle aus dem Lautsprecher seines Bootshauses segelte er durch den Plymouth Sound. Eine ganze Flottille von Pressebooten umgab ihn und schaffte es sogar, nicht mit ihm zusammenzustoßen. Das war vielleicht einer Eskorte von Booten der Navy zu verdanken, zu der auch das Galaboot eines Oberkommandierenden mit einem Vizeadmiral an Bord gehörte.

Auch seine Frau Eve winkte ihm von einem Boot aus zu. Tetley sah, wie sie den Takt zur Musik schlug, und als die Blaskapelle zu einem langsamen Stück ansetzte, musste er unwillkürlich schluchzen. Später, als er den Leuchtturm Eddystone hinter sich gelassen hatte und die Begleitboote allesamt umgekehrt waren, baute er mit Dudelsackmusik der Argyll and Sutherland Highlanders seine Moral wieder auf und aß geräucherte Forelle zu Mittag.

Bei nördlichem, achterlichem Wind führte Tetley eine Doppelfock, also zwei gleich große Vorsegel, die er zu beiden Seiten hin ausbaumte. Diese Vorwindbeseglung war durch den britischen Segler und Autor Eric Hiscock populär geworden, der mit Susan, seiner Frau, in einem kleinen Boot von 30 Fuß Länge durch die tropischen Gewässer, den Panama- und Suezkanal, zwei Mal die Welt umsegelt und dabei die Doppelfock – zu der kein Großsegel gesetzt wird – zur besseren Selbststeuerung des Bootes verwendet hatte. Als Tetley sich weiter vom Land entfernte, frischte der Wind auf, und er beschloss, die Doppelfock niederzuholen. Während er noch damit beschäftigt war, fing sich der Wind in einem der losen Segel, schlug es zurück und brach den hölzernen Baum, der es gehalten hatte, in zwei Teile. Das Segel mit dem gebrochenen Baum fiel ins Wasser, wurde ganz losgerissen und schwamm davon.

Während der ersten Nacht löste sich eine der oberen Salings am Hauptmast und schlug und wirbelte an ihrem Draht herum. Das Schiff war in zu heftiger Bewegung, als dass Tetley in den Mast hätte steigen und den Schaden reparieren können, also versuchte er, weiter abzufallen und das Boot auf einen ruhigeren Kurs vor dem Wind zu bringen, was sich aber ohne den fehlenden Baum als schwierig erwies. Von diesen frühen Missgeschicken noch im Ärmelkanal demoralisiert, beruhigte er sich schließlich, indem er ein Hähnchen verspeiste, das Eve für ihn gebraten hatte, und dazu Händels Wassermusik hörte. Am Nachmittag flaute der Wind ab, sodass Tetley den Trimaran vor den Wind legen und auf den kleinen Sprossen, die an den hölzernen Mast geschraubt waren, hinaufsteigen und die gebrochene Saling reparieren konnte.

Am nächsten Tag setzte sich die Serie von Unglücksfällen fort: Beim Reinigen der Leine des Schlepplogs von Tang ließ er diese versehentlich über Bord fallen. Er hatte noch eine Ersatzleine, die er klugerweise zusammengerollt im Kasten der Logge liegen gelassen hatte.

Am Abend wurde der Wind böig, erreichte teilweise Sturmstärke und kam aus Südwesten, sodass Tetley einen Kreuzschlag nach Nordwesten machte, um sich von der felsigen französischen Küste mit ihrer starken Tidenkabbelung freizuhalten. Am dritten Tag seiner Fahrt hatte der Wind gänzlich auf Sturmstärke aufgefrischt, und der stark beladene Trimaran setzte sehr hart in der immer höher gehenden See ein, bis Tetly schließlich für die Nacht beidrehte.

Von seiner Abfahrt an berichtete Tetley gewissenhaft über die Musik, mit der ihn sein Sponsor versorgt hatte. Er verzeichnete in seinem Logbuch genau, was er wann hörte. »Später zogen Unheil drohende schwarze Wolken auf, und ich saß im Ölzeug im Ruderhaus, auf das Schlimmste gefasst, und hörte Schuberts Unvollendete.«

Zusätzlich zum klassischen Repertoire hatte ihm *Music for Pleasure* eine Anzahl von Kassetten mitgegeben, die man vielleicht als eklektisch bezeichnen könnte: Aufnahmen Russ Conways (eines Pianisten, der häufig in Shows im britischen Fernsehen auftrat, mit dem Äußeren eines gut aussehenden Bankangestellten, der unentwegt lächelnd gängige Stücke spielte), des Mousehole Male Voice Choir (*mousehole,* gesprochen etwa wie »mausel«, ist ein Dorf in Cornwall), George Formbys (eines Music-Hall-Entertainers aus der tiefsten Provinz, der später auch bei Film und Fernsehen tätig wurde und in einem monotonen, nasalen nördlichen Dialekt obszöne Lieder sang und dazu eine Ukulele spielte) und des Chors der Roten Armee, außerdem Musik von den griechischen Inseln sowie meditative indische Sitar-Musik.

Er notierte meist auch, was er zu der jeweiligen Begleitmusik aß: zum Mittag kaltes Huhn, Tomaten, Früchte und geräucherten Käse, als Dinner chinesisch zubereitetes Huhn sowie Rindfleisch, Zwiebeln, Bohnen, Tomaten, Pilze und Peperoni mit einer halben Flasche Beaujolais. Gebratene Ente und eine Flasche Wein waren ein andermal das Abendessen, Rührei und Kaviarersatz gab es zum Frühstück. Diese Mahlzeiten erinnern merkwürdig an jene, die der Schriftsteller Ian Fleming einem anderen Commander der Marine vorzusetzen pflegte – James Bond.

Tetley aß allerdings mit einem bestimmten Ziel: Die *Victress* war bei seiner Abfahrt schwer beladen und in dem Starkwind, den er zu Beginn seiner Fahrt hatte, ziemlich schwerfällig. Er rechnete sich aus, dass sein Verbrauch an Nahrungsmitteln, Wasser, Wein und Treibstoff das Boot täglich um etwa fünf Kilogramm erleichtern musste.

Die *Teignmouth Electron* wurde am 23. September bei Brundall in Norfolk im Yare, einem kleinen Fluss, zu Wasser gelassen. Clare Crowhurst hielt eine kurze Rede und ließ eine Champagnerflasche gegen den Rumpf knallen. Aber die Flasche zerbrach nicht. In der leicht abergläubischen Welt der Seeleute verhieß das Unglück. Es war ein Unheil verkündendes Versagen, mit dem das Schiff seinen Lebensweg begann. Aber John Eastwood wusste Clare zu berichten, dass es Sheila Chichester beim Stapellauf der *Gipsy Moth IV* nicht besser ergangen sei.

Das Boot war weit von seiner Fertigstellung entfernt. Es hatte noch keine Masten, kein Rigg, keine Segel, und es fehlten buchstäblich Hunderte von Teilen innen und außen, die es erst bewohn- und segelbar gemacht hätten. Eastwoods Bootsbauer arbeiteten noch eine Woche langer Tage daran, während John Eastwood und Crowhurst, der jetzt seine ganze Zeit auf der Werft zubrachte, ständig erbittert miteinander stritten und den Arbeitern einander widersprechende Anweisungen gaben.

Bei den Streitereien ging es auch um Geld. Eastwood rechnete vor, dass die Extraarbeiten im Zusammenhang mit Crowhursts Verbesserungen, Zusätzen und Neuerungen die Kosten für das Boot annähernd verdoppelt hätten, und verlangte einen zusätzlichen Abschlag von 1000 Pfund, bevor das Boot freigegeben wurde.

Der immer noch unfertige Trimaran wurde am 2. Oktober für segelklar erklärt – wenigstens bis Teignmouth. Crowhurst brach mit der Erwartung auf, die Fahrt in drei Tagen zu bewältigen.

John Eastwood, dessen Partner John Elliot, Crowhursts Freund Peter Beard aus Bridgewater und einige Bootsbauer der Werft fuhren auf dem ersten Streckenabschnitt als Besatzung mit. Zuerst ging es flussabwärts den Yare hinunter durch die malerischen Norfolk Broads. Aber die Jungfernfahrt der *Teignmouth Electron* begann wenig Glück verheißend. Als sie sich einem Dorf näherten, überquerte die dortige Kettenfähre gerade vor ihnen den Fluss. Der Ebbstrom trieb sie darauf zu. John Eastwood meinte, zu beiden Seiten der Fähre sei noch genügend Platz und ausreichend tiefes Wasser, um passieren zu können, aber Crowhurst fürchtete, die Rümpfe könnten an der unter Wasser liegenden Kette hängen bleiben, und befahl den Männern von der Werft auf dem Vorschiff, Anker fallen zu lassen. Als sich der Anker in den Grund bohrte, schwang der Tidenstrom das Boot in einem Bogen an der Ankerkette herum und ließ es in Ufernähe knirschend gegen einige Pfähle prallen, die ein Loch in den Steuerbordrumpf schlugen. Sie segelten weiter bis nach Great Yarmouth an der Küste von Norfolk, wo die Werftleute den Schaden reparierten und dann zusammen mit John Eastwood heimfuhren. Um zwei Uhr morgens segelte Crowhurst mit Elliot und Peter Beard in Regen und Wind auf die schwarze Nordsee hinaus.

Es herrschte rauer Seegang, und alle drei wurden seekrank. Am schlimmsten traf es Crowhurst. Er musste sich mehrfach übergeben, blieb aber entweder am Ruder oder unter Deck am Kartentisch und navigierte und steuerte die ganze schreckliche Nacht hindurch. Er war in furchtbarer Stimmung, wütend über seine eigene Schwäche und reizbar gegenüber den anderen, aber John Elliot fand ihn beeindruckend. »Ihn in dieser Situation zu erleben, hat mich merkwürdigerweise erst wirklich überzeugt, dass er der Mann war, der um die Welt segeln würde. Er zeigte eine unglaubliche Entschlossenheit und Hartnäckigkeit. Wenn er sich einmal entschieden hatte, etwas zu tun, konnten ihn weder Katastrophen noch Überredung davon abbringen.«

Mit günstigem Wind segelte der Trimaran schnell die ostenglische Küste entlang nach Süden, passierte die Themsemündung, rundete North Foreland und gelangte vor der Küste von Kent in den Ärmelkanal. Bis dahin hatte die Fahrt des Bootes Crowhurst zugesagt. Aber nachdem sie das Feuerschiff South Goodwin passiert hatten, drehte der Wind auf westliche Richtungen, stand ihnen entgegen und machte der schnellen Fahrt der *Teignmouth Electron* abrupt ein Ende. Mehrrumpfboote segeln wegen ihrer flacheren

Kiele und des geringeren Widerstands, den sie dem Wasser entgegensetzen, nicht so hoch am Wind wie konventionelle Einrumpfboote mit tief gehendem Kiel. Diese verminderte Leistungsfähigkeit am Wind ist der wichtigste Preis, den man für ihre höhere Geschwindigkeit auf anderen Kursen und den besseren Wohnkomfort an Bord bezahlen muss. Für eine Ozeanfahrt, bei der man hauptsächlich Wind aus achterlichen Richtungen und von querab erwartet, ist es auf jeden Fall ein vertretbarer Kompromiss. Aber mit einem Trimaran im Ärmelkanal in einem Herbststurm gegen die vorherrschenden westlichen Winde und reißenden Tidenströmungen anzukreuzen ist ein Unternehmen, das auch erfahrene Segler von Mehrrumpfbooten zur Verzweiflung treiben würde. Die *Teignmouth Electron* benötigte fünf Stunden, um die zehn Meilen vom Feuerschiff Goodwin bis nach Dover zurückzulegen, und Crowhurst zeigte sich bestürzt über das träge Vorankommen seines Bootes.

Aber dafür gab es gute Gründe: Es waren keinerlei Vorräte an Bord, sodass das Schiff hoch im Wasser lag und diesem noch weniger Widerstand bot, die neuen Segel und das neue Rigg waren noch nicht erprobt, der verkürzte Mast reduzierte die nutzbare Segelfläche, und Crowhurst hatte nie zuvor einen Trimaran gesegelt. Alle Segelboote haben ihre Eigenheiten, ihre Stärken und ihre Schwächen, und ihre Eigner lernen im Laufe der Zeit, wie sie das Beste aus ihnen herausholen können.

Crowhurst und seine Mannschaft experimentierten mit verschiedenen Segelkombinationen, aber schon bald kenterte die Tide, und sie hatten den Strom gegen sich, sodass sie sich kurze Zeit später ein zweites Mal vor dem Feuerschiff Goodwin wiederfanden. Daraufhin machten sie einen langen Schlag von der Küste weg in ein Fahrtgebiet, wo der Gezeitenstrom nicht mehr so heftig setzte, und näherten sich bis auf drei Seemeilen der französischen Küste. Dort flaute der Wind ab. Crowhurst nutzte das, um seinen Außenbordmotor an Deck zu holen. Das bedeutete, dass er ihn aus einem Stauraum unter dem Cockpit heben und auf eine Halterung am Heck des Backbordrumpfes setzen musste. Der Außenborder wog fast 50 Kilogramm, und er wollte es allein ohne Hilfe seiner Mannschaft schaffen. Er benötigte dazu mit einer vom Großbaum aus gefahrenen Talje eine Stunde, in deren Verlauf er in völlige Wut geriet. Unter Motor fuhren sie die französische Küste entlang. Als er etwas später die Batterien mit dem tragbaren Generator des Bootes auflud, verbrannte Crowhurst sich am Auspuffrohr des Generators die linke Hand. Clare Crowhurst, die sehr abergläubisch war, zeigte sich später wegen dieser Verbrennung sehr besorgt, denn diese hatte die Lebenslinie auf der Handfläche ihres Gatten ausgelöscht.

Drei Tage lang kreuzten sie zwischen der französischen und englischen Küste hin und her, um jedes Mal, wenn sie unter Land kamen, festzustellen, dass sie gegenüber ihrer früheren Position nur wenige Meilen gutgemacht hatten.

Eines Nachts, während John Elliot schlief, fragte Peter Beard Crowhurst mitten auf dem Kanal, wie er mit diesem Boot um die Erde kommen wolle, wenn es schon so schwierig sei, es auch nur von einem Ende des Kanals zum anderen zu segeln. Crowhurst tat das Problem ab und wies darauf hin, dass er es größtenteils mit günstigen Winden zu tun haben werde.

Aber wenn sie nun nicht günstig wären, beharrte Beard.

»Nun, man könnte immer noch ein paar Monate lang im Südatlantik herumschippern«, sagte Crowhurst. Er zeichnete eine grobe Skizze in Beards Logbuch und umkreiste ein Gebiet im Südatlantik zwischen Afrika und Südamerika. »Es gibt Gegenden abseits der Schifffahrtslinien, wo niemand ein Boot wie dieses jemals entdecken würde.«

Crowhurst lachte.

Nach vier Tagen nutzloser Anstrengung sagten Beard und Elliot Crowhurst, dass sie heim müssten. Beide hatten Verpflichtungen an Land. Elliot versprach, zwei Mann von der Werft zu schicken, um sie zu ersetzen. Unter Motor liefen sie Newhaven an der Küste von Sussex an. Robin Knox-Johnston, der sich inzwischen Australien näherte und schon fast halb um die Erde war, hatte hier vor vier Monaten auf dem Weg nach Falmouth Halt gemacht – die Fahrt von London durch den Kanal hatte mit der *Suhaili* sechs Tage gedauert.

Die ersten zwei Tage nach Ankunft der Ersatzmannschaft mussten sie wegen Sturm in Newhaven bleiben. Dann segelten sie zwei Tage lang und kamen bis Wooten Creek auf der Isle of Wight, bevor die beiden Bootsbauer das Schiff fluchtartig verließen – sie hatten genug davon, mit Crowhurst zu segeln. Nach einigen allein versegelten Seemeilen längs der Küste der Isle of Wight erreichte er Cowes, wo er auf einen weiteren späten Starter des *Golden Globe Race* traf, Alex Carozzo, der dort seine letzten Vorbereitungen traf. Der (in Italien) als »Italiens Chichester« bekannte Carozzo war Erster Offizier auf einem der Frachtschiffe gewesen, wie sie die Amerikaner im Zweiten Weltkrieg in großer Zahl gebaut hatten. Während der letzten Fahrt seines Schiffes, das zur Verschrottung nach Japan überführt wurde, baute er sich an Deck eine kleine Slup. Nach der Ankunft in Japan hatte er sein Segelboot von dem Frachter aus zu Wasser gelassen und war mit Ziel Kalifornien davongesegelt. Nach zehn Tagen auf See verlor die Slup in einem Taifun den Mast. Carozzo brauchte 83 Tage, um bis Midway zu kommen, wo er sein Rigg wieder instand setzte und zu einer 53-tägigen Fahrt bis San Francisco ablegte.

Der Bau seiner 66 Fuß langen und eigens für das *Golden Globe Race* ausgelegten Yacht hatte bei der Medina Yacht Company in Cowes am 19. August begonnen und war sieben Wochen später größtenteils vollbracht – eine unglaubliche Leistung. Carozzos Kühnheit und seine Zuversicht waren für Crowhurst eine Wohltat. Er blieb zwei Tage in Cowes, um mit dem Italiener zu reden.

Am Sonntag, dem 13. Oktober, setzte Crowhurst seine Reise fort. Als Mannschaft hatte er Peter Eden, einen Segler aus Cowes und ebenfalls Lieutenant Commander der Royal Navy, angeheuert. Nach vier langen Kreuzschlägen quer über den Kanal erreichten sie Teignmouth zwei Tage später, am 15. Oktober. Eden sollte später berichten, dass Crowhurst über gute seglerische Fähigkeiten verfüge, dass aber seine Navigation »gelinde gesagt schludrig« sei.

Crowhurst hatte 13 Tage für die etwa 300 Seemeilen von Great Yarmouth nach Teignmouth benötigt und dabei im Durchschnitt 23 Seemeilen am Tag zurückgelegt. Es blieben ihm jetzt noch 16 Tage vor Ablauf der von der *Sunday Times* gesetzten Frist bis zum 31. Oktober, um sein Boot auf die Erdumseglung vorzubereiten.

13

Am Freitag, dem 20. September, übergab Loïck Fougeron vor den Kapverdischen Inseln einem Fischer, dessen Boot er dort passierte, eine Plastiktüte mit Filmen und Briefen für die *Sunday Times.* Außerdem überantwortete er ihm Roulis, seine Katze. Sie hatte den Antennendraht seines Empfängers durchgekaut, Löcher in Beutel mit Eipulver genagt und das Pulver überall im Inneren des Bootes verstreut, sie hatte Flöhe, und, was das Schlimmste war, er glaubte, dass sie tragend war. Da er ein Boot voller Katzen nicht gebrauchen konnte, wie er der *Times* schrieb, hatte er sogar überlegt, ein Floß zu bauen und die Katze in Landnähe auszusetzen.

Die Plastiktüte und die Katze wurden an einen Mr. Foulde weitergegeben, den britischen Konsul für die Kapverdischen Inseln. Die Tüte schickte er an die *Sunday Times* nach London, die Katze behielt er. Schon bald allerdings kabelte er der Zeitung und bat, von der Katze befreit zu werden, die sich als zu zerstörerisch für das Konsulat erwiesen habe. Die *Sunday Times* handelte nicht mit Katzen, und schließlich fand Mr. Foulde für Roulis auf der Insel ein Zuhause.

Fougeron kam langsam voran. Er ließ es sich wohl sein und genoss das ihm neue Gefühl, allein zu segeln. Aber er wusste, dass Bill King ihn bereits überholt hatte (King gab regelmäßig über Funk seine Position nach England durch, und Fougeron hatte bestimmt einige seiner Funksprüche empfangen) und sein Freund Bernard ihm weit davongezogen war (Moitessier war zu diesem Zeitpunkt schon jenseits des Äquators im Südatlantik). Falls Fougeron sich jemals

Hoffnungen auf den Sieg gemacht haben sollte, so mussten diese nun schnell zerrinnen.

Am 29. September sichtete Moitessier die entlegene Südatlantikinsel Trindade recht voraus. Er hoffte, dort Filme und Briefe für die *Sunday Times* abwerfen zu können. Die Insel gehörte zu Brasilien, und sein Seehandbuch für Südamerika, in dem auch Segelanweisungen für Trindade enthalten waren, gehörte zu denjenigen, die er als unnötigen Ballast im Hafen zurückgelassen hatte. Aber die Küste wirkte hoch und zerklüftet und machte ihn glauben, dass er bis dicht unter Land tiefes Wasser vorfinden würde, sodass er nahe genug herankommen konnte, um irgendjemandes Aufmerksamkeit auf sich zu ziehen und vielleicht ein Boot zu veranlassen, zu ihm hinauszukommen.

Als er näher heransegelte und Einzelheiten auf der Insel erkennbar wurden, sah er schönes grünes Land vor sich, das immer ein wunderbarer Anblick ist nach wochenlangem Aufenthalt auf See. Er hoffte, so dicht unter Land zu kommen, dass er es auch riechen konnte.

Das Wetter war schön, klar und sonnig, der Wind wehte mäßig aus Nordost, und die *Joshua* kam vom Meer aus wie ein Albatros auf die Insel zugesegelt. Durch sein Fernglas sah er die Dächer einer Siedlung und das Wrack eines alten stählernen Schiffs, das halb versunken vor dem Dorf lag. Er blies kräftig in sein Nebelhorn und segelte an der Küste hin und her. Kein Mensch erschien. Es war Sonntagmittag, und er fragte sich, ob vielleicht alle in der Kirche oder in ihren Häusern zu einem lärmenden Mittagessen versammelt waren. Nach einer Stunde und wiederholten Stößen in sein Horn war er schon drauf und dran, wieder davonzusegeln, als er sah, wie eine Anzahl Menschen aus einem Haus strömte und ihn anstarrte. Einer von ihnen benutzte ein Fernglas. Aber im Übrigen taten sie nichts. Moitessier hisste seine Signalflaggen für M, I und K (MIK bedeutet: »Bitte geben Sie meine Position an Lloyds of London durch!«) und hoffte, dass der Mann, der ihn mit dem Fernglas beobachtete, den Schiffsnamen erkennen und sein Erscheinen vor der

Insel irgendjemandem melden würde. Aber immer noch taten die Leute an Land nichts, als ihn zu beobachten, als wäre er eine Erscheinung. Er fuhr eine Halse, winkte noch einmal mit beiden Armen – eine Geste, die »Auf Wiedersehen« bedeuten sollte – und nahm Kurs aufs offene Meer. Plötzlich, als wäre ein Bann gebrochen, begannen die Leute an Land wie verrückt zu winken. Manche rannten den Strand hinunter und wateten bis zu den Hüften ins Wasser, riefen ihm etwas nach, flehten ihn an. Aber sie hatten kein Boot, um zu ihm herauszukommen, und ohne eine Karte oder Segelanweisung unterstand Moitessier sich nicht, noch dichter unter Land zu laufen. Er segelte davon.

Er fuhr in südöstlicher Richtung in kühlere Gewässer und nahm Kurs auf Kapstadt, wo er doch noch seine Post loszuwerden gedachte. Noch deutlich nördlich des 40. Breitengrades Süd, in einem Gebiet, wo eigentlich östliche Winde dominieren sollten, geriet er in starke Westwinde mit hohem Wellengang. Es herrschten fast schon die Bedingungen, die normalerweise auf den Südmeeren anzutreffen sind. Moitessier setzte zusätzliche Segel und jagte in gewaltigen Tagesstrecken, deren höchste sich auf 182 Seemeilen belief, diagonal über den Südatlantik. Der Wind kam weiterhin von Westen und war jetzt stark genug, um die *Joshua* auch noch mit gerefften Segeln in Gleitfahrt zu bringen. Das waren Bedingungen, mit denen Moitessier und sein Boot vertraut waren und die ihn glücklich machten. In einer Woche legte er 1112 Seemeilen zurück – ein Tagesdurchschnitt von 158 Seemeilen, deutlich mehr, als Chichester je geschafft hatte.

Seit seiner dramatischen Sturmfahrt im Südmeer zwischen Tahiti und Kap Hoorn war Moitessier fest davon überzeugt, dass Leichtigkeit und Geschwindigkeit die Schlüssel für eine schnelle und sichere Reise waren. Zweifellos war das in Frankreich und England eingesparte Gewicht von einer Tonne der Geschwindigkeit des Bootes zugute gekommen. Jetzt machte er sich in einem Anfall von Skrupellosigkeit und Übermut daran, nach weiterem überflüssigen Ballast zu forschen und alles über Bord zu werfen, was er als solchen ansah: eine Kiste mit Schiffszwieback (35 Pfund), eine Kiste mit Dosenmilch (45 Pfund), 25 Flaschen Wein, 45 Pfund Reis, 10 Pfund Zucker, 30 Pfund Marmelade, eine Kiste mit Batterien, 4 Kanister Petroleum, einige Gallonen Spiritus und eine Rolle Nylonleine von drei Viertel Zoll Durchmesser, die ungefähr 60 Pfund wog. (Vor 33 Jahren war in einer Welt, die offenkundig durch Verschmutzung weniger bedroht war, als wir es heute kennen, dieses Über-Bord-Werfen völlig unverdächtig, selbst einem so erleuchteten Naturliebhaber wie Moitessier.)

In der Folge konnte er die Kabinen der *Joshua* im Vorschiff und Heck vollständig räumen und das gesamte mitgeführte Gewicht mittschiffs konzentrieren, sodass die *Joshua* vorne und hinten mehr Auftrieb erhielt und in schweren Seen eher ins Gleiten kam. Das bedeutete außerdem, dass sein Boot bei leichtem Wind schneller segelte und bei Starkwind weniger Segelfläche benötigte.

Indem er sich der letzten überflüssigen Einschränkungen entledigte (und man muss wohl vermuten, dass seine Frau Françoise und die häuslicheren Vorstellungen, die sich mit dem Begriff Ehe verbinden, auch dazugehörten), kam Moitessier seinem Idealzustand auf eine zuvor wohl kaum jemals erreichte Weise näher – eins mit dem Schiff zu werden und über die See zu fliegen. Er wusste selbst, dass er mit jedem Tag für die anderen Regattateilnehmer ein immer gefährlicherer Konkurrent wurde. »Das große Spiel in den hohen Breiten liegt unmittelbar vor mir«, schrieb er in sein Logbuch. Und er und die *Joshua* waren darauf besser vorbereitet als jemals zuvor.

Am 19. Oktober, seinem 59. Tag auf See, ergab Moitessiers Mittagsbesteck eine Position 40 Seemeilen südwestlich von Kap Agulhas (dem eigentlichen Südzipfel Afrikas, 30 Meilen weiter südlich gelegen als das berühmtere und malerischere Kap der Guten Hoffnung). Er wollte zwei Plastiktüten voller Filme – er hatte jede Seite seines Logbuchs fotografiert – an Deck irgendeines Schiffes schießen, damit sie an die *Sunday Times* geschickt würden. Eigentlich ging es wider seinen seemännischen Instinkt, so dicht unter Land oder auf die großen Schifffahrtsrouten zu laufen und das Risiko einer Strandung oder eines Zusammenstoßes einzugehen. Er hätte sich lieber von alledem freigehalten und wäre ohne Unterbrechung weiter Richtung Südosten in die südlichen Ozeane gestürmt. Aber ihm war plötzlich wichtig geworden, die *Sunday Times* wissen zu lassen, wo er stand und wie schnell er segelte. Das Rennen hatte ihn gepackt. Er wusste, dass er bisher eine selten schnelle Fahrt gemacht hatte, und wollte, dass alle Welt davon erfuhr. Außerdem sollten seine Freunde und seine Familie wissen, dass es ihm gut ging. Also überwand er seine Instinkte und ging auf nördlichen Kurs.

Unterdessen drehte der Wind von West auf Südost, und das Aussehen des Himmels, das Barometer und sein inzwischen sehr gut ausgeprägter Wettersinn überzeugten ihn, dass ein Südoststurm unmittelbar bevorstand. Um den neu aufgekommenen Wind auszunutzen und sich nach Möglichkeit wieder davonmachen zu können, bevor er Sturmstärke erreichte, segelte Moitessier mit der *Joshua* auf die Küste zwischen Kap Agulhas und Kapstadt zu und nahm Kurs auf einen kleinen Hafen, der auf seiner Karte als Walker Bay verzeichnet war. Dort traf er vielleicht Yachten an, und da es wieder einmal Sonntag war, mochte die eine oder andere davon auch die Bucht anlaufen, sodass sie seine Sendung dort an Land bringen konnte. Vielleicht erfuhr er von der Besatzung eines solchen Bootes auch, wo seine Freunde Fougeron, King und Tetley inzwischen standen.

Während er sich also am Sonntag, dem 20. Oktober, Walker Bay näherte, frischte der Wind auf dreißig Knoten auf, aber der Himmel blieb wolkenlos, typische Bedingungen für die gefürchteten »plötzlichen Südstürme« des Kaps. Moitessier kam zu der Überzeugung, dass bei solchem Wetter keine Yachten zu einem Tagesausflug unterwegs sein würden. Inzwischen passierte ihn eine nicht abreißende Folge von Frachtern und Tankern, und da seine MIK-Flaggen noch standen, befürchtete Moitessier, dass sie alle seine Position und seinen Kurs – nach Norden, offensichtlich Richtung Kapstadt – an Lloyds melden würden und so die *Sunday Times*, seine Freunde und seine Familie über seine Absichten irreleiten könnten.

Ein kleiner Frachter überholte ihn langsam, nach Moitessiers Peilung musste er ihn dicht an Steuerbord passieren. Vielleicht dicht genug, um seine Sendung an Bord zu werfen. Es war ein Spiel. Ein Schiff jeder Größe – sogar eine andere Yacht – kann einem Segelboot den Wind wegnehmen und es manövrierunfähig machen, und jeder Segler fürchtet in solch einer Situation instinktiv, dass die Mannschaft dieses anderen Schiffes den Abstand zwischen sich und dem Segelboot falsch einschätzt und eine Kollision verursacht. Außerdem bringt die unwirkliche Riesenmasse eines sehr nah herangekommenen Schiffes, die man an keinem Maßstab messen kann als an dem eigenen winzigen Boot, eine tief sitzende, sich jeder Begründung entziehende, elementare Angst mit sich. Der Segler kommt sich vor wie eine Ameise, die mit einem Elefanten über das Wegerecht verhandelt. Aber bei dem weiter auffrischenden Wind und sich verschlechternden Wetter war wohl an diesem Tag keine bessere Adresse für seine Sendung zu erwarten. Schnell brachte Moitessier eine Botschaft zu Papier, in der er den Kapitän bat, Kurs zu halten und Fahrt aus dem Schiff zu nehmen, damit er ein Paket hinüberwerfen konnte. Diese Botschaft steckte er in eine mit Blei beschwerte Filmdose, griff zu seiner Schleuder und wartete, bis der Frachter nahe genug herankam.

> Der schwarze Frachter ist jetzt auf Steuerbord 25 Meter von mir entfernt. Drei Mann beobachten mich von der Brücke aus. Klatsch! – Die Botschaft landet auf dem Vorschiff. Einer der Offiziere dreht den Finger an der Schläfe, als wolle er sagen, ich müsse wohl ein wenig verrückt sein, um auf sie zu schießen... Ich rufe. »Eine Botschaft! Eine Botschaft!« Sie starren mich bloß mit weit aufgerissenen Augen an. Auf diese Entfernung könnte ich ihnen mit Bleikugeln und drei Schüssen die Hüte vom Kopf knallen...
>
> Die Brücke ist jetzt fast zwischen uns: Ich muss die Situation jetzt schnell ausnutzen. Ich schwenke meine Sendung und zeige, dass ich sie hinüberwerfen will. Einer der Offiziere bestätigt mit einem Winken und legt das Ruder um, um das Heck in meine Richtung ausschwenken zu lassen. In wenigen Sekunden ist das Oberdeck nur noch zehn bis zwölf Meter entfernt. Ich werfe mein Paket hinüber. Perfekt!
>
> Es wird Zeit, dass ich abdrehe, aber ich mache jetzt einen schweren Fehler, indem ich das zweite Paket hinüberwerfe, statt zur Pinne zu laufen und mich von dem Frachter freizuhalten. Mit meinem ersten Paket habe ich auf ganzer Linie gewonnen; mit dem zweiten werde ich alles verlieren. Als ich schließlich zur Pinne flitze, ist es schon zu spät. Das Heck des Frachters schwenkt schon bedrohlich in meine Richtung. Um die Sache noch schlimmer zu machen, hat der Frachter mir durch seine

> Vorbeifahrt an Steuerbord den Wind weggenommen, während ich auf Steuerbordhalsen segelte.
> Die *Joshua* dreht ab, aber nicht schnell genug. Um ein Haar verfängt sich der Überhang des Hecks in meinem Großmast. Es gibt ein schreckliches Geräusch, und ein Schauer schwarzer Farbe rieselt an Deck; ein Want vom Masttopp wird losgerissen und dann auch von der oberen Saling. Meine Eingeweide verknoten sich. Der Stoß auf den Mast krängt die *Joshua*, sie luvt an – auf den Frachter zu ... und krach! Der Bugspriet ist um 20 oder 25 Grad nach Backbord verbogen.

Das Schiff änderte den Kurs, als ob es noch einmal zurückkommen wollte, um seine Hilfe anzubieten, aber Moitessier signalisierte »Alles in Ordnung«, weil er fürchtete, das Boot würde völlig ruiniert werden, falls der Frachter noch einmal käme.

Moitessier war zuerst wie vom Donner gerührt, dann wütend auf sich selbst und schließlich dankbar, dass der Schaden nicht schlimmer war: Es verblüffte ihn, dass der Großmast gehalten hatte. Im Augenblick des Zusammenstoßes sah der kräftige Telegrafenmast aus wie »eine Angelrute, die von einem großen Thunfisch krumm gebogen wird«, um dann wieder in die alte Form zurückzufedern. Die beiden Wanten, deren Enden lediglich aus ihren Kabelschellen in Deckshöhe gerutscht waren, waren schnell instand gesetzt. Die Salings waren flexibel am Mast angebracht, hatten keinen Schaden genommen und saßen wieder richtig, nachdem Moitessier die Enden der Wanten wieder befestigt und gespannt hatte.

Das Problem war der Bugspriet – die lange Spiere, die die Takelage bis vor den Bug ausspannt. Ein hölzerner Bugspriet wäre beim Zusammenprall mit dem Rumpf des Frachters wie ein trockener Stock zerbrochen. Und ein Verlust des Spriets wiederum hätte die Segelfläche der *Joshua* schmerzlich reduziert, sodass Moitessier möglicherweise gezwungen gewesen wäre aufzugeben. Aber der Bugspriet der *Joshua* war ein Stahlrohr von drei Zoll Durchmesser, drei Sechzehntel Zoll Wandstärke und zwei Metern Länge. Dank der großen Zähigkeit des Stahls war es nicht gebrochen, sondern nur stark verbogen. Allerdings konnte es so, wie es jetzt war, seinen

Zweck nicht mehr erfüllen. Die Vorstage, an denen die großen, dreieckigen Vorsegel mit Stagreitern gefahren wurden, waren jetzt weit nach links von mittschiffs versetzt. Es wäre nicht unmöglich gewesen, das Boot so zu segeln, aber die Segelfläche wäre nicht mehr mit gleicher Effizienz zur Geltung gekommen. Und, was in Moitessiers Augen noch schwerer wog, es hätte die *Joshua* entstellt und die gesteigerte mystische Schönheit ihrer Reise befleckt – und das bedeutete ihm nicht wenig.

Der erwartete Südoststurm kam in der Nacht, Moitessier wetterte ihn beigedreht ab. Er fand keinen Schlaf, solange er an den Bugspriet denken musste. Auch den nächsten Tag, Montag, den 21. Oktober, verbrachte er noch damit, den Sturm abzureiten und über eine Möglichkeit nachzudenken, den Bugspriet wieder instand zu setzen. Ihm fiel ein Ausspruch Caesars ein, des Werkmeisters, der in der Kesselschmiede den Bau der *Joshua* überwacht hatte. Wenn sich der Stahl widerstrebend zeigte, die Form anzunehmen, in die man ihn zwingen wollte, sagte Caesar immer: »Am stärksten ist immer noch der Mensch.«

Am Dienstagnachmittag schließlich, nachdem sich Wind und Wellen gelegt hatten, machte Moitessier sich an die Arbeit. Er befestigte eine Kette am Ende des Bugspriets und verband die Kette über eine vierfach geschorene Talje mit der Winsch im Cockpit. Mit schweren Schäkeln befestigte er den Ersatzbaum des Besans als Strebe zwischen der Basis des Bugspriets und der Kette und vergrößerte so den Angriffswinkel. Dann ging er ins Cockpit, setzte die Winschkurbel an und brachte die Kette unter Zug. Ganz langsam konnte er so zu seinem Erstaunen und seiner Freude den Bugspriet begradigen, bis er wieder fast so war, wie er vor dem Unfall ausgesehen hatte. Anschließend spannte er das Wasserstag und die Pardunen und richtete den Bugkorb aus verzinktem Stahl, der ebenfalls verbogen war. Das Boot sah danach so gut wie neu aus.

> Überwältigt von der Müdigkeit und meinen Gefühlen fiel ich ins Bett, nachdem ich noch eine Dose Suppe zu Abend gegessen hatte. Ich bin furchtbar erschöpft, und doch fühle ich mich wie mit Dynamit geladen, bereit, die ganze Welt dem Erdboden gleichzumachen und ihr alles zu vergeben. Heute habe ich ge-

spielt und gewonnen. Mein schönes Boot ... ist so schön wie eh und je.

Die Filmdosen, die Moitessier an Deck des Frachters geworfen hatte – es war der unter griechischer Flagge fahrende *Orient Transporter* –, erreichten schon bald die *Sunday Times*. Am folgenden Sonntag, dem 20. Oktober, brachte die Zeitung einen Bericht mit Fotografien der *Joshua*, wie sie durch die Wellen rauschte. Der Artikel gab außerdem seine letzte Position und die letzte bekannte Position der anderen Wettbewerber bekannt.

Auf Grundlage der bisher erzielten Durchschnittsgeschwindigkeit prognostizierte der Artikel in einer Tabelle den möglichen weiteren Verlauf des Rennens und spekulierte, wer die wahrscheinlichsten Anwärter auf die beiden Preise seien: den von 5000 Pfund für die schnellste Fahrt und den *Golden Globe* für die erste Yacht, die wieder in ihrem Ausreisehafen eintraf. Es war sofort klar, dass für beides nun Moitessier als Favorit gelten musste.

Positionen im *Golden Globe Race*

Teilnehmer	*Geschätzte Fahrtdauer in Tagen*	*Geschätztes Datum der Ankunft (1969)*
Bernard Moitessier	246	24. April
Robin Knox-Johnston	330	10. Mai
Commander Bill King	336	26. Juli
Loïck Fougeron	339	26. Juli
Lt-Cmdr Nigel Tetley	319	1. August

Die Zeitung vermutete, sowohl Moitessiers Gesamtfahrzeit als auch seine Durchschnittsgeschwindigkeit würden schlechter ausfallen als die von Chichester (der 226 Tage benötigt hatte), da seine Durchschnittsgeschwindigkeit bisher um neun Prozent unter derjenigen Chichesters lag.

Der Artikel machte zum ersten Mal klar, dass die Boote, von denen alle erwartet hatten, dass sie sich als die schnellsten erweisen würden, die in sie gesetzten Erwartungen nicht erfüllten. Nigel Tetleys von Piver gezeichneter Trimaran hatte acht Tage für die ersten

510 Seemeilen benötigt – das sind gemächliche 64 Seemeilen pro Tag, noch weniger, als Knox-Johnston in der ersten Woche mit seinem pummeligen Einrumpfboot erzielt hatte. Und Bill King in seiner eigens für die Erdumseglung entworfenen Yacht, die nur die halbe Verdrängung der stählernen *Joshua* aufwies und allein schon deshalb hätte schneller sein sollen, brachte es bisher auf nur 110 Seemeilen pro Tag und rangierte noch hinter Robin Knox-Johnston. »Nicht das Schiff, sondern die Männer darauf zählen«, heißt es von alters her, und das schien immer noch der Fall zu sein. Aber diese Durchschnittswerte täuschten. In Knox-Johnstons Tagesdurchschnitt machte sich bereits deutlich seine Temposteigerung bemerkbar, seit er die Starkwindzone der südlichen Ozeane erreicht hatte, verglich man aber nur die ersten Abschnitte der Fahrt, so lag Bill King vor ihm. Die Hochrechnung beruhte eben nur auf dürftigsten Daten und war ein Versuch der Zeitung, ihre Leser für »ihr« Rennen zu interessieren. Letztlich sollte das endgültige Resultat keine Ähnlichkeit mit den sorgfältigen Berechnungen der *Sunday Times* haben.

Bill King erfuhr über Funk bald von Moitessiers Position und seiner überwältigend schnellen Fahrt. Die Nachricht mag ihn nicht überrascht haben, aber sie raubte ihm eine sehr elementare Voraussetzung dafür, sich für den größten Teil eines Jahres allein um die Erde zu kämpfen, nachdem er alles für diese Fahrt aufs Spiel gesetzt hatte: eine vernünftige Hoffnung auf den Sieg. Er versuchte, diesen Umstand in seinem Logbuch (dessen tägliche Eintragungen er als Briefe an seine Frau schrieb und stets mit den Worten »Mein Liebling« begann) ohne viel Überzeugung abzutun:

> Mein Liebling, heute Abend erfuhr ich, dass Bernard Moitessier einen großen Vorsprung herausgesegelt hat. Das musste natürlich eine große Enttäuschung für mich sein und meinen Seelenfrieden zerstören. Ich habe dieses Boot eigens bauen lassen um einer Pioniertat willen, um als Erster eine solche Fahrt zu unternehmen, und nicht für eine Hochseeregatta. Als bekannt wur-

de, dass daraus ein Rennen werden sollte, blieb nichts anderes übrig, als daran teilzunehmen, aber jetzt muss ich begreifen, dass ich kaum Aussichten habe, diese Wettfahrt zu gewinnen. Ich finde mich den gleichen Gefühlen ausgesetzt, die Scott heimgesucht haben müssen, als Amundsen als Erster den Südpol erreichte... Dergleichen ist eine Prüfung und Schulung des Charakters, der man standhalten muss, aber ich bin nicht aufgebrochen, um meinen Charakter auf die Probe zu stellen... Ich kann mit der *Galway Blazer* nicht gegen schnellere Boote ansegeln. Ich werde mich weiter um die Welt kämpfen, die besondere poetische Schönheit meines Bootes genießen, seine Stärke und Energie. Ich werde mir die Enttäuschungen vom Leib halten – aber ich wünschte mir jetzt, ich hätte keinen Funkkontakt gehabt.

Er konnte der Enttäuschung nichts entgegensetzen. Später schrieb er:

Ich musste stark mit Depressionen kämpfen, weil meine Fahrt so langsam verlief. Der Friede einer langen Segelfahrt – Monate weit weg von der Menschheit, nur mit der See und dem Himmel, um sich daran zu messen, und meinem schönen Boot als Gefährten –, dieser Friede ist dahin durch die bohrende Erkenntnis, dass ich in einer Wettfahrt stehe und unwillig bin, das Tempo zu forcieren.

Am 20. Oktober berichtete die *Sunday Times* ebenfalls, dass Donald Crowhurst Anfang der Woche Segel setzen wolle.

14

Sobald die *Teignmouth Electron* ihren Heimathafen erreicht hatte, wurde sie auf der Werft von Morgan Giles aus dem Wasser geholt. Eastwood hatte aus Norfolk Leute von seiner Werft geschickt, um die leckende »wasserdichte« Luke im Boden des Cockpits (unter der sich der Generator des Bootes befand) zu reparieren und das Boot überhaupt fertig zu stellen. Auf dem Dock neben dem Boot stapelten sich derweil Ausrüstungsteile, Vorräte, Ersatzteile und Proviant, den Rodney Hallworth von den Einzelhändlern am Ort losgeschlagen hatte – Käse, Sherry und so weiter. Stanley Best schaffte Wohnwagen heran, um die Leute von Eastwoods, die Elliots, sich selbst und andere Freunde der Crowhursts unterzubringen. Sie alle wandten sich der gigantischen Aufgabe zu, das Boot in gut zwei Wochen seeklar zu machen – für eine Fahrt rund um den Globus.

Es herrschte von Anfang bis Ende ein einziges Chaos. Die ortsansässigen Fischer und Bootsbauer trafen sich in ihrer Stammkneipe *Lifeboat* und zogen dort über den Mann und sein Boot her, für das sie nur Spott und Verachtung übrig hatten. Crowhurst, so meinten sie, befinde sich in einem »Dämmerzustand« und sei unfähig, die Arbeiten zur Vorbereitung seines Bootes zu leiten. Und das Boot selbst war für sie »ein Haufen Sperrholz«. Crowhursts Freunde bemerkten ebenfalls, dass sich eine ganz untypische gedämpfte Taubheit seiner für gewöhnlich exaltierten Persönlichkeit bemächtigt hatte. Das Ausmaß dessen, was noch zu tun blieb, die unglaubliche Fülle von Details überwältigte ihn und nahm seinem Geist die übliche Klarheit.

Er trug eine Sammlung loser Blätter mit sich herum, die im Kleinen ein Abbild der ringsum herrschenden Desorganisation war: Notizen, nicht fertig gestellte Arbeiten, Zeichnungen, die er für sich selbst und andere gemacht hatte, Adressen, Telefonnummern, Arbeitsstunden der Werftarbeiter, unvollständige Briefentwürfe, Merkzettel und Einkaufslisten mit den Posten Socken, Lötlampe, Messingblech, Handschuhe, Sägeblätter, Bleistifte, Logbücher, Feuerzeug mit Benzin und Feuersteinen, Barometer, Leuchtsignale, Rettungsweste, Schrauben, Bolzen, Werkzeuge. Manchmal war er in der Lage, andere mit einigen dieser Besorgungen zu beauftragen. Stanley Best schickte er zu einem Gebrauchtwarenhändler, um zwei Dutzend kleine elektrische Benzinpumpen zu erstehen, ohne dass Best die geringste Vorstellung gehabt hätte, wozu sie bestimmt waren. Clare Crowhurst sollte bei einem Bäcker am Ort nach einem Rezept fragen, nach dem er auf See sein Brot backen konnte.

Entgegen seinem Versprechen, in Teignmouth für ergiebiges Sponsoring zu sorgen, hatte es Rodney Hallworth lediglich geschafft, 250 Pfund aufzutreiben. Das hinderte ihn aber nicht, Crowhurst kurzfristig zu irgendwelchen örtlichen Veranstaltungen mitzuschleppen, deren Geldertrag für Crowhurst sehr fraglich war, die aber dem Bürgerstolz von Teignmouth schmeichelten. Crowhurst schrieb noch wenige Tage vor seinem Start Briefe, in denen er um Unterstützung oder die Spende von Ausrüstungsteilen bat.

Wenn ihm der Kopf von der überwältigenden Fülle von Details schwirrte, konzentrierte er sich auf irgendeins davon und verbrachte Stunden damit, es heranzuschaffen, selbst wenn er sich wegen irgendeiner Kleinigkeit in seinen Minivan setzen und große Entfernungen zurücklegen musste. Zweifellos war es eine Erleichterung für ihn fortzukommen.

Ein Fernsehteam der BBC traf ein, um die Vorbereitungen zu filmen. Crowhurst fand Zeit, den Fernsehleuten ein längeres Interview zu geben, in dem er sich anhörte wie ein alter Kap-Hoornier: »Ich habe mich bei vielen Gelegenheiten lang verblichenen Seemännern verbunden gefühlt… Seemännern, die diesen Weg gegangen sind, Jahrhunderte bevor wir selbst unsere Gefühle verstehen, und doch verstehen wir ihre…«

Als ihn Donald Kerr, der Interviewer, fragte, ob er jemals auf See eine Situation erlebt habe, in der er glaubte, ertrinken zu müssen, erzählte er detailliert von einer Episode, bei der er während einer Alleinfahrt längs der Südküste über Bord gegangen war. Glücklicherweise, sagte er, sei das Boot nach einer Viertelmeile in den Wind geschossen, sodass es ihm möglich gewesen sei, es schwimmend zu erreichen. Eine Viertelmeile im Ärmelkanal zu schwimmen, im kalten Wasser, das rasch zu einer Unterkühlung führt, wäre schon eine glückliche und heldenhafte Tat gewesen. Er hatte diese Episode weder Clare noch irgendeinem seiner Freunde gegenüber zuvor jemals erwähnt, obwohl es sich genau um die Art von Erzählung handelte, die er so gern zum Besten gab.

Fünf Tage vor seinem geplanten Start fuhren Crowhurst, John Elliot und das Kamerateam der BBC mit der *Teignmouth Electron* hinaus, um sie einen Tag lang auf See zu prüfen. Die Führungsschiene der Genuaschot begann sich bald vom Deck zu lösen. Die Schrauben wurden einfach aus dem Sperrholz herausgezogen – entweder, weil sie zu klein waren oder weil ihnen ein Unterzug unter Deck fehlte. Die Dichtung unter der gerade erst umgebauten Luke im Boden des Cockpits schälte sich ab, als die Luke geöffnet wurde. Crowhurst verbrachte einen großen Teil des Tages damit, seinen Ärger über die Arbeit John Eastwoods bei John Elliot abzuladen sowie verschiedene Segel auszuprobieren, um festzustellen, ob sich die Segeleigenschaften des Bootes am Wind verbessert hatten. Aber es segelte auf diesem Kurs nicht besser als zuvor.

Die BBC-Mannschaft blieb noch für die letzten Tage vor Crowhursts Abfahrt in Teignmouth. Ab einem gewissen Punkt wies Donald Kerr seine Truppe an, den Schwerpunkt ihrer Berichterstattung zu verlagern. Er spürte, dass eine Tragödie bevorstand.

Auch am 30. Oktober, dem letzten Tag vor Ablauf der von der *Sunday Times* festgelegten Frist, war die *Teignmouth Electron* ein unvollendetes Projekt, umgeben von Vorratsstapeln und Ausrüstungsteilen auf dem Dock. Donald Kerr ließ die Filmarbeiten stoppen und seine Mannschaft in den letzten Stunden der Vorbereitung mit Hand anlegen, wo es möglich war. Die Fernsehleute gingen mit langen Einkaufslisten in die Stadt. Zur Teestunde – jener englischen Pause, die den Arbeitern ebenso heilig ist, wie es einstmals die Weihnachtsadresse der Queen an ihre Nation war – schleppte Donald Kerr Crowhurst und Clare in ein Café. Crowhurst war in grauenhafter Stimmung und sagte immer wieder: »Es ist sinnlos. Es ist sinnlos.« Kerr hatte den Eindruck, dass Crowhurst nicht mehr fahren wollte, sich aber auch nicht überwinden konnte, die ganze Sache abzublasen.

Am Abend aßen die Crowhursts ein letztes Mal zusammen im Royal Hotel. Mit dabei waren Clares Schwester und Ron Winspear, einer von Donalds besten Freunden. Der Besitzer des Hotels gab ihnen eine Flasche Champagner aus, aber die Stimmung war wie auf einer Beerdigung. Nach dem Dinner gesellten sich die Eastwoods, die Elliots, die Beards, Stanley Best und Rodney Hallworth zu einem Drink dazu. Nur noch der unerschütterliche Hallworth sah den Crowhurst seiner Werbekampagne vor sich: »Er war zuversichtlich und brannte darauf loszukommen.« Hallworth wollte, dass die Miss Teignmouth 1968 bis zur Startlinie auf der *Teignmouth Electron* mitfuhr, Crowhurst dort einen Kuss gab und dann beim Startschuss über Bord sprang. Aber daraus wurde nichts.

Nach dem Umtrunk ruderten Crowhurst und Clare in die kalte Oktobernacht hinaus, fort von den fröhlichen Lichtern des Ufers, dorthin, wo das Boot im Hafen vor Anker lag. Immer noch stapelte sich nichtgestaute Ausrüstung auf und unter Deck. Sie arbeiteten bis zwei Uhr in der Früh und kehrten dann ins Hotel zurück. Im Bett war Crowhurst schweigsam. »Liebling«, sagte er schließlich, »ich bin sehr enttäuscht von dem Boot. Es ist nicht in Ordnung. Ich bin unvorbereitet. Wenn ich bei diesem hoffnungslosen Stand der Dinge fahre, wirst du dann nicht vor Sorgen verrückt werden?«

Clare tat tapfer, was sie für das Beste hielt. »Wenn du jetzt aufgibst«, sagte sie, »wirst du dann nicht für den Rest deines Lebens unglücklich sein?«

Crowhurst antwortete nicht. Er weinte. Er weinte die ganze Nacht.

Am Donnerstag, dem 31. Oktober 1968, herrschte in Teignmouth nasskaltes, nieseliges Wetter. Es war ein jämmerlicher Tag für den Beginn einer Weltreise.

Crowhurst und seine Mannschaft verbrachten den größten Teil

des Tages damit, weitere Vorräte an Bord zu bringen und in der Stadt noch letzte Besorgungen zu machen. Rodney Hallworths dramatischere Vorstellungen für die Verabschiedung waren an Crowhursts Einspruch gescheitert, aber er überredete ihn doch, in eine kleine Kirche in der Nähe zu gehen, wo Hallworth den furchtlosen einsamen Seemann im Gebet abzulichten hoffte. Aber Crowhurst, der eine Krawatte trug, saß bloß in einer Kirchenbank etwas vornübergelehnt und wirkte müde und bedrückt.

Unterdessen packte Clare Crowhurst eine Tragetüte mit Brötchen, Schinken und Salat aus dem Royal Hotel und einigen Geschenken: einem Buch mit Yoga-Übungen, einem chinesischen Löffel, einer Schachtel Kirschlikörnougat, einer Bauchrednerpuppe – ihr Weihnachtsgeschenk für ihren Mann – und einem langen Brief. Dann brachte sie die Tragetasche zum Boot und legte sie auf Crowhursts Koje.

Um drei Uhr nachmittags – neun Stunden vor Ablauf des letzten Starttermins der *Sunday Times* – schleppte das Lotsenboot die *Teignmouth Electron* aus dem Hafen, begleitet von drei Barkassen mit vierzig Freunden, Reportern, Fotografen und Donald Kerrs Filmmannschaft von der BBC.

Crowhurst wollte Segel setzen und geriet dabei sofort in Schwierigkeiten. John Elliot hatte die Fock und das Stagsegel in die falschen Stage eingehakt. Ihre Fallen hatten sich an der Spitze des Großmastes an den Zurrings verfangen, die den großen, schweren, nicht aufgeblasenen Auftriebskörper sicherten. Da es so nicht möglich war, die Segel zu setzen, wurde die *Teignmouth Electron* schmachvollerweise wieder zurück in den Hafen geschleppt – unter dem Gelächter und lautstark geäußerter Freude der Skeptiker, die es überall im Hafen gab.

Wieder im Dock, kletterte ein Takler der Werft Morgan Giles in den Mast hinauf, um die Fallen zu befreien, während Crowhurst seine Vorsegel an den richtigen Stagen befestigte. Es ist bemerkenswert, dass er nicht selbst in den Mast ging und die Fallen klarmachte, um sicherzustellen, dass damit auch alles seine Richtigkeit hatte. Er hatte notwendigerweise einen so großen Teil der Vorbereitung seines Bootes anderen überlassen müssen, dass er vielleicht niemals selbst im Mast seines Bootes gewesen war. Rodney Hallworth, der immer bereit war, eine Gelegenheit zu nutzen, um für irgendjemanden oder irgendetwas aus Teignmouth Reklame zu machen, wählte diesen hektischen Augenblick, um an Bord zu gehen und den Wimpel des Teignmouth Corinthian Yachtclub im Masttopp (wo auch er sich leicht in den Zurrings des Auftriebskörpers verfangen konnte) zu setzen.

Wieder wurde die *Teignmouth Electron* aus dem Hafen geschleppt, und in der früh anbrechenden herbstlichen Dämmerung setzte Crowhurst Segel. Um 16.52 Uhr querte der Trimaran die Startlinie. Am Yachtclub wurde ein Schuss abgefeuert. Es wehte starker Wind von Süden, sodass Crowhurst hart am Wind (auf dem ungünstigsten Kurs für den Trimaran) über die Lyme Bay segeln musste, um sich von Torquay, Brixham und dem sich weit nach Süden erstreckenden Landvorsprung freizuhalten, der bis Start Point, dem südlichsten Punkt von Devon, reichte. Die Motorboote mit Clare im Lotsenboot an der Spitze folgten ihm nur eine Meile weit, bevor er im Dunkel des Regens und der sich früh herabsenkenden Nacht verschwand.

An Land zurück blieben die Spuren des desorganisierten Starts. Als er zum Dock zurückkam, entdeckte John Elliot zu seiner Empörung auf dem Slip der Werft Morgan Giles einen Stapel zugeschnittener Sperrholzteile, die im Falle von Notreparaturen als Ersatz dienen sollten. Er hatte diese Sachen persönlich an Bord des Trimarans gebracht. Die Männer von Morgan Giles dagegen behaupteten später, nichts davon sei jemals an Bord gekommen.

Zwei Tage später erschien Stanley Best mit der Tragetasche voller Geschenke, die Clare ihrem Mann auf die Koje gelegt hatte, im Haus der Crowhursts in Bridgewater. Die Tasche war mit den anderen Sachen auf dem Slip vorgefunden worden.

15

Sieben der Wettbewerber um den *Golden Globe* waren inzwischen weit über die Ozeane der Erde vertreut.

»Der Chichester Italiens«, Alex Carozzo, startete offiziell ebenfalls am 31. Oktober. Und, sofern das überhaupt möglich war, nach noch unvollständigeren Vorbereitungen als Donald Crowhurst. Er verlegte sein Boot, die *Gancia Americano*, schlicht und einfach zu einem Ankerplatz vor der Bootswerft in Cowes auf der Isle of Wight, wo es gebaut worden war. Dort würde es in den Gezeitenströmen schwojen – technisch gesehen gestartet –, bis Carozzo glaubte, bereit zu sein, seine Fahrt anzutreten. Das 66 Fuß lange Einrumpfboot aus kalt verleimtem Sperrholz war stark und leicht, und obwohl es Carozzo schon beinahe unmöglich sein sollte, die in Führung Liegenden damit einzuholen, so schien er doch ein wahrscheinlicher Kandidat für den Preis von 5000 Pfund für die schnellste Zeit zu sein. Auf jeden Fall hätte er Donald Crowhurst beunruhigen sollen.

Während Crowhurst sich mit Kreuzschlägen nach Süden und Westen durch den Ärmelkanal quälte, näherte sich Nigel Tetley 5000 Seemeilen weiter südlich im Atlantik der brasilianischen Insel Trindade, wo Moitessier fast einen Monat zuvor den erstaunten Einwohnern zugewinkt hatte. Der Wind war den ganzen Tag über schwach gewesen und mit der Abenddämmerung völlig eingeschlafen, sodass er nun in einer Flaute dümpelte. Tetley hatte seit einer Woche Schwierigkeiten mit seinem Funkgerät und konnte seine Position nicht mehr durchgeben. Er war besorgt, dass Eve Angst um ihn haben könne. Er versuchte am Abend erneut, mit Kapstadt Verbindung zu bekommen, erhielt aber keine Antwort. »Der Versuch, Funkkontakt aufzunehmen und keine Antwort zu erhalten, war eine bestürzende Erfahrung«, schrieb er in sein Logbuch, »als ob man schon tot wäre.«

1800 Seemeilen südöstlich davon – ungefähr auf halbem Weg zwischen Südamerika und Südafrika – hatte Loïck Fougeron wesentlich mehr Wind.

Am Tag zuvor, dem 30. Oktober, hatte er die Insel Tristan da Cunha passiert. Den ganzen Vormittag über hatte er schwachen Wind oder Windstille gehabt, aber in den frühen Nachmittagsstunden setzte der Wind wieder ein und erreichte innerhalb weniger Stunden Sturmstärke. Er warf schon bald Wellen auf, die größer waren als alles, was Fougeron bisher gesehen hatte. Sie brachen sich wiederholt über der *Captain Browne* und krachten mit solcher Gewalt auf Deck, dass er befürchtete, die drehbaren Plexiglasluken des Bootes würden zerschmettert und Wasser übernehmen. In den frühen Stunden des 31. Oktober schätzte er den Wind auf Orkanstärke. Über der donnernden See klarte der Himmel gelegentlich auf, und ein strahlend heller Mond erleuchtete die wilde Wasserlandschaft. Es war der schlimmste Sturm, den er je erlebt hatte, und er hatte Angst.

Nur ein paar hundert Seemeilen weiter südöstlich, etwas vor Fougeron, lenzte Bill Kings *Galway Blazer II* im selben Sturm vor Topp und Takel.

> Ich hatte von der winzigen Plattform der Unterseeboote aus und auf Segelbooten überall auf der Welt Stürme gesehen; aber der Aufruhr dieses Orkans, der jetzt die *Galway Blazer* umherwarf, wäre für mich unvorstellbar gewesen. Mitten in dem Hurrikan wurde der Himmel klar, und ich sah den Vollmond kalt herableuchten, unbeeindruckt von der furchtbaren Szene.

Aber die *Galway Blazer II* ritt den Sturm und die gewaltigen Seen eine nicht enden wollende Nacht und einen Tag lang erfolgreich ab, und gegen Abend des 31. Oktober – an Halloween – spürte King, dass er das Schlimmste überstanden hatte.

2000 Seemeilen weiter östlich – 1100 Seemeilen jenseits von Kapstadt, schon ein gutes Stück im Indischen Ozean – segelte Bernard Moitessier durch die kabbeligen Überreste eines kurzen Sturms, der den Vortag beherrscht hatte. Der Wind, der zuerst aus Südost geblasen hatte, war während der Nacht über Nordost auf Nord zurückgedreht, bevor er am Morgen des 31. Oktober zu einer frischen Brise abflaute.

Aber die See rings um die *Joshua* war immer noch in Unruhe von den Winden, die in schneller Folge aus entgegengesetzten Richtungen geweht hatten. Überall stiegen mit merkwürdigen Geräuschen Fontänen schäumenden Wassers auf. Sie ließen Moitessier an das Knacken der Kiefern einer Masse von Termiten denken oder das Rascheln trockenen Laubs. Das Durcheinander der sich auftürmenden Wellen, die sich nahezu bei Windstille an anderen Wellen brachen, erstaunte ihn und zeigte, dass das Meer stets in der Lage war, einem noch etwas Neues zu zeigen, ganz gleich, wie gut man es schon kannte.

Der Sturm war nicht schlimm genug gewesen, um ihn zu beunruhigen, aber einige Tage zuvor hatte sich die *Joshua* in ähnlich rauer, unruhiger See übergelegt. Eine gewaltige, sich brechende Welle hatte das Boot von der Seite getroffen – mit solcher Gewalt, dass Moitessier einen Augenblick lang gar nicht fassen konnte, dass es ihm nicht die Bullaugen zertrümmert hatte. Die *Joshua* richtete sich schnell wieder auf und segelte weiter. An Deck hatte lediglich die Windfahne einen Schaden davongetragen. Sie war zerbrochen, als der Besanbaum überkam. Aber die Fahne war eine einfache Konstruktion, und Moitessier hatte schnell Ersatz dafür montiert.

Als er eine Stunde später auf seinem Posten unter der Aussichtsluke saß, sah er, wie sich achtern eine Monstersee doppelt so hoch wie alles andere ringsherum erhob. Er sprang hinunter, schlang sei-

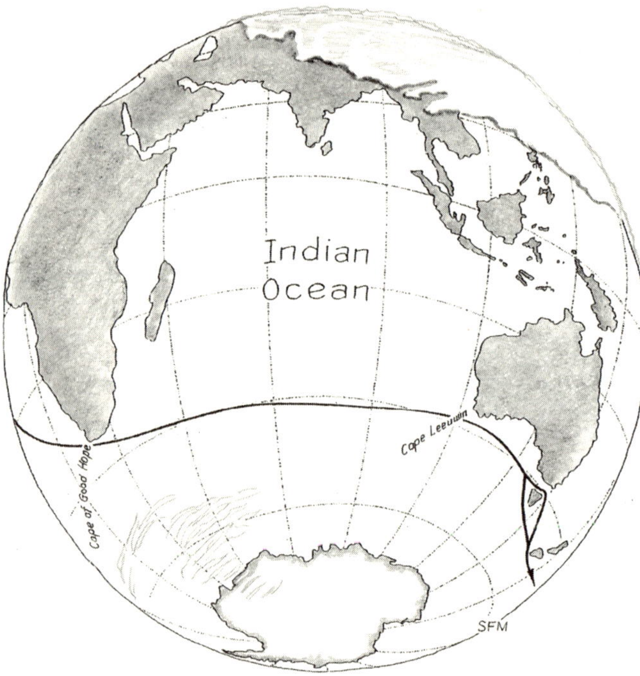

Die Route über den Indischen Ozean

ne Arme um den Kartentisch, stützte sich mit den Beinen ab und spürte, wie die *Joshua* beschleunigt und hochgehoben wurde. Dann legte sie sich über und wurde auf die Seite gedrückt.

Und wieder richtete sich die auftriebsstarke, aus Kesselstahl gebaute *Joshua* auf. Ihre Telegrafenmasten und mit ihnen das gesamte Rigg nahmen keinerlei Schaden. Die Windfahne hielt das Boot auf Kurs, und sie lief weiter vorm Wind, ohne dass ihr Skipper einen Finger hätte krümmen müssen.

Noch weiter östlich, mehr als 4000 Seemeilen vor Moitessier, hatte Robin Knox-Johnston bereits die Hälfte der Großen Australischen Bucht zwischen Kap Leeuwin und Melbourne hinter sich. Den 31. Oktober erlebte er als einen ruhigen, ungewöhnlich warmen Tag. Als er aufwachte, hatte er Land gerochen, und im Laufe des Tages sah er massenhaft Insekten und viele Schmetterlinge in der Luft. Er befürchtete sogleich, dass er seine Position nicht einwandfrei bestimmt habe und sich weit näher unter Land befinde als erwartet. Dann aber stellte er fest, dass der Geruch von dem Bewuchs am Unterwasserschiff der *Suhaili* herrührte, der getrocknet war und in der Wärme zu stinken begann, und er rief sich in Erinnerung, dass Charles Darwin Spinnen im Rigg der *HMS Beagle* gefunden hatte, als das Schiff Hunderte von Seemeilen von der südamerikanischen Küste entfernt war. Darwin hatte daraus geschlossen, dass sie auf die See hinausgeweht worden sein mussten. Das schöne Wetter war eine willkommene Ruhepause nach einer brutalen Fahrt über den Indischen Ozean. Die *Suhaili* war ein weiteres Mal flachgelegt worden. Die Gabel am Patentreff des Großbaums war gebrochen, so wie Knox-Johnston es befürchtet hatte. Ebenfalls gebrochen war seine Ersatztrimmklappe für die Selbststeuerungsanlage, genau wie die erste, und die dazugehörigen Einzelteile waren versunken, sodass eine Reparatur ausgeschlossen war. Am 13. Oktober hatte ein Südsturm gewaltige Wellen aus den antarktischen Gewässern herangeführt – »es war bei weitem der schlimmste Sturm, den ich je erlebt habe« –, die so auf das Boot einhämmerten, dass Knox-Johnston schon befürchtet hatte, es würde auseinander brechen. Im Geist sah er die unausweichliche Katastrophe schon vor sich: Die *Suhaili* wurde von einer Welle zerschmettert, die sie schließlich aufriss, dann die kalten, überkommenden Seen, sein verzweifelter Versuch, die Rettungsinsel hervorzuzerren und vom Schiff wegzukommen, die Konservendosen mit Trockenfrüchten, die er noch greifen wollte – er musste daran denken, den Dosenöffner mitzunehmen... Aber gleichzeitig kamen ihm die hilfreichen Worte aus dem Gedicht *The Quitter* von Robert Service in den Sinn.

Bist du in der Wildnis verirrt, wie ein Kind
voller Angst und verwirrt,
Wenn Freund Hein schon ins Auge dir blickt,
Denkst du in der Not: gib selbst dir den Tod,
Und hast den Revolver gezückt.
Doch ein richtiger Mann sagt: »Ich kämpf', was ich kann«,
Und Selbstmord, das ist nicht fair.
In Hunger und Not mag leicht sein der Tod...
Doch Gefahren zu trotzen ist schwer.[9]

Das Boot zerbrach noch nicht, aber er war kurz davor. Er schämte sich. Er ging auf Deck, beobachtete die Wellen und ergriff dann Maßnahmen. Er warf über Heck eine dicke Trosse aus und setzte die Fock mittschiffs fest. Plötzlich lag die *Suhaili* ruhig mit ihrem spitzen Heck in den von achtern heranlaufenden Wellen. Sie wurde nicht mehr geprügelt, und Knox-Johnston war selbst überrascht, wie anders sich die Lage der *Suhaili* und sein eigener Zustand plötzlich darstellten.

Die *Suhaili* ritt diesen Sturm ab. Später reparierte Knox-Johnston mit viel Erfindungsreichtum die Originaltrimmklappe und ging wieder einmal über Bord, tauchte in die kalten, tosenden Wellen, um sie hinter dem Ruder anzubringen. Er wusste allerdings, dass es

[9] Zitat nach der Übersetzung von George A. von Ihering. Robin Knox-Johnston: *Allein mit dem Meer. Das Abenteuer der ersten Nonstop-Weltumseglung.* Bern und Stuttgart: Hallweg 1970, S. 106f. [Anm. des Übers.].

nur eine Frage der Zeit war, bevor sie wieder brechen und er ohne Selbststeuerungsanlage dastehen würde. Was dann? Darüber würde er sich Gedanken machen, wenn es so weit war. Als Nächstes reparierte er den Lümmelbeschlag am Patentreff und brachte einen Tag damit zu, Bohrer zu ruinieren und immer wieder brauchbar zu machen, bis er sich mit seinem Handbohrer in dem gewaltig schlingernden Schiff durch die Metallplatten gearbeitet hatte. Er und die *Suhaili* zeigten bereits deutliche Abnutzungserscheinungen, und er fragte sich, wie lange es noch so weitergehen konnte. Regelmäßig rissen Segel, und er verbrachte viele Stunden damit, sie mit zerschnittenen und schwieligen Händen wieder zu nähen. Er war am ganzen Körper zerschlagen, litt unter Schlafmangel und war in ständiger Sorge. Australien war nahe, und das Land und seine Versuchungen zerrten wieder stark an ihm. Er hatte sich in seinem kleinen, primitiven Boot gut geschlagen, und niemand würde auf ihn herabsehen, wenn er jetzt einen Hafen anlief.

Aber er war bereits halb um den Erdball gefahren – und eigentlich schon weiter, denn dank der vorherrschend westlichen Winde würde er am schnellsten wieder heimwärts gelangen, wenn er weitersegelte. Er hatte einen eindrucksvollen Vorsprung. Er beschloss, so lange weiterzusegeln, wie er gut vorankam. Seine Seehelden schauten auf ihn herab.

Knox-Johnston, Moitessier, King, Fougeron, Tetley, Crowhurst und Carozzo an seinem Ankerplatz, das war die Reihenfolge der an der Regatta teilnehmenden sieben Boote, die sich am 31. Oktober über 15 000 Seemeilen verteilten. Blyth und Ridgway waren ausgeschieden. Bis Einbruch der Nacht sollten zwei weitere Segler die gleiche Entscheidung treffen.

16

Im Mondschein der frühen Stunden des 31. Oktober lag Loïck Fougeron beigedreht im Sturm. Er hatte sich in seiner Koje zusammengerollt und wartete auf das, was seinen Befürchtungen gemäß geschehen musste. Er kam sich vor wie eine Nuss, die im nächsten Augenblick vom Fuß eines Elefanten zermalmt wird.

Plötzlich wurde das Boot wie von einer gewaltigen Faust auf die Seite geschlagen. Die Petroleumlampe in der Kajüte erlosch. Alles Bewegliche – Töpfe, Teller, Gläser, Nahrungsmittel, eine Kiste Wein, Bücher, Werkzeuge und Fougeron selbst – wurde quer durch die Kajüte geschleudert, die sich auf die Seite gelegt hatte. In diesem Augenblick glaubte Fougeron, dass er an Ort und Stelle sterben und sich der Vielzahl von Seeleuten zugesellen werde, die weit weg von ihren Lieben auf See geblieben waren. Er dachte an seine Familie und Freunde in dem sicheren Bewusstsein, sie niemals wiederzusehen.

Aber – wunderbarerweise, so erschien es ihm – rollte die *Captain Browne* zurück und richtete sich wieder auf. Fougeron saß mit blutendem Gesicht auf dem Boden der Kajüte. Dann ging er auf Deck und fand den Mast unversehrt, obwohl Teile des Riggs schlaff und lose herabhingen. Erleichtert begriff er, dass sowohl er als auch das Boot das Überholen heil überstanden hatten. Sein nächster Entschluss stellte sich mit wunderbarer, lebenserhaltender Klarheit ein: Er würde das Rennen aufgeben und Kapstadt anlaufen.

Bill King hatte 24 Stunden in seinem Cockpit (geschützt unter Deck) gestanden und das gleiche unwirkliche, vom Mondlicht beschienene Unwetter durch die beiden runden Plexiglasluken der *Galway Blazer II* beobachtet. Eine Zeit lang hatte die Selbststeuerungsanlage das Boot auf seinem Vorwindkurs gehalten, aber dann hatten der Sturm und die hohen Wellen sie überwältigt, und King hatte selbst steuern müssen. Bei weiter zunehmendem Sturm hatte er die Dschunkensegel gerefft – das konnte er mittels unter Deck verlegter Leinen, bis er schließlich vor Topp und Takel lenzte. Es war der gewaltigste Sturm, den er je erlebt hatte. Er schätzte die Wellen auf etwa zwölf Meter Höhe. Von einem Wellenberg herab hatte er in den Trog geschaut, der sich vor dem Boot auftat, und weit unter sich im Mondlicht einen Sturmvogel vorüberfliegen sehen.

Um 9.30 Uhr am 31. Oktober erreichte der Sturm seinen wütenden Höhepunkt und drehte gleichzeitig auf West zurück. Mit dem plötzlichen Rückdrehen hörte auch der regelmäßige Rhythmus der Wellen auf und machte einem Durcheinander sich aufbäumender Kreuzseen Platz. King entschied, das Boot sich selbst zu überlassen – das heißt, es treiben zu lassen, wobei sich die meisten Boote, wenn alle Segel geborgen sind, quer zu Wind und Wellen legen. King hatte das Gefühl, dass die *Galway Blazer II* auf diese Weise genauso gut auf den Wellen ritt, als wenn sie vorm Wind ablief. Am Abend des 31. Oktober ließ der Sturm wieder nach, und King glaubte, das Schlimmste überstanden zu haben.

Er beschloss, hinauf auf Deck zu gehen, um herauszufinden, warum die Windfahne sich festgesetzt hatte. Die Lage hatte sich für ihn so weit beruhigt, dass er die beiden Cockpitluken offen ließ. Er ging nach achtern, konnte aber dort nichts finden, was nicht in Ordnung gewesen wäre. Allerdings stellte er fest, dass das Vorsegel eine Zurring benötigte. Also ging er wieder hinunter, um sich einen Tampen zu holen.

> Ich saß eingekeilt an meinem Platz unter den offenen Luken und schoss die Leine auf, als ... das Boot sich um 90 Grad auf die Seite legte. Von der elementaren Gewalt des brechenden Kamms einer Monstersee beschleunigt, surfte es auf der Seite

wie ein Surfer auf seinem Board. Die Masten müssen immer noch in die Luft geragt haben, in ihr ureigenstes Element, und ich konnte gerade noch denken: »Sie wird sich wieder aufrichten, dieser schwere Bleikiel wird sie wieder hochkriegen.«

Aber ich hatte das noch nicht zu Ende gedacht, als eine neue gewaltige Kraft uns erfasste. In dem Tumult der Wellen gab es kein klar erkennbares Muster mehr. Irgendeine quer laufende Störung von gischtgepeitschtem Wasser lief durch das Wellental, in dem wir uns vielleicht hätten aufrichten können. In diesem Hindernis verfingen sich nun die Spitzen der Masten, immer noch in höllischer Fahrt des Surfens auf der Seite. Die Hebelkraft eines neuen Elements, die an den Mastspitzen angriff, leitete nun die von jedem Seemann am meisten gefürchtete Katastrophe ein: das vollständige Kentern bis kieloben.

Ich bildete mir schlagartig eine andere Meinung. Aus »Sie wird wieder hochkommen« wurde »Nein, sie wird es nicht«. Und sie tat es wirklich nicht.

Ich wurde mit den Schultern von unten gegen das Deck gepresst, das ich normalerweise über mir hatte, mein Kopf zeigte in Richtung Meeresgrund, der 4500 Meter unter mir lag, und hilflos sah ich das grüne Wasser durch beide Luken einströmen.

Kieloben treibend und den Ruf der Ewigkeit schon im Ohr, zog sich die Zeit in die Länge wie ein Gummiband – um dann wieder zurückzuschnellen: Der Zwei-Tonnen-Kiel riss die *Galway Blazer II* wieder herum und richtete sie auf.

Im Boot stand das Wasser kniehoch. King zog die Luken zu und machte sich daran, das Wasser abzupumpen. Als die Pumpe in der Bilge Luft ansaugte, ging er wieder auf Deck, um das Ausmaß der Katastrophe zu begutachten. Der Fockmast war knapp vier Meter über Deck abgebrochen. Der Großmast war noch vorhanden, aber angebrochen und nach Steuerbord abgeknickt, die Windfahne zerschmettert.

Bill Kings Fahrt hatte ebenfalls Schiffbruch erlitten. Die *Galway Blazer II* konnte so, wie sie war, niemals die südlichen Ozeane befahren. Seine beste Wahl war jetzt, sich notdürftig nach Kapstadt zu schleppen. Es war ein niederschmetterndes Ende seines Traums.

Aber King wusste, dass er noch Glück gehabt hatte. Wenn das Boot 60 Sekunden früher gekentert wäre, während er auf Deck war, wäre er über Bord gespült oder von seinem Fockmast erschlagen worden.

Es ist unfair zu vergleichen, wie sich zwei sehr verschiedene Boote unter zwei verschiedenen Skippern im gleichen Sturm bewähren. Jeden Augenblick herrscht an jedem bestimmten Punkt des Meeres eine einzigartige Kombination von Kräften. Betrachtet man dazu noch zwei Boote, die Hunderte von Seemeilen entfernt voneinander stehen, dann hat man es mit unendlich vielen divergierenden Faktoren zu tun.

Andererseits ist die Handhabung kleiner Boote in schwerem Wetter für jeden Segler von überwältigendem Interesse. Es ist nahezu unwiderstehlich, die Ergebnisse unterschiedlicher Taktiken, wie sie Fougeron und King in ihren verschiedenartigen Booten im gleichen Sturm benutzten, zu vergleichen.

Es scheint klar, dass Fougerons Boot, die *Captain Browne*, selbst auf dem Höhepunkt des Sturms immer noch eine reduzierte Sturmbeseglung führte. »Wie lange können die Segel diesem Wüten standhalten?«, schrieb er in sein Logbuch. Die Selbststeuerungsanlage war außer Funktion, und Fougeron war unten in seiner Koje, steuerte nicht, versuchte nicht, Fahrt zu machen, sondern wetterte den Sturm mit einer Beseglung ab, die die *Captain Browne* beiliegen ließ.

Unter ähnlichen Bedingungen ließ King die *Galway Blazer II* einfach ohne jedes Segel mit Wind und See querein zum Treiben liegen.

Das Beidrehen ist eine altehrwürdige Methode, um im Wasser Fahrt aus einem Segelfahrzeug zu nehmen, wenn der Wind es normalerweise vorantreiben würde. Lotsenboote lagen früher beigedreht vor den Häfen auf Posten und warteten dort auf Schiffe. Kleine Yachten, die von einer Sturmfront überlaufen werden, können beigedreht ziemlich komfortabel abwarten, bis sich die Lage gebessert hat. Die Technik ist denkbar einfach, variiert aber von Boot zu Boot je nach dessen Rigg und Unterwasserschiff. Das Boot wird dadurch bequem und nachhaltig abgebremst, der Bug weist ungefähr 50 Grad aus der Windrichtung, und es bleibt vielleicht noch ein halber Knoten Abtrieb querab zur Windrichtung. In dieser Position bietet das Boot den heranrollenden Wellen nicht seine gesamte Breitseite, wo es am empfindlichsten ist, sondern liegt schräg zu ihnen, teilt sie – selbst große, sich brechende Wellen – und fährt über sie hinweg. Kleine Segelboote lassen sich leicht beidrehen, indem man das Großsegel stark refft oder ein Trysegel setzt (ein kleines, robustes Segel, das im Sturm mit freiem Unterliek an Stelle des Großsegels gefahren werden kann), zusammen mit einem kleinen, backgesetzten Vorsegel. Das gereffte Großsegel oder das Trysegel versucht das Boot vorwärts zu treiben und in den Wind zu drehen, das backgesetzte Vorsegel vermittelt den entgegengesetzten Impuls, verhindert, dass das Boot in den Wind schießt, und reduziert gleichzeitig effektiv den Vortrieb. Das Ruder dient dann dazu, das Boot genau auszubalancieren und die Wirkung entweder des am Großbaum gefahrenen Segels oder des Vorsegels zu verstärken. Das mag kompliziert klingen, ist es aber nicht – obwohl es einige Praxis erfordert. Man sagt oft, dass moderne Segelboote mit Flossenkiel nicht mehr richtig beigedreht liegen können, aber dem ist nicht so. Jedes Boot reagiert etwas unterschiedlich, und sein Skipper oder seine Mannschaft muss versuchen, seine Eigenheiten zu erfassen und mit der Beseglung zum Beidrehen zu experimentieren, indem sie kleinere Änderungen an Segeln und Ruderstellung vornimmt.

Man muss den Unterschied zwischen einem Boot, das im Sturm mit hoher Geschwindigkeit vor dem Wind abläuft (und wie ein Korken wild über die Wellen hüpft) oder hart am Wind stampft (ein ständiges, Knochen zermahlendes Schlagen), und einem Boot, das unter gleichen Bedingungen beigedreht liegt, einmal erfahren haben, um ihn ganz zu begreifen. Mit der Geschwindigkeit und der heftigen Bewegung der Fahrt stellt sich auch die Angst um die eigene Sicherheit und die Haltbarkeit des Bootes ein. Liegt man beigedreht, sind Lärm und Bewegung auf wunderbare Weise vermindert, und es kann innerhalb von Minuten möglich sein, wieder heiße Drinks und Mahlzeiten zuzubereiten, wo das vorher noch undenkbar gewesen wäre.

Ein weiterer, fast magischer Effekt des Beidrehens ist der Teppich glatten Wassers, den der Bootsrumpf in seinem »Kielwasser« hinter sich herzieht. Es handelt sich um die Wasseroberfläche direkt in Luv des Bootes, zwischen dem Boot und den heranrollenden Wellen. Verantwortlich dafür ist der Wind, der das stillliegende, träge Boot langsam durchs Wasser drückt. Die Wasseroberfläche erscheint dort leicht verwirbelt wie das Wasser hinter einer verankerten Boje in einem starken Tidenstrom und fast spiegelglatt wie ein Ölteppich. Eine solche Fläche nimmt den sich auftürmenden Wellen ihre Kraft. Große, sich brechende Wellen geraten plötzlich durch die glatte Fläche ins Straucheln, verlieren an Höhe und Gewalt und sacken harmlos in sich zusammen, bevor sie das treibende Boot erreichen.

Die wunderbare Kunst des Beidrehens gehörte einst fest zum Handwerkszeug auf See, das man von erfahrenen Seeleuten auf Deck eines Schiffes erlernte. Man wusste, wie es ging, und wandte die Technik regelmäßig an. Aber heute, da man eine moderne Yacht ebenso leicht erwerben kann wie ein Auto, ohne dass ein Führerschein nötig wäre, um sie zu segeln, gerät dieses lebensnotwendige Kapitel Seemannschaft in Vergessenheit oder wird gar nicht erst beziehungsweise nicht korrekt erlernt. Es ist natürlich verständlich, dass kaum ein Freizeitsegler sich die Zeit nimmt, bei schwerem Wetter hinauszufahren, um die aus Büchern angelesenen Schwerwettertaktiken zu erproben.

Yachten sind Wunderwerke der Ingenieurskunst, ihre dreidimensionalen Rundungen sind so berechnet, dass sie der See in vielen ihrer Launen Rechnung tragen. Sie verhalten sich normalerweise so gutmütig, dass ein unerfahrener Segler leicht zu dem Glauben findet, ein gutes, seegängiges Boot werde in schwerem Seegang schon für sich selbst sorgen. Und wenn der Wind eine Stärke erreicht hat, dass selbst eine Sturmbesegelung noch zu viel Tuch für ein Boot ist, kann es vernünftig sein, die Segel ganz wegzunehmen. Dann wird das Boot querab zu den Wellen treiben, was in den meisten Fällen höchstens zu einiger Unbequemlichkeit führt. Nur wenige Freizeitsegler werden jemals Bedingungen erleben, die das überlebenswichtige Wissen und Können des echten Seemanns erfordern. Deswegen ist die einfache und gewöhnlich angemessene »Technik«, das Boot ohne Beseglung treiben zu lassen, zu der von den meisten Seglern kleiner Boote favorisierten Sturmtaktik geworden.

Und doch kann es unter schwersten Bedingungen tödlich sein, das Boot einfach treiben zu lassen. *Schwerwettersegeln*, der Klassiker über Sturmtaktiken auf See des inzwischen verstorbenen englischen Autors und Seglers Adlard Coles, bearbeitet von Peter Bruce, umreißt klar die Bedingungen – durch Versuche im Wellentank abgesichert –, unter denen das Treibenlassen zu einer Katastrophe führen wird.

> Kenterungen kommen einzig und allein durch brechende Wellen zustande. Wird eine Yacht seitlich von einer hinreichend großen Welle erfasst, liegt es an der außergewöhnlichen Steilheit und an dem Aufprall des jetähnlichen Sturzbaches der brechenden Welle, dass der Mast bis aufs Wasser gedrückt wird.... Ist der Sturzbrecher hoch genug oder sein Auftreffen zeitlich genau abgepasst, wird aus der Drehung eine volle Durchkenterung um 360°.
> Wie hoch müssen brechende Wellen sein, damit sie solch einen Fall verursachen? Unglücklicherweise lautet die Antwort: nicht sehr hoch. In den Modellversuchen ... hat sich gezeigt, dass einige Yachten von einer brechenden Welle, deren Höhe 30 Prozent der Rumpflänge erreichte, zum Kentern gebracht wurden, und dass Wellen, deren Höhen 60 Prozent der Rumpflänge betrugen, ohne Schwierigkeiten alle getesteten Yachten verschütteten. Konkret in Zahlen bedeutet das, wenn eine zehn Meter lange Yacht an der falschen Stelle von einer drei Meter hohen, brechenden Welle erfasst wird, besteht ein hohes Kenterrisiko. Ist die Welle sechs Meter hoch, wird für jede Yacht aus diesem Risiko eine an Sicherheit grenzende Wahrscheinlichkeit.[10]

In dem Buch wird weiter ausgeführt, dass das gleiche Modellboot, anders ausgerichtet, sodass es nicht mehr querab zu den sich brechenden Wellen (sondern eher schräg gegen die Welle gerichtet, zum Beispiel wie beim Beidrehen) liegt, nicht kentern wird.

Schwerwettersegeln ist voll von Berichten über Boote, die quer zu Wind und Wellen niedergeschlagen wurden, kenterten und Masten

[10] S. 384f.

und Rigg verloren, und Mannschaften, die dabei zugrunde gingen. Aber nur eines dieser Unglücke traf ein beigedreht liegendes Boot. In dem katastrophalen *Fastnet-Rennen* von 1979, in dessen Verlauf sich ein schwerer Sturm entwickelte, mussten die Besatzungen von 158 der insgesamt 300 Boote auf die verschiedenen Sturmtaktiken zurückgreifen. 86 Boote ließ man mit Wind und Wellen querein treiben; 46 liefen vor Topp und Takel (Moitessiers bevorzugte Methode) beziehungsweise mit nachgeschleppten Trossen (Knox-Johnstons Taktik) vor dem Sturm ab, und 26 drehten bei. 100 dieser Boote wurden flachgelegt, und 77 kenterten zumindest einmal ganz durch. Nicht eins der Boote, das beigedreht lag, kenterte oder musste auch nur größere Schäden beklagen. Bill King, der Commander der Navy, der die Welt in Unterseebooten befahren hatte und dann über den Atlantik gesegelt war, entschied sich während des Sturms dafür, sein Schiff treiben zu lassen. Die *Galway Blazer II* kenterte und rollte ganz durch, wobei das Rigg zu Bruch ging.

Loïck Fougeron, der nicht so viele Jahre auf See auf dem Buckel hatte wie King, drehte sein kleineres, schwereres Boot bei. Das Boot wurde einmal flachgelegt, musste aber sonst keine schweren Schäden verzeichnen.

Es ist möglich, dass doch die Taktik für diesen Unterschied verantwortlich war.

Als der gewaltige Sturm nachließ, steuerte Fougeron Kapstadt an. Aber vorliche Winde und Kälte brachten ihn schließlich wieder davon ab. Er segelte nach Norden. Nach drei Monaten auf See erreichte er am 27. November die Südatlantikinsel St. Helena und ging an Land. Er wurde von dem dort praktizierenden Arzt und den Bewohnern mit großer Freundlichkeit aufgenommen.

Bill King richtete die beiden Spreizen auf, die für den Fall des Verlustes seiner unverstagten Masten an Deck verzurrt waren, und lief unter Notrigg Kapstadt an. Er hatte täglich Funkkontakte mit Freunden in England und Kapstadt und sandte auch seiner Familie Botschaften, in denen er den Anschein von fröhlicher Unbekümmertheit wahrte. Aber im Grunde war er zutiefst deprimiert über die Geschehnisse und vertraute das seinem Logbuch an, das er an seine Frau schrieb, im sicheren Wissen, dass sie es erst viel später zu lesen bekommen würde.

Freitag, 8. November

Mein Liebling,
ich habe dir über Funk eine Botschaft gesandt, wie gut ich diese Enttäuschung verkraftet habe. Zu diesem Zeitpunkt befand ich mich wahrscheinlich in einem euphorischen Zustand, nachdem ich um dreißig Sekunden mit dem Leben davongekommen war. Ich glaube nicht, dass ich das Unglück hätte überleben können, wenn ich auf Deck an der Fock gewesen wäre, als wir kenterten.
Jetzt, wo die Gefahr vorüber ist, komme ich aus dem Grübeln nicht mehr heraus. Ich muss mich den nackten Tatsachen stellen. Meine Fahrt ist zu Ende. Mein kleines Boot hat Schiffbruch erlitten, und ich bin mit meiner bitteren Enttäuschung allein, schleiche jetzt mit vielleicht 50 Seemeilen pro Tag dahin. Ich wusste, dass das Unternehmen riskant sein würde, aber ich hätte niemals gedacht, dass dieses Unglück meiner Gemütsverfassung einen so furchtbaren Schlag versetzen würde.

Er erreichte Kapstadt am 22. November.

17

Donald Crowhurst vermerkte in seinem Logbuch, dass er seine ganze erste Nacht auf See und fast den ganzen folgenden Tag hindurch seekrank war, während er den Ärmelkanal nach Westen in Richtung Atlantik aufkreuzte. Er schob es auf die Nerven.

Seine erste Aufgabe bestand darin, die chaotische Masse von Ausrüstungsteilen, Werkzeugen, Ersatzteilen und Proviant zu versorgen, die in Haufen auf seiner Koje, auf dem Boden der Kajüte, auf dem Tisch, einfach überall im Boot lag. Einer der wenigen von Crowhurst erfolgreich angeworbenen Sponsoren war Tupperware. Nun füllte er eine Vielzahl von Plastikbehältern mit dem, was ihm gerade in die Finger kam – Proviant, Werkzeug, Batterien, Filme, Schrauben –, und stapelte sie auf die Regale zu beiden Seiten der einzigen Koje an Bord, die vom Salon aus zugänglich im Vorschiff lag. Unter der Koje und den Sitzen im Salon und in jedes Schapp des Hauptrumpfes staute er weiteren Proviant, Rettungswesten, Signallichter und Signalflaggen, die Filmkamera, die ihm die BBC gegeben hatte, Segelhandbücher, Bedienungsanleitungen, Wasserkanister, seine Mundharmonika, den Sextanten, sein medizinisches Arsenal, Thermoskanne, Seehandbücher und die wenigen Bücher, die er sich mitgenommen hatte: technische Lektüre mit Titeln wie *Servomechanismen*, *Mathematik für Ingenieure* und eine Reihe von Büchern über die See, *Shanties from the Seven Seas* und Chichesters *Held der Sieben Meere.* Er hatte Clare gesagt, dass er keine Romane mitnehmen wolle. Stattdessen hatte er zur geistigen Anregung *Über die spezielle und allgemeine Relativitätstheorie* von Albert Einstein eingepackt.

Er hatte genug Tupperware-Behälter mit elektronischen Bauteilen gefüllt, um eine kleine Fabrik damit auszurüsten. Dosen über Dosen mit Transistoren, Kondensatoren, Widerständen, Schaltern, Röhren, gedruckten Schaltungen, Drähten, Steckern und Sockeln. Das waren Dinge, über die er Meisterschaft besaß. Es waren die Elemente und die Währung seiner speziellen Brillanz, aus denen er immer Ordnung erzeugen konnte, ganz gleich, welches Chaos sich ringsum ausgebreitet hatte. Die Reichhaltigkeit seiner Vorräte muss ihn irgendwie getröstet haben.

Überall im Innern der Kajüte der *Teignmouth Electron* verliefen säuberliche Bündel farblich codierter Kabel, die an den Schotten befestigt waren, an der Decke der Kajüte, zwischen den Masten und den Rümpfen, alle entsprechend den komplizierten Verdrahtungsplänen, die Crowhurst Eastwood geliefert hatte, um die Voraussetzung für sein computergesteuertes elektronisches System zur Verfahrenskontrolle zu schaffen. Alle diese Drähte liefen in einem dicken Kabelbaum zusammen, der an Backbord an der Kabinenwand hinunterführte und unter einem roten Sitzpolster verschwand. Unter dem Polster endeten die Drähte – dort, wo Crowhursts Computer eigentlich seinen Platz hätte haben sollen. In der Hektik des Bootsbaus und des Versuchs, noch fristgerecht zu starten, hatte er versäumt, seinen Computer fertig zu stellen. Er nannte die revolutionäre Einrichtung seine »Trickkiste«. Sie hätte ständig über Fühlelemente kontrolliert, in welchem Zustand sich das Boot befand, die Segel getrimmt, den Auftriebskörper ausgelöst und Crowhurst in die Lage versetzt, seinen Trimaran mit halsbrecherischem Tempo zu segeln und Electron Utilisation zu einem gewaltigen geschäftlichen Erfolg zu machen. Aber er war nicht fertig geworden. Es war nicht mehr als ein Traum.

An seinem dritten Tag auf See machte er sich trotz seiner in dieser frühen Phase der Reise überreichlichen Vorräte bereits Sorgen, ob er mit seinem Brennspiritus auskommen würde, den er für seinen Herd brauchte. Seiner Berechnung der benötigten Menge lagen Zahlen aus Eric Hiscocks Vademekum *Segeln über Sieben Meere* zugrunde, das wiederum größtenteils auf dessen Erfahrungen einer Weltumseglung fußte. Hiscock hatte diese Reise zusammen mit seiner Frau unternommen. Crowhurst hatte die in dem Buch vorgeschlagenen Mengen systematisch halbiert und dabei nicht berücksichtigt, dass ein Segler den Herd ebenso oft benötigt wie zwei. Aber dennoch, so berechnete und vermerkte er in seinem Logbuch, hatte er genug für 243 Tage. Er hätte sich allerdings keine Sorgen zu machen brauchen: Seine Fahrt sollte keinen Tag länger dauern.

Auch in den Tagen, in denen er seinen Proviant und seine Vorräte zu ordnen versuchte, musste er navigieren, die Segel bedienen und das Boot in Fahrt halten. Dabei entdeckte er in schneller Folge eine ganze Reihe wesentlicher Mängel an seinem Boot. Die von Blondie Hasler entworfene Steueranlage war beinahe von Beginn an ein ständiges Problem. Es lösten sich Schrauben und Bolzen heraus und gingen verloren. Die Anlage war schnell und schludrig eingebaut worden – genauso wie die Leitschiene der Genua auf Deck, wie schon Tage zuvor der Kameramann der BBC festgestellt hatte. Elektrische und elektronische Bauteile hatte er in rauen Mengen, aber so gut wie keine Ersatzschrauben und Bolzen, sodass er nun gezwungen war, Schrauben von anderen Stellen an Bord zu verwenden, um die Windfahnensteuerung weiter benutzen zu können. Aber auch die neu eingesetzten Schrauben lösten sich und gingen über Bord, was ihn in Wut versetzte. »Das sind jetzt vier verschwundene Schrauben«, schrieb er. »Kann sie nicht ständig von anderer Stelle wegnehmen! Das Ding wird bald in seine Einzelteile zerfallen!« Dann schnitt er sich einen Finger der linken Hand bei dem Versuch, einen metallenen Radarreflektor zu setzen. »Überall Blut – und kein Verbandskasten. Bestimmt irgendwo in diesem Kramladen gut verstaut!!«

Am Dienstag, dem 5. November, bemerkte er, dass aus dem Vorschiffluk des Backbordrumpfes Blasen aufstiegen. Er öffnete es und sah, dass der vordere Teil dieses Rumpfes bis unter Deck voll Wasser stand – ein elektrisierender Anblick. Er schöpfte das Wasser rasch mit einem Eimer aus und hoffte, dass das Problem nicht der Rumpf selbst, sondern nur die Dichtung des Luks sei. Also verschraubte er es mit den zugehörigen Flügelmuttern über einer neuen Fiberglasdichtung.

Weniger wichtig, aber für ihn viel demoralisierender waren die Probleme, die er mit seiner Funkausrüstung hatte. Er konnte mit seinem Racal-Empfänger nichts empfangen und verbrachte Stunden damit, ihn auseinander zu nehmen. Und dann scheiterte auch noch sein Versuch, mit seinem Marconi-Transmitter Verbindung zu Portishead Radio aufzunehmen.

Er kam nur schmerzlich langsam auf den Atlantik hinaus. Vom 2. bis zum 6. November legte er nach den Eintragungen in seinem Logbuch 538 Seemeilen zurück. Das waren immerhin 134,5 Seemeilen pro Tag, was an sich ein rasches Vorankommen bedeutet hätte. Allerdings war dies die Strecke seiner langen Kreuzschläge nach Süden und Westen, und die eigentliche Entfernung, die er längs seiner Route zurückgelegt hatte, betrug nur 290 Seemeilen – also im Tagesdurchschnitt 72,5 Seemeilen.

Trotz der Schwierigkeiten an Bord vergaß Crowhurst keinen Augenblick lang, dass er zu einer außerordentlichen Fahrt aufgebrochen war, die weit außerhalb dessen lag, was die meisten Menschen jemals erlebten. BBC Bristol hatte ihm 250 Pfund, eine 16-mm-Kamera, Filmmaterial und ein Bandgerät gegeben, damit er einen Film über seine Fahrt drehe, und obwohl er wenig filmte, begann er doch schon bald mit Tonaufnahmen. Crowhurst nahm die Aufgabe, Aufnahmen mit heimzubringen, ernst, und sein Blick ging tiefer, als dass er nur einfache Beschreibungen seiner täglichen Verrichtungen gegeben hätte. Allein in einem kleinen Boot um die Erde zu segeln würde sich für ihn, so glaubte er, als schöpferische Erfahrung erweisen, und er wollte sicherstellen, dass er davon etwas auf Film und Band festhielt. »Ich komme mir vor wie jemand, dem die großartige Gelegenheit gegeben wird, eine Botschaft zu übermitteln«, sprach er bald nach seiner Abfahrt aus England auf Band, »irgendeine tiefgründige Beobachtung, die die Welt retten kann.«

Am 13. November stellte Crowhurst fest, dass die »wasserdichte« Luke im Boden des Cockpits, die schon auf der Jungfernfahrt Wasser durchgelassen hatte und angeblich von Eastwoods Leuten in Teignmouth repariert worden war, wieder stark leckte. Er war gegen starken Wind nach Süden gefahren und hatte dabei viel Wasser übernommen, das wiederholt das ganze Cockpit gefüllt hatte und das, obwohl Ablauflöcher eingebaut waren, nur langsam wieder ablief. Das Seewasser hatte die unter der Luke befindliche Maschinenkammer überflutet und den Generator und den größten Teil der elektrischen Einrichtungen durchnässt. Für Crowhurst war dies eine größere Katastrophe als ein lecker Rumpf. Die Aussicht, vielleicht keinen Strom mehr erzeugen zu können, erschütterte ihn vollends.

Die immer deutlichere Wirklichkeit seines Abenteuers, das er so energisch und geschickt für sich in Gang gesetzt und dabei alles riskiert hatte – seine Firma, die Versorgung seiner Familie, seine Selbstachtung und sein Leben –, bedrängte ihn in der kalten, nassen Kajüte mit erbarmungsloser Härte. Er war jetzt mit sich allein irgendwo vor der winterlichen Küste Westeuropas auf See. Sein Boot zeigte bereits Auflösungserscheinungen, bevor er noch aus dem Hafen war, und versagte seither trotz des günstigen, wenn auch unfreundlichen Wetters. Die Aussichten, was ihn in den »Brüllenden Vierzigern« und bei Kap Hoorn erwarten mochte, bekamen dadurch etwas Furchtbares.

Crowhursts Reaktion darauf war lobenswert vernünftig. Er erwog – vielleicht zum ersten Mal –, das Rennen aufzugeben.

Freitag, der 15. (November)
Gequält von der immer klareren Erkenntnis, dass ich bald entscheiden muss, ob ich angesichts der gegenwärtigen Situation weitermachen kann oder nicht. Was für eine verdammt scheußliche Entscheidung – in diesem Stadium alles hinzuwerfen –, was für eine verdammt scheußliche Entscheidung! Aber wenn ich weitermache, dann tue ich damit zweierlei:
1. Ich breche das Versprechen, das ich Clare gegeben habe: Nur so lange weiterzumachen, wie ich feststellen kann, dass alles so ist, wie es sein muss, um einen sicheren Abschluss des Projekts zu gewährleisten. Wenn ich aber die elektrische Einrichtung nicht in Ordnung bringen kann, dann kann ich ehrlicherweise nicht sagen, dass diese Bedingung erfüllt ist. Außerdem bringe ich Clare in die furchtbare Lage, sieben bis neun Monate lang keine Nachrichten mehr von mir zu erhalten, da das Funkgerät auch nicht funktionieren wird.
2. Ich kann das Boot in seiner jetzigen Verfassung in den »Vierzigern« mit nicht mehr als vier Knoten fahren. Die Hasler vollführt wilde Kurswechsel, die in hohen – wirklich hohen – Wellen fatal wären, wenn man... Ich sehe nicht, wie ich in den «Vierzigern« ohne Selbstaufrichtungsanlage und funktionieren-

> den Auftriebskörper schnell und sicher vorankommen soll. Vor allem, wenn man bedenkt, dass ich spät losgefahren bin, denn das heißt auch, später am Hoorn zu sein, als ich vorhatte, in jetzt sechs oder sieben Monaten – im April/Mai (wenn der Südwinter anbricht). Mit dem Boot in seinem jetzigen Zustand sind meine Überlebenschancen vermutlich nicht besser als 50 : 50, und das kommt mir nicht annehmbar vor. »Das Boot in seinem jetzigen Zustand« – was heißt das eigentlich?

Er führte die Probleme auf. Als Erstes die Möglichkeit, vielleicht keinen Strom mehr erzeugen zu können. Ohne Strom gäbe es keinen Funkkontakt mehr, keinen funktionsfähigen Auftriebskörper im Masttopp, keine Zeitsignale, kein Licht.

Die undichte Luke im Backbordschwimmer hatte in fünf Tagen 550 Liter Wasser übernommen, das Cockpitluk über Nacht 340 Liter. Die einzig richtige Lösung – es ordentlich zu verschrauben und verschraubt zu lassen – würde den Generator einschließen und die Stilllegung des elektrischen Systems an Bord bedeuten.

Aber weitaus schlimmer noch als das war, dass er keine Möglichkeit hatte, die undichten Rümpfe leerzupumpen. Eine vernünftige Möglichkeit, Wasser wieder aus dem Inneren eines Bootes hinauszubekommen (den Weg hinein findet es unweigerlich früher oder später selbst), ist ein elementares Erfordernis der Seegängigkeit. Aber Eastwoods hatten den Schlauch für seine Bilgepumpe nicht verlegt, was sie nutzlos machte. Die einzige Möglichkeit, wie Crowhurst die großen Mengen Wasser wieder loswerden konnte, die in die drei Rümpfe des Bootes eindrangen, bestand darin, sie mit einem Eimer auszuschöpfen. Das aber würde in schwerem Wetter kaum möglich sein, wenn mit der stärksten Wasserübernahme zu rechnen war.

Es war eine genaue, vernünftige Aufstellung, die die Lage nüchtern darstellte. In seinem Logbuch argumentierte er seitenlang das Für und Wider verschiedener Möglichkeiten: Er konnte nach England zuruckkehren und es im nächsten Jahr noch einmal versuchen, wenigstens um eine schnellere Zeit zu segeln – bloß dass Stanley Best ihm bereits mehr Geld gezahlt hatte, als er es jemals hatte tun wollen, und das Projekt wahrscheinlich nicht noch ein weiteres Jahr unterstützen würde. Bests Unterstützung einzubüßen bedeutete mehr als nur das Ende einer Finanzierung. Crowhursts Firma und Haus gehörten praktisch Stanley Best, der, so fürchtete Crowhurst, allen Grund sehen würde, die Schuld einzufordern. Eine andere Idee war, das Gesicht zu wahren und vielleicht den Wert und die traurige Berühmtheit der *Teignmouth Electron* zu steigern, indem er wenigstens nach Kapstadt oder Australien fuhr und sie dann dort zum Verkauf anbot. Aber das schien nur einen kleinen Nutzen am Ende einer langen, harten Fahrt zu versprechen.

Auf dem Papier argumentierte Crowhurst hin und her, aber alle Ideen, alle möglichen Alternativen führten zu dem gleichen unannehmbaren Widerspruch: Zurückzukehren bedeutete Schande und Bankrott, weiterzusegeln schien nutzlos und gefährlich. Er konnte sich nicht zu einer Entscheidung durchringen.

> Ich werde auf südlichem Kurs bleiben und versuchen, den Generator wieder in Betrieb zu nehmen, damit ich mit Mr. Best sprechen kann, bevor ich mich selbst auf irgendeine Weise darauf festlege, mich von dem Rennen zurückzuziehen. Ich nehme an, ich schiebe die Entscheidung einfach vor mir her, oder? Nein. Es ist besser, dass er Bescheid weiß, bevor ich das Projekt zum Scheitern verurteile, und dass ich seine Meinung gehört habe. Wenn er dann nichts mehr mit dem Nonstop-Projekt (im Unterschied zu dem Rennen der S.T.) zu tun haben will, liegen die Dinge wirklich schlimm – aber wenigstens wüsste ich dann, wo er steht. Und wenn letzten Endes die ganze Sache den Bach runtergeht – Electron Utilisation bankrott, Woodlands verkauft, zehn Jahre Arbeit und Mühe umsonst –, dann hätte ich immer noch Clare und die Kinder. Und:
>
> Wenn du auf eines Loses Wurf kannst wagen
> Die Summe dessen, was du je gewannst,
> Es ganz verlieren und nicht darum klagen,
> Nur wortlos ganz von vorn beginnen kannst.[11]

[11] Rudyard Kipling, »If«, übertragen von Lothar Sauer [Anm. des Übers.].

18

Am 3. November brach 300 Seemeilen südwestlich von Melbourne, Australien, auf der *Suhaili* wieder die Trimmklappe der Selbststeuerungsanlage. Der metallene Schaft wurde abgeschert, und sein unterster Teil versank im Meer. Dies war die ursprüngliche Trimmklappe gewesen, die Robin Knox-Johnston repariert und wieder eingesetzt hatte, nachdem das Ersatzteil auf gleiche Weise gebrochen und versunken war. Und dieser neuerliche Verlust bedeutete das Aus für seine Selbststeuerungsanlage.

Der Indische Ozean hatte der *Suhaili* schwer zugesetzt. Unter Deck hatte die ständige Übernahme von Seewasser – durch die Luken und entlang der Verbindungslinie zwischen Kajütaufbau und Deck – ihren Tribut in Form von Korrosion gefordert, der vor sechs Wochen sein Marconi-Funkgerät zum Opfer gefallen war. Rostflecken vom Rigg zogen sich in Streifen über den Rumpf. Wichtige Teile des Bootes wurden inzwischen buchstäblich durch Leinen zusammengehalten. Die Ruderpinne war abgebrochen, und das Ruderblatt hatte zu viel Spiel auf seinen Fingerlingen (den Lagerzapfen, in die das Ruder mit Ösen eingehängt war). Also hatte Knox-Johnston die Ersatzpinne am Ruderkopf festgelascht und das Ruderblatt mit weiterer Leine an den Metallrohren des Heckkorbes gesichert, damit es nicht verloren ging, falls die Fingerlinge brachen. Hätte er mit der *Suhaili* den Ärmelkanal befahren, dann hätte jeder Seemann beim Anblick des Bootes vermutet, dass es in großen Schwierigkeiten sei, und angeboten, es in den nächsten Hafen zu schleppen. Alle Anzeichen sprachen dafür, dass Robin Knox-Johnstons Versuch einer Erdumrundung ein verheerender Fehlschlag wurde, und da nun die lange Fahrt durch den Südpazifik mit der abschließenden Passage von Kap Hoorn vor ihm lag, schien der Gedanke, Melbourne anzulaufen, überwältigend.

Aber er lag in Führung. Trotz ihres angeschlagenen Äußeren war der »Eisbrecher«-Rumpf der *Suhaili* intakt, die Masten und das Rigg standen fest, und Knox-Johnston war am ganzen Körper zerschlagen, aber gesund. Er wollte doch wenigstens versuchen, bis nach Neuseeland zu kommen.

Die größte Sorge machten ihm der Ausfall der Selbststeuerungsanlage und die Vorstellung, dass er wenigstens sechzehn Stunden am Tag im Cockpit sitzen und Ruder gehen musste. Er hatte inzwischen – einschließlich der Fahrt von Indien nach England – ungefähr zweiunddreißigtausend Seemeilen mit der *Suhaili* zurückgelegt. Andere Boote hatte er nie gesegelt. Knox-Johnston war kein Freizeitsegler, sondern ein Seemann, ein hoch qualifizierter Seemann, der sich eher aus praktischen als aus Gründen der Freizeitgestaltung entschlossen hatte, in einem kleinen hölzernen Boot auf große Fahrt zu gehen. Darin glich er Joshua Slocum, der 1895 mit seiner *Spray*, einem vollen, unhandigen Boot ohne Selbststeuerungsanlage, zu einer Weltumseglung aufgebrochen war. Slocum lernte durch Experimente mit Segelführung und Ruderstellung, die *Spray* so auszubalancieren, dass sie jeden Kurs unter den meisten Bedingungen hielt – wenigstens hatte er das behauptet, zum Erstaunen und zur häufigen Skepsis aller Yachtfreunde seither. Knox-Johnston entsann sich dessen und schöpfte neuen Mut. Die *Suhaili* hielt wie viele Langkieler am Wind recht ordentlich Kurs – stundenlang, ohne dass sich jemand um die Pinne kümmerte. Schwerer zu halten sind gewöhnlich die Halb- und Vormwindkurse, auf denen die Boote dazu tendieren, in den Wind zu schießen.

Als die Trimmklappe brach, kam der Wind von Norden, und Knox-Johnston lag östlichen Kurs an. Er laschte die Pinne mittschiffs, neutralisierte also gewissermaßen das Ruder, und experimentierte dann mit den Segeln. Die *Suhaili*, eine Ketsch, das heißt ein Zweimaster mit dem Hauptmast vorn, wurde als Grundausstattung mit vier Segeln gefahren: dem Groß-, dem Besan- und zwei Vorsegeln, dem Klüver und der Fock. Zusätzlich fuhr Knox-Johnston sechs weitere Vorsegel verschiedenen Zuschnitts, vom Leichtwindspinnaker bis hin zur winzigen Sturmfock, die er, wie es die Bedingungen verlangten, zusätzlich zu den übrigen oder an deren Stelle setzen und wieder bergen konnte. Der lange Bugspriet trug zusätzlich dazu bei, den Vortrieb des Bootes über die ganze Bootslänge verteilt auf den Rumpf zu übertragen, sodass Knox-Johnston reichlich Möglichkeiten für seine Experimente zur Ausbalancierung des Bootes zur Verfügung standen. Aber in den nächsten Tagen stellte ihn der Wind noch nicht besonders auf die Probe. Er blieb nördlich oder nordöstlich, und die *Suhaili* hielt mit Leichtigkeit ihren Kurs am Wind, sodass Knox-Johnston viel Zeit fand, um unter Deck zu schlafen. Erst am 6. November kam der Wind endlich von achtern, von Südwesten, und gleichzeitig näherte er sich einer Küste. Er fuhr auf die Bass-Straße zu, eine 50 Seemeilen breite Durchfahrt zwischen King Island und Kap Otway an der australischen Südostküste.

Zumindest hoffte er das. Sein letzter Landfall – die Kapverdischen Inseln im Nordatlantik – lag vier Monate zurück. Seither war er isoliert in einer Wüste von Wind und Wasser, in der es keinen Hinweis auf das gab, was hinter dem Horizont lag. Seither stützte sich sein Gefühl, wo er sich auf der Erdkugel befand, nur noch auf seine Navigation – eine mathematische Vermutung, an die man sich klammert, wenn alles Empirische fehlt. Der Sextant war oft von Spritzwasser nass geworden, seine Spiegel waren beschlagen, und Knox-Johnston wusste nicht, wie zuverlässig das Gerät noch arbeitete. Als er in die Meeresstraße einfuhr, hielt er Ausschau nach Landvögeln, nach Wolken des Typs, wie sie bei Hitze über Landmassen entstehen, und nach jedem anderen Anzeichen von Land, welches, so glaubte er, im Norden und Süden gleich hinter dem Horizont lag. Er konnte jedoch nichts dergleichen entdecken. Eine absurde Idee bedrängte ihn: Wenn er nun gar nicht vor der australischen Küste stand? Wenn seine Navigation sich als fehlerhaft erwies oder durch irgendeinen kumulativen Fehler verzerrt war?

Aber dann besann er sich, welche Radiostationen er in den letzten Wochen gehört hatte: zuerst Perth an der Westküste und dann die von Albany, einer Küstenstadt in der Wildnis, von der aus die gewaltigen Schafzuchten im Landesinneren versorgt wurden, mit ihren Wollpreismeldungen. Und jetzt hörte er Melbourne. Er musste da sein, wo er sich glaubte.

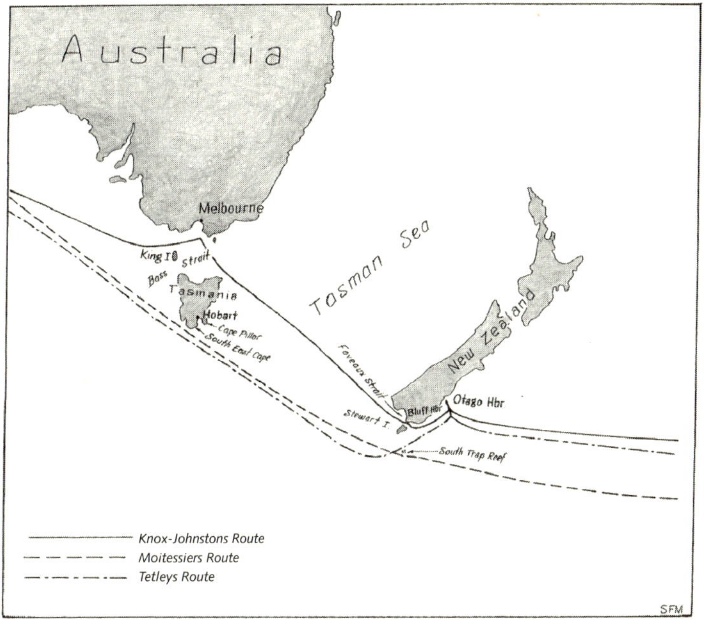

Die Routen um

Australien und Neuseeland

Am Abend um 22.30 Uhr sah er im Osten ein Licht aufflackern. Kurz vor Mitternacht hatte er es als das Leuchtfeuer von Kap Otway identifiziert. Er spähte in die Dunkelheit hinaus und steuerte das Boot wohlgemut durch die groben Seen, die hier rings um das Kap aufgeworfen wurden. Er war ohne Zwischenaufenthalt genauso weit gekommen wie Chichester, aber in einem viel kleineren Boot. Er dachte an die inzwischen halb vergessene Welt an Land, wo sich die Menschen regelmäßig wuschen, aßen, gut schliefen und einander Gesellschaft leisteten. Jetzt war es keine wirkliche Versuchung mehr, irgendeinen Hafen anzulaufen – nicht, solange er seine Fahrt fortsetzen konnte.

Nachdem er sich von Kap Otway freigesegelt hatte, gelang es ihm, die *Suhaili* mit wie Flügel ausgefahrenen Bäumen auf einen stabilen Vormwindkurs (den schwierigsten Kurs, wenn man ein Boot ausbalancieren will) zu bringen, um dann für drei Stunden schlafen zu gehen.

Am Morgen begrüßte ihn gutes Wetter, und Australien ragte nordwestlich von ihm deutlich aus dem Meer. Am frühen Nachmittag näherte er sich Port Phillip Head, dem Eingang der Port Phillip Bay und des Naturhafens von Melbourne. Er hoffte, dort irgendeinem Boot seine Post nach London übergeben zu können, damit seine Familie, seine Freunde und Sponsoren nach fast zwei Monaten Funkstille wussten, dass es ihm gut ging. Und es dauerte nicht lange, bis er ein Lotsenboot entdeckte, das auf ein hereinkommendes Schiff zufuhr. Er konnte dicht genug an den Lotsen herankommen, um ihn anzurufen und mitzuteilen, dass er nonstop von England käme und eine wasserdichte Dose voller Briefe, Karten, Filme und Artikel für den *Sunday Mirror* hinüberwerfen wolle. Außerdem war in der Dose eine Botschaft an den *Mirror*, in der er den kleinen Hafen von Bluff auf der Südinsel Neuseelands als möglichen Treffpunkt für den nächsten Austausch von Post vorschlug.

Am nächsten Morgen stand er vor der Nordküste Tasmaniens und lief auf die Banks-Straße zu, eine sieben Meilen breite Abkürzung zwischen den Inseln am Ostende der Bass-Straße. Es war ein klarer, sonniger Tag. Die große, grüne, herzförmige Landmasse Tasmaniens lag nun zwischen ihm und der steten südwestlichen Dünung aus den Meeren rund um die Antarktis, und zum ersten Mal seit zwei Monaten war die See wunderbar glatt. Knox-Johnston nutzte die Gelegenheit, um sich selbst in seinem Bootsmannsstuhl hinauf in den Großmast zu ziehen, um dort die Rutscher einzusammeln, die sich vom Großsegel gelöst hatten und oben in der Mastspitze in der Gleitschiene hängen geblieben waren. Während er damit beschäftigt war, tauchte am blauen Himmel ein kleines Flugzeug auf. Es stieß auf ihn herab und umkreiste ihn eine halbe Stunde lang. Er hoffte, dies bedeutete, seine Post und seine Botschaften seien weitergegeben worden und der *Sunday Mirror* habe vielleicht das Flugzeug gechartert. Als er die Rutscher vollzählig ausgelöst hatte, ließ er sich langsam wieder hinab.

Als er später in dem ungewohnt sonnigen Wetter nackt ein Sonnenbad nahm, kam das Flugzeug noch einmal zurück und umkreiste die *Suhaili* wieder. Im Laufe des Nachmittags tauchten ein weiteres Flugzeug und ein Hubschrauber auf, die ihn ebenfalls umkreisten und aus der Nähe in Augenschein nahmen. Anscheinend war sein Auftauchen hier eine Sensation. Und tatsächlich brachten die Londoner Sonntagszeitungen am 10. November – besonders wirksam nach seinem langen Schweigen – Position und Fotografien des in Führung Liegenden groß heraus.

36 Stunden später, kurz nach Mitternacht, passierte Knox-Johnston das Leuchtfeuer von Swan Island am Ostende der Banks-Straße. Er setzte für die Fahrt über die Tasman-See Kurs nach Bluff ab, einen Hafen an der Foveaux-Straße auf der Südinsel Neuseelands.

Während der ersten beiden Tage auf der Tasman-See kam der Wind aus Osten, und die *Suhaili* hielt unbeirrt und wie von Geisterhand gelenkt ihren Kurs am Wind. Aber dann drehte der Wind wieder auf West, die vorherrschende Windrichtung. Knox-Johnston machte sich nun ernsthaft daran, die Kunst zu erlernen, sein Boot ohne Selbststeuerungsanlage sich selbst steuern zu lassen. Im Laufe der nächsten Tage experimentierte er mit jeder erdenklichen Kombination von Segeln, gerefft und ungerefft, und entdeckte dabei so viel über die Eigenheiten der *Suhaili* unter Segeln, wie er es in all den Jahren und auf Zehntausenden von Seemeilen nicht herausgefunden hatte. Er stellte fest, dass er sie auf Raumwindkursen – genau wie es bei Slocums *Spray* der Fall gewesen war – lange Zeit mit reduzierter und in Querschiffsrichtung ausbalancierter Segelfläche laufen lassen konnte. Lange genug jedenfalls, um ausreichend Schlaf zu finden, bevor das Boot in den Wind schoss und ihn aus seiner Koje warf. Das Boot war schon immer dazu in der Lage gewesen, aber es hatte der Not bedurft, um das herauszufinden. Man hatte sich dieser Methode auf kleineren Booten seit jeher bedient, und erst seit der noch jungen Erfindung effizienter Selbststeuerungssysteme war sie in Vergessenheit geraten.

Die Etmale der *Suhaili* bei der Fahrt über die Tasman-See waren in der Tat genauso gut, wie sie es vor dem Bruch der Selbststeuerungsanlage gewesen waren. Knox-Johnston bekam seinen Schlaf – in einer Nacht ganze zwölf Stunden, und seine Hoffnungen belebten sich wieder, als er begriff, dass die Reise durchaus weitergehen konnte. Der Pazifik und Kap Hoorn schienen nicht länger vollkommen unbezwingbar.

Am Abend des 17. November, eines Sonntags, hörte Knox-Johnston die Wettervorhersage eines neuseeländischen Senders. Das neuseeländische Wetter zieht gewöhnlich von der Tasman-See her über die Inseln auf, sodass diesem Seegebiet in den Vorhersagen im Rundfunk große Aufmerksamkeit gewidmet wird. Infolgedessen erhielt Knox-Johnston jetzt die genauesten und aktuellsten Wetterinformationen, die er bisher auf seiner ganzen Reise gehabt hatte. Der Wetterbericht von jenem Abend sprach davon, dass sich südlich von Tasmanien ein Tief herausbilde. Es werde unausweichlich über die Tasman-See hinwegziehen und dort innerhalb der nächsten Tage oder noch früher als Sturm in Erscheinung treten. Knox-Johnston hoffte, dass es im Süden an ihm vorüberziehen würde, wie es ein bereits zuvor vorhergesagtes Tiefdruckgebiet getan hatte. Die Vorstellung, während eines Sturms dicht unter Land zu kommen, besorgte ihn.

Normalerweise stellte er das Radio aus, sobald der Wetterbericht zu Ende war, aber an jenem Abend war er in der Kajüte mit irgendetwas beschäftigt und ließ das Radio noch ein paar Minuten an. Verwundert hörte er die folgenden Worte: »Schiffsführer *Suhaili* ... Treffen vor Bluff Harbour bei Tageslicht zwingend. Gezeichnet: Bruce Maxwell.«

Knox-Johnston war begeistert. Seine Botschaft war angekommen. Bruce Maxwell, Gründungsmitglied des *Suhaili* Supporter's Club (*Suhaili*-Fan-Club), war der Reporter des *Sunday Mirror*, der mit ihm auf der *Suhaili* von London nach Falmouth gesegelt war, und die Aussicht, ihn bald zu treffen und Post von daheim zu bekommen, ließ ihn aufleben.

Das einzige Problem war das Wetter. Bluff war zu diesem Zeitpunkt noch etwa 100 Seemeilen entfernt. Mit Glück konnte er es am nächsten Tag vor Einbruch der Dunkelheit erreichen. Sonst bliebe ihm nur die unglückliche Wahl, entweder die nächste Nacht hindurch abzuwarten und dabei das Risiko einzugehen, von dem schweren Wetter überrascht zu werden, oder aber die Gelegenheit, Bruce zu treffen und Post von zu Hause zu bekommen, nicht wahrzunehmen und stattdessen die Sicherheit der offenen See zu suchen. Aber er glaubte, dass er schneller sein konnte als die herannahende Schlechtwetterfront, und hielt seinen Kurs.

Um fünf Uhr am nächsten Morgen klingelte ihn sein Wecker aus dem Schlaf. Weit im Norden war Land zu sehen – die zerklüftete Linie von Neuseelands bergiger Südinsel –, und ungefähr 15 Seemeilen östlich von ihm ragte die Insel Solander, ein hoher, unbewohnter Felsen, aus dem Meer. Solander war 72 Seemeilen von Bluff entfernt, und die Nähe der Insel ermöglichte ihm, seine Position genau zu bestimmen. Er begriff bald, dass er Bluff vor Einbruch der Dunkelheit nicht erreichen würde. Also lag er beigedreht den größten Teil des Vormittags in der Nähe von Solander und segelte erst am Nachmittag weiter. Auf diese Weise, so glaubte er, würde er Bluff bei Tageslicht früh am nächsten Morgen erreichen und immer noch vor dem aufziehenden Schlechtwettergebiet bleiben.

Ihm war völlig klar, dass er sich in einen gefährlichen Engpass begab. Bluff lag an der Nordseite der Foveaux-Straße, einer trichterförmigen Meeresstraße zwischen der Südinsel und Stewart Island, die für ein Boot viele Gefahren bereithielt. Das östliche Ende der Straße war mit kleinen Inseln und Untiefen übersät, die in grober See von steilen, sich brechenden Wellen umgeben waren. Im Norden, in der Nähe des westlichen Eingangs, lagen weitere Inseln. Die

Straße war allerdings auch der schnellste Weg um die Südspitze Neuseelands, durch die man einen langen Umweg südlich um Stewart Island vermied. Knox-Johnston glaubte, er könne noch durch die Foveaux-Straße schlüpfen, seine Post empfangen und beim letzten Tageslicht weiter nach Osten segeln und Seeraum gewinnen, bevor das Wetter umschlug. Noch hatte er die Möglichkeit, sofort die offene See zu suchen und Stewart Island an Backbord liegen zu lassen. Er entschloss sich, alles auf eine Karte zu setzen und den Kurs durch die Foveaux-Straße anzulegen – es war ein Wagnis, weil die *Suhaili* nicht sehr hoch an einem starken Wind fuhr, also bei Sturm am Wind kaum Höhe gewann. Sie benötigte Seeraum, wenn sie den Wind gegen sich hatte, sodass sie aus der Foveaux-Straße nicht ohne weiteres auf gleichem Weg wieder herauskommen würde, wenn sie erst einmal hineingefahren war. Dann würde es heißen, Kurs halten und weiterlaufen.

Als er die Straße erreichte, begann das Barometer zu fallen. Morgens auf Höhe der Insel Solander hatte es noch 996 Millibar angezeigt. Bis zum späten Nachmittag war es auf 980 Millibar gesunken. Das Tiefdruckgebiet war also viel schneller vorangekommen, als Knox-Johnston es erwartet hatte. Der steile Fall des Barometers jedenfalls verriet ihm, dass die Isobaren dieses Tiefdrucksystems dicht beieinander lagen – es musste sich also um ein sehr ausgeprägtes Tief handeln, das ihm gewaltige Windstärken bescheren würde. Er rechnete zunächst mit Wind von Nord, der dann auf West umspringen und schließlich von Südwest seine höchste Stärke erreichen würde. Das bedeutete, dass Bluff und die Südinsel mit den vielen kleinen, nicht durch Leuchtfeuer bezeichneten Inseln am engen östlichen Ausgang der Foveaux-Straße, durch die er jetzt fahren musste, alle in Lee lagen – und Land in Lee ist das, was ein Seemann am meisten fürchtet. Wenn er nicht seinen Weg durch irgendeine Lücke fand, war er auf Gedeih und Verderb darauf angewiesen, sich von Legerwall freizusegeln.

Noch bevor die frühe Dämmerung einsetzte, verdeckten am westlichen Horizont dunkle Wolken die Sonne. Knox-Johnston bereitete sich, so gut es ging, auf den Sturm vor. Er machte Treibanker und schwere Trossen klar, die er achtern ausbringen konnte, um Fahrt aus dem Boot zu nehmen. Da er fürchtete, die beiden inzwi-

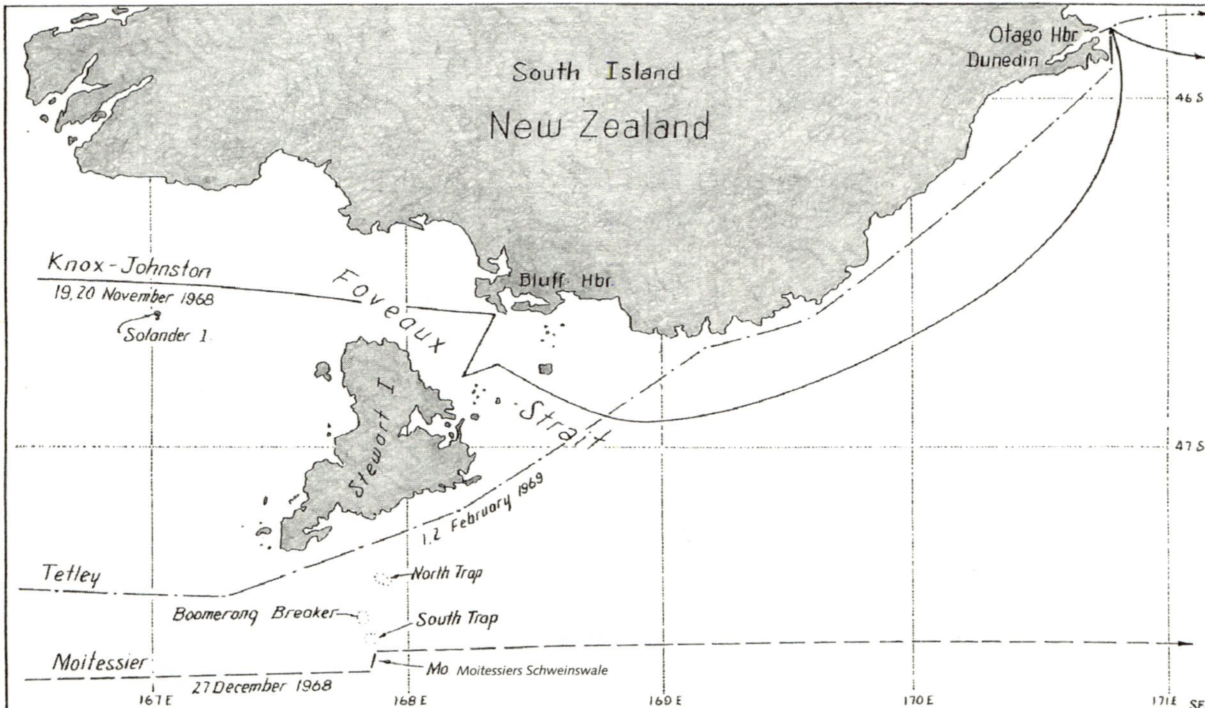

Die Routen um Neuseeland

schen nutzlos gewordenen Sperrholzwindfahnen könnten in schwerer See irgendwelche Schäden anrichten, warf er sie kurzerhand über Bord. Er barg das Großsegel und laschte es sorgfältig am Baum fest. Der Wind war immer noch schwach, die See ruhig, und die *Suhaili* segelte langsam und still unter gerefftem Besan und Sturmfock in die Foveaux-Straße ein.

Es war wieder Zeit für den Wetterbericht des Rundfunks. Der Sprecher – der sich zweifellos in einem warmen Studio befand und vielleicht eine Tasse heißen Kaffee oder Tee vor sich stehen hatte – verlas ruhig, was über den herannahenden Sturm bekannt war. Die Kaltfront des Tiefdrucksystems war noch 80 Seemeilen entfernt und wanderte mit 40 Knoten nach Osten. Das hieß, dass ihn die ersten Ausläufer in zwei Stunden erreichen würden. Es wurden stürmische Winde von 40 bis 50 Knoten vorhergesagt, die sich am nächsten Tag zu einem schweren Sturm mit 55 Knoten und mehr auswachsen sollten. Gleichzeitig wurde schwerer Regen und sich verschlechternde Sicht vorhergesagt. Und wieder verlas der Sprecher die Nachricht von Bruce Maxwell, und Knox-Johnston wünschte, er hätte sie nie gehört, denn dann hätte er die Foveaux-Straße bereits hinter sich gehabt und wäre auf offener See gewesen, wenn der Sturm einsetzte.

Er machte sich einen Becher Kaffee, gab einen Schuss Brandy hinzu und nahm sich dann seine Karten vor, das Seehandbuch der Admiralität und das Verzeichnis der Leuchtfeuer des Seegebiets. Er prägte sich ein, was er bald im Dunkeln um sich herum sehen würde und nach welchen Lichtern er Ausschau halten musste, um seine Position im Verlauf der Nacht verfolgen zu können – wenn er überhaupt Glück hatte, sie in dem bevorstehenden Sturm noch zu sehen. Er musste die Bilder von zwei Koppelkursen im Kopf behalten, die er einmal für den stärksten und einmal für den schwächsten möglichen Gezeitenstrom in der Straße berechnet hatte.

Anschließend stand er unter der Luke des Niedergangs, halb drinnen und halb draußen, und rauchte eine Zigarette, während die *Suhaili* durch die einbrechende Dunkelheit segelte. Inzwischen ballte sich achtern das Unwetter zusammen. Vor sich sah er zumindest ein Licht, das er als Centre Island, 25 Seemeilen nordwestlich von Bluff, identifizierte. Das Licht verschwand wieder, als es wie aus Kübeln zu prasseln begann. Ringsum herrschte tiefe Dunkelheit.

Mit dem Einsetzen des Regens sprang der Wind auf West um, kam von achtern ein und frischte auf. Knox-Johnston wollte so wenig Fahrt wie möglich machen und brachte daher seinen Treibanker und seine dicken blauen Polypropylenleinen aus. Das unterstützte auch die Steuerung des Bootes, hielt das Heck in den Wellen und im weiter auffrischenden Wind. Zusätzlich hatte er die Sturmfock am Bugspriet dichtgeholt, um die *Suhaili* platt vorm Wind zu halten. Der Regen machte schnell alles jenseits der verschwommenen Umrisse des Bootes unkenntlich. Er konnte nicht weiter als bis zum Bug sehen, aber er blieb im Niedergang, teilweise geschützt und stets bereit einzugreifen.

Bis 2.30 Uhr hatte der Wind auf Sturmstärke zugenommen. Das kreischende Geheul im Rigg wurde untermalt durch das Brodeln der Wellen, die sich achtern erhoben und brachen und ständig ihre Gischt über Deck jagten. Aber nachdem die Kaltfront ihn passiert hatte, ließ der Regen nach und die Wolkendecke riss auf, sodass Knox-Johnston Sterne erkennen konnte. Er ging auf Deck, stieg auf das Gestell der Selbststeuerungsanlage, hielt sich an den Stagen fest und spähte in die Dunkelheit, während das Boot schwer von einer Seite auf die andere rollte. Wie alle befahrenen Seeleute starrte er nicht angestrengt auf einen Punkt, sondern wartete, bis sich irgendwo in seinem Blickfeld von selbst eine zarte Andeutung von Form oder Licht abzeichnete. Er hoffte, das Leuchtfeuer von Centre Island wiederzuentdecken. Er wusste nicht, ob er es bereits passiert hatte oder noch darauf zuhielt. Die Insel war von Felsen umgeben. Der Wind fegte Regen und Gischt von achtern über das Boot und peitschte sie ihm so heftig in den Rücken, dass es auch Hagel hätte sein können. Nach achtern konnte er nun nichts mehr erkennen. Er blickte nach vorn, nach Backbord und Steuerbord und hoffte.

Nach einer halben Stunde bemerkte er im Norden eine periodische Aufhellung in den Wolken. Die Kennung entsprach der des Feuers von Centre Island. Es schien relativ nahe zu sein, sodass er die Pinne ein wenig mehr nach Backbord laschte, um den Bug weit genug von dem vermuteten Hindernis wegzubringen und, so hoffte er, sich von den Felsen südöstlich des Leuchtturms freizuhalten. Er blieb noch eine weitere Stunde mit inzwischen tauben Händen auf seinem Ausguck im Rigg und suchte die See nach sich brechenden Wellen ab – in dem klaren Bewusstsein, dass es, wenn er sie überhaupt sehen konnte, wahrscheinlich schon zu spät sein würde. Schließlich entschied er, dass er die Felsen bereits passiert haben müsse, und ging hinunter, um sich einen Irish Coffee zu machen und eine Zigarette zu rauchen.

Bald begann es draußen hell zu werden, aber als das Tageslicht sich endlich durchgesetzt hatte, war es wenig hilfreich für die Bestimmung seiner Position. Die Sicht betrug ungefähr eine Seemeile, und er sah nichts als aufgewühltes Wasser. Er befürchtete, an Bluff vorbeizusegeln, ohne es zu bemerken. Also richtete er die Pinne noch einmal neu aus und brachte das Boot wieder auf einen Kurs nah unter Land.

Beim Ausguck in die nebelgraue, wolkenverhangene Luft sah er ständig Phantome der Küste vor sich auftauchen. Aber um 7.30 Uhr erwies sich eines davon schließlich als unbewegliche, feststehende Form recht voraus. Es war der schlimmste Alptraum jedes Seglers: Land, eine Lee-Küste in einem Sturm, und die *Suhaili* wurde schnell darauf zugetrieben. Der Sturm war jetzt so stark geworden, dass Knox-Johnston sich wunderte, wie Mast und Segel dem Druck standhielten. Aber er hatte keine Wahl. Er musste das Groß setzen und versuchen, sich von Legerwall freizukreuzen. Als er das Groß setzte, spürte er, wie die *Suhaili* erzitterte und unter der Anspannung verformte. Er brachte sie gerade hoch genug an den Wind, um hoffen zu können, sich von der Küste freizuhalten. Dann begann er die dicke blaue Trosse und den Seeanker einzuholen, die das Boot zurückhielten. Sie hatten sich zu einem wüsten, dicken, 220 Meter langen Zopf verdreht, den er unmöglich aufklaren konnte und der schwer am Heck der *Suhaili* lastete, die jetzt, von dem Sturm getrieben, vorwärts stürmen wollte. Verzweiflung und Entschlossenheit halfen ihm, die Wuling an Bord zu ziehen. Als er die Leinen endlich im Cockpit hatte, erschien ihm das Kliff in Lee schon sehr viel näher. Er konnte sogar schon die Gischt der Wellen sehen, die sich an seinem Fuße brachen. Aber es endete abrupt auf einem Landvorsprung etwas weiter entlang der Küste, und Knox-Johnston fragte sich, ob das schon Bluff sein könne.

Die *Suhaili* pflügte durch die hohen Wellen, die eine nach der anderen explosionsartig über Deck donnerten. Aber ohne den Treibanker und die nachgeschleppte Leine begann sie vom Land freizukommen, und da sie am Wind fuhr, hielt sie auch gut ihren Kurs. Knox-Johnston schmerzten Rücken und Arme, seine Hände waren rot und pochten. Er ging hinunter, um sich einen Kaffee zu machen. Die wilden Bewegungen des Schiffes vereitelten jeden Versuch, jetzt etwas zu kochen, aber er hatte nachts vorsichtshalber seine Thermoskanne mit heißem Wasser gefüllt. Mit einem heißen Becher zwischen seinen wunden Händen rauchte er eine Zigarette und merkte, dass er in eine euphorische Stimmung geriet. Er und sein Boot wurden gerade aufs Äußerste auf die Probe gestellt, und bisher schienen sie sich zu bewähren.

Als er ein paar Minuten später wieder an Deck ging, bemerkte er sofort, dass die See ruhiger geworden war, obwohl der Wind weiterhin mit Sturmstärke wehte. Er musste im Windschatten von Stewart Island sein und sich dem Land nähern. Und tatsächlich hatte er bald Land dicht an Steuerbord. Er wendete und ging auf nördlichen Kurs.

Vor ihm erschien schwer rollend eine Fähre aus dem Nebel. Sie änderte ihren Kurs und dampfte zur *Suhaili* hinüber, dicht genug für Knox-Johnston, um über das Brüllen des Windes hinweg die Mannschaft anzupreien. Auf der Fähre wusste man, wer er war, und sagte ihm, dass Bluff neun Meilen weiter nördlich liege.

Um 10.30 Uhr konnte er Bluff recht voraus ausmachen. Es war an seinem Leuchtfeuer erkennbar. Aber nachdem sie den schützenden Windschatten von Stewart Island verlassen hatte, war die *Suhaili* wieder der vollen Gewalt des Sturms ausgeliefert, und inzwischen war die Tide gekentert, und der Strom setzte nun hart nach Osten durch die Meeresstraße. Obwohl Knox-Johnston wieder versuchte, am Wind zu laufen, wurde die *Suhaili* jetzt abgetrieben wie ein Stück Treibgut. Er reffte die Segel, um Fahrt wegzunehmen, aber das Fall des Großsegels musste sich genau in diesem Augenblick am Masttopp verfangen, und ihm blieb nichts anderes übrig, als den Baum hochzuziehen und zusammen mit dem schlagenden Segel am Mast festzulaschen. Er brachte seine Wuling von Trossen noch einmal achtern aus und ging auf einen Vormwindkurs. Der Sturm hielt mit Windstärke zehn (48 bis 55 Knoten) bis zum frühen Nachmittag an. Als es dämmerte, hatte er die Foveaux-Straße hinter sich gelassen. Er würde jetzt nicht wieder dorthin zurückfahren. Immer noch in der Hoffnung, dass er sich mit Bruce Maxwell treffen konnte, stellte er die Pinne so ein, dass die *Suhaili* nach Nordosten lief, parallel zur Küste. Er ging unter Deck und schlief bis zum hellen Tag am nächsten Morgen. Der Sturm war vorüber.

Am Abend rundete er 130 Meilen nordöstlich der Foveaux-Straße Tairoa Head und lief in Otago Harbour ein. Der Ankerplatz erwies sich als eine von grünen Hügeln und Sanddünen umgebene kleine Bucht und nicht als der Industriehafen, den er erwartet hatte – schließlich wollte er Aufmerksamkeit auf sich ziehen, um Maxwell eine Nachricht zukommen lassen zu können. Er stieß vor der Signalstation in sein Nebelhorn, erhielt aber keine Antwort. Als er langsam durch den Kanal, der die Einfahrt bildete, wieder hinausfuhr, drehte der Wind leicht und mallte um das Kliff der Landspitze, und bei dem Versuch, sich von den Felsen am Steilufer freizuhalten, stand die *Suhaili* plötzlich still – Knox-Johnston hatte sie auf weichen Grund gesetzt.

Es schien Sand zu sein, und es herrschte Ebbe. Knox-Johnston ging nach unten, holte einen Anker an Deck und schlug eine Leine daran an. Dann zog er sich aus und sprang über Bord. Er ging mit dem Anker auf dem Grund entlang, bis er in tieferes Wasser kam – fort von der Küste und den Felsen. Er lief auch noch weiter, als das Wasser ihm schon bis über den Kopf reichte, zum Luftholen sprang er dabei alle paar Schritte etwas in die Höhe. Schließlich ließ er den Anker auf weichem Grund fallen und schwamm zurück zum Boot. Zum ersten Mal seit fünf Monaten sah er die *Suhaili* aus – wenn auch geringer – Entfernung: Sie war schmutzig und rostfleckig. Mit dem ablaufenden Wasser begann sie sich langsam auf die Seite zu legen.

Ein Mann rief ihn vom Kliff aus an. Er sagte, er werde ihm Hilfe schicken, aber Annahme von Hilfe würde ihn disqualifizieren, und Knox-Johnston bestand darauf, dass er nichts dergleichen wünsche und selbst freikäme, wenn das Wasser wieder auflief. Er fragte nach Bruce Maxwell, und der Mann auf dem Kliff versprach, er würde versuchen, ihn zu finden.

Ein paar Minuten später erschienen ein kleines Motorboot und ein Krabbenfischer. Die Männer an Bord wussten, wer Knox-Johnston war, und sagten ihm, dass Bruce Maxwell überall an der Küste nach ihm suche. Er zündete sich eine Zigarette an, machte es sich auf dem Kajütdach bequem und plauderte mit den Männern. Er genoss die Gesellschaft und die erste Pause von den ständigen Bewegungen des Schiffes seit 159 Tagen. Die Boote der Kiwis hatten Funktelefone an Bord, und sie erfuhren schnell, dass Bruce gefunden worden war und sich bereits auf den Weg zu der Bucht gemacht hatte. Während sie miteinander plauderten, zog Knox-Johnston sich in seinen Großmast hoch und befreite das Fall, das dort festsaß. Es wurde dunkel. Die Tide kenterte, und die Flut setzte ein. Um 23.00 Uhr begann der Kiel vom Grund freizukommen. Er holte mit der Winsch die Ankerleine ein, und schon bald war die *Suhaili* wieder flott. Es stand nicht mehr Wasser in der Bilge als sonst, das Boot schien also bei der Grundberührung keinen Schaden davongetragen zu haben. Die Krabbenfischer ließen ihre Maschinen an und machten sich auf, um Maxwell zu finden, und Knox-Johnston ging unter Deck, um sich rasch ein Abendessen zuzubereiten. Schon bald war draußen ein lautes Rufen zu hören.

»Was, zum Teufel, haben Sie *hier* zu suchen?«, fragte Bruce Maxwell.

Das Erste, was er Knox-Johnston sagen musste, war, dass die Regel der *Sunday Times* – keine materielle Hilfe gleich welcher Art – wohl so verstanden werden musste, dass er auch keine Post empfangen durfte. Während die Zeitung anfangs die Regeln sehr dehnbar gehalten hatte, um jedem bekannten oder unbekannten Segler die Teilnahme zu ermöglichen, und jedem Teilnehmer gestattete, sich ohne jede Inspektion seines Bootes oder seiner Ausrüstung auf hohe See zu wagen, hatte die *Sunday Times* endlich etwas gefunden, das sie streng handhaben konnte. Knox-Johnston war empört. Seeleute haben sich schon immer nach Nachrichten von daheim gesehnt, und er hätte sich liebend gern auf der Stelle selbst disqualifiziert, wenn Maxwell irgendwelche Post für ihn gehabt hätte. Da der Reporter das aber wusste, hatte er nichts mitgebracht.

Stattdessen erzählte er ihm, dass es seiner Familie gut gehe, dass Bill King aus dem Rennen sei und dass es drei neue Wettbewerber gebe: Carozzo, Tetley und Crowhurst. Keiner von ihnen stelle eine große Gefahr dar, aber Maxwell erzählte ihm auch, dass Moitessier den Abstand zu ihm schnell verkürze und dass, wenn sie beide ihr gegenwärtiges Tempo beibehielten, das Rennen in einem Fotofinish enden würde.

Maxwell machte sich auf, um ein Telefon zu suchen und London anzurufen, wollte danach jedoch sofort wieder zurückkommen. Inzwischen frischte aber der Wind auf, und Knox-Johnston, dessen Boot der Anker nur noch schwachen Halt bot, beschloss, nicht mehr auf Maxwell zu warten. Er setzte Segel, fuhr über seinen Anker und hievte ihn an Bord, als er das Gefühl hatte, von den Felsen klar zu sein. Er rief den Krabbenfischern ein Auf Wiedersehen zu und nahm Kurs auf die offene See. Er wollte vorwärts kommen. Der Franzose saß ihm im Nacken.

19

Nachdem die Nachrichten von Robin Knox-Johnston eingetroffen waren, sagten die Navigationsexperten der *Sunday Times* ein Kopf-an-Kopf-Rennen zwischen Knox-Johnston und Bernard Moitessier voraus.

Der Franzose, so rechnete man vor, hatte inzwischen 14000 Seemeilen mit einer Geschwindigkeit von durchschnittlich 128,4 Meilen pro Tag zurückgelegt, der Engländer dagegen 17 400 Seemeilen bei 98,3 Seemeilen pro Tag. Die Experten räumten Moitessier größere Aussichten ein, der, wie sie glaubten, England am 24. April erreichen konnte. Knox-Johnston dagegen würde erst sechs Tage später, am 30. April, ankommen. Aber da es Unsicherheiten zuhauf gab, konnte jede Kleinigkeit diese Daten ändern. Beide konnten das Rennen gewinnen oder verlieren.

Zum ersten Mal beschrieben die Zeitungen den jungen Engländer mit heroischen Ausdrücken: Der »mutige ... und auf markante Weise gut aussehende« Segler zeige, dass er in der gleichen Klasse fahre wie Chichester. Das war in der Tat Lob in höchsten Tönen.

Die *Sunday Times* brachte sich in Position, um den möglichen Sieger anzuerkennen, setzte aber noch nicht alles auf eine Karte. Moitessier sei »ein gewiefter Navigator«, der das Kap der Guten Hoffnung gefährlich dicht passiert habe, um seine Strecke abzukürzen, und aus dem gleichen Grund plane, Australien weit nördlich zu lassen.

Italiens Chichester, Alex Carozzo, war bereits wieder aus dem Rennen. Bevor er die Leinen loswarf, hatte er noch fast eine Woche in Cowes an seiner Muring gelegen und die *Gancia Americano* für die lange Hochseefahrt vorbereitet. Dann war er bis in die Biskaya gesegelt, wo er vor der Küste Frankreichs anfing Blut zu erbrechen. Er setzte sich über Funk mit einem Arzt in Verbindung, der ein Magengeschwür diagnostizierte. Es war ein altes Leiden, das sich wieder eingestellt hatte. Der Arzt verschrieb milde Kost und riet Carozzo, das Rennen aufzugeben, falls die Blutungen anhielten. Carozzo segelte weiter und hoffte auf eine Besserung der Krankheit. Seine gigantische Yacht segelte schnell, und er war darauf erpicht, im Rennen zu bleiben. Aber die Blutungen hörten nicht auf. Vor der portugiesischen Küste gab er über Funk an die *Sunday Times* durch, dass er zur Notbehandlung in einem Krankenhaus Lissabon anlaufe. Ein portugiesisches Rettungsflugzeug der Luftwaffe entdeckte ihn, und ein Lotsenboot schleppte ihn nach Oporto. Von seinem Krankenhausbett in Oporto aus erzählte Carozzo einem Reporter, er glaube, sein Magengeschwür habe sich durch den Stress der intensiven Vorbereitung auf das Rennen verschlimmert. Er habe gelesen, dass Bill King es im nächsten Jahr noch einmal versuchen wolle, und überlege, ob er es nicht genauso mache. Er hoffe, die *Sunday Times* lasse sich für ein zweites Rennen gewinnen.

Obwohl sie weit hinter Moitessier und Knox-Johnston lagen, unterschätzte die *Sunday Times* das Potenzial der beiden Trimaran-Skipper Nigel Tetley und Donald Crowhurst durchaus nicht: »Sie können uns alle noch überraschen.«

Vor allem Crowhurst. Nachdem er während seines ersten Monats auf See nur etwa 60 Seemeilen pro Tag zurückgelegt hatte, weniger als jeder andere der Teilnehmer auf der gleichen Strecke, wusste die *Sunday Times* von einem plötzlichen Anstieg seiner Geschwindigkeit zu berichten. Während der fünften Woche auf See hatte er 1020 Seemeilen gemacht, was einem Tagesdurchschnitt von 150 Seemeilen entsprach. Das war endlich die atemberaubende Geschwindigkeit, die er für sein revolutionäres Boot versprochen hatte.

Nigel Tetley hatte nicht so viel Glück. Eine Woche mit leichten Winden im Seegebiet um die Insel Trindade brachte ihm nur 473 Seemeilen – 67 pro Tag. Es gelang ihm immer noch nicht, sein

Funkgerät zum Senden zu benutzen, obwohl er weit entfernte Sender wie zum Beispiel Holland sehr deutlich empfing. Eve und seine Familie mussten zweifellos in Sorge um ihn sein. Das Leben an Bord der *Victress* allerdings war in einem Ausmaß bequem und zivil, wie es an Bord der Boote seiner Mitbewerber undenkbar war. Er tat sich an Herzmuscheln, Garnelen, Spargel, Hummer, Würstchen, geräuchertem Lachs, Pilzen, Austern und Fasanenbraten gütlich, während er gleichzeitig Respighi, Boccherini, Delius, Sibelius, Kodály, Dohnányi und Saint-Saëns hörte. Nach sieben Wochen auf See hatte er das gesamte Repertoire, mit dem Music for Pleasure ihn ausgestattet hatte, gehört und notierte gewissenhaft in sein Logbuch: »Ich kann jetzt völlig ehrlich sagen, dass die Mehrzahl davon mir großes Vergnügen bereitet und auf nicht unbeträchtliche Weise zu meinem Seelenfrieden beigetragen hat.«

Bis dahin war seine Fahrt langsam und stetig verlaufen, unspektakulär und von guter Seemannschaft geprägt. Das Wetter hatte ihn nicht mit größeren Schrecken konfrontiert. Es gab keine offenkundigen Probleme außer der an ihm nagenden Frustration, dass er mit niemandem über das Funkgerät Kontakt aufnehmen konnte. Es war beinahe schon langweilig.

Die *Victress* lief gut, wenn sie auch nicht hielt, was er sich von dem Trimaran versprochen hatte. Kleine Probleme zeigten sich natürlich: Die Deckleisten über den Fugen zwischen Rumpf und Deck waren teilweise abgebrochen, Kajütfenster leckten. Aber das waren ganz normale Abnutzungserscheinungen. Selbst im Laufe einer langen sommerlichen Segelsaison, während derer die meisten Boote mehr Zeit am Steg oder vor Anker liegen als auf See sind, kommt es zu solchen Problemen. Das ständige Wirken des Windes und der Wellen hatte bei der *Victress* zu einer stetigen, aber bisher noch nicht alarmierenden Zermürbung geführt.

Doch eine Routinekontrolle unter den Bodenbrettern der beiden Auslegerrümpfe zeigte, dass sie voller Seewasser standen: 45 Liter im Backbordrumpf und 320 Liter an der Steuerbordseite. Er hatte also über 350 Kilo zusätzliches Gewicht an Bord gehabt. Das war ihm erst jetzt aufgefallen, weil er, um unter den Bodenbrettern nachzusehen, erst alle Vorräte beiseite räumen musste, die auf diesen lagerten. Das war eine Aufgabe, die er nicht oft bewältigen konnte, und wenn, dann auch nur bei gutem Wetter. Die gefundenen Mengen waren aber ein Zeichen dafür, dass beständig etwas leckte. Darauf musste er ein Auge halten.

Am 19. November gelang es ihm schließlich, einen zumindest sporadischen Funkkontakt mit Kapstadt Radio herzustellen, und im Laufe der nächsten Tage wurde die Funkverbindung besser. Er erfuhr, dass Bill King ausgeschieden war, und hörte, dass Robin Knox-Johnston offenbar vor Neuseeland in irgendwelchen Schwierigkeiten steckte. Diese Berichte gingen ihm an die Nieren, aber sie änderten nichts an dem schon fast zu schönen Wetter, das nur ein enttäuschend langsames Vorankommen gestattete. Immerhin befand er sich im gleichen Gebiet, wo die *Galway Blazer II* durchgerollt und die *Suhaili* zum ersten Mal flachgelegt worden war.

Anfang Dezember passierte er Kapstadt und erreichte den Indischen Ozean. Er wagte sich noch immer nicht richtig in die »Brüllenden Vierziger«, sondern segelte weiter nach Osten und hielt sich einige Breitengrade nördlich des 40., der Nordgrenze der so genannten südlichen Ozeane. Nichtsdestotrotz erhielt er eine Probe der Verhältnisse, wie sie in den »Brüllenden Vierzigern« herrschten. Er verzeichnete am 11. Dezember den bis dahin stärksten Sturm seiner Fahrt und schätzte die Windstärke auf neun (41 bis 47 Knoten). Er lag raumen Kurs an und reduzierte die Segelfläche, bis die *Victress* nur noch eine dichtgeholte Sturmfock führte.

Nach einer langen Nacht, die er im Ruderhaus damit zugebracht hatte, das Steuerrad hin und her zu kurbeln, um stets das Heck genau vor den Wellen zu halten, war Tetley durchgefroren, ihm war elend zumute, und er fragte sich, was er da eigentlich mache. Er hatte allen Grund, Moitessier Glauben zu schenken, wenn dieser am Kap Hoorn gestählte Franzose ihm geraten hatte, bei Sturm vorm Wind abzulaufen. Aber jetzt, kalt, hungrig, verbraucht und praktisch an das Steuerrad gefesselt, solange er das Boot in Fahrt hielt, beschloss er, alle Segel wegzunehmen und das Boot treiben zu lassen. Das schien dem Trimaran auch durchaus zu liegen, seine Rümpfe mit dem geringen Tiefgang boten dem Wasser wenig Widerstand, sodass der Wind und die Wellen es leicht vor sich hertreiben konnten. »Das Boot liegt leicht im Wasser wie ein Albatros«, schrieb Tetley in sein Logbuch, »treibt quer zu den Wellen und gleitet vor ihnen zur Seite davon.« Unter Deck war die Bewegung des Bootes gedämpft, und er war froh, sich ein Frühstück mit Kaffee und Irish Stew zubereiten zu können.

Weil er, was die Breitengrade anlangte, ein Zaungast blieb und sich immer knapp nördlich der südlichen Ozeane hielt, musste sich Tetley mit einem insgesamt enttäuschenden Wechsel leichter und starker Winde abfinden. Am 15. Dezember, nach einer schnellen, unruhigen Nacht, während der er mit vollen Segeln durchgefahren war, verzeichnete er sein auf der Fahrt bisher bestes Etmal von beeindruckenden 202 Seemeilen. Am nächsten Morgen setzte der Wind ganz aus, und als er sich dann wieder bemerkbar machte, blieb er mehrere Tage lang schwach. Er fuhr so viel Tuch wie möglich und hoffte, dadurch etwas mehr aus diesen langsamen Tagen zu machen, musste sich aber eingestehen, dass er nicht weit genug südlich fuhr, um ein einigermaßen vertretbares Tempo durchhalten zu können.

Tetley verfügte über die gleichen Karten und Segelanweisungen aus dem von der britischen Admiralität herausgegebenen *Ocean Passages for the World* wie die anderen Segler. Darin lassen sich ohne weiteres die besten Routen und Kurse finden, auf denen die günstigsten Winde, Strömungen und sonstigen Bedingungen herrschen. Zugegebenermaßen sind diese Anweisungen nicht für kleine Yachten gedacht. Sie sind für große Segelschiffe berechnet und basieren auf Beobachtungen, die auf diesen Schiffen gemacht worden waren – den Teeklippern und den Vier- und Fünfmastern, die als Getreidefrachter fuhren und immer das lebhafteste Wetter gesucht hatten, um schnelle Fahrten zu machen. Skipper kleiner Yachten, die im Kielwasser dieser Großsegler fahren und diese Richtlinien für Großsegler benutzen, standen schon immer vor der Aufgabe, einen Kurs auszuwählen, der irgendwo zwischen den vorgeschlagenen schnellsten Routen – weit im Süden der »Brüllenden Vierziger« und in den »Wütenden Fünfzigern«, wo schon antarktische Nebel treibende Eisberge verbergen können – und dem lag, was die Besonnenheit riet. Es handelt sich also in jedem Fall um eine ganz persönliche Wahl. Knox-Johnston versuchte sich an den 40. Breitengrad zu halten und fand das Gebiet dort merklich stürmischer, als es noch ein paar hundert Seemeilen weiter nördlich gewesen war, wo Tetley sich hielt. Moitessier hatte sich tief in die südlichen Ozeane vorgewagt. Zusätzlich zu den *Ocean Passages* und den üblichen Karten hatte Moitessier auch noch 15 Briefe von alten »Kap Hoorniers« dabei, Männern, die bereits über 80 waren, nicht mehr richtig sehen konnten, aber immer noch über ein ausgezeichnetes Gedächtnis verfügten und die er brieflich nach den Bedingungen in den südlichen Ozeanen gefragt hatte. Nach ihren Berichten und den Erfahrungen seiner eigenen früheren Fahrt um das Hoorn glaubte er, dass das Jahr 1968 auf der Südhalbkugel besonders warm und mild sein würde, sodass er den stärkeren Wind tief im Süden gut würde gebrauchen können.

Viel weiter im Norden, wo er sich vielleicht aus Sorge um die leichte Konstruktion der *Victress* hielt, plagten Tetley schwache Winde. Er kam nur langsam voran. Da er wieder über eine funktionierende Funkverbindung verfügte, konnte er via Kapstadt Radio mit der *Sunday Times* telefonieren. Dort zeigte man sich enttäuscht über die mangelnde Dramatik seiner Fahrt. War er vielleicht mal über Bord gegangen oder war ihm sonst irgendetwas Aufregendes passiert, wollte man wissen.

Die Langeweile und Monotonie seiner Fahrt setzten ihm selber zu. Bei Winden, die häufiger zu schwach als zu stark waren, brachte er lange Stunden damit zu, auf die glatte See hinauszustarren und die Enttäuschung über seine langsame Fahrt in sich hineinzufressen. Eine Flaute auf See ist der wahre Fluch des Seglers, schlimmer als jeder Sturm, der ihm wenigstens unablässige körperliche und geistige Aktivität abzwingt. In einer Flaute ist er hauptsächlich damit beschäftigt, auf Wind zu warten. Er kann lesen oder schreiben oder Radio hören, aber er bringt eben auch Stunden damit zu, auf die schöne glatte See zu schauen, die sich in alle Richtungen um ihn herum ausbreitet. Gleichzeitig versucht er, die aufkeimende irrationale Furcht abzuschütteln, der Wind sei vielleicht für immer eingeschlafen. Er ist wiederholt gezwungen, die anhaltende Windstille zur Kenntnis zu nehmen, wenn er alle paar Stunden die Wetterverhältnisse in seinem Logbuch vermerkt und wieder und wieder »Flaute« notieren muss. Die Handschrift verrät dabei seine steigende Anspannung, denn immer tiefer drückt er den Bleistift ins Papier und kritzelt mit dem Wort seinen Ärger hin. Die Zeit und die Geografie erweisen sich auf perverse Art als dehnbar. Die Stille, die sich mit einer echten Flaute auf See einstellt, ist beredt und verdächtig wie das Negativ einer Fotografie, weil sie eine Umkehr des Normalen darstellt. Kein Laut dringt von Wind oder Wasser heran, kein Lufthauch streift das Ohr. Das Boot steht fast still, hebt und senkt sich nur sacht auf einem geisterhaften Schwell und erzeugt dabei die einzigen hörbaren Laute: das Hin- und Herrollen des Bleistifts auf dem Kartentisch. Die akustische Wüste füllt sich dann mit dem rhythmischen Pochen des eigenen Blutes und erinnert den Lauscher daran, dass er nur ein winziges, Eintagsfliegen gleiches Fleckchen Sterblichkeit ist. Er geht unter Deck, um das Radio noch einmal anzustellen. Während einer Ozeanüberquerung, die von Küste zu Küste vielleicht drei oder vier Wochen dauert, in eine Flaute zu geraten, ist eine Sache. Bei einer Regatta rund um die Erde aber, deren gewaltige Länge schon unter besseren Bedingungen die Vorstellungskraft übersteigt, in einer pervers glatten See völlig still zu liegen, während man sich gleichzeitig sicher sein muss, dass die Konkurrenten anderswo gute Fahrt machen, ist schwer zu ertragen. Es kann einen um den Verstand bringen.

Tetley war weder ein geschwätziger Logbuchschreiber wie Knox-Johnston noch einer, der seine Seele entblößte wie Moitessier, aber dennoch hatte er in seinem Logbuch am 27. November eine zunehmende Depression eingeräumt. »Je weiter ich komme, umso wahnsinniger erscheint mir das Rennen. Eine fast überwältigende Versuchung, aufzugeben und Kapstadt anzulaufen, wächst in mir heran – der kalte Finger der Vernunft deutet ständig in diese Richtung.«

Aber schon am nächsten Tag glaubte er sich von seiner Melancholie kuriert zu haben. Er hatte nicht mehr darauf geachtet, täglich Milch mit Vitaminen zu trinken, schrieb er, und als er sich dieser Sitte erst einmal wieder befleißigte, verflogen wie von Zauberhand verscheucht seine depressiven Stimmungen. Es ist möglich, dass Nigel Tetleys Niedergeschlagenheit tatsächlich durch Vitamine und Minerale vertrieben wurde, wie er glaubte, aber es standen ihm noch Zeiten bevor, in denen kein noch so großer Vorrat an Milch ihn würde retten können.

20

Am 15. Dezember berichtete die *Sunday Times*, Donald Crowhurst habe sein Tempo wiederum dramatisch gesteigert.

Sein Name – während der langen Monate vor dem Start des Rennens weitgehend ignoriert – führte nun die Nachrichten von der Regattaflotte an.

Crowhurst mit Welt-Geschwindigkeitsrekord?

Donald Crowhurst, der letzte Starter in der von der *Sunday Times* ausgeschriebenen Einhandregatta rund um die Erde, legte auf seinem 41 Fuß langen Trimaran *Teignmouth Electron* am letzten Sonntag atemberaubende und rekordverdächtige 243 Seemeilen zurück. Diese Leistung ist umso bemerkenswerter, als seine Geschwindigkeit in den ersten drei Wochen der Fahrt sehr zu wünschen übrig ließ. Er benötigte länger als alle anderen Mitbewerber, um die Strecke zu den Kapverdischen Inseln zurückzulegen.

Sind die 243 Seemeilen an einem Tag ein Weltrekord? Kapitän Terence Shaw vom Royal Western Yacht Club in Plymouth sagt: »Wenn irgendjemand das schon einmal übertroffen hat, und ich bezweifle, dass das der Fall ist, dann müsste er sich jetzt melden.«

Der 36 Jahre alte Segler aus Bridgewater meint nun, eine faire Chance zu haben, als Erster wieder heimzukommen... Seine Botschaft endete mit den Worten: »Ich habe in der BBC von der europäischen Währungskrise gehört. Sie können der *Sunday Times* ausrichten, dass sie mich, falls ich gewinne, in Deutscher Mark auszahlen können.«

Crowhurst hatte die Nachricht von seiner Rekordfahrt am 10. Dezember an Rodney Hallworth gekabelt. In dem kurzen Telegramm gab er die Etmale der letzten fünf Tage durch: Freitag (6. Dezember) 172, Samstag 109, Sonntag 243, Montag 174, Dienstag 145. Am nächsten Tag, einem Mittwoch, telefonierte er über Funk mit Hallworth und machte dabei auch die Bemerkung über die D-Mark, die Hallworth natürlich nicht für sich behalten konnte. Sie machte sehr schnell die Runde.

Kapitän Craig Rich, ein Ausbilder der Seefahrtsschule in London, der die *Sunday Times* in Angelegenheiten der Seefahrt beriet, verfolgte die Fortschritte der Regattateilnehmer auf einer Karte. Die Geschwindigkeit der einzelnen Teilnehmer war im Großen und Ganzen vom Beginn des Rennens an in etwa gleich geblieben. Nach seinem sehr langsamen Start war Crowhursts Fahrt mit seinen hohen Tagesleistungen jetzt die auffällige Ausnahme. Seine Geschwindigkeit hatte wild geschwankt, und Kapitän Rich erklärte den Reportern nun, dass ihn diese jüngste Rekordfahrt überrasche.

Sir Francis Chichester war skeptisch. Er telefonierte mit der *Sunday Times*, um mitzuteilen, dass bei Crowhurst irgendwie »ein Haken an der Sache« sein müsse und dass seine Angaben einer genauen Überprüfung bedürften. Aber es gab keine Möglichkeit, irgendwelche Überprüfungen vorzunehmen, bis Crowhurst wieder in England war. Bis dahin würde man schlicht und einfach sein Wort gelten lassen müssen.

Die *Sunday Times* und die übrigen landesweit verbreiteten Zeitungen berichteten jedenfalls begeistert von Crowhursts Rekordfahrt und seinem frechen Kommentar. Der Report heizte die Spannung der Regatta an und führte zu vermehrten Spekulationen über das mögliche Ergebnis. Es war eine Nachricht, die im Interesse aller lag, und genau der Trompetenstoß, den Donald Crowhurst für sich selbst immer erhofft und erwartet hatte.

Nachdem er zu dem Schluss gekommen war, dass er mit seinem defekten Boot nicht um die Erde segeln konnte, war Crowhurst dennoch weitergefahren, weil er sich zu einer Rückkehr nach Hause nicht entschließen konnte.

Er sprach über Funk telefonisch mit Clare und mit Stanley Best, aber keinem gegenüber brachte er seine Zwangslage zur Sprache. Er sprach sachlich von den Schwierigkeiten, die er mit dem Boot hatte, und von seinen Anstrengungen, sie zu beheben, und ließ nichts anderes erkennen als die unerschütterliche Absicht, seine Fahrt fortzusetzen.

Und doch wurde er vom 19. bis 21. November so langsam, dass er fast still lag, und segelte ratlos nördlich von Madeira in einem kleinen Kreis herum. Er holte sein Admiralitätshandbuch mit Segelanweisungen für Portugal und die portugiesischen Inseln hervor und zeichnete nach den dort vorgefundenen Beschreibungen eine genaue Karte des Hafens von Funchal: Er überlegte, dort einzulaufen und seiner Qual ein Ende zu bereiten. Aber dann änderte er seine Meinung wieder. Am 22. November nahm er wieder schnelle Fahrt auf und lief nach Südwesten, wobei er um Madeira einen weiten Bogen machte.

Irgendwann Anfang Dezember kam er zu einer schicksalhaften Entscheidung. Das Logbuch ist das Hauptbuch eines Schiffes, in dem alle wichtigen Ereignisse verzeichnet werden. Crowhurst hatte seins von Beginn der Fahrt an geführt. Aber inzwischen fanden die normalen täglichen, manchmal stündlichen Bemerkungen, die alle Seefahrer ihrem Logbuch anvertrauen – über den Seegang, Ärger mit dem Boot, Ängste, Probleme, Erfolge –, nicht mehr den Weg in sein Logbuch. Im Dezember gab er sich nicht länger damit ab, über seine armseligen Optionen nachzugrübeln. Seine Einträge ins Logbuch bestanden nur noch aus der mathematischen Bearbeitung seiner astronomischen Beobachtungen: Seite um Seite säuberliche, mit Bleistift eingetragene Berechnungen. Kein Wort mehr von innerer Zerrissenheit.

Am 6. Dezember schlug er ein noch jungfräuliches Logbuch auf – obwohl das andere erst halb voll war –, und darin verzeichnete er weiter den Fortgang seiner Fahrt, also seine jeweils aktuellen Positionen. Es war eine Fortsetzung der Aufzeichnungen, die im ersten Buch angefangen waren. Im ersten Logbuch aber führte er vom 6. Dezember an eine zweite Aufzeichnung: eine sorgfältig mit Einzelheiten versehene Serie gefälschter Positionen, die die *Teignmouth Electron* mit jedem Tag ein Stück weiter von ihrer tatsächlichen Position entfernten.

Die astronomische Beobachtung zur Positionsbestimmung ist kompliziert, aber nicht schwierig. Teils ist es Wissenschaft, teils Sache von Erfahrung und Fingerspitzengefühl – Letzteres macht es interessant und kann einen Navigator mit Stolz und Eitelkeit erfüllen. Zunächst misst der Navigator mit einem Sextanten den Winkel zwischen seinem Auge, dem Horizont und einem Himmelskörper – der Sonne, einem Stern oder dem Mond. Geschicklichkeit im Umgang mit dem Sextanten erwirbt man im Laufe der Zeit durch die Praxis. Die Genauigkeit bei dieser Arbeit setzt Vertrautheit mit dem Instrument unter einem weiten Spektrum verschiedener Bedingungen sowie ausreichende Erfahrung voraus, um die Qualität jeder einzelnen Messung kritisch zu beurteilen. Die Fertigkeit eines Navigators bei der Benutzung des Sextanten führt – ähnlich wie die Kunst eines Revolverhelden, mit der Pistole umzugehen – im Laufe der Zeit und dank der in vielen verschiedenen Situationen gesammelten Erfahrungen zu instinktiver Leichtigkeit der Handhabung und hoher Genauigkeit der Resultate. Man sagt, dass gewöhnlich das zweite Tausend der Messungen eines Navigators gegenüber dem ersten Tausend eine bemerkenswerte Verbesserung der Resultate aufweise. Der mathematische Teil der Übung dagegen ist relativ anspruchslos. Die am Sextanten abgelesenen Werte werden einer Reihe von Korrekturen für die Augenhöhe über dem Meeresspiegel, die atmosphärische Brechung, die genaue Ortszeit und die mittlere Greenwichzeit (GMT, inzwischen stattdessen Universal Time One, UTI) unterzogen. Mit diesen korrigierten Zahlen schlägt der Navigator dann in einer Sammlung wundervoll vorberechneter Tabellen aus der sphärischen Trigonometrie nach, die nicht schwieriger zu benutzen ist als ein Telefonbuch.

Auf diese Weise bestimmte Donald Crowhurst – und jeder andere Teilnehmer des *Golden Globe Race* – seine Positionen, und das tat er auch weiterhin, um zu wissen, wo er sich wirklich befand. Aber die zweite, gefälschte Serie von Positionen zu berechnen, die auf imaginären Extrapolationen geografischer und mathematischer Art beruhten, war eine einigermaßen erschreckende Aufgabe, die die meisten ehrlichen Navigatoren nur verwirrt haben würde. Crowhurst, ein fähiger Mathematiker von schneller Auffassungsgabe sowohl für das Technische als auch das Abstruse, war ihr allerdings gewachsen. Aber es bedeutete viel Arbeit und machte seine Situation auf unsägliche Weise immer belastender.

Er begann die gefälschten Aufzeichnungen, um gegen eine eventuelle Überprüfung gefeit zu sein. Der Übergang musste nahtlos sein, und so trug er vom 6. Dezember an in das Logbuch, das er seit Beginn der Fahrt führte, seine gefälschten Positionen, die Berechnungen dafür und eine scheinbare, deftige Beschreibung seines Tages ein.

Crowhursts in militärischen und privaten, wissenschaftlichen und elektronischen Versuchsanstalten geschulte Arbeitsweise war sauber und gewissenhaft. Er machte sich Notizen für alles, und bevor er seinen Betrug begann, hatte er sich im Grundriss sogar aufgeschrieben, was er sagen wollte, wenn er über Funk ein harmloses Telefonat mit Clare führte. Als er Rodney Hallworth am 10. Dezember in einem Telegramm von seiner Rekordfahrt berichtete, verfügte er bereits über eine sauber ausgearbeitete Tabelle gefälschter und tatsächlicher Positionen für jeden Tag. Die Bemerkungen zu den gefälschten Positionen bezogen sich auf die Routine an Bord, auf Schwierigkeiten und auf Speisen, die er sich zubereitet hatte. Das meiste davon war in einem etwas schroffen, heroischen Ton gehalten, wie ihn Chichester in seinem Buch *Held der Sieben Meere* verwendet. Crowhurst hatte das Buch wieder und wieder gelesen und war nun dabei, seine eigene Saga zu schaffen.

Am 12. Dezember lag die *Teignmouth Electron* bekalmt 400 Seemeilen nördlich des Äquators. Im Laufe des Vormittags fegte ein gewöhnlicher tropischer Regenschauer über die Yacht hinweg, und der Wind von vielleicht 20 Knoten beschädigte einen Teil der Haslerschen Windfahne. Das war Stoff für einen heroischen Bericht an die Medien. Am nächsten Tag, dem 13. Dezember, kabelte Crowhurst an Rodney Hallworth, dass eine Bö von 45 Knoten die Windfahne zerschmettert habe, er aber glaube, sie reparieren zu können. Vier Tage später, immer noch 180 Seemeilen nördlich des Äquators, kabelte er an Hallworth, er sei »jenseits« des Äquators und komme weiter schnell voran. Am 20. Dezember kabelte er wieder, dass er vor der Küste Brasiliens Fahrt von durchschnittlich 170 Meilen am Tag mache.

Sein wirkliches Etmal an diesem Tag betrug 13 Seemeilen.

Er steckte in den Mallungen fest, einem Kalmengürtel mit nur schwachen Winden, der im Allgemeinen 600 bis 800 Seemeilen breit ist und, grob gesagt, zwischen den Passatgürteln der Nord- und Südhalbkugel am Äquator liegt. Seit jeher hassen die Segler dieses Gebiet, wo sie tagelang treiben, ohne voranzukommen. Und Yachten – außer in Regatten, bei denen der Einsatz einer Maschine Betrug bedeuten würde – fahren gewöhnlich genug Treibstoff, um die Mallungen unter Motor zu durchqueren. Crowhursts erfundene Berichte ließen keinerlei Anzeichen einer Verlangsamung erkennen, wie sie die anderen Mitbewerber erlebt hatten. Er schien für die Daheimgebliebenen überhaupt keine Flaute in den Mallungen erlebt zu haben. Aber in all dem Presserummel um sein schnelles Vorankommen wunderten sich lediglich Craig Rich und Sir Francis Chichester über dieses wunderbare Glück. Wie viel von seiner Täuschung in diesem Stadium echte Absicht oder einfach eine Durchführbarkeitsstudie war, etwas, auf das sich Crowhursts Ingenieursverstand sicherlich gern einließ, ist unklar. Zumindest ein weiterer Wettbewerber um den *Golden Globe* gab zu, mit der gleichen Vorstellung gespielt zu haben:

> Ich erwog sogar die Idee, mich einfach ein Jahr lang in der Sonne auszuruhen und dann zurückzukehren und zu sagen, ich wäre einmal rund um die Erde gefahren …

Sie war in John Ridgways Gedanken aufgeblitzt, während er unter unerträglicher Einsamkeit und Angst litt und ans Aufgeben dachte, an die damit verbundene Schande und an die Enttäuschung für all die Menschen, die ihm geholfen hatten. Unentdeckt in einem entlegenen Winkel gleich welchen Ozeans oder auf irgendeinem Fluss im Dschungel wäre das vielleicht möglich gewesen. Aber Ridgway verwarf den Gedanken schnell wieder.

> Erstens bezweifelte ich, dass es überhaupt ging. Zu viele Leute würden die Geschichte durchschauen. Zweitens, und das war

wichtiger, wäre es mir nicht möglich gewesen, mit so einer Lüge zu leben.

Crowhursts an Hallworth telegrafierte Positionen waren indes nicht einfach einem Wunschdenken entsprungene Meilenzahlen, die lediglich gut klangen. Er hatte begonnen, zueinander passende Daten und Positionen für seine gefälschte Fahrt zu erarbeiten, die sich bereits mehrere Wochen in die Zukunft erstreckten. Er hatte sie direkt auf eine der Monatskarten für Windrichtungen und Ströme der Ozeane eingezeichnet. Was als eine Diskrepanz von einigen hundert Seemeilen zwischen seinen tatsächlichen und den gefälschten Positionen begann, wuchs sich schnell zu einer Projektion über Tausende von Seemeilen aus. Indem er all diese Positionen mit einer Linie verband, konnte er für jeden Tag und für jede Tageszeit genau angeben, wo er sich befinden sollte und welchen Kurs er gerade fuhr. Das war nötig, wenn er Hallworth und damit die Welt über seinen Fortschritt weiter auf dem Laufenden halten wollte.

Und dennoch fertigte er sich gleichzeitig eine detaillierte Karte des Hafens von Rio de Janeiro an. So wie die, die er sich vom Hafen Funchal auf Madeira gemacht hatte, steckte sie voller Informationen, die er kleinformatigen Kärtchen und seinen Handbüchern der Admiralität entnommen hatte, und zeigte Leuchtfeuer, Landmarken und Schifffahrtshindernisse. Das Verfertigen einer solchen Karte ist die navigatorische Vorarbeit, wenn man einen Hafen anlaufen will, dessen Besuch ursprünglich nicht geplant war und für den deshalb keine großmaßstäblichen Karten an Bord sind. Es gab keinen anderen Grund, eine solche Hafenkarte zu zeichnen.

Crowhurst wird bestimmt nicht vorgehabt haben, ganz im Stillen Rio anzulaufen, dort die nötigen Reparaturen vorzunehmen und dann wieder ins Rennen zu gehen. Sein Boot wäre sofort bemerkt und von der Hafenpolizei und der Einwanderungsbehörde kontrolliert worden. Der einzige Grund, der ihn hätte nach Rio treiben können, wäre der Wunsch gewesen, die Regatta aufzugeben.

Welche Zweifel ihn auch immer plagen mochten, jedenfalls sandte er bald ein weiteres Kabel an Rodney Hallworth. Darin gab er nicht etwa seemännisch Breite und Höhe seiner Position an. Nur wenige von Crowhursts Telegrammen taten das. Stattdessen blieben sie vage oder enthielten Andeutungen – »vor der Küste Brasiliens« –, aus der sich eine Position ableiten ließ, die gewaltigen Fortschritt nahe legte. In seinem Telegramm schrieb er, dass er »auf Trinidade zuhalte«. Er meinte Trindade, die Insel, die sowohl Moitessier als auch Tetley gesichtet hatten. Damit übertraf er sogar seine eigene Fälschung, denn die Insel lag 350 Seemeilen südlich der gefälschten Position, die er für den 24. Dezember errechnet hatte. Irgendwo war auf dem Weg der Funkübertragung des Kabels nach England (alle Funktelegramme werden gemorst, eine Fertigkeit, die Crowhurst sehr gut beherrschte) oder danach bei der Transkription auf dem Weg zu Hallworth in seinem Büro bei Devon News auch noch das »e« am Ende von Trinidade weggefallen. Hallworth wusste, dass Crowhurst nicht Trinidad, eine der Westindischen Inseln, meinte. Aber er erinnerte sich mit einer gewissen geografischen Unschärfe und unbegrenztem Optimismus und Stolz auf seinen Klienten einer anderen Insel irgendwo unten im Südatlantik, wo sich Donald jetzt sicherlich befand, da er den Äquator überquert hatte, und die auch in den Berichten anderer Teilnehmer der Wettfahrt vorgekommen war: Tristan da Cunha. Dort musste Donald sein, begriff Hallworth. Tristan da Cunha. Etwa 2500 Seemeilen weiter, als Crowhursts sorgfältig gefälschte Position vorsah, und 3000 Meilen von seiner tatsächlichen Position entfernt – und, was noch besser war, auf 38° südlicher Breite, also am Rand der »Brüllenden Vierziger«.

Sein Schützling schlug sich wahrhaft sensationell gut, und Rodney Hallworth sorgte dafür, dass die Presse davon erfuhr.

21

Am Samstag, dem 21. Dezember 1968, um 7.51 Uhr Eastern Standard Time startete *Apollo 8*, um zum ersten Mal Menschen rund um den Mond zu tragen. Es war die letzte Vorbereitung des Apollo-Programms vor dem epochalen Flug, den Präsident John Kennedy plante, ehe das Jahrzehnt abgelaufen war: die Landung des ersten Menschen auf dem Mond und dessen sichere Rückkehr zur Erde.

Apollo 8 flog mit drei tapferen Astronauten in den Weltraum: Frank Bormann, 40, James Lovell, 40, und William Anders, 35. Ihr Flug von einer halben Million Meilen hin und zurück und zehn Umläufe um den Mond würden, wenn alles gut ging, sechs Tage dauern. Sie flogen mit einer Reisegeschwindigkeit von etwa 40 000 Kilometern – einem Erdumfang – pro Stunde.

Natürlich beherrschte dieses Ereignis die Titelseite der *Sunday Times* vom 22. Dezember.

Versteckt im Inneren der Zeitung wurde in einer einzelnen Spalte über die letzten Details des wesentlich heikleren Unternehmens berichtet, einen Mann allein in einem Segelboot in zehn Monaten um die Welt fahren zu lassen.

Robin Knox-Johnston, von dem man nichts mehr gehört hatte, seit er am 20. November aus Otago Harbour ausgelaufen war, sollte sich jetzt eigentlich auf halbem Weg über den Pazifik befinden, in einer Region, in der Winde von Sturmstärke mit »irritierender Häufigkeit« auftraten. Sein Sponsor, der *Sunday Mirror*, erwartete, dass er irgendwann Anfang Januar Kap Hoorn rundete.

Von Moitessier gab es neue Nachrichten. Er war vier Tage zuvor vor der Küste Tasmaniens gesichtet worden, am Mittwoch, dem 18.

Dezember. Der Indische Ozean hatte seine Fahrt verlangsamt. Er hatte die 6000 Seemeilen zwischen dem Kap der Guten Hoffnung und Tasmanien mit durchschnittlich 100 Seemeilen pro Tag zurückgelegt. Dessen ungeachtet belief sich sein Tagesdurchschnitt der gesamten Fahrt auf 128,4 Seemeilen, und der Abstand zwischen ihm und Knox-Johnston verringerte sich wöchentlich um 210 Seemeilen. Immer noch sah es nach einem Fotofinish in England aus – irgendwann im April.

Nigel Tetley hatte am Freitag, dem 20. Dezember, Funkkontakt mit Perth Radio, Australien, gehabt und eine Position auf halber Strecke im Indischen Ozean durchgegeben, nicht weit von Amsterdam Island und St. Paul's Rocks entfernt. Er hatte in den 24 Stunden davor 185 Seemeilen zurückgelegt. Seine versegelte Gesamtdistanz belief sich inzwischen auf 9900 Seemeilen bei einem Tagesmittel von 100 Seemeilen. Tetleys beständige, beharrliche, von guter Seemannschaft geprägte Fahrt bot wenig für eine aufregende Berichterstattung, sodass die *Times* sich in ihrem Artikel sogar den beiden genannten Inseln widmete. Es seien unbewohnte, aber mit Depots von Kleidung und Proviant für Schiffbrüchige versehene Inseln.

Rodney Hallworth hatte Trindade noch nicht zu Tristan da Cunha gemacht, und die *Sunday Times* berichtete zwar, dass Donald Crowhurst inzwischen den Äquator überquert habe, gab aber dazu nur seine letzte bekannte Position mehrere hundert Seemeilen nördlich des Äquators an. Trotz seines raschen Vorankommens lag Crowhursts Tagesdurchschnitt mit 79 Seemeilen immer noch weit unter dem von Tetley. Aber jeder Einzelne seiner Berichte war sehr viel aufregender als diejenigen Tetleys, und die Zeitung konnte auf die Schäden verweisen, die die Sturmbö von 45 Knoten an seiner Selbststeuerungsanlage und seinem Spinnakerbaum angerichtet hatte.

Eine Woche vor Weihnachten sahen Varley Visby und seine beiden Söhne, die vor der Küste Tasmaniens fischten, eine Ketsch mit rotem Rumpf direkt auf sich zuhalten. An Deck stand ein Mann mit einem kleinen Spiegel und blendete sie. Er signalisierte ihnen etwas. Sie liefen auf das Segelboot zu, nahmen dann Fahrt weg, manövrierten ihr Fischerboot vorsichtig dicht, aber nicht zu dicht, längsseits der Ketsch und liefen dann mit angepasster Geschwindigkeit neben dieser her.

Der Segler, ein Franzose, der in seinem filzigen Troyer und einer ausgebeulten schwarzen Hose ausgezehrt wirkte und das Haar und den grau gestreiften Bart so lang und wild trug wie ein Yogi, warf ihnen über das trennende Wasser hinweg eine metallene Filmdose zu. Er erklärte den Visbys, dass er an einer Regatta teilnehme, und bat sie, die Dose irgendjemandem zu geben, der sie an die *Sunday Times* in England weiterleiten könne. Varley versprach, sie dem Präsidenten des Royal Tasmanian Yacht Club auszuhändigen, wenn sie nach drei Tagen wieder an Land kämen.

Der Franzose fragte, wie es um die anderen Regattateilnehmer stehe – Bill King, Nigel Tetley, Loïck Fougeron –, aber die Visbys hatten nie von ihnen gehört. Einer von Varleys Söhnen hatte etwas von einem englischen Segler gehört, der, ohne irgendwo anzulegen, an Neuseeland vorbeigefahren sei. Wann, wollte der Franzose gern wissen. Aber der junge Visby wusste es nicht. Er hatte es irgendwann während des vergangenen Monats im Radio gehört. Der Segler dankte ihnen, wendete, indem er kurz an der kleinen Fahne im Heck des Bootes hantierte, und segelte davon.

Moitessier hatte sich geschworen, nicht noch einmal sein Boot und die Fortsetzung der Fahrt zu riskieren, um seiner Familie und der Presse irgendwelche Nachrichten zukommen zu lassen. Er selbst aber gierte nach Nachrichten von seinen Freunden und Konkurrenten und hatte einen langen Tag und eine schlaflose Nacht darauf verwendet, bei Regenschauern vor Howard in Tasmanien in den D'Entrecasteaux-Kanal zu fahren. Dort hoffte er, ein Boot zu finden, mit dessen Besatzung er Neuigkeiten austauschen konnte. Während der dunklen Nacht hatte das Wasser so hell geleuchtet und geglüht, dass er wiederholt davon genarrt worden war und das Leuchten für die sich brechenden Wellen über einem Riff gehalten hatte. Ein halbes Dutzend Mal drehte er bei, um auf Geräusche zu horchen, die auf Gefahr hindeuten konnten. Er brach all seine eigenen, gut verinnerlichten Regeln, indem er diesen Kurs fuhr, und die ganze Nacht hindurch fürchtete er, dass der Preis dafür irgendwo in der Dunkelheit auf ihn lauerte. Aber dann graute der Morgen, und er traf auf das Fischerboot, übergab seine Dose mit Filmen, Briefen und Nachrichten und machte sich ohne weiteren Zwischenfall wieder davon. Der Himmel klarte auf, der Wind flaute zu einer Brise von Westen ab, und er nahm Kurs aufs offene Meer, nahe genug an einem Leuchtturm vorbei, um von dort das Zirpen einer Heuschrecke zu hören. Seine Angst verwandelte sich in Freude, während er auf die Tasman-See hinaussegelte.

Moitessier hatte den Indischen Ozean ganz anders erlebt als Robin Knox-Johnston und seine *Suhaili*, die ordentlich durchgebläut worden waren. Kalmen und zu schwache Winde waren sein Los gewesen. Wochenlang war er nur langsam, wenn auch stetig vorangekommen und hatte viel Zeit an Deck damit verbracht, die stets gegenwärtigen Albatrosse, Eissturmvögel, Kapsturmvögel und Sturmtaucher zu beobachten. Jeden Tag machte er seine Yoga-Übungen. Und stundenlang saß er an Deck der *Joshua* und meditierte, die langen, hageren Beine mühelos zum Lotussitz übereinander geschlagen.

In der Tasman-See allerdings fanden ihn die Stürme der südlichen Ozeane wieder, und er wurde schneller. Unter gerefften Segeln rauschte das Wasser nur so am Rumpf der *Joshua* vorbei, er erzielte Tagesstrecken von 164, 147, 153 Seemeilen. Treu und brav hörte er die Nachrichten des BBC World Service und wartete darauf, dass berichtet würde, er sei vor Tasmanien gesehen worden. Er hoffte, dass in diesem Zusammenhang auch Fougeron, Tetley und King erwähnt werden würden, aber er wartete vergebens.

Von nichts anderem schrieb Moitessier so voller Respekt und Zuneigung wie von seinen Freunden, den Seglern, die ihm am nächsten standen. Sie allein, so glaubte er, teilten und verstanden, was er auf See fühlte und von der See wusste – sie verstanden ihn auf eine Weise, wie es seine Frau, Freundinnen und Kinder nicht taten. Er wusste genau, dass das größte seemännische Geschick am falschen Tag auf See bedeutungslos werden konnte, und er war in ständiger Sorge, wie es den drei Männern ergehen mochte, mit denen er Pläne, Techniken und Hoffnungen in Plymouth besprochen hatte. Aber seine tägliche Hoffnung, etwas von ihnen zu hören, blieb unerfüllt. Ob es nun am Datum lag oder an seinem kurzen Kontakt mit den Visbys oder ob er vielleicht weniger selbstgenügsam war, als er anzunehmen beliebte, jedenfalls überkam Moitessier mit dem Näherrücken von Weihnachten eine untypische Einsamkeit.

Am Weihnachtstag sichtete er die Cameron Mountains auf Neuseelands Südinsel. Bei ungewöhnlich klarer Sicht waren sie in 50 Seemeilen Entfernung deutlich über dem Horizont erkennbar. Gewöhnlich spartanisch und auf Eintönigkeit eingestellt, was seine Mahlzeiten anbelangte, verwandte Moitessier jetzt viel Mühe auf sein Weihnachtsdinner. Es kamen geräucherter York-Schinken, eine Dose Salatherzen, Knoblauchzwiebeln, eine Dose Tomatensoße und eine Vierteldose Camembert auf den Tisch.

Aber immer noch war er bedrückt. Er vermisste seine Freunde und seine Familie. Und wie um sich selbst zu quälen, erinnerte er sich reuevoll und genauestens einer Ratte, die er Jahre zuvor in Tahiti umgebracht hatte. Er hatte sie an Bord gefunden und dingfest gemacht, indem er sie mit einem Buch auf den Boden presste. Als er dann einen Stein in seine Schleuder legte und zielte, schaute ihn die Ratte auf eine Art und Weise an, die ihn immer noch verfolgte. Moitessier wusste, wie sich die Ratte gefühlt hatte: Als die Japaner gegen Ende des Zweiten Weltkrieges Saigon erobert hatten, war er mit seiner Familie in ein Gefängnis gesperrt worden. Eines Tages kam ein japanischer Wächter in die Zelle des damals 20-jährigen Moitessier und wollte ihn töten. Er hob seine Pistole, doch als sie sich in die Augen schauten, ließ die Wache unerklärlicherweise die Pistole wieder sinken und ging davon. Jetzt, Jahre später, weich geklopft durch das Alleinsein, wünschte Moitessier, er hätte die Ratte verschont.

Er spülte Schuldgefühle, Kummer und Einsamkeit mit einer Flasche Champagner hinunter, die ihm der Konstrukteur der *Joshua*, Jean Knocker, mitgegeben hatte, und ging schlafen, während die *Joshua* über eine bekalmte See geisterte.

Zwei Tage später meldete sich das Tierreich mit der eindeutigen Botschaft zurück, dass die Sache mit der Ratte vergeben war. Der Westwind hatte aufgefrischt, und die *Joshua* lief mit hohem Tempo südlich von Stewart Island vorbei (dieselbe Insel, die Knox-Johnston während seines Sturms in der Foveaux-Straße im Norden passiert hatte). Moitessiers Abendessen erkaltete in dem Dampfkochtopf auf dem Herd, weil er erst South Trap, ein sich gefährlich weit erstreckendes Riff südlich von Stewart Island, passieren wollte, bevor er sich gestattete, in seiner Wachsamkeit nachzulassen, zu essen und zu schlafen. South Trap markierte auf seiner Fahrt das Erreichen des Pazifiks. Es war das letzte felsige Hindernis zwischen ihm und Kap Hoorn. Er lief zwischen Deck und Kajüte hin und her, belauschte und beobachtete die See, holte hier und da eine Schot dichter und drehte sich unter Deck Zigaretten. Die *Joshua* pflügte durch die Wellen, wie stets gesteuert von ihrer Windfahne.

Am Nachmittag verdunkelten im Norden, wo er sonst vielleicht Stewart Island gesehen hätte, schwarze Wolken den Horizont, und eine große Schule Schweinswale, wohl gut 100 Stück, tauchte rings um das Boot auf. Die Tiere pfiffen und klickten und wühlten das Wasser mit ihrem Hervorbrechen und Platschen zu weißer Gischt auf. Gewöhnlich schwimmen diese »verspielten« (wie wir anthropomorphischerweise gern annehmen) Kreaturen längsseits einer Yacht und einzeln oder in synchron schwimmenden Gruppen im Zickzack vor der Bugwelle her. An diesem Nachmittag aber boten sie Moitessier eine Show, wie er sie noch nie gesehen hatte.

In dichter Linie schwammen 25 Schweinswale an seiner Steuerbordseite entlang, vom Heck bis zum Bug, und knickten dann scharf ab, und zwar immer zur Rechten. Wieder und wieder und wieder, mehr als zehn Mal formierten sie sich und führten das gleiche Manöver durch, während der Rest der Schule ein Verhalten zeigte, das Moitessier als nervös oder ängstlich verstand. Sie bewegten sich unregelmäßig, sie peitschten mit den Fluken das Wasser, sie schufen einen wahren Hexenkessel um die schnell segelnde *Joshua*. Und währenddessen vollführte die andere Formation immer noch ihr merkwürdiges Manöver mit dem scharfen Abbiegen nach Steuerbord. *Nach rechts. Nach rechts.* Moitessier sah verwundert zu.

Schließlich sah er instinktiv nach dem Kompass, zum ersten Mal seit einiger Zeit, da ja die Windfahne das Boot steuerte. Es zeigte sich, dass der Westwind auf Süd gedreht hatte, ohne dass es ihm aufgefallen war, und die *Joshua* nach Norden lief und nicht mehr nach Osten, also genau auf die Riffs von South Trap zu. Gewöhnlich ändert eine Drehung des Windes auch das Wellenmuster, und sehr schnell überlagert die neue Laufrichtung der Wellen die ältere Dünung, führt zu einer sichtbaren Änderung im Wellengang und wird von jedem Segler an Bord eines Bootes sofort bemerkt. Aber an jenem Nachmittag herrschte ungewöhnlicherweise wenig oder gar keine Dünung, und Moitessier fand sich – nicht zum ersten Mal in seinem an Wracks reichen Leben – genarrt. Er korrigierte den Kurs nach Steuerbord, nach Osten – nach rechts, in die Richtung, in die die Schweinswale abrupt abgeknickt waren.

Und schlagartig veränderte sich deren Verhalten. Ihre Nervosität legte sich, und sie wühlten nicht länger die Wasseroberfläche auf. Jetzt schwammen sie auf ihre gewohnt verspielte Weise. Und während Moitessier ihnen zusah und sich fragte und letzten Endes doch nicht fragte, was sich da eigentlich ereignet hatte, sprang ein großer schwarzweißer Schweinswal ganz aus dem Wasser und vollführte in der Luft einen doppelten Salto, bevor er wieder zurück ins Wasser klatschte. Noch zwei Mal sprang er aus dem Meer, um diesen überschwänglichen doppelten Salto vorzuführen. Die Schule schwamm noch drei Stunden neben der *Joshua* her, begleitete sie also insgesamt fünf Stunden, was sehr lang ist für solch eine Delfinvisite. In der Abenddämmerung, als er South Trap sicher passiert hatte, verschwanden die Schweinswale.

Am Montag, dem 23. Dezember, überkam ein schwerer Sturm Nigel Tetley und die *Victress*. Am Nachmittag riss der dünne, PVC-ummantelte Draht, der das Steuerrad mit dem Ruder verband. Das Gleiche war schon einmal vor 8000 Seemeilen passiert, am 11. Oktober, als er vor den Kapverdischen Inseln gestanden hatte. Diesmal ersetzte er den Draht durch stärkeren Riggdraht und hoffte, dass sich dieser als haltbarer erweisen würde. Die *Victress* hielt sich in dem Sturm gut und wurde von ihrer Windfahne gesteuert. Dennoch ging Tetley, der sich erst noch an die Verhältnisse auf den südlichen Ozeanen gewöhnen musste, in vollem Ölzeug und Seestiefeln zu Bett, bereit, jederzeit an Deck zu stürmen.

Als es am Heiligen Abend Nacht wurde, mäßigte sich der Wind, sodass Tetley sich an die Vorbereitung seines Weihnachtsessens machen konnte. Er hatte sich für eine Pilzsoße zu seinem gebratenen Fasan entschieden und weichte einige getrocknete Pilze ein. Dann räumte er die Kajüte auf, backte sich Brot und holte seine beiden Geschenke hervor, die er am nächsten Morgen auspacken wollte.

Das Wetter war seinen Plänen für Weihnachten günstig. Die mäßigen Winde wehten endlich von Westen, und Tetley konnte sein Passatsegel setzen, das die Windfahne in der Selbststeuerung unterstützte. Ansonsten überließ er das Boot den ganzen Tag sich selbst.

Dann packte er seine Geschenke aus: einen Zinnkrug von Eve und einen Kamm aus Edelstahl von seinem Sohn Mark. Starkes Metall von beiden. Vor dem Essen genehmigte er sich einen Sherry. Und dazu hörte er eine Kassette mit Weihnachtsliedern aus der Guildford Cathedral.

Er nahm ein Foto von sich auf, wie er sein Weihnachtsessen verzehrte. Es zeigt, dass er das ihm Mögliche getan hatte, um der Gelegenheit und seiner Umgebung einen zivilisierten Anstrich zu geben. Der Tisch in der Kajüte ist mit den letzten zwei oder drei Orangen dekoriert, mit dem Inhalt seines letzten Päckchens Nüsse, einigen Rosinen und Bonbons. Auf einem kleinen Teller liegt der gebratene Fasan in seiner Pilzsoße, und Eves Krug ist teilweise mit Champagner aus einer Flasche gefüllt, die ebenfalls auf dem Tisch steht. Kaum etwas in der geräumigen Kajüte deutet darauf hin, dass er sich auf hoher See oder auch nur (wenn man die Karte des Indischen Ozeans, die im Vordergrund teilweise sichtbar ist, ignoriert) auf einem Boot befindet. Er sieht aus wie ein Mann, der sich zu seinem einsamen Weihnachtsessen in einer etwas voll gestellten, aber sauberen Einzimmerwohnung in Londons Earl's Court niederlässt, pflichtgemäß erfüllt mit weihnachtlichem Geist. Und er könnte kaum einsamer wirken.

Weiter hinter allen anderen zurück, als irgendjemand wusste, bemühte sich Donald Crowhurst, sich über Weihnachten aufrecht zu halten.

An Heiligabend nahm er einen zusammenhanglosen Monolog auf dem Bandgerät der BBC auf. Er versuchte sich an einem chichesterhaften Ton und sprach über die unaufhörliche Arbeit, die es auf See an Bord einer Yacht zu tun gebe, konnte seine Betrachtungen zu Weihnachten aber nicht von der Einsamkeit freihalten, die von ihm Besitz ergriffen hatte. »Dieser Teil des Atlantiks hat etwas ziemlich Melancholisches und Trostloses... Nicht dass ich bedrückt wäre oder in irgendeiner Weise Selbstmitleid hätte, aber... Weihnachten ... macht einen eben gewöhnlich etwas melancholisch. Und man denkt an seine Freunde und an seine Familie, und man weiß, dass sie alle an einen denken, und das Gefühl der Trennung wird irgendwie verstärkt von der – von der Einsamkeit dieses Ortes...« Dann spielte er *Stille Nacht* auf seiner Mundharmonika, um anschließend zu bemerken, dass es sich um ein »melancholisches« Lied handele. Er war ein ganz guter Mundharmonikaspieler, der auch eine Melodie wie *Summertime* mit einem traurigen Feeling spielen konnte. Er versuchte sich dann selbst aufzumuntern, indem er *God Rest Ye Merry Gentlemen* spielte.

Später telefonierte er über Funk mit Clare. Sie fragte nach seiner Position in Höhe und Länge. Rodney Hallworth benötige statt der vagen, aber suggestiven geografischen Angaben, die Crowhurst bisher gekabelt hatte, dringend seine genaue Position. Er antwortete, dass er letztens nicht dazu gekommen sei, die Sonne oder ein anderes Gestirn zu schießen. Dann – wobei er seine eigene wohl berechnete Fälschung entweder vergaß oder ignorierte – sagte er ihr, er stehe »irgendwo vor Kapstadt«. Er war inzwischen deutlich südlich des Äquators, aber diese wilde Übertreibung um Tausende von Meilen über seine aktuelle wie auch über die gefälschte vorausberechnete Position hinaus war so unmöglich, dass sie schon einem hoffnungslosen Abschied von jeder Anstrengung um Glaubhaftigkeit oder Realitätstreue gleichkam.

Dann fragte er Clare, wie sie zu Hause zurechtkomme. Die Kinder, die den Fortgang seiner Fahrt auf einer an die Wand gehefteten Karte verfolgten, vermissten ihren Vater sehr. Es hatte Probleme mit der Firma gegeben. Aber Herstellung und Verkauf seines Navicator liefen angeblich weiter, wenn auch schleppend. Sie hatten gehofft, die Einkünfte daraus würden Clare und die Familie über Wasser halten, während er unterwegs war. In Wahrheit gab es kaum Einkünfte, und Clares Lage wurde langsam verzweifelt. Sie würde bald Sozialhilfe beantragen müssen. Und zwei Tage zuvor hatte es in dem Stall hinter dem Haus, der ihm als Werkstatt gedient hatte, gebrannt. Zum damaligen Zeitpunkt würde Crowhurst so gut wie sicher froh und erleichtert über diesen Grund gewesen sein, schnell und ohne Umweg den nächsten Hafen anzulaufen – hätte Clare ihm nur berichtet, wie schwierig die Dinge lagen, oder ihn in irgendeiner Weise gebeten, seine Fahrt abzubrechen und heimzukommen. Aber das tat sie nicht. Tapfer ließ sie nichts von ihren Schwierigkeiten verlauten, und er seinerseits schwindelte ihr vor, dass bei ihm alles zum Besten stehe. Die Unfähigkeit der beiden, ehrlich zueinander zu sein, führte zu einem anstrengenden Gespräch.

Nach dem Telefongespräch beschäftigte Crowhurst sich wie unter Zwang weiter mit dem Empfänger. Er verzehrte sich nach Kontakt zu anderen Menschen. Er blieb die ganze Nacht wach und hörte auf verschiedenen Kurzwellenfrequenzen Nachrichten aus aller Welt. Er hatte auf Neuigkeiten von Rodney Hallworth, Stanley Best oder selbst den Mitgliedern des Gemeinderats von Bridgewater gehofft, denen er allen Weihnachtstelegramme geschickt hatte. Aber er empfing nichts dergleichen. Um 5.27 Uhr am Morgen schrieb er in sein Funklog: »Seufzer gehört.«

Das, was er in dieser einsamen Nacht von verschiedenen Stimmen im Radio an Schnipseln unheilvoller Nachrichten aufgeschnappt hatte, verwob er zu einem gequälten Weihnachtsgedicht.

Auf einer Art Wache unter Segeln bei Nacht,
Allein,
Seufzt das Rigg einen Seufzer kosmischer Trauer
Um weinende Tauben, die vielleicht morgen sterben
Auf $12{,}7 \times 10^5$ verstrahlten Olivenbäumen.
Ein Seufzer, der des Menschen Seele mit Schwermut erfüllt.
Wogen! Schwemmt meine Schwermut fort!
Meine Fußbank ist eine Zehnpfundkiste Reis
$2{,}5 \times 10^3$ Seemeilen im Nordosten
Werden 250×10^3 Säuglinge langsam sterben,
Zu schwach zum Leben
(Kohlenhydratmangel, heißt es auf 15,402 MHz).
Herodes, wäre das nichts, um dem Bevölkerungswachstum
Herr zu werden?
Vergiss nicht, dass es auch noch den Weihnachtsmann gibt!

Nach seinem Gespräch mit Clare ging er auf Südwestkurs. Er stand schon dicht vor der brasilianischen Nordostküste und näherte sich João Pessoa bis auf 20 Seemeilen. Da er dann und wann an Deck war, um Ausguck zu gehen, sah er möglicherweise in dieser Nacht den Schein der Lichter an der Küste. Seit seiner Abfahrt aus England war er nicht mehr so dicht unter Land gekommen.

Dann änderte er den Kurs wieder, fort von der Küste und den Menschen nach Südosten, hinunter in den Südatlantik.

Allein Robin Knox-Johnston brachte die Voraussetzungen für ein fröhliches Weihnachtsfest mit. Zuerst war er zwar leicht ungehalten über die Vorstellung, das Weihnachtsfest allein zu verbringen, aber nachdem er erst einmal die Whiskyflasche geöffnet hatte, brachte ihn schon bald der Gedanke an seine Familie und vergangene Weihnachtsfeiern laut zum Lachen. Nach zwei Gläsern ging er hinauf an Deck, stieg auf das Kajütdach und schmetterte seine eigenen Lieder hinaus. Er beendete den Heiligabend »recht fröhlich«.

Am Weihnachtstag schenkte er der Vorbereitung seiner Mahlzeit etwas mehr Aufmerksamkeit. Er bereitete sich Steak, Kartoffeln und Erbsen aus Dosen, die er »der Abwechslung halber einmal separat kochte«, und machte sich einen Johannisbeerpudding (einen bleischweren englischen Pudding, der traditionellerweise für Schuljungen und Seeleute zubereitet wird und die schlechtesten Elemente der englischen Großküchenkultur in sich vereint). Um drei Uhr nachmittags – zur gleichen Stunde, da in England die Königin ihre Weihnachtsansprache hielt, die für Knox-Johnston und seine Familie unter anderem den besonderen Reiz von Weihnachten ausmachte – hob er das Glas zu einem loyalen Toast.

Am Abend versuchte er Küstenfunkstationen in Neuseeland und Chile zu erreichen, konnte aber keine Verbindung bekommen. Dagegen herrschten im Südpazifik perfekte Voraussetzungen, um die Signale von Mittelwellensendern in Texas, Illinois und Kalifornien zu empfangen, und von einer dieser Stationen hörte er in dieser Nacht zum ersten Mal von der Mondfahrt der *Apollo 8*.

Das gab mir Stoff zum Nachdenken. Da waren also drei Männer, die ihr Leben riskierten, um unser Wissen zu vermehren, um die Grenzen hinauszuschieben, die uns bisher auf diesem Planeten festhielten. Der Gegensatz zwischen ihrer großartigen Leistung und meiner eigenen Fahrt war unübersehbar. Ich tat absolut nichts, um irgendeine Wissenschaft voranzubringen ... Sicherlich hatte Chichester gezeigt, dass so eine Fahrt möglich war. Und ich konnte nicht hinnehmen, dass irgendjemand anders als ein Brite sie als Erster unternehmen sollte, und wollte selber dieser Brite sein. Aber nichtsdestotrotz haftete der Fahrt in meiner Vorstellung immer noch etwas Egoistisches an. Als meine Mutter, bevor ich lossegelte, nach ihrer Meinung über meine Fahrt gefragt wurde, antwortete sie, sie halte sie für »vollkommen verantwortungslos«, und an diesem Weihnachtstag denke ich zum ersten Mal, dass sie Recht hatte. Ich segelte um die Welt aus dem einfachen Grund, weil ich es verdammt noch einmal wollte – und, das begriff ich gleichzeitig, ich war völlig zufrieden mit mir.

Seine Fahrt mochte, verglichen mit dem Flug der *Apollo*, nur unbedeutend sein, aber sie fand aus dem gleichen genetischen Impuls statt, der auch die NASA antrieb, und auf seine Weise erkundete er ebenfalls die Grenzen des menschlichen Strebens. Darüber hinaus machte es ihm einfach Spaß. Das machte Knox-Johnstons besondere Eignung und Qualifikation aus. Er war auf See zu Hause.

John Ridgway war es nicht gewesen. Und Chay Blyth ebenfalls nicht. Beide waren Soldaten, geradezu brutal zähe Burschen, und sahen eine Erdumseglung als eine Tortur an, die überstanden sein wollte. Beide hassten es, auf See zu sein. Bill King genoss seine Fahrt, bis er entdeckte, dass andere ihn wahrscheinlich schlagen würden. Er verlor seinen Mut, lange bevor er schließlich kenterte. Fougeron fehlte der genetische Impuls – sein Wille zur großen Tat war einfach nicht stark genug. Crowhurst hatte sich in eine persönliche Hölle hineinmanövriert. Tetley mühte sich trotz Langeweile und Einsamkeit mit der ihm eigenen hartnäckigen Entschlossenheit weiter.

Nur Moitessier kam Knox-Johnston in der reinen Lust gleich, die sie an ihrer epischen Fahrt empfanden. Nur diese beiden waren wirklich glücklich an Bord ihrer Boote auf See.

22

1842 übernahm Matthew Fontaine Maury, ein amerikanischer Marineoffizier, die Leitung des Depot of Charts and Instruments (Karten- und Instrumentenmagazins) der U.S. Navy. Er machte sich daran, die Wetterbeobachtungen aus den Logbüchern der auf See eingesetzten Schiffe der Navy zu sammeln und zusammenzustellen. Er bezog aber auch die Logbücher und Tagebücher der Kapitäne von Handelsschiffen mit ein. So konnte er einen wahren Schatz heben.

Anfang des 19. Jahrhunderts steckten Walfänger – die Hälfte der weltweiten Flotte stellten amerikanische Schiffe aus zwei Städten, Nantucket und New Bedford – ihre breiten Nasen in jeden bekannten und zuvor noch unbekannten Winkel der Erde. Als die Wale in den traditionellen und schon seit langem von den Walfängern geplünderten Fanggründen seltener wurden, wagten sich diese schweren, unhandigen Schiffe gefährlich tief in die arktischen und antarktischen Gewässer vor und wurden in jeder Hinsicht zu Pionieren und Entdeckern der entlegensten Gebiete der irdischen Ozeane. Nicht weniger kühn als Cook und andere Entdeckungsreisende wurde ihnen doch für ihre Fahrten kein oder nur geringer Ruhm zuteil. Sie wurden einzig belohnt mit dem Produkt, das ihr Wirtschaftszweig von ihnen verlangte. Die Kapitäne der Walfänger und ihre gleichermaßen unerschrockenen Kollegen an Bord der Robbenfänger machten sich gewissenhaft Notizen, fertigten Skizzen, Beschreibungen, Karten, Zeichnungen und Aquarelle der von ihnen neu entdeckten Gebiete an, und *täglich* während ihrer Fahrten, die sie für drei oder vier Jahre von ihrer Heimat fortführten, schrieben sie morgens, mittags und abends ihre Wetterbeobachtungen nieder.

»Starker Schnee den ganzen Vormittag mit Sturm von Westen, Schnee und Wind ließen nach am Nachmittag. Seegang lässt nach dank kurzer Windwirkstrecke in Lee von Pt. Barrow. Nebel am Abend und eine warme Brise aus der Richtung des im Süden gelegenen Landes. So gingen diese 24 Stunden zu Ende.«

Maury und seine Leute sammelten Tausende solcher Beobachtungen und verarbeiteten sie zu Wind- und Strömungskarten der ganzen bekannten Welt, denen sie Erklärungen und Segelanweisungen beifügten. Zum ersten Mal hatten die Seefahrer damit umfassende, in Schrift- und Kartenform festgehaltene Informationen über die Weltmeere zur Verfügung und waren nicht länger ausschließlich auf die ebenfalls nützlichen, aber doch nur beschränkt verfügbaren mündlichen Überlieferungen angewiesen, die von den erfahreneren Seeleuten an die jüngeren weitergegeben wurden.

Maurys Arbeit war die Basis für die Monatskarten der Wind- und Strömungsverhältnisse mit Segelanweisungen für alle Weltmeere, die heute alle Schiffe auf See mit sich führen. Heute erfährt der Segler auch durch Wetterfaxe oder per Internet, was er zu erwarten hat, aber zur Zeit des Rennens um den *Golden Globe* waren die Monatskarten (Pilot Charts) noch die Hauptquelle für die Vorhersage des Wetters und der Bedingungen auf See, die ein Schiff oder eine Yacht erwarteten.

Die Monatskarten[12] sind in gewisser Hinsicht das Gegenstück zu Landkarten: Die Landmassen bleiben dort, wo sie die Gewässer umgeben, weiß, die Meeresflächen dagegen sind mit Informationen überfüllt. Die Ozeane sind auf diesen Karten von einem Netz mit »Maschenweite« fünf Grad eingeteilt, sodass die Einzelflächen jeweils fünf Breitengrade mal fünf Längengrade groß sind (am Äquator misst so ein Feld dreihundert mal dreihundert Seemeilen; die Distanzen der Längengrade untereinander vermindern sich fortschreitend, je weiter man vom Äquator nach Nord oder Süd gelangt), und in jedem dieser Felder ist eine »Windrose« abgebildet, aus der die durchschnittlich zu erwartende Windrichtung und Windgeschwindigkeit abgelesen werden kann sowie der Prozent-

[12] Für deutschsprachige Länder werden sie vom Deutschen Hydrographischen Institut herausgegeben [Anm. des Übers.].

satz der Zeit, in der mit Stürmen und mit Windstille zu rechnen ist. Außerdem erfährt man, wo Eisberge zu erwarten sind, welchen Weg die tropischen und außertropischen Zyklonen gewöhnlich nehmen, den mittleren Luftdruck, die Richtung der Meeresströme, die Luft- und die Wassertemperatur, die magnetische Abweichung und die Routen über die Ozeane für Schiffe mit starkem und schwachem Antrieb. Und es gibt Karten, die all diese Informationen für alle Meere und Seegebiete der Welt für jeden Monat des Jahres enthalten. Diese Karten sind ein wichtiges Handwerkszeug für Navigatoren, Reedereien und einsame Segler, um eine optimale Route über einen Ozean zu finden.

So können die Monatskarten einem Segler, der im Januar im Südpazifik Kap Hoorn anliegt, sagen, was er in jedem Fünf-Grad-Feld auf seinem Weg zu erwarten hat.

Sie garantieren aber gleichzeitig seine Enttäuschung und seine Frustration. Denn all diese Informationen sind statistische Durchschnittswerte aus Millionen von Beobachtungen, und an jedem einzelnen Tag kann das Wetter auf See genauso wie an Land alle Vorhersagen über den Haufen werfen.

Den ganzen Dezember 1968 hindurch erlebte Robin Knox-Johnston in den »Brüllenden Vierzigern« Winde, die allem, was er erwartet hatte, entgegengesetzt waren, und trotz der Unterbrechung durch die fröhliche Weihnacht erwies sich dieses Teilstück als die enttäuschendste und am meisten mit banger Sorge erfüllte Strecke seiner gesamten Fahrt. In einem Gebiet, für das die Monatskarten und die schriftlichen Berichte derjenigen, die es befahren hatten, die berühmten Westwinde und Stürme der »Brüllenden Vierziger« praktisch garantierten, standen ihm tage- und wochenlang östliche Winde entgegen, verlangsamten seine Fahrt und machten manchmal jeden Fortschritt unmöglich. Auf der Kreuz gegen einen Wind, der ihn schier zur Raserei brachte, war er überzeugt, dass nicht weit hinter ihm »der Franzose« auf Vormwindkurs immer näher herangesurft kam, jeden Tag ein Stückchen dichter, und just die günstigen Bedingungen hatte, die von den Monatskarten so angepriesen wurden. Es trieb ihn zum Wahnsinn. Es ließ sein britisches Blut kochen. Es brachte eine Fremdenfeindlichkeit zutage, wie sie bei keinem englischen Schuljungen typischer sein konnte:

9. Dezember 1968 ... Etwas Gemeineres konnte nicht passieren: Ostwinde in einem Gebiet, das für seine beständigen Westwinde berühmt ist ... Wenn die Frogs[13] schon gewinnen sollen – gut und schön. Aber warum mich zuerst foltern und auch noch verlieren lassen? Selbst die Chinesen hätten sich bestimmt keine langsamere und vernichtendere Foltermethode ausdenken können ...

10. Dezember 1968. Immer noch keine Änderung. Ich kann es absolut nicht begreifen ... Vielleicht bekäme ich Westwind, wenn ich mich jetzt entschlösse, kehrtzumachen und zurück nach Neuseeland zu segeln! ...

29. Dezember 1968 ... Ich geb's auf! Jemand muss die Seehandbücher umschreiben! ...

30. Dezember 1968 ... Kreuzschläge nach Norden und Süden, ohne voranzukommen, während ich wetten möchte, dass irgendwo im Westen und wahrscheinlich gar nicht so weit entfernt der Franzose die schönsten Westwinde hat.

Für Knox-Johnston, der nicht hinnehmen konnte, dass irgendein anderer als ein Engländer der Erste sein sollte, der eine Nonstop-Erdumseglung als Alleinsegler fertig brachte, war das Gespenst »des Franzosen«, der so viel Glück mit dem Wetter hatte und ihm hart auf den Fersen saß, geradezu ein Segen. Seit Bruce Maxwell ihm in Neuseeland Moitessiers Geschwindigkeit und Position gemeldet hatte, gab es in Knox-Johnstons Logbuch häufig Hinweise auf die Angst um seine führende Position, die ihm seither im Nacken saß. Es ist unwahrscheinlich, dass er sich selbst und die *Suhaili* so sehr gefordert hätte, wenn dem nicht so gewesen wäre.

Bei seinen Kreuzschlägen nach Nordost und Südost – je nachdem, welcher Kurs ihm gerade günstiger erschien – trieben ihn die widrigen Winde über den 40. Breitengrad hinaus nach Norden. Wenn er schlief, quälten ihn jetzt immer wiederkehrende Alpträume, dass seine ganze Fahrt erst die Qualifikation sei, die der echten Regatta vorangehe, und dass diese echte Regatta erst beginnen sollte, wenn sie alle nach England zurückgekehrt waren. Als er schließ-

[13] Frösche; eine abwertende Bezeichnung für die Franzosen [Anm. des Übers.].

lich den 37. Breitengrad erreicht hatte, änderte er angewidert den Kurs und segelte drei Tage lang nach Süden, sogar etwas westlicher als Süd, bis er schließlich die beständigen Westwinde fand, die er so lange vermisst hatte. Er zog daraus den Schluss, dass er zu weit nach Norden abgekommen war und viel früher hätte tiefer nach Süden laufen sollen. So hatte er viele Tage verschenkt. Für den Rest des Dezember versuchte er sich auf 48° Süd zu halten. Damit befand er sich dicht an der auf den Karten verzeichneten nördlichen Grenze des Gebiets, in dem mit Eisbergen gerechnet werden musste. Aber er glaubte gegenüber Moitessier so viel an Boden verloren zu haben, dass er das riskieren sollte.

Obwohl es auf der Südhalbkugel jetzt Hochsommer war, blieb das Wetter rau. Stürme und Regenschauer mit Hagelschlag zogen regelmäßig über die *Suhaili* hinweg. Der Seegang war immer noch hoch, die Wellen misshandelten das Boot und Knox-Johnston. Immer noch nahmen die Luken und die Kanten zwischen Kajütaufbau und Deck Wasser über. Er lebte und schlief unter Deck in ständiger Nässe und Feuchtigkeit. Sehnsüchtig dachte er an die Tropen, die, wie es schien, eine halbe Welt entfernt waren. Er hatte inzwischen alle Romane gelesen, die er an Bord hatte, sodass er, wenn er sich jetzt in seinem durchnässten Schlafsack zusammenrollte und zur Ablenkung etwas las, auf Bertrand Russells *Philosophie des Abendlandes* zurückgreifen musste.

Anfang Januar fuhr er etwas südlicheren Kurs und kam in die »Wütenden Fünfziger«, um langsam auf die Höhe des Hoorn zu kommen, das 1500 Seemeilen entfernt auf 56° südlicher Breite lag. Allmählich zeigte auch das Wetter das für die Verhältnisse bei Kap Hoorn typische Bild: Ein Tiefdruckgebiet folgte dem anderen auf seinem rasenden Weg nach Osten, jagte über das Boot hinweg, brachte krachende Wellen, einen tiefen Fall der Temperatur und Winde von Sturmstärke, die einmal rund um die Windrose liefen. Knox-Johnston hatte eine Heizung an Bord, gebrauchte sie aber nach dem 13. Januar nicht mehr, weil sie zu viel Petroleum verbrauchte. Nasse Kleider hingen überall in der feuchtigkeitsgesättigten Kajüte, und in dem vergeblichen Versuch, warm zu bleiben, rauchte Knox-Johnston, trank Kaffee und verstärkte seinen Whiskykonsum.

In den frühen Stunden des 10. Januar weckten ihn heftige Bewegungen des Bootes, durch die es an Fahrt verlor und in den Wind schoss. An Deck stellte er fest, dass das Großsegel längs einer Naht in zwei Hälften zerrissen war. Es wieder zusammenzunähen, würde Stunden dauern, aber er hatte ein älteres Großsegel an Bord, das er an Stelle des zerrissenen setzte – das ältere Segel sah jetzt im Vergleich zu dem zerfetzten »neuen« gar nicht so schlecht aus. Als er sich später Frühstück machte, legte sich das Boot im Seegang plötzlich über, und eine Ladung kochend heißen Porridges lief ihm über die Hand. Die verbrannte Haut warf sofort große Blasen, die er sich anschließend bei der hektischen Bedienung der Segel einriss, sodass das rohe Fleisch der eisigen Gischt des Meerwassers ausgesetzt war.

Mehrere Güsse Meerwasser und die ständige Feuchtigkeit zeigten bei seinem Marconi-Funkgerät langsam Wirkung. Der Empfang funktionierte noch, aber Senden schien nicht mehr möglich zu sein. Täglich versuchte er Sender zu erreichen, die er hören konnte, erhielt aber keine Antwort. Die britischen Zeitungen berichteten, er sei zwar für etwa den 12. Januar vor Kap Hoorn erwartet worden, jedoch habe man, seit er am 21. November Otago verlassen habe, nichts mehr von ihm gesehen und gehört. Über die Voice of America auf Kurzwelle erfuhr Knox-Johnston, dass die chilenische Marine nach einer »beschädigten« Ketsch Ausschau hielt, die sich nach Kap Hoorn durchkämpfe.

Am Sonntag, dem 12. Januar, stellte sich der *Sunday Mirror*, Knox-Johnstons Sponsor, auf den optimistischen Standpunkt, dass er das Hoorn bereits gerundet habe und im Atlantik nach Norden laufe. Falkland Islands Radio versuche seine Funksprüche aufzufangen. Die *Sunday Times* spekulierte, vielleicht stehe er noch im Pazifik und habe »die Stunde seiner Bewährung« noch vor sich. Tatsächlich war er an jenem Sonntag immer noch 480 Seemeilen von Kap Hoorn entfernt, und die schmerzenden Blasen seiner verbrannten Hand machten ihm zu schaffen.

Am Montag bemerkte er, dass das Klüverstag sich aufdrehte – die einzelnen Drähte brachen und entflochten sich. Bei Wind von 40 Knoten und mehr kroch Knox-Johnston mit Schraubenschlüsseln in beiden Händen – »ich hielt mich mit den Augenlidern fest« – auf dem Bugspriet nach vorn, während das Boot auf und ab stampfte und ihn immer wieder in die Wellen tauchte. Er schraubte das untere Ende des Stags los und setzte den Klüver »fliegend«, gehalten nur noch von seinem eigenen Drahtvorliek.

Am Dienstag brach wieder das Patentreff des Großbaums. Das Metallgussteil, mit dem es an dem Beschlag am Großmast festgebolzt war, war abgeschert. Am Klüver hatte sich das Unterliek losgeschlagen, und Knox-Johnston kroch noch einmal auf den Klüverbaum, um den Schaden an Ort und Stelle mit einigen Stichen zu nähen.

Am Mittwoch reparierte er auf primitive, aber sehr einfallsreiche Weise den gebrochenen Lümmelbeschlag des Patentreffs mit einer Metallplatte, die er aus der stillgelegten Selbststeuerungsanlage ausbaute. Er sägte einen Schlitz in das Ende des Baums und bolzte darin das eine Ende der Platte fest. Das andere Ende verbolzte er am Hauptmast. Dann verstärkte er das notdürftig reparierte Ende des Baums mit einer Lage Fiberglas, und als dieses hart geworden war, knüpfte er um die reparierte Stelle zwei »türkische Bunde«, Zierknoten, die aber tatsächlich stärker waren als das Fiberglas.

Er war damit fertig, als Wind und Seegang wieder zunahmen und die ersten brechenden Seen überkamen. Inzwischen war er nur noch 200 Seemeilen von Kap Hoorn entfernt.

Am Donnerstag brachte das nächste Tiefdruckgebiet Sturmwind von 50 Knoten. Beim Bedienen der Segel auf Deck wurde das rohe, nässende Fleisch, das unter seinen Blasen auf der verbrannten Hand offen lag, von Hagel zerschlagen.

Früh am Freitagmorgen, am 17. Januar, peilte er das Funkfeuer der einsamen, Kap Hoorn vorgelagerten Inseln des Diego-Ramirez-Archipels in 15 Seemeilen Entfernung in Südost und Süd. Die überflutete Kette des südlichsten Zipfels der Anden erschien einige Stunden später nördlich von ihm. Der Tag wurde von Regenschauern beherrscht, zwischen denen es aber aufklarte, sodass Knox-Johnston die zerklüfteten, mit Gletschereis bedeckten Kordilleren sehen konnte. Es war ein Anlass, sich der gewaltigen Strecke seiner Fahrt bewusst zu werden und auch dessen, was ihm noch bevorstand, wenn er nach dieser letzten und größten Bahnmarke des Regattakurses wieder den Heimweg antrat. Im Verlauf des Tages drehte der kalte Wind von Westnordwest auf West zurück und ließ am

Nachmittag in seiner Stärke nach, bis es am frühen Abend nur noch mit freundlichen fünf Knoten wehte.

Um 19.00 Uhr überraschte ein kurzer Regenschauer das Boot, und als es danach wieder aufklarte, war Kap Hoorn – ein falsches Kap, denn es ist eigentlich eine kleine Insel von sphinxähnlichem Profil, eine weit weniger eindrucksvolle Erscheinung als der Felsen von Gibraltar – deutlich im Norden zu sehen. Er hatte es bereits passiert.

»Hurra!«, schrieb Knox-Johnston in sein Logbuch. Dann gönnte er sich einen Drink und packte den Fruchtkuchen seiner Tante Aileen aus. Er lag jetzt seit sieben Monaten in Folie verpackt in einer Kuchendose und war in bester Verfassung. In der Dose befand sich außerdem eine Seite der *Times*. Also hatte er auch noch etwas Neues zu lesen.

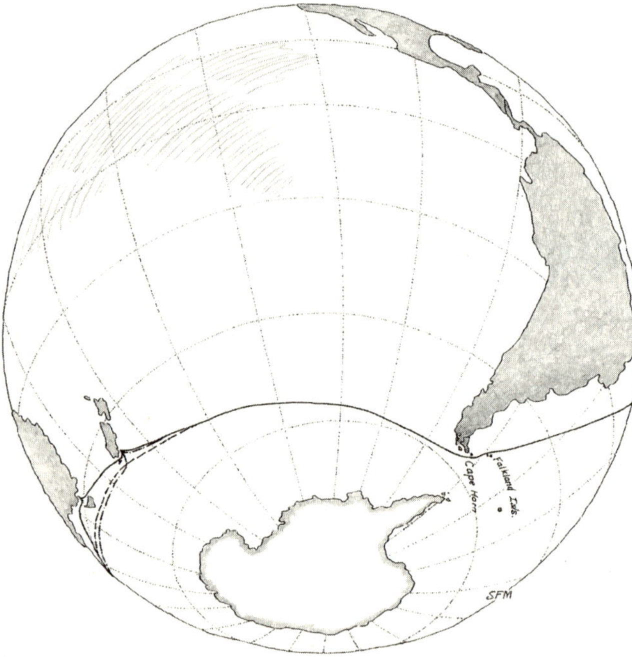

Die Route über den Südpazifik

Passage von Kap Hoorn: Robin Knox-Johnston, 17. Januar 1969
Bernard Moitessier, 5. Februar 1969
Nigel Tetley, 18. März 1969

23

Bernard Moitessier durchquerte den Pazifik schnell. Seine Etmale betrugen 146, 148, 143, 149, 148, 152, 166, 158, 147, 162, 169, 130, 110, 147, 142, 166 Seemeilen. 1000 Seemeilen wöchentlich, und das Woche für Woche. Die von Ballast befreite *Joshua* war schneller als vor drei Jahren auf der Fahrt von Tahiti nach Alicante. Moitessier hatte als Seemann dazugelernt. Seine Tagesstrecken im gleichen Fahrtgebiet betrugen 20 bis 40 Seemeilen mehr als die seiner früheren Fahrt.

Er hatte Knox-Johnstons ursprüngliche Führung von neun Wochen auf zweieinhalb Wochen verkürzt, und – der Argwohn des Engländers war ganz berechtigt gewesen – das Wetter hatte es besser mit ihm gemeint. Er hatte die Westwinde bekommen, sie waren jedoch nach Neuseeland für viele Tage nur schwach gewesen. Trotzdem lief Moitessier mit der *Joshua* beständig hohe Fahrt. Die Mittagstemperaturen in seiner ungeheizten Kajüte lagen bei 20 bis 25 Grad. An Deck bewegte er sich barfuß, und seine Yogaübung konnte er noch nackt im Cockpit machen. Er hatte schon die halbe Strecke zwischen Neuseeland und Kap Hoorn zurückgelegt, bevor der erste pazifische Sturm ihn traf. Er überzog die See mit Gischt, erreichte aber nicht die Stärke, die die *Joshua* in Schwierigkeiten gebracht oder ihren Skipper zu hochtrabender Prosa hingerissen hätte. Die Windfahne hielt das Boot auf Kurs. Moitessier saß auf seinem Posten unter dem Luk und blickte aus seinem Rundumfenster auf die schnell heran- und vorbeistürmenden Seen.

Er aß gut. Sein Leben lang war er hager gewesen und hatte dazu geneigt, Gewicht zu verlieren, aber jetzt begann er zuzunehmen, was auf eine ihm angenehme Umgebung schließen ließ. Die unablässige, enge Gemeinschaft mit den drei wichtigsten physischen Elementen seiner Welt – seinem Boot, der See und dem Wetter – erfüllten ihn mit Freude. Und um das Bild eines glücklichen Asketen zu vervollständigen, waren ihm Haar und Bart so lang und filzig geworden, dass er tatsächlich einem segelnden Guru glich.

Seit Kapitän Nemo hatte sich niemand mehr auf See so wohl gefühlt, war so zufrieden gewesen. Er hatte zu einer Art stabilem Hochseezustand gefunden. Anfang und Ende seiner langen Fahrt rückten in immer weitere Ferne, und tief in deren weite Mitte versunken beschwerte ihn nichts als das tägliche Geschäft, immer weiterzusegeln. Der Rhythmus der See, die endlos vorbeiziehenden Wellen, die Tag für Tag schnelle Fahrt der *Joshua*, eines inzwischen perfekten Schiffes, und seine eigenen, darauf fein abgestimmten Fähigkeiten und Empfindungen ergaben zusammen einen harmonischen Klang, der laut und deutlich in seinem Inneren ertönte und ihm Frieden gab. Moitessier war der Mann, der auf einen Gipfel stieg und dort das flüchtige Etwas fand, das er gesucht hatte, und es widerstrebte ihm immer mehr, weit über den vor ihm liegenden Meilenstein Kap Hoorn hinauszudenken.

Am 21. Januar ging Moitessier nach seinem ersten pazifischen Sturm auf etwas südlicheren Kurs, um nach und nach die Breite von Kap Hoorn zu erreichen. Auf dem Weg nach Süden ließ er das schöne Wetter hinter sich. Der Himmel bedeckte sich, die Temperaturen fielen. Wellen brachen sich über dem Boot und jagten über Deck. Jetzt trug er oben Ölzeug und Seestiefel. Wenn er mit vor Nässe triefenden Socken unter Deck kam, zog er sich dort trockene an, um sie in der Kajüte zu tragen. Er versuchte, die Selbstdisziplin aufzubringen, die nassen Socken wieder anzuziehen, sobald er wieder hinaufging, um die Segel einzustellen, aber es war allzu leicht, das nicht zu tun. Socken und nasse Kleider hingen nun in der Kajüte, die Luken blieben geschlossen, und es wurde immer feuchter unter Deck. Der Alltag der südlichen Ozeane forderte sein Recht.

Er trug jetzt einen Sicherheitsgurt, was er eigentlich nicht gewohnt war. Loïck Fougeron hatte ihm einen der beiden Gurte gegeben, die er auf der *Captain Browne* vorgefunden hatte. Diese aus Nylon gefertigten Geschirre waren seit den sechziger Jahren auf

Yachten vermehrt in Gebrauch und ersetzten das althergebrachte Hilfsmittel der Segler in extremen Situationen, nämlich den um die Taille gebundenen Tampen. Hat man erst einmal einen Sicherheitsgurt an Bord, dann erscheint es töricht, ihn nicht zu benutzen – aber man zahlt seinen Preis. Ein Gurt beeinträchtigt die natürliche und unbewusste Anpassung an die Bootsbewegungen, etwas, das man nach einigen Tagen auf See erwirbt. Mit Gurt bewegt man sich umständlicher, hält alle paar Schritte an und setzt sich dann wieder in Bewegung, um sich irgendwo ein- oder auszupicken. Sicherheitsgurte haben fraglos Menschen davor bewahrt, über Bord zu gehen, aber sie haben auch versagt, sich gelöst, sind gebrochen, waren durchgescheuert und haben Menschen in den Tod geschickt. Verlässt man sich zu sehr auf sie, hat das einen Schwund des besten aller Mittel zur Folge, um als Segler an Bord zu bleiben: die Angst davor, über Bord zu gehen, die gar nicht groß genug sein kann. Eine bedachte, entschlossene Weigerung, über Bord zu gehen, eine Planung, die so sorgfältig ist wie möglich, eine vorauseilende Imagination der Bewegungen, die man an Deck machen wird, Leinen, die rings um das Boot gespannt sind, und ganz allgemein ein Design, das dafür sorgt, dass man an Bord bleibt: all das zusammen verweist das gelegentliche Tragen eines Sicherheitsgurtes auf seinen angemessenen Platz – es ist eine zusätzliche Maßnahme und darf nicht als einziges Mittel angesehen werden.

Moitessiers Gurt trug mit unauslöschlicher Tinte die Aufschrift »Annie«. Er hatte Annie van de Wiele gehört, einer erfahrenen Fahrtenseglerin, die zusammen mit Louis, ihrem Mann, auf der stählernen Yacht *Omoo* um die Welt gesegelt war. Später hatten sie sich auf den Westindischen Inseln die *Captain Browne* gebaut, die sie schließlich Fougeron verkauften. Moitessier trug den Gurt hauptsächlich bei sehr schwerem Wetter. Er pickte den Schnappschäkel des Gurtgeschirrs in die Drei-Sechzehntel-Zoll-Stahldrähte ein, die an beiden Seiten vom Bug bis zum Heck flach über das Deck gespannt waren. Diese Anordnung der Drähte hatte er von Bill Kings *Galway Blazer II* abgeschaut, die am gerundeten Übergang vom Deck zum Rumpf keine Reling hatte. Die beiden Drähte erlaubten es Moitessier, sich relativ ungehindert nach vorn und achtern zu bewegen, um die Segel zu bedienen, auch wenn er eingepickt war.

Er wusste den Gurt und das System dieser Drähte zu schätzen, aber sie schränkten natürlich seine Mobilität ein, und er empfand eine Verminderung seiner eigenen, mehr gefühlsbasierten Verbindung zu seinem Boot. Er wäre sich allerdings dumm vorgekommen, den Gurt zu ignorieren und versuchte deswegen, ihn immer dabeizuhaben – meistens in der Tasche seiner Schlechtwetterjacke.

Als die *Joshua* weiter nach Süden kam, schienen die Sterne und der Mond am kalten Nachthimmel immer heller zu leuchten. Der Aufgang des Mondes über dem dunklen Horizont kann einen auf See sehr überraschen, denn die Spitzen der Mondsichel ähneln manchmal hellen, unirdischen Hörnern, die nicht allzu weit vom Beobachter entfernt aus dem Meer hervortreten. Wenn der Mond am bewölkten Horizont erscheint, mag er die Silhouette einer Stadt oder eines Ocean-Liners vorgaukeln. Ist man erst einige Male von solchen unheimlichen Erscheinungen überrascht worden, reagiert man bald bei nächtlichen Lichtern auf See mit dem Gedanken: »Ach ja, der Mond macht wieder seine Kapriolen.« Das dachte Moitessier eines Nachts nahe Kap Hoorn auch, als eine schlanke Turmspitze aus Licht sich wie ein Scheinwerferstrahl von der See in die Wolken schob. Wie brachte der Mond das wieder fertig, fragte er sich.

Dann wurde der »Mondstrahl« breiter, begann zu glühen und umspielte die Wolken, bis er begriff, dass das, was er da sah, nichts mit dem Mond zu tun hatte. Er überlegte mit einem Schaudern, ob es wohl der »weiße Bogen« war, von dem Joshua Slocum geschrieben hatte, eine geisterhafte Sturmbö als Vorläufer eines großen Sturms am Hoorn. Ein solcher Sturm hätte die Fahrt der *Spray* beinahe vorzeitig beendet, indem er sie in die Milchstraße verschlug, eine Gruppe von Riffs und Untiefen am Rande der Magellanstraße.

Eine weitere Turmspitze erhob sich, dann noch eine, und Zweige strahlten aus und wuchsen, um bald die Hälfte des Südhimmels zu bedecken, glühten und pulsierten in Pink- und Blautönen wie ein kaltes Feuer, und da endlich begriff Moitessier, dass er die *Aurora australis* sah, das Polarlicht der Südhalbkugel. Die Erscheinung dauerte fast eine Stunde, und er beobachtete sie, hingerissen von ihrer Schönheit.

Starke Winde, aber immer noch keine großen Stürme brachten

ihn dem Hoorn näher. Mehr und mehr Zeit verweilte er dabei auf Deck, Tag und Nacht gefesselt von Meer, Himmel, Wetter und Boot. Er stand auf dem Kajütdach der *Joshua* oder auf dem immer wieder eintauchenden und in den Wellen tanzenden Vorschiff, hielt sich am stählernen Bugkorb oder dem inneren Vorstag fest, sein wildes Haar und sein Bart flatterten im Wind. Er blickte nach vorn, nach oben und ringsum aufs Meer, stundenlang, bis er endlich nur von Kälte oder Hunger oder Erschöpfung unter Deck getrieben wurde. Wenn er diesen Bedürfnissen Genüge getan hatte, kam er wieder, stand da und hielt Ausguck. Der ewige Seefahrer auf seinem Surfboard.

Nur der unerfahrenste Segler bringt es fertig, Kap Hoorn ohne Dankbarkeit und Schauder zu passieren, ohne sich der Geschichte dieses Ortes und all der Schiffe, Seeleute und Passagiere bewusst zu sein, Männer, Frauen und Kinder, die dort Schiffbruch erlitten, deren Schiffe zermalmt wurden und die dort ertranken. Ein Tod, der oft am Ende vieler Wochen scheußlichster Unbequemlichkeit und der schlimmsten vorstellbaren Verzweiflung stand. Für die meisten Segler ist das Hoorn ihr Everest. Für Moitessier war es der Olymp, ein heiliger Berg, ein Schmelztiegel, in dem seine Seemannschaft und die Götter der Meere, an die er glaubte, verschmolzen. Für ihn war es Ultima Thule, in das er die östliche Vorstellungswelt seiner Kindheit mit einbrachte. Er hatte das Hoorn bereits einmal passiert, aber nach nur 20 Tagen auf See und mit Françoise, seiner Frau, an Bord, die sich seiner annahm, seiner Sorge bedurfte und ihn ablenkte. Jetzt, nach mehr als fünf Monaten allein auf See, verstand er, dass es ihm während der ganzen Fahrt auf diese totemistischen Koordinaten in Zeit und Raum angekommen war – und nicht auf das Ende der Wettfahrt. Während er darauf zuflog, stand er ungeschützt und wie er war im Mittelpunkt seiner Welt und nahm gierig jede noch so kleine Wahrnehmung auf, die sich ihm bot.

Er fuhr über ein ganz anderes Meer als Knox-Johnston. In der nüchternen Sicht des Engländers war nichts von Fantasie überhöht, auch nicht in dem Augenblick, als er das Hoorn sichtete. Im Vergleich dazu könnte Moitessier unter LSD gestanden haben. Die Tropfen von Feuchtigkeit auf seinen Segeln waren »lebendige Perlen«. Das Meeresleuchten in den Wellen wurde zu »Feuerkugeln«, die ihn daran erinnerten, dass er einst versucht hatte, diese Lichter zu harpunieren, weil er sie für die Augen eines gigantischen Tintenfisches gehalten hatte.

> Die *Joshua* fährt unter dem Licht der Sterne und der etwas entrückten Zagheit des Mondes auf das Hoorn zu ... Ich weiß nicht länger, wie weit ich noch gehen muss, sondern nur, dass wir schon vor langer Zeit die Grenzen von zu viel hinter uns gelassen haben.

Am 5. Februar wurde aus den Starkwinden endlich ein Sturm – aber es war ein Sturm unter blauem Himmel und einer strahlenden Sonne, die das Meer in ein tiefes Violett tauchte. Er hatte in den vorangegangen 24 Stunden 171 Seemeilen zurückgelegt und fuhr jetzt noch schneller. Da er keinen Hunger verspürte, aß er den ganzen Tag über nichts.

Die Diego-Ramirez-Inseln kamen am Nachmittag als blauer Fleck am sonnenüberfluteten Horizont in Sicht. Im Dämmerlicht waren sie nur noch ein Fleckchen weit achteraus. Mit dem Heraufziehen der Nacht ließ der Wind nach. Moitessier stellte seinen Wecker auf ein Uhr – dann sollte er 20 Seemeilen vor Kap Hoorn stehen – und legte sich schlafen.

Als er aufwachte, sah er schon durchs Bullauge am Stand des inzwischen aufgegangenen Mondes, dass er den Wecker verschlafen und das Hoorn vielleicht schon passiert hatte. Er ging an Deck und hielt Ausguck nach Backbord. Die Nacht war klar, die Sterne leuchteten, und er sah nur den Mond und eine Wolke, deren Schatten aufs Meer fiel. Der Wind hatte weiter nachgelassen und von West auf Südwest rückgedreht, sodass die *Joshua* die kleine Insel, das falsche Kap, jetzt 15 Grad dichter anlag.

Dann verzog sich die Wolke, und keine zehn Meilen entfernt ragte Kap Hoorn – eine kleine, schwarze, felsige Form – vor dem sternenübersäten Himmel im Mondschein aus der dunklen See. Schauder der Euphorie überliefen Moitessier.

Traditionell zählt als Rundung des Hoorn die gesamte Strecke vom 50. Breitengrad Süd aus nach Süden, um die Spitze Südamerikas herum und wieder nach Norden bis zum 50. Breitengrad Süd, entweder vom Pazifik in den Atlantik oder vom Atlantik in den Pazifik. Letztere war die schwierigere, unangenehmere Fahrt gegen die vorherrschenden Westwinde. Viele Schrecknisse – Stürme, treibendes Gletschereis, Strömungen und die brüllenden, katabatischen Sturmböen von Tierra del Fuego, Slocums Böen mit dem weißen Kragen – konnten ein Schiff auf dieser Passage von etwa 1000 Seemeilen aufhalten und wieder in seinem eigenen Kielwasser zurücktreiben, sodass es vielleicht an einem Nachmittag die Seemeilen verlor, die es in wochenlangem, verzweifeltem Kampf gewonnen hatte. Und erst wenn man den 50. Breitengrad jenseits des Hoorn erreichte, konnte man sagen, man habe Kap Hoorn sicher achteraus. Das war es, was man im vollen Sinne unter der Rundung des falschen Kaps verstand, das Moitessier jetzt in der mondbeschienenen See querab peilte. Er wusste es genau. Er wusste, dass er bisher Glück gehabt hatte. Erst wenn er sich in drei oder vier Tagen den Falkland-Inseln näherte, würde er Kap Hoorn endgültig hinter sich lassen.

Und trotzdem feierte er die Passage des kleinen Felsens. Der gewaltige Höhenflug seines Geistes, der ihn jetzt seit zwei Tagen in seinen Fängen hielt, ebbte ab. Er ging unter Deck, zündete die Kajütlaterne an, machte sich Kaffee, drehte sich eine Zigarette und erlaubte seinen Gedanken nun endlich, sich seinem Ziel zuzuwenden.

24

Mitte Januar fotografierte die *Sunday Times* Françoise Moitessier, Clare Crowhurst und Eve Tetley zusammen an Bord der *Discovery*, die Captain Robert Scott, den britischen Polarhelden und -stümper, 1901 zu seiner ersten Expedition in die Antarktis gebracht hatte. Dieses Schiff – es liegt in der Nähe des Towers von London auf der Themse vermurt – gab mit seinen hohen Masten den angemessenen seemännischen Rahmen für ein Foto der drei Seglerfrauen ab. Am Sonntag, dem 12. Januar, brachte die Zeitung einen Artikel mit der makabren Schlagzeile: »Die Seemannswitwen, die sie zurückließen.«

Françoise Moitessier, die bereits einmal rund Kap Hoorn gesegelt war, erklärte, ihr eigenes Ziel sei es, als erste Frau allein und nonstop um die Erde zu segeln.

Clare Crowhurst vertrat einen nüchterneren, mehr einer Mutter und Ehefrau gemäßen Standpunkt. Sie habe keine Alpträume, was ihren Ehemann anbelange, sagte sie, aber ihr sieben Jahre alter Sohn Roger. Sein Vater erscheine ihm nachts im Traum. Er stehe dann in der Tür seines Zimmers und starre ihn an. Ihr achtjähriger Sohn Simon andererseits glaube, um die Erde zu segeln bedeute nicht viel. Er plane, um die Erde zu schwimmen, wenn er »alt genug« sei.

Eve Tetley war zuversichtlich, was die Chancen ihres Mannes anbelangte. Die Regattateilnehmer hätten gerade einmal die halbe Strecke hinter sich, und fünf der neun Wettbewerber seien »untergegangen«. Es gäbe wahrscheinlich weitere Ausfälle, sodass sich die Position ihres Mannes im Laufe der Regatta noch verbessern werde.

Am nächsten Morgen aber ging ihr Mann beinahe selber unter. Um fünf Uhr am Montag, dem 13. Januar, befand sich Nigel Tetley 450 Seemeilen südlich von Kap Leeuwin vor Westaustralien, als die *Victress* von einer See wie von dem gewaltigen Schlag eines Vorschlaghammers breitseits getroffen wurde. Er hatte sie im Sturm zu treiben liegen lassen, und sie hatte sich querab zu den Wellen ausgerichtet. Wasser schoss durch die Fensterabdeckungen des Ruderhauses, durch die Tür zum Cockpit und in die Kajüte. Tetley, der unter Deck war, hatte die Welle nicht kommen sehen. Er sah nur, wie sie derart heftig gegen die Kajütfenster krachte, dass er sich sicher war, sie würden zerschmettert. Aber erstaunlicherweise hielten sie stand. Zwei Stunden später hatte der Wind Orkanstärke erreicht, und die Seen, schrieb Tetley in sein Logbuch, seien mit nichts zu vergleichen, was er jemals zuvor gesehen habe.

Wellen oder Seen, »anders als alles, was ich jemals gesehen habe«, ist eine unzulängliche Beschreibung, ein Notbehelf, der allerdings auch von befahrenen Seeleuten unter extremen Verhältnissen häufig benutzt wird. Befahrene, seefeste Segler bemerken irgendwann, dass ihre eigenen Wahrnehmungen der Größe einer Welle auf See, selbst wenn es Gelegenheit gibt, sie direkt mit einem Objekt bekannter Höhe zu vergleichen, wie zum Beispiel dem Mast des eigenen Bootes, meist um gut 100 Prozent übertrieben sind. Mehr als 100 Jahre ozeanografischer Forschungsarbeit – inzwischen auch Messungen von Wellenhöhen durch satellitengestützte GPS-Transponder auf Wetterbojen – haben gezeigt, dass Wellen von neun Meter Höhe und mehr seltene Produkte ungewöhnlich starker Winterstürme im hohen Norden des Atlantiks oder in den hohen Breiten des Pazifiks sind. Aber selbst mit dieser Erkenntnis kann das, was ein erfahrener Segler rational über die Wirklichkeit der Wellen weiß, auf See vollkommen aus seinem Denken verdrängt und durch den reinen, subjektiven Schrecken ersetzt werden. Vier bis fünf Meter hohe Wellen unter einem dunklen Himmel, vorangejagt von einem kreischenden Wind, wirken furchtbar genug – große, graugrüne, hoch über einem aufragende, gefühllose Gebirge mit der Dichte von Beton. Unablässig rollen und krachen sie heran, eine nach der anderen. Von solchen Wellen wie ein Stück Treibgut umhergeworfen zu werden, beseitigt die letzten Reste des Gefühls körperlicher

Sicherheit. Der Beobachter ist leicht bereit zu glauben, er oder sie werde dort, wo er gerade ist, an einem namenlosen Flecken weit draußen auf See zugrunde gehen, weitab von jeder Küste und Sicherheit und den Geliebten daheim. Es ist ein Dammbruch lebenslänglich weggesperrter Ängste, der aus dem Betroffenen wieder ein angsterfülltes Kind macht und die grausame See wenigstens doppelt so furchtbar erscheinen lässt, wie sie in Wirklichkeit ist. Die Fotografien, die ein Seemann von den hohen Wellen macht, die ihn auf dem Höhepunkt eines Sturms so sehr beeindrucken, erweisen sich später immer als enttäuschend in ihrer Unfähigkeit zu vermitteln, wie sich das Abgebildete »anfühlte«. Ironischerweise sind es gerade die völlig unmöglichen und gänzlich unrealistischen computergenerierten Wellen und Bedingungen, die in einem Film wie »The Perfect Storm« dargestellt werden, die einen sehr genauen Eindruck davon vermitteln, wie ein furchtbarer Sturm auf hoher See auf den Betrachter *wirkt.* Es ist die exzessive Übertreibung dieser Filmbilder, die die subjektiven Eindrücke eines menschlichen Beobachters angemessen abbilden. Und doch vermittelt der Film ein Gefühl der Sicherheit. Ihm fehlt die erschreckende Erkenntnis, dass *dies die Wirklichkeit ist, dass es keinen Ausweg gibt und dass einem nichts in der Welt mehr helfen kann als schieres Glück.* Das ist es, was großen Wellen ihre Schwindel erregende Form und Erscheinung verleiht, die es nur in Alpträumen gibt.

Nigel Tetley, ein erfahrener Seemann, schätzte die höchsten Wellen, die er im Ozean südlich von Australien an diesem Tag erlebte, auf 25 Meter. Vielleicht hatte er Recht – vielleicht *wirkten sie* 50 Meter hoch. Er schreibt nüchtern und neigt nicht zu Ausschmückungen.

Der Sturm dauerte den ganzen Tag über an. Und den ganzen Tag lang glaubte er, die *Victress* werde jeden Moment auseinander brechen und er ertrinken. Gleichzeitig ließ ihn der beharrlich hoffnungsvolle Teil der menschlichen Natur den Schwur tun, er werde, so er den Sturm lebend überstehe, Kurs auf Albany nehmen und das Rennen aufgeben. Er blieb am Leben, und der Sturm jagte den Trimaran fast so schnell übers Meer wie die heranrauschenden Wellen, von denen nur noch wenige die *Victress* nach dem ersten großen Schlag mit besonderer Gewalt trafen.

Am nächsten Tag ging der Wind auf gewöhnliche Sturmstärke zurück, und als er sah, wie bemerkenswert wenig Schaden angerichtet worden war – die zerrissene Fensterabdeckung des Ruderhauses und ein durchnässtes Batterieladegerät –, beschloss er, wenn es ging, zunächst einmal bis Neuseeland weiterzusegeln und abzuwarten, wie die Dinge sich entwickelten. Es war eine eindeutig mutige Entscheidung. Als die *Suhaili* ein wenig weiter östlich in der Großen Australischen Bucht endgültig die Selbststeuerungsanlage eingebüßt hatte, hatte Knox-Johnston geschwankt und daran gedacht, Melbourne anzulaufen und aufzugeben. Nur die Tatsache, dass er in Führung lag, dass er eine Chance hatte, das Rennen zu gewinnen, hatte ihn weitergetrieben. Nigel Tetley fehlte eine solche Ermutigung. Und nachdem er über Funk von Moitessiers schnellerem Vorankommen gehört hatte, konnte er auch nicht mehr auf den Preis für die schnellste Fahrt hoffen. Er hatte nur den einen kalten Trost: Jetzt wusste er, was ihm südlich des 40. Breitengrades bevorstand. Er hatte die Spezialität der südlichen Meere kennen gelernt und konnte jetzt drei Monate lang das Gleiche erwarten, ohne jede Chance auf einen Sieg. Und dennoch segelte er weiter ostwärts.

Eine Woche zuvor hatte er vor Westaustralien über Funk mit Perth Radio gesprochen und ein dort für ihn angemeldetes Telefongespräch entgegengenommen. Er war zu einem Dr. Francis Smith, dem Präsidenten der Western Australian Trimaraners Association, durchgestellt worden. Dr. Smith hatte ihn im Namen aller australischen Trimaran-Besitzer herzlich gegrüßt. Die Sicherheit der Mehrrumpfboote war damals in Australien noch ernsthaft umstritten. Fünf solcher Segelfahrzeuge waren im Jahr zuvor in australischen Gewässern verloren gegangen, und unter ihren Besatzungen waren 15 Tote zu beklagen gewesen. Man hatte von Amts wegen eine Untersuchung der Fälle verlangt.

Nigel Tetley war in einem günstigen Moment erschienen und wurde nun als Vorreiter für die australische Trimaran-Bewegung gefeiert. Sicherlich widerstrebte es ihm, seine Mehrrumpfkollegen zu enttäuschen, und möglicherweise beeinflusste das seine Entscheidung, weiter im Rennen zu bleiben. Ein anderer Faktor war vielleicht die Tatsache, dass die *Victress* ihre erste Tracht Prügel in den südlichen Ozeanen so gut weggesteckt hatte.

Die meisten der Teilnehmer an der Regatta um den *Golden Globe* wiesen in reichem Maße Anzeichen für das Vorhandensein des Ulysses-Faktors auf. Nur Tetley entsprach nicht diesem Profil. Er war ein Mann, der einer regelmäßigen Arbeit nachging und der eines Tages einfach von einer Wettfahrt gelesen und sofort beschlossen hatte, sich daran zu beteiligen. Er hatte oft Angst und war sich der Gründe für seine Erdumseglung weniger gewiss als die anderen. Aber nachdem er einmal beschlossen hatte, die Fahrt zu unternehmen – sehr spät und beinahe impulsiv im Vergleich zu den von langer Hand geplanten Kampagnen seiner Rivalen –, blieb er bei dem einmal eingeschlagenen Kurs. In seiner irreführenden Normalität angesichts der offensichtlichen Dürftigkeit seiner Motivation und in der außerordentlichen Beständigkeit seines Entschlusses war er der Merkwürdigste der neun.

Raues Wetter folgte ihm durch die ganze Große Australische Bucht. Wie Moitessier und anders als Knox-Johnston fuhr er südlich an Tasmanien vorbei, wählte damit die direktere Route nach Neuseeland. Sein Sponsor, Music for Pleasure, charterte ein Flugzeug, um Aufnahmen von der *Victress* zu machen, während er südlich von Hobart stand, aber das Flugzeug konnte ihn nicht ausmachen, und Tetley wartete nicht, sondern setzte seine Fahrt über die Tasman-See fort. Vor der Südspitze Neuseelands erwog er wie Knox-Johnston, durch die Foveaux-Straße zu fahren, aber da bedeckter Himmel ihm die Positionsbestimmung mit dem Sextanten erschwerte, blieb er schließlich doch südlich von Stewart Island. Er lief zwischen den Riffs von North und South Trap und der Südspitze der Insel hindurch, lag dann einen Tag lang Nordost an bis dicht unter der neuseeländischen Küste und weidete sich an dem Grün und der zerklüfteten Szenerie. Sie erinnerte ihn an die schottische Küstenlinie, wie sie sich ihm bei der Wettfahrt *Round Britain* von der *Victress* aus dargeboten hatte. Am 2. Februar umrundete er Tairoa Head, lief in Otago Harbour ein – wo die *Suhaili* auf Grund gelaufen war – und konnte dort einem kleinen Fischerboot sein Päckchen mit Post und Fotografien übergeben. Der Fischer bot ihm eine Languste an, aber die Wettfahrtregeln der *Sunday Times*, die ein solches Geschenk als »materielle Hilfe« bezeichnet hätten, zwangen Tetley zur Ablehnung. Sein Päckchen wurde schnell nach England weitergeleitet, und das Bild von Tetley, der sein einsames Weihnachtsessen zu sich nahm, erschien am 9. Februar in der *Sunday Times*.

Nach der Wettervorhersage des neuseeländischen Rundfunks näherte sich von Norden ein Wirbelsturm. Also lief Tetley schleunigst wieder aus und nahm mit der *Victress* Kurs auf die offene See. Stunden später, bei Sonnenuntergang, warf er einen letzten Blick auf die grüne Südinsel Neuseelands, die nur noch als graue, flache Linie achteraus zu erkennen war und langsam in den Regenwolken verschwand. Nun lagen 4700 Seemeilen südlichen Ozeans zwischen ihm und Kap Hoorn.

Donald Crowhursts Position war deutlich trüber.

Die Zeitungen, die über die Wettfahrt berichteten, konnten nur die gleichen nebulösen Ortsangaben wiederholen, die Crowhurst über Funk an Rodney Hallworth kabelte, seinen einzigen Kontakt zu den Medien. Hallworth seinerseits gab die optimistischen Crowhurst-Bulletins an die Presse weiter. Am 5. Januar stellte die *Sunday Times* fest, es werde »berichtet«, dass er Tristan da Cunha passiert habe, was darauf »hindeute«, dass er mit über 1000 Seemeilen die Woche fahre.

Tatsächlich aber segelte er langsam und planlos vor der brasilianischen Küste umher.

Die *Sunday Times* veröffentlichte jede Woche irgendetwas über »ihr« Rennen: Das konnte eine halbe Seite mit den neuesten Fotografien sein (Tetley bei seiner Weihnachtsmahlzeit, Moitessier, der auf Deck seine Yogaübungen machte) oder eine Aufschlüsselung der letzten Positionsmeldungen mit Porträtfotos der vier Segler, die noch im Rennen waren, oder ein gelehrter Essay von Sir Francis Chichester über die Chancen der Männer und die Zukunft des Einhandsegelns. Obwohl Kapitän Rich und Chichester die Zeitung darüber unterrichtet hatten, dass Crowhursts Positionsangaben mit an Sicherheit grenzender Wahrscheinlichkeit nicht zutreffend waren, konnte die Zeitung den Verbleib des vierten und Letztplatzierten der Wettbewerber kaum ignorieren. Die *Sunday Times* konnte aber auch nicht öffentlich ihre Skepsis artikulieren. Man übernahm die Nachrichten, die man von Hallworth erhielt, formulierte sie vage und stellte sie getrennt an das Ende der Wettfahrtberichte.

So wurde am Sonntag, dem 12. Januar, berichtet, Crowhurst befinde sich »inzwischen« im Indischen Ozean. In der folgenden Woche war er »weit im Indischen Ozean«. Die Zeitung bemerkte, dass die durchschnittliche Tagesstrecke seiner gesamten Reise sich nun auf über 100 Seemeilen pro Tag belaufe und dass sich dadurch das erwartete Datum seiner Ankunft in England auf den 19. August nach vorn verschoben habe.

Hallworth, der nichts hatte, um seine knappen Informationen etwas auszuschmücken, beklagte sich in einem Telegramm an Crowhurst und bat um wöchentliche Angabe der Position und der zurückgelegten Strecke. Am 19. Januar tat Crowhurst ihm den Gefallen und gab seine Position und die wöchentlich zurückgelegte Strecke als »100 Seemeilen südöstlich Gough, 1086 Seemeilen« an. (Gough ist eine kleine Insel südlich von Tristan da Cunha.) So lautete der Text nach Crowhursts sauber geführtem Funktagebuch. Allerdings war daraus, als Hallworth die Nachricht erhielt, »100 Seemeilen südöstlich Tough« geworden. Hallworth, für den das Glas immer halb voll war, verstand das so, dass Crowhurst südöstlich von Kapstadt allerhand durchmachte (»tough«) – 1200 Seemeilen östlich der Insel Gough und 4000 Seemeilen von seiner tatsächlichen Position entfernt.

In seinem Telegramm berichtete Crowhurst außerdem, dass er das Luk im Boden des Cockpits über seinem Generator versiegeln müsse und es daher in Zukunft sehr viel weniger Funkübertragungen von ihm geben werde – sowohl Funktelefonate als auch Funktelegramme.

Am gleichen Tag sandte Crowhurst ein Telegramm an Stanley Best und erwähnte einen Schaden an der »Haut« des Bootes, als dessen Ergebnis dem Boot jetzt »die Voraussetzungen fehlten«. In knappen, mehrdeutigen Worten wies er darauf hin, dass er nur dann weiter Richtung Kap Hoorn segeln und weitere Schäden in Kauf nehmen könne, wenn Best ihn aus der Vertragsklausel entließe, die ihn dazu verpflichtete, Best die Kosten für das Boot zu erstatten – mit der Best ihn also mit anderen Worten zwingen konnte, das vielleicht am Ende wertlose und abgewrackte Boot zurückzukaufen.

Danach beendete er den Verkehr mit der Welt. Elf Wochen lang war nichts mehr von ihm zu hören.

Seine Schwindel erregend falschen Positionsangaben, die in der Presse kolportiert wurden, wichen nun über 4000 Seemeilen von seiner tatsächlichen Position ab. Es war zunehmend schwieriger geworden, einen ständigen Strom falscher Daten aufrechtzuerhalten und weiterzugeben. Er fuhr allerdings fort, Funkwetterberichte für weit entfernte Gebiete, in denen er sich eigentlich hätte befinden sollen, aufzunehmen. Er verzeichnete diese Wetterberichte mit äußerster Sorgfalt in seinem Funktagebuch, oft in dreifacher Ausführung, wenn er den gleichen Bericht von verschiedenen Stationen empfing. Aber die emotionale Bürde dieser Anstrengung erwies sich für ihn als zu schwer, und er wollte ihr ein Ende machen.

Es ist gemutmaßt worden, Crowhurst habe zu diesem Zeitpunkt eine Funkstille herbeigeführt, um das offensichtliche Problem zu umgehen, Funksprüche an weit entfernte Stationen in Australien und Neuseeland absetzen zu müssen, als befände er sich im Pazifik, während er in Wirklichkeit die ganze Zeit über auf dem Atlantik blieb. Aber das wäre gar kein Problem gewesen. Auf einer Mercatorprojektion der Erde scheint seine Position vor der Küste Südamerikas irgendwo bei Buenos Aires sehr weit von Australien oder Neuseeland entfernt zu sein. Aber auf der Erdkugel selbst war er Luftlinie via Antarktis nicht weiter von Sydney (7300 Seemeilen) oder Wellington (6200 Seemeilen) entfernt als von Portishead Radio nördlich von London (7000 Seemeilen), einer Station, die er ohne Schwierigkeiten erreichen konnte. Das wusste Crowhurst auch. Er hatte einfach den Mut verloren, ständig die Positionen zu fälschen, mit denen er dann Rodney Hallworth und eine gierige Presse auf regulärer Basis füttern konnte. Sein Schweigen und die Vermutungen anderer würden nach den anscheinend stetigen Geschwindigkeitszunahmen der letzten Wochen viel besser dafür sorgen, dass er immer weiter nach Osten rutschte, als weitere Meldungen von ihm es konnten.

Rodney half zusätzlich nach. Crowhurst hätte sich keinen besseren unwissentlichen Spießgesellen seines Betruges wünschen können als den ihn begeistert preisenden Publizisten. Mit nichts als diesen beiden letzten Telegrammen in der Hand schloss Hallworth auf eine dramatische Episode, die er an die Zeitungen weiterleitete und die die perfekte Tarnung für die längere Funkstille wurde: Ein gewaltiger Brecher sei übers Heck der *Teignmouth Electron* eingestiegen und habe dieses sowie das Cockpit des Bootes beschädigt. Die Reparaturen hätten Crowhurst gezwungen, für drei Tage die Segel zu bergen und das Schapp mit seinem Generator zu versiegeln. Um seine Batterien zu schonen, werde er sich nur noch zwei Mal über Funk melden, bevor er wieder zu Hause eintreffe.

»Nach Verwüstung durch einen gigantischen Brecher schleppt sich Crowhurst weiter«, lautete die kühne Schlagzeile der *Sunday Times* vom 26. Januar. In dem Artikel hieß es, Crowhurst befinde sich im Indischen Ozean, 700 Seemeilen östlich vom Kap der Guten Hoffnung, in ernsten Schwierigkeiten. Am folgenden Sonntag, dem 2. Februar, wurde »geschätzt«, er stehe 1300 Seemeilen östlich von Kapstadt.

In der gleichen Ausgabe der *Sunday Times* vom 2. Februar schrieb Sir Francis Chichester in einem Beitrag über die Regatta und die Zukunft des Einhandsegelns mit großer Zurückhaltung, dass es einige »ungenaue« Behauptungen hinsichtlich erzielter Geschwindigkeiten und Strecken gebe und dass er hoffe, diese Behauptungen würden von irgendeinem Segelclub überprüft und bestätigt. Sein kühler Skeptizismus am Ende seines langen, etwas pedantischen und an Phrasen nicht gerade armen Artikels wich von den sehr viel interessanteren Berichten der Wettfahrt ab, und seine einsame Stimme verhallte von der Öffentlichkeit ungehört.

An Bord der *Teignmouth Electron* hatte Crowhurst aber tatsächlich ein Problem. Die Sperrholzhülle des Steuerbordrumpfes wies in der Tat an mehreren Stellen Risse auf, und ein Spant im Inneren dieses Rumpfes hatte sich von der Hülle gelöst. Die Hülle leckte, und der Trimaran konnte nicht länger als seetüchtig gelten. Bisher hatte das Wetter noch keine großen Extreme gebracht. So musste es scheinen, dass der Schaden die Folge einer schlechten Fertigung war, der zweifellos durch die Eile beim Bau und dessen Verteilung auf zwei verschiedene Werften – eine Konstellation, die fast immer Probleme garantiert – Vorschub geleistet worden war. Die daraus resultierenden Fehler hätten ausgemerzt werden können durch die üblichen Erprobungen auf See, die jedes Boot benötigt, damit seine Probleme entdeckt und behoben werden können. Die *Teignmouth Electron* war eindeutig schwächer und verletzlicher als Nigel Tetleys *Victress.*

Jetzt hatte Crowhurst den bestmöglichen und ehrenhaftesten Grund aufzugeben. Es wäre keine Schande gewesen, mit einem beschädigten Boot einen Hafen anzulaufen. Aber inzwischen war er zu tief in seinen Betrug verstrickt, dem Rodney Hallworths Ausschmückungen ein zusätzliches Eigenleben verliehen hatten. Er war viel zu weit von jedem Hafen entfernt, in den er sich von seiner letzten angeblichen Position aus hätte schleppen können. 1300 Seemeilen östlich von Kapstadt hätte er wahrscheinlich irgendeinen Hafen auf Madagaskar angesteuert, und das war von der brasilianischen Küste aus eine lange Fahrt. Er konnte jetzt nicht aufgeben, ohne die ganze Schande offensichtlich werden zu lassen.

Langsam lief er mit seinem Boot auf die südamerikanische Küste zu.

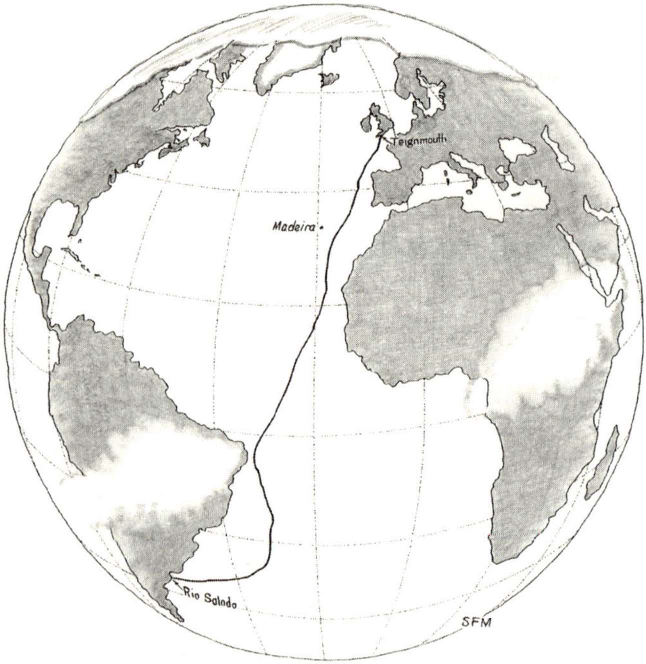

Donald Crowhursts Route
31. Oktober 1968 – 8. März 1969

25

Den größten Teil des Januar und Februar 1969 fuhr Crowhurst auf der *Teignmouth Electron* in langsamem Zickzack vor der Küste Brasiliens und Uruguays in etwa südlicher Richtung. Seine Etmale betrugen nur noch 20 oder 30 Seemeilen, mitunter weniger. Sein Kurs wurde mehr von der Windrichtung bestimmt als von dem Ziel, sich in eine bestimmte Richtung zu bewegen. Er hatte inzwischen jeden Versuch einer Erdumseglung aufgegeben.

Aber er war immer noch auf See, und zwar auf einem Boot, das Wasser übernahm. Das stellte ihn vor ein echtes Problem, welches sich nicht durch Betrug oder Fantasie beiseite schieben ließ.

Ein Grund dafür, dass er so kurze Strecken zurücklegte, war, dass das Boot bei höherer Geschwindigkeit mehr Wasser übernahm. Je länger er diesen Zustand hinnahm, desto schlimmer wurde es. Die gerissene Sperrholzhaut, also die Außenhülle des Steuerbordrumpfes, war ein Problem, das auf See ohne weiteres behoben werden konnte – das Kalfatern des Unterwasserschiffs, das Knox-Johnston hatte auf sich nehmen müssen, war wesentlich schwieriger gewesen. Nur hätte die *Teignmouth Electron* dazu ausgerüstet sein müssen mit den Werkzeugen, dem Holz, den Schrauben, den Bolzen und ganz allgemein dem Warenmix aus dem Angebot eines Schiffsausrüsters und eines Eisenwarengeschäfts – eben der elementaren und notwendigen Grundausstattung für jedes Boot, das sich auf die hohe See hinauswagt. Die meisten dieser Dinge waren für die *Teignmouth Electron* gekauft oder bereitgestellt worden, einschließlich der Ersatzstücke aus Sperrholz aus Eastwoods Werft in Norfolk, aber in dem Durcheinander seiner Abreise war das alles in Teignmouth auf dem Dock liegen geblieben – oder aus dem Boot wieder ausgeladen worden –, und Crowhurst war ohne diese Dinge losgesegelt. Die Fracht, der er die meiste Aufmerksamkeit geschenkt hatte – Dosen und Schachteln mit elektrischen und elektronischen Bauteilen, der noch nicht fertig gestellte »Computer«, das Spaghettigewirr der Drähte, die nirgendwohin führten –, war für ein leckes Boot keine Hilfe. Crowhurst hatte zwei wesentliche Punkte übersehen, auf die die von ihm meistbewunderten und -gelesenen Segler und Fachleute, nämlich Chichester und Eric Hiscock, immer wieder hingewiesen hatten: (1) Beschränkung aufs Wesentliche und (2) Segeln und elektronische Anlagen sind auf lange Sicht unvereinbar. Elektrische Systeme auf Schiffen unterliegen einem ständigen Angriff der ozeanischen Umwelt, und worauf man sich am ehesten verlassen kann, ist ihr Versagen (so war es sicherlich in den sechziger Jahren des letzten Jahrhunderts).

Crowhursts »revolutionäre Ketsch« leckte und konnte mit Bordmitteln nicht repariert werden. Ihre Bilgepumpe war unbenutzbar. Die *Teignmouth Electron* war ein Narrenschiff, das wusste Crowhurst inzwischen selbst nur allzu gut.

Anfang Februar begann er langsam unter Land zu laufen. Er nahm sich seine Seehandbücher vor und forschte nach Segelanweisungen für Südamerika. Er schlug unter jedem kleinen Hafen, jeder Bucht und jeder möglichen Landungsstelle an der argentinischen Küste nach. Genau westlich von seiner damaligen Position lag die Mündung des Rio de la Plata mit ihrem starken Verkehr, der Seezugang nach Buenos Aires, auf der ein ramponierter Trimaran gewiss nicht unbemerkt geblieben wäre. Viel besser schien da der ruhigere Golfo San Matias 600 Seemeilen weiter südlich. Das Handbuch versprach dort eine kleine Siedlung, wo er gewiss das notwendige Material würde auftreiben können, um den undichten Rumpf zu reparieren, und auch einen guten Ankerplatz finden sollte. Er markierte sich die Stelle in dem Buch mit Bleistift. Aber auf 42° südlicher Breite lag der Golfo San Matias technisch schon in den gefürchteten »Brüllenden Vierzigern«. Crowhurst erlebte damals auf 36° südlicher Breite bereits schweres Wetter. Er konnte während der Fahrt in die Vierziger leicht auf Verhältnisse stoßen, die das Ende seines Bootes bedeuteten.

Schließlich entschied er sich für etwas näher Gelegenes. Er lief an der weiten Bucht Bahía Samborombón direkt südlich der Mündung des Rio de la Plata dicht unter Land. Im Seehandbuch war ein Ankerplatz vor der Mündung eines kleinen Flusses, des Rio Salado, am Kopfende der Bucht verzeichnet. Am Südufer des Flusses standen einige Schuppen und Häuser – ein kleiner, unscheinbarer Ort, aber doch nicht ganz unbewohnt. Das schien perfekt. Er machte sich eine Liste, was er sich an Land besorgen musste: Sperrholz, Schrauben und eine Currypaste für die indischen Ragouts, die er sich so gern zubereitete. Er hätte auch von Maggi träumen können.

Am 2. März lief Crowhurst in der Bahía Samborombón ein. An Land sah er Lichter. Vielleicht aus Unentschlossenheit segelte er wieder aus der Bucht heraus und fuhr zwei Tage lang auf die offene See hinaus. Dann kehrte er wieder zurück. Er barg seine Segel vor einem Ferienort, Clemente de Tuyu, aber ihm gefiel es dort nicht. Daher setzte er wieder Segel und fuhr die Bucht weiter hinauf zum Rio Salado. Schließlich ankerte er am 6. März um 8.30 Uhr vor dessen Mündung. Um ihn herum gab es tieferes Wasser, aber Crowhurst hatte, ohne es zu wissen, auf einer Sandbank geankert. Bei ablaufendem Wasser dauerte es nicht lange, bis die *Teignmouth Electron* auf Grund saß.

Nelson Messina, ein 55 Jahre alter Fischer, der in einem kleinen Haus am Nordufer des Flusses wohnte, entdeckte den Trimaran. Er sah, dass das Boot auf Grund saß, und nahm an, dass die Besatzung Hilfe benötigte. Er machte sich auf, um Santiago Franchessi Bescheid zu geben, seinem Nachbarn, dem Obermaat des Büros der Prefectura National Maritima. Standort der Prefectura war einer der vom Seehandbuch erwähnten Schuppen. Crowhurst war direkt unter den Augen einer Station der Küstenwache auf Grund gelaufen. Die Aufgabe Franchessis und seiner Untergebenen (zwei Mann und ein Hund) war die Beobachtung des ein- und auslaufenden Schiffsverkehrs auf dem Rio de la Plata. Allerdings war Rio Salado ein verschlafenes Nest ohne Telefon und mit nur einer unbefestigten Straße, die sich die Küste entlang in wohlhabendere Gegenden schlängelte. Es war eine völlig unbedeutende Station der Küstenwache.

Messina brachte Obermaat Franchessi mit seinem jüngsten Rekruten, Rubén Colli, in seinem Fischerboot zu der fremden Yacht hinaus. Sie waren überrascht, nur einen einzigen Mann an Bord zu finden. Dieser trug einen schütteren Bart, Khakihosen und ein rotes Hemd. Franchessi begrüßte den Segler auf Spanisch. Crowhurst antwortete auf Englisch, aber eine gegenseitige Verständigung war so nicht möglich. Der Segler deutete auf seinen beschädigten Steuerbordrumpf, der den Grund seines Besuchs unmissverständlich klar machte. Messina kam an Bord der Yacht und belegte eine Leine auf der Festmacherklampe der *Teignmouth Electron.* Dann sprang er wieder auf sein eigenes Boot und zog den Trimaran in tieferes Wasser. Nach den Regeln der *Sunday Times* warf dieser kurze Schlepp von der Sandbank hinunter Crowhurst aus dem Rennen.

Um 11.00 Uhr schleppten sie die Yacht den Rio Salado hinauf und machten sie am Kai der Küstenwache fest. Crowhurst verzeichnete die Zeit und den Vorgang in seinem Logbuch. Der dritte Mann der Präfektur, Maat Cristobal Dupuy, der derweil auf der Station die Stellung gehalten hatte, verzeichnete die Ankunft der Yacht und den Namen des Besuchers im Tagebuch der Station. Er überprüfte Crowhursts Pass, in dem der Name des Besitzers als Donald Charles Alfred Crowhurst angegeben wurde. Dupuy ersparte sich das »Donald«, das er als höfliche Anrede ähnlich dem spanischen Don auffasste. Und er ließ auch den letzten Namen weg, der nach spanischem Usus der gewöhnlich nicht benutzte Mädchenname der Mutter ist. »Charles Alfred, Nationalität englisch« stand schließlich im Tagebuch der Präfektur, und Donald Crowhurst machte nicht auf den Fehler aufmerksam.

Señor Alfred verbrachte eine halbe Stunde mit dem Versuch, den Argentiniern verständlich zu machen, welche Materialien er für die Reparatur seines Bootes benötigte, aber es gelang ihm nicht. Er versuchte es auch auf Französisch, aber das wurde ebenfalls nicht verstanden, obwohl Obermaat Franchessi es immerhin als Französisch erkannte. Er ließ den Ausländer in seinen Jeep steigen und fuhr mit ihm 17 Meilen die Küstenstraße entlang zur Rancho Baretto, einem ehemaligen Hühnerstall, in dem Hector Salvati mit Rose, seiner Frau, und Marie, seiner Tochter, ein kleines Rasthaus mit Restaurant betrieb. Die Salvatis waren Franzosen. Hector hatte einst als Unteroffizier in der französischen Armee gedient und war mit seiner Familie 1950 nach Argentinien ausgewandert. Señor Alfred, so stellte sich heraus, sprach ein ausgezeichnetes Französisch.

Er erklärte ihnen, dass er an einer Regatta teilnehme und am 31. Oktober von England aus losgesegelt sei, Kap Hoorn umrundet habe, sich auf dem Rückweg nach England befinde und die Regatta gewinnen würde, wenn er sein Boot reparieren könne.

Hector Salvati fragte ihn, woher man wissen solle, dass er um Kap Hoorn gefahren sei, und der Engländer erklärte ihm, dass am Cabo de Hornos eine Maschine stehe, die vorüberfahrende Schiffe identifiziere.

Er zeichnete auf ein Stück Packpapier den Kurs, den er um die Erde gefahren war. Dann machte er für die Salvatis eine zweite Skizze, diesmal eine Seitenansicht und einen Aufriss von seinem Trimaran. Darauf schrieb er »31. Oktober 68«. Es folgte eine grobe Skizze des Atlantiks, auf der eine andere Fahrtroute eingezeichnet war: von England aus zu einer kleinen Insel vor Südafrika, von da aus nach Südamerika und dann in einer dünneren Linie zurück nach England – vielleicht der Versuch eines Geständnisses. Aber weder die Salvatis noch Obermaat Franchessi verstanden, was diese letzte Zeichnung bedeuten sollte, und der Engländer, der hochtrabend und unzusammenhängend daherredete, schien es selbst nicht so genau zu wissen.

Franchessi besorgte ihm ein Bier und erklärte, dass er den Münzfernsprecher der Ranch benutzen müsse, um seine Vorgesetzten in La Plata anzurufen und um deren Anweisungen zu bitten. Señor Alfred schien darüber sehr beunruhigt. Er sagte, wenn irgendjemand erführe, dass er hier an Land gegangen sei, würde er bei der Regatta disqualifiziert werden. Aber Franchessi tätigte den Anruf trotzdem, und der Engländer schien sich wieder zu beruhigen.

Seine Gemütsverfassung an Land war beinahe manisch. Er sei sehr leicht erregbar gewesen, sagten die Salvatis viel später, seine Stimmung habe sehr stark geschwankt, und er habe sehr viel gelacht.

»Il faut vivre la vie«, sagte er mehrfach zu Rose Salvati mit fast hysterischem Lachen. »Das Leben muss man leben.« Sie glaubte, er wolle sich über sie und ihre Familie lustig machen, und nahm ihm seine Geschichte nicht ab. Sie vermutete, er sei vielleicht ein Schmuggler.

Franchessis Vorgesetzte interessierten sich nicht für die gestrandete Yacht. Man sagte ihm, er solle dem Skipper geben, was er benötige, und ihn weiterfahren lassen, wenn er so weit sei. Franchessi und der Engländer sagten den Salvatis Lebewohl und fuhren zum Rio Salado zurück.

Crowhurst verbrachte die Nacht an Bord seines Bootes, das am Kai der Küstenwache festgemacht war. Am nächsten Tag schraubte er zwei quadratische Sperrholzplatten von 50 mal 50 Zentimetern nebeneinander über die Risse in der Außenhaut des Steuerbordrumpfes und strich sie mit weißer Farbe. Am Abend luden Maat Dupuy und Rekrut Colli ihn ein, mit ihnen zusammen im Schuppen der Küstenwache zu essen, wo sie auch wohnten. Franchessi dagegen war verheiratet und wohnte in einem kleinen Haus in der Nachbarschaft. Crowhurst rasierte sich für das Essen, und die Männer der Küstenwache brieten ihm ein gutes argentinisches Steak und tischten Wein dazu auf. Aber die drei konnten sich untereinander nicht verständigen und aßen größtenteils schweigend.

Am nächsten Morgen schleppte Nelson Messina die *Teignmouth Electron* flussabwärts zum Meer. Um 14.00 Uhr segelte der Trimaran davon. Seine Currypaste hatte Crowhurst nicht bekommen.

26

»Um die Welt! Das klingt, als müsse es stolze Gefühle wecken, aber wohin führt denn diese Erdumseglung? Nur durch zahllose Gefahren zurück zu dem gleichen Punkt, von dem wir einst losgefahren sind.«

So grübelt Ishmael in *Moby Dick*.

Und Bernard Moitessier dachte das Gleiche. »Von Plymouth loszufahren und wieder nach Plymouth zurückzukehren, kommt mir jetzt vor wie das Nichts hinter sich zu lassen, um ins Nichts zu laufen«, schrieb er, nachdem Kap Hoorn hinter ihm lag. Aber er wollte doch seine Freunde und die Familie wissen lassen, dass er den großen Felsen sicher passiert hatte. Er nahm Kurs auf die Falkland-Inseln und hoffte, dort wieder ein Päckchen mit Post und Fotografien an ein anderes Boot übergeben zu können. Aber als er vier Tage nach Kap Hoorn und wieder müde nach einem weiteren Sturm schließlich vor den Inseln stand, fühlte er sich zu erschöpft, um in den langen, engen Fjord nach Port Stanley hinein- und die ganze Strecke zur offenen See wieder zurückzusegeln. Er lag eine Zeit lang beigedreht vor dem Leuchtturm Port Stanley und hoffte dort gesehen zu werden, aber als er nirgendwo Anzeichen irgendwelcher Aktivitäten entdeckte, segelte er nach Norden und weiter auf den Atlantik hinaus.

Doch die *Joshua* mit ihrem roten Rumpf war gesichtet worden. Ihre Position wurde Lloyd's of London gemeldet und von dort an die *Sunday Times* weitergeleitet. Diese bestätigte Meldung war ein gefundenes Fressen für die ausgehungerte Presse. Nachdem Knox-Johnston vier Monate lang nichts mehr hatte verlauten lassen,

Crowhursts Funkgerät jetzt ebenfalls schwieg und nur noch Tetley in der Lage war, seine gelegentlichen Botschaften über Funk abzusetzen, fielen die Bulletins der *Sunday Times* aus Mangel an harten Fakten über den Stand des Rennens immer gequälter aus. Aber jetzt endlich gab es echte und aufregende Informationen: Moitessier hatte das letzte große Hindernis der Strecke bewältigt und war auf dem Heimweg. Seine Geschwindigkeit und seine Position ließen erwarten, dass er als Erster und als Schnellster in England eintreffen und die beiden ausgesetzten Preise für sich reklamieren würde.

Im Laufe der nächsten Wochen wurden seine geschätzten Positionen – die auf seinen beständigen täglichen Durchschnittsstrecken von 120 Seemeilen beruhten, um die man nun täglich seine angenommene Fahrtstrecke von den Falkland-Inseln nach England verlängerte – von der *Sunday Times* vertrauensvoll abgedruckt. Am 23. Februar wurde berichtet, er befinde sich 1250 Seemeilen östlich des Rio de la Plata. Am 2. März lag der erstaunliche Franzose 650 Seemeilen südöstlich der Insel Trindade, und man erwartete, dass er noch am Wochenende die Route seiner Hinfahrt kreuzen und damit die schnellste Nonstop-Erdumseglung, die auch Chichesters Rekordmarke hinter sich ließ, vollendet haben würde. Vielleicht war er überhaupt der erste Segler, der die Welt nonstop umrundet hatte. »Moitessier auf letztem Teilstück« lautete die Schlagzeile der Zeitung am 9. März. Seine Ankunft in Plymouth wurde in sechs Wochen für den 24. April erwartet.

Frankreich bereitete sich auf die Heimkehr eines Nationalhelden vor. Wenn Moitessier erst den *Golden Globe* und den Preis von 5000 Pfund entgegengenommen hatte, würde eine gewaltige Flotte französischer Yachten und Kriegsschiffe die *Joshua* zurück über den Ärmelkanal – La Manche, wie die Franzosen ihn nennen – in heimische Gewässer begleiten. An Land würde man Moitessier das Kreuz der Ehrenlegion verleihen. Sein Stern würde den von Chichester verdunkeln, und selbst Tabarly, Frankreichs heldenhafter Gewinner des *OSTAR*, würde hinter ihm zurückstehen müssen. Er würde zum berühmtesten Fahrtensegler der Welt werden.

Moitessier wusste genau, was ihm bevorstand. Das aber war das Problem. Moitessier schätzte, was sein Ruhm und seine Bücher ihm eingetragen hatten. Aber jetzt kam mehr – viel mehr – auf ihn zu, und er fürchtete, dass es ihn verführen und gefangen nehmen würde. Das Yin und Yang seiner in Asien verwurzelten asketischen Philosophie und sein weltliches Ich, das dem Westen angehörte, hatten seine Persönlichkeit stets zerrissen und um die Vorherrschaft gekämpft. Jetzt hatten sieben Monate, die er auf See allein zugebracht hatte, in einer Welt, die von allem entkleidet war, bis es nichts mehr darin gab als das schnelle Dahinjagen über die Wogen, die Waagschale deutlich auf die weltentrückte buddhistische Seite seiner Natur hinabgesenkt.

»Ich habe wirklich genug von den falschen Göttern, die überall auf der Lauer liegen wie die Spinnen und unsere Lebern zernagen und uns das Mark aussaugen«, schrieb er in sein Logbuch.

Moitessier war am glücklichsten gewesen in seinen frühen »Vagabundenjahren« auf See. Über diese Zeiten, in denen alles noch einfacher war – die Orte, die Menschen, die Boote –, schreibt er in seinen Büchern, die sich mit seinen späteren, berühmteren Unternehmungen beschäftigen, am liebevollsten. Er hatte nun das Maß für diesen einfachen Frieden auf seiner langen, langen Fahrt gefunden. Er wollte es nicht mehr aufgeben. Er wollte sich nicht für immer in Berühmtheit verstricken.

Am Dienstag, dem 18. März, lief Moitessier den Hafen von Kapstadt in Südafrika an, 3500 Seemeilen von dort entfernt, wo ihn alle Welt glaubte, nämlich auf halbem Weg über den Atlantik. Es war genau fünf Monate her, seit die *Joshua* in der Walker Bay, 50 Meilen südöstlich von Kapstadt, mit dem Frachter *Orient Transporter* kollidiert war. Jetzt, als das kleine Boot des Hafenkapitäns die *Joshua* umkreiste, drückte er einem von der Bootsbesatzung einen 14-Liter-Plastikkanister mit Briefen, seinen Logbüchern, Kleinbildfilmen und zehn Rollen 16-mm-Film in die Hand. Er bat, die Sendung an seinen Verleger Robert Laffont von Editions Arthaud in Paris weiterzuleiten. Dann fuhr er wieder hinaus auf See. Er kam dicht an einem britischen Tankschiff, der *British Argosy*, vorbei und schoss mit seiner Schleuder eine kleinere Dose aufs Deck des Tankers, die eine Botschaft an die *Sunday Times* enthielt:

> Ich habe vor, die Fahrt fortzusetzen, immer noch nonstop bis zu den Inseln im Pazifik, wo es viel Sonne gibt und mehr Frie-

den als in Europa. Bitte glauben Sie nicht, dass ich versuche, irgendeinen Rekord zu brechen. »Rekord« ist auf See ein außerordentlich dummes Wort. Ich fahre nonstop weiter, weil ich auf See glücklich bin – vielleicht auch, weil ich meine Seele bewahren möchte.

Er drückte sich ja klar genug aus, aber was er sagte, war beinahe zu erstaunlich, um begreiflich zu sein. Es wurde ein ums andere Mal wiederholt, als die Story in der Presse wie eine Bombe einschlug: *Moitessier kehrte nicht nach England zurück. Er gab das Rennen auf und damit seine fast sichere Aussicht auf den doppelten Sieg. Er umrundete ein zweites Mal das Kap und fuhr weiter um die Welt.*

War er verrückt geworden, fragten sich die Zeitungen, die Segler und alle Leute, die die Regatta verfolgt hatten. Françoise Moitessier, die diese Nachricht, die für sie wie ein Blitz aus heiterem Himmel kam, gleichzeitig mit allen anderen erhielt, stand unter Schock.

Nein, er war nicht verrückt, nicht nach seiner Sicht der Dinge. Er hatte einen klaren Blick in sein Inneres geworfen und den Unfug seines Ehrgeizes erkannt, die willkürliche Zufälligkeit, die dem Plan des Rennens zugrunde lag. Plymouth bedeutete ihm nichts. Von Plymouth nach Plymouth zu fahren hieß, nirgendwohin zu fahren. Da war es schon besser, irgendwohin zu fahren, wo es ihm gefiel. Noch besser war es, weitere 10 000 Meilen zu segeln und seine Fahrt fortzusetzen. Er war glücklich, und das wollte er bleiben.

Vor dem Hafen von Kapstadt wehte ein frischer Südwest. Moitessier holte die Schoten dicht, und die *Joshua* fuhr am Wind nach Südosten, dem Kap der Guten Hoffnung und dem Indischen Ozean entgegen – und dem, was dahinter lag.

Am gleichen Tag rundete Nigel Tetley Kap Hoorn, nahm die letzte Wendemarke und ging dann mit völlig unzweideutiger Sehnsucht auf heimatlichen Kurs.

Er war nur allzu bereit, schnell nach Norden zu laufen und die südlichen Ozeane hinter sich zu bringen. Die *Victress* hatte in den letzten Wochen zwei Furcht einflößende, gewaltsame Episoden überstanden, und der Trimaran war nicht mehr in einer Verfassung, die den australischen Lobsängern der Mehrrumpfboote gefallen haben würde.

Vor drei Wochen, am Abend des 26. Februar, hatte in nicht allzu hoch gehender See eine Monsterwelle (eine, die viel größer ist als alles ringsum) sich unter dem Heck der *Victress* aufgebäumt und sie mit gewaltiger Geschwindigkeit auf ihrem Kamm vorwärts geschleudert. Die Steuerdrähte brachen (wieder), und das Boot wurde vor dem sich brechenden Kamm seitwärts gedreht. Der Brecher krachte gegen den oberen Rumpf und drückte ihn hoch in die Luft, bis Tetley glaubte, das Boot habe sich um etwa 50° auf die Seite gelegt, und er das Gefühl hatte, dass es als Nächstes ein Rad schlagen würde. Alles, was in der Kajüte beweglich war, wurde nach unten geschleudert, und dann brodelte die Riesenwelle unter dem Trimaran hindurch, der sich langsam wieder aufrichtete. So nah war er bisher noch nie einer Kenterung gekommen, und das Erlebnis ließ ihn auf wackeligen Knien mit der Frage zurück, ob er bisher einfach nur Glück gehabt hatte oder ob dies eine so wahnsinnige Ausnahme war, dass er nichts mehr dergleichen erleben würde – jedenfalls nicht so bald. Er konnte es nicht wissen. Er entschied sich für die zweite Erklärung und segelte weiter.

Am 4. März trieb die *Victress* querab zu Wind und Wellen im Sturm, und Tetley war in der Kajüte, als eine weitere Monstersee die Steuerbordseite traf. Diesmal wurde das 1,80 Meter breite Plexiglasfenster des Salons von dem Gewicht der Welle zerschmettert, die daraufhin das Innere des Bootes überflutete. Gleichzeitig wurde die Leinentuchabdeckung, die die Steuerbordseite des Ruderhauses schützte, von einer gewaltigen Bö weggerissen wie ein Fetzen Papier, und noch mehr Wasser strömte in das Ruderhaus und durch den Niedergang in die Kajüte. Alles schwamm in eisigem Seewasser.

Wenn man dies im Lehnstuhl oder gemütlich und sicher im Bett liest, versucht man die Szene heraufzubeschwören, die Schrecken, mit denen sie verbunden ist, nachzuempfinden. Aber die Stunden, die einem solch katastrophalen Wassereinbruch an Bord eines Bootes folgen, kann man sich kaum vorstellen. Das Wasser, das die Kabine überflutete und alles überschwemmte, war etwa elf Grad kalt. Die Lufttemperatur betrug etwa neun Grad. Das kalte Wasser schwappte durch das Boot, durchnässte Tetley und vermengte Speisen, Bettzeug, Karten, Bücher, Kleider, Musikkassetten, Petroleum, jedes große und jedes kleine Objekt zu einem gut durchmischten, hin und her schwappenden, eisigen Eintopf. Der Sturm, der bisher nur draußen getobt hatte, sandte seine Boten nun durch den Niedergang und das breite, zerschmetterte Fenster direkt in die zuvor noch sichere Zuflucht der Kajüte. Tetley triefte von Seewasser, als wäre er über Bord gegangen. Aber es gab keine Möglichkeit, sich abzutrocknen, keine trockenen Kleider, in die er hätte schlüpfen können, und keine Möglichkeit, sich aufzuwärmen, außer mit der hektischen Anstrengung, sein Leben zu retten. Die dünne Schutzhaut, die einem hilft, die zwar absurde, aber wertvolle und nötige Illusion von Sicherheit im Innern des Bootes aufrechtzuerhalten, die die warme Lebenskraft bewahrt mit Hilfe der Bilder derer, die man liebt, mit Büchern, mit Musik, mit der Annehmlichkeit, ein warmes Essen zubereiten zu können, und mit der unvernünftigen, aber doch zähen Hoffnung, noch eine Chance auf den Sieg zu haben, diese Barriere gegen Verzweiflung und blanke Angst war mit einem Mal restlos verschwunden. All das war von einem Augenblick weggeschwemmt worden. In solch einem Moment kämpft der Seemann mit der Verzweiflung eines Mannes, der sich gegen eine übermächtige Kraft wehrt, um sein Leben. Aber dennoch kämpft er, und es ist der Kampf, der ihn rettet. Er lässt ihn die nächsten Stunden durchstehen.

Wie so oft bei größeren Wassereinbrüchen war die Bilgepumpe sofort durch die in der Kabine treibenden Trümmer verstopft. Tetley musste wie wild mit einer Pütz ösen und konnte derweil nur hoffen, dass nicht in schneller Folge weitere Wellen überkamen. Sobald er dazu in der Lage war, suchte er sich einen Hammer und Nägel und vernagelte die Öffnung des zerschmetterten Fensters mit Sperrholz. Dann versuchte er nach und nach Herr über die Unordnung unter Deck zu werden. Das Aufräumen und Saubermachen nach solch einem Unglück erscheint einem zuerst unmöglich. Alles ist überall, nur nicht dort, wo es hingehört, und wenn man etwas an seinen Platz zu legen versucht, dann muss man erst das unterbringen, was sich jetzt an diesem Platz befindet, und dafür einen Platz finden. »Ein Platz für jedes Ding und jedes Ding an seinen Platz«, so muss es auf einem Boot sein, das Tausende verschiedener Dinge mitführt, von denen ein jedes seinen eigenen Winkel und seine eigene Ritze hat. Die Übersicht darüber zu verlieren und dann wiederherstellen zu müssen, kann zu einer alptraumhaften Puzzleaufgabe werden.

Dann kam die Nacht. Unkontrolliert zitternd vor Kälte und Schock zog Tetley seinen durchnässten Schlafsack um sich und harrte aus. Er hoffte bei jeder Welle, die ihre Ankunft mit dem Zischen des sich brechenden Kamms ankündigte, dass sie nicht seine hastige Reparatur zerschlagen und die Kajüte aufs Neue überfluten würde.

Am Morgen stellte er fest, dass die *Victress* ernsthaft beschädigt war. Im Steuerbordrumpf waren Spanten gebrochen und das Deck gesprungen, was eine beträchtliche strukturelle Schwächung bedeutete, und der Kajütaufbau hatte sich an einigen Stellen vom Deck gelöst – das Gleiche, was der *Suhaili* während ihres ersten Niederschlags in den südlichen Ozeanen westlich von Kapstadt widerfahren war. Der Hauptrumpf bog sich, und seine Längsspanten splitterten, wenn sich das Holz reckte und verdrehte.

Tetley staunte, dass sich die *Victress* überhaupt von diesen beiden harten Schlägen erholt hatte. Er schloss daraus, dass sie ein gutes, seetüchtiges Boot war, nur eben nicht stark genug für die südlichen Ozeane. Er wollte Schluss machen. Er beschloss, nach Norden, nach Valparaiso zu segeln, das Boot dort zu verkaufen und nach Hause zu fliegen.

Aber Valparaiso und jeder andere Hafen waren immer noch eine lange Strecke entfernt. In zwei Wochen würde er das Hoorn passiert haben, und dahinter wartete der Atlantik mit besserem Wetter. Am nächsten Tag, als der Wind und die Wellen nachgelassen hatten und in der Kajüte eine gewisse Ordnung wiederhergestellt war, machte sich »reine Sturheit« bemerkbar, und er ging wieder auf östlichen Kurs. Er trieb das Boot weiter voran, entschlossen, die südlichen Ozeane so schnell hinter sich zu lassen wie möglich.

Am 18. März klarte um 14.00 Uhr der Himmel auf, und Kap Hoorn mit den zugehörigen Inseln lag direkt voraus. Im Laufe des Nachmittags flaute der Wind ganz ab, und am Abend lag Tetley südlich des gefürchteten Felsens in einer Flaute. Das war eine willkommene Pause. Und er machte sich keine Sorgen, dass sie lange andauern würde. Er barg die Segel, bereitete sich ein feierliches Essen zu, trank dazu eine Flasche Wein und ging dann schlafen. Er hatte eine eindrucksvolle seglerische Leistung als Erster vollbracht. Die *Victress* rundete als erstes Mehrrumpfboot Kap Hoorn. Die Australier würden begeistert sein.

Eine gute Woche später erfuhr er bei einem verabredeten Gespräch über Funk mit Robert Lindley, seinem Funkkontaktmann bei der *Sunday Times*, dass Bernard Moitessier beschlossen hatte, aus der Wettfahrt auszuscheiden. Er war wie vor den Kopf geschlagen, aber er dachte keinen Augenblick lang, dass Moitessier den Verstand verloren hatte. Er kannte inzwischen selbst die ganze Wahrheit, die hinter solch einer Entscheidung lag. Moitessier hatte stets gesagt, dass eine solche Fahrt nicht als eine Wettfahrt angesehen werden solle; dass alle, die sie überlebten, Gewinner seien. Tetley machte der Verlust seines Lieblingsrivalen traurig, aber er war der Meinung, es sehe »Bernard sehr ähnlich«. Er hatte in Moitessier niemals den Geist der Rivalität entdecken können. Es ist rührend, wenn man bei der Lektüre von Tetleys und Moitessiers Berichten über die Regatta liest, wie oft und liebevoll die beiden während der langen Monate auf See aneinander dachten. Moitessier war ständig um Tetleys Sicherheit in dem Mehrrumpfboot besorgt und schrieb einmal, dass er nicht wisse, wie er damit fertig werden würde, wenn er einmal erfahren sollte, dass er nie wieder etwas von Nigel höre. Und Tetley bewunderte neidlos den Franzosen, dessen Seemannschaft und schnelle Fahrt. Sie hatten in den gemeinsamen Wochen in Plymouth viel gefunden, was sie einander näher brachte, und starke gemeinsame Bande entwickelt.

Tetley wurde jetzt jedenfalls aufrecht gehalten durch die Vorstellung, dass er nach Moitessiers Ausscheiden um einen der beiden Preise kämpfte. Crowhurst kam offensichtlich sehr schnell voran, aber die letzten Nachrichten von ihm besagten, dass er im Indischen Ozean Schäden durch eine gewaltige Welle erlitten habe. Er konnte bereits ausgeschieden sein oder aber wieder Tempo machen. Das wusste niemand.

Und von Robin Knox-Johnston hatte es keine Meldung oder Sichtung mehr gegeben, seit er am 21. November aus Otago Harbour in Neuseeland ausgelaufen war. Plötzlich schien es gut möglich, dass Nigel Tetley als erster Teilnehmer des *Golden Globe Race* nach England zurückkehren und den Ruhm einheimsen würde.

Am Sonntag, dem 23. März, berichteten die Zeitungen von Moitessiers dramatischem Gesinnungswandel, und 30 britische, amerikanische und portugiesische Schiffe begannen im mittleren Atlantik eine groß angelegte Suche nach Robin Knox-Johnston. Die Schiffe waren Teil einer Flotte der NATO, die in dem Seegebiet eine Übung abhielt. Auf der Azoreninsel Terceira stationierte Flugzeuge der U. S. Air Force, die routinemäßig jeden Tag Langstreckenpatrouillen über dem Atlantik flogen, begannen ebenfalls nach der kleinen, ramponierten Ketsch Ausschau zu halten. Es folgten Wochen steigender Spannung. »Die Angst um Knox-Johnston wächst« lauteten nun viele Schlagzeilen. Selbst sein Sponsor, der *Sunday Mirror*, hatte in einem Artikel düster spekuliert, ob Knox-Johnston wohl jemals wieder auftauchen werde. Dass man ihn im mittleren Atlantik suchte, beruhte auf der Annahme, dass er sich, wenn alles gut gegangen war und er seine tägliche Durchschnittsstrecke von 99 Seemeilen hatte durchhalten können, inzwischen den Azoren nähern müsse. Aber niemand wusste, ob er wirklich das Hoorn gerundet hatte oder ob er nach seiner letzten Sichtung in Neuseeland in seinem beschädigten Boot überhaupt den gewaltigen Pazifik hatte überqueren können. An manchen Stellen wurde sein Boot ja nur noch von Tauwerk zusammengehalten. Viele Yachtexperten, unter ihnen auch Sir Francis Chichester, meinten, es würde fast an ein Wunder grenzen, wenn Knox-Johnston in der Lage gewesen wäre, weiterzusegeln, ohne irgendeinen südamerikanischen Hafen zu Reparaturarbeiten anzulaufen.

Robin Knox-Johnston hatte seinen Tagesdurchschnitt von 99 Seemeilen halten können, aber die *Suhaili* war noch zu weit entfernt, ungefähr 1000 Seemeilen südwestlich der Azoren, um von den Schiffen der NATO gefunden zu werden.

Er hatte einen einsamen Ozean befahren und von Neuseeland bis Kap Hoorn kein einziges Schiff gesichtet. Ihm stand sehr deutlich vor Augen, welche Ängste seine Familie um ihn ausstehen musste, und als er das Hoorn hinter sich hatte, nahm er sich vor, Port Stanley anzulaufen und dort seine Position zu signalisieren. Aber nordöstliche Winde trieben ihn ab, bevor er die Falkland-Inseln erreichte, und das Gespenst des Franzosen dicht achteraus hielt ihn davon ab, mehrere Tage darauf zu verwenden, gegen den Wind in den Hafen aufzukreuzen. Er ging auf nördlichen Kurs und hoffte, irgendwann auf ein Schiff zu treffen. Im Südatlantik sah er einmal einen einsamen Frachter, der aber zu weit entfernt war, als dass man ihn von dort hätte sehen oder dass er sich hätte bemerkbar machen können. Nach der Überquerung des Äquators allerdings kreuzte sein Weg mehrfach Schifffahrtsrouten, und Knox-Johnston wurde immer zuversichtlicher, dass es ihm bald gelingen werde, eine Nachricht über seinen Verbleib nach England zu senden. Ihm stand ein Schock bevor.

Schließlich sah er am Abend des 10. März, einen Tag nachdem er den Äquator überquert hatte, ein Schiff von Norden auf sich zukommen. Als es nah genug heran war, sendete er mit seiner starken Handmorselampe Lichtsignale, erhielt aber keine Antwort von der Brücke. Was zum Teufel trieb der wachhabende Offizier, wunderte sich der Kapitän der Handelsmarine Knox-Johnston. Er entzündete eine Handfackel und signalisierte weiter mit der Lampe. Als immer noch keine Reaktion erfolgte, griff er zu der drastischen Maßnahme, eine Notsignalrakete abzuschießen. Der ganze Himmel rings um das Schiff erglühte für drei Minuten unter schwefelgelbem Licht, während der Leuchtkörper an seinem kleinen Fallschirm langsam auf die Wellen herabsank. Wieder richtete Knox-Johnston seine Handmorselampe auf die Brücke und erhielt schließlich eine Antwort. Aber als er begann, den Namen seines Bootes und dessen Identifizierungsnummer durchzugeben, verlor das Schiff das Interesse und dampfte davon. Er zündete noch eine Rakete und signalisierte weiter, bis das Schiff schließlich unterm Horizont verschwunden war.

Knox-Johnston war empört. Er hatte auf jede erdenkliche Art darauf hingewiesen, dass er sich in Seenot befand, und war dennoch ignoriert worden – schlimmer noch, er war kurz zur Kenntnis genommen und dann ignoriert worden. Das namenlose Schiff, das er in der Dunkelheit nicht hatte identifizieren können, ignorierte damit auch eine geheiligte Tradition der Weltmeere, die durch das Schifffahrtsrecht kodifiziert ist und vorschreibt, dass ein Schiff, solange es sich nicht selbst dabei in Gefahr bringt, einem anderen Schiff in Seenot *immer* zu Hilfe kommen muss.[14]

Knox-Johnston hatte guten Grund, beunruhigt zu sein, dass er so ignoriert wurde. Er litt unter Magenschmerzen. Zuerst hielt er sie für eine Magenverstimmung, aber als der Schmerz anhielt und sich dann auf eine Seite seines Bauches hin verlagerte, fürchtete er, es könne sich um eine Blinddarmentzündung handeln. Er hatte dummerweise nicht an Antibiotika gedacht, als er sich medizinisch bevorratet hatte, und verfügte über keine Möglichkeit, eine solche Infektion zu behandeln. Der nächste Hafen war Belem, in 1000 Seemeilen Entfernung – eine Zehn-Tages-Strecke –, aber wenn er tatsächlich eine Blinddarmentzündung hatte, konnte diese ihn bereits getötet haben, bevor er Land erreichte. Seine einzige Hoffnung auf See wäre dann die Hilfe eines anderen Schiffes. Dass der unbekannte Frachter sich trotz Seenotsignalen weigerte zu stoppen, entsetzte ihn.

Dann kreuzte er eine Schifffahrtsstraße und sah in den nächsten Tagen eine ganze Reihe von Schiffen, von denen mehrere sich bis auf eine halbe Seemeile der *Suhaili* (die inzwischen, selbst wenn er nicht versuchte, die Aufmerksamkeit auf sich zu lenken, einen verzweifelten Anblick bot) näherten. Von keinem von ihnen wurden seine Signale beantwortet. Entweder wurde er nicht gesehen oder aber bewusst ignoriert. Für einen Offizier, dem die altehrwürdigen

[14] Das bezieht sich nicht nur auf große Schiffe in Seenot. Als meine 27-Fuß-Yacht 1983 im Nordatlantik sank, antwortete ein 90 Meter langes amerikanisches Containerschiff, die *Almeria Lykes*, prompt auf meinen Mayday-Ruf, änderte seinen Kurs, erschien nach einer Weile am Horizont und kam, um mich zu retten. Dabei wurde kein Gedanke an die Größe meines Bootes oder die Tatsache verschwendet, dass die Besatzung nur aus mir bestand. Die *Almeria Lykes* war auf dem Weg von Rotterdam nach Gulfstone, Texas. Wenige Wochen zuvor hatte sie auf der Fahrt nach Osten über den Atlantik einen Segler gerettet, der eine Herzattacke erlitten hatte, und ihn auf die Bermudas gebracht.

Gesetze der Seefahrt in Fleisch und Blut übergegangen waren, bedeutete dies Verhalten »eine erschütternde Offenbarung«, wie Knox-Johnston in seinem Logbuch vermerkte. Er kam zu der unglückseligen Schlussfolgerung, dass man sich nicht länger auf die Tradition einer Bruderschaft aller Seeleute, die auf hoher See füreinander einstanden, verlassen konnte. Das war ein schlimmer Gedanke für einen Alleinsegler.

Doch er hatte keine Blinddarmentzündung. Das Corned Beef war schlecht geworden. Er strich es für eine Weile von seinem Speiseplan und erholte sich langsam – bis auf einen Rückfall am 17. März, seinem 30. Geburtstag, den er mit einer gemischten Grillplatte feierte.

Am 6. April durchquerte er bei schwachen Winden eine weitere Schifffahrtsstraße, eine sehr viel befahrene. Den ganzen Nachmittag über fuhren Schiffe an ihm vorbei und ignorierten seine beständigen Versuche, durch Signale mit ihnen Kontakt aufzunehmen und ihre Aufmerksamkeit zu erringen. Als der Tag schon weit vorangeschritten war, nahm ihn endlich der britische Tanker *Mobil Acme*, so wie es sich gehörte, zur Kenntnis. Knox-Johnston und der wachhabende Offizier auf der Brücke »sprachen« mit Handmorselampen miteinander, höflich und wie es ihrer beruflichen Ausbildung entsprach. Knox-Johnston gab den Namen seines Bootes durch sowie »in zwei Wochen« als voraussichtlichen Ankunftstermin in Falmouth. Von der *Mobil Acme* antwortete man mit einem »wird erledigt« und »viel Glück«. Das Schiff setzte sich sofort über Funk mit London in Verbindung, und zweieinhalb Stunden nachdem er gesichtet worden war, erhielt Knox-Johnstons Familie einen Anruf von Lloyd's. Die Nachricht fand natürlich ihren Weg auf die Titelseite aller britischen Sonntagszeitungen.

Welch herrliche Nachricht für England. Der Franzose war aus dem Rennen, und die drei beherzten Briten waren auf dem Weg nach Hause. Wenn jetzt kein Unglück mehr geschah, schien es sicher, dass Knox-Johnston als erster Mensch, der allein ohne Zwischenaufenthalt um die Erde gesegelt war, den *Golden Globe* gewinnen würde. Nigel Tetley, der auf seinem Weg nach Norden noch im Südatlantik stand, schien Aussicht auf den Geldpreis für die schnellste gesegelte Zeit der Regatta zu haben, aber Donald

Crowhurst, der schwarze Ritter des Rennens, der »sich jetzt Neuseeland nähern sollte«, konnte ihn darin noch übertreffen.

Am anderen Ende der Erde, am äußersten Ende von rechtweisend Nord eines jeden Seemanns auf der ganzen Welt, näherte sich zur gleichen Zeit die britische transarktische Expedition, geführt von dem englischen Entdeckungsreisenden und Schriftsteller Wally Herbert, nach mehr als 400 Tagen auf der polaren Eiskappe dem Nordpol. Wozu? Wieder eine Ersttat in den Annalen der Eroberung der Arktis: die erste Überquerung des Nordpolarmeers über den Nordpol. Es spielte keine Rolle, dass diese Tat weder besonders wichtig noch nützlich war, sie war einfach eine wunderbare Herausforderung. Herberts Team reiste auf klassische Weise mit Hundeschlitten und knüpfte so an die glorreichen Jahre der heldenhaften Fehlschläge Englands bei Polarexpeditionen an. Wieder war einer der glorreichen, brutalen, odysseeischen Abenteurer unterwegs, und mochte es nun belanglos sein oder nicht, das Inselvolk zeigte jedenfalls, dass es immer noch in reichem Maße über den Stoff verfügte, aus dem Helden gemacht sind.

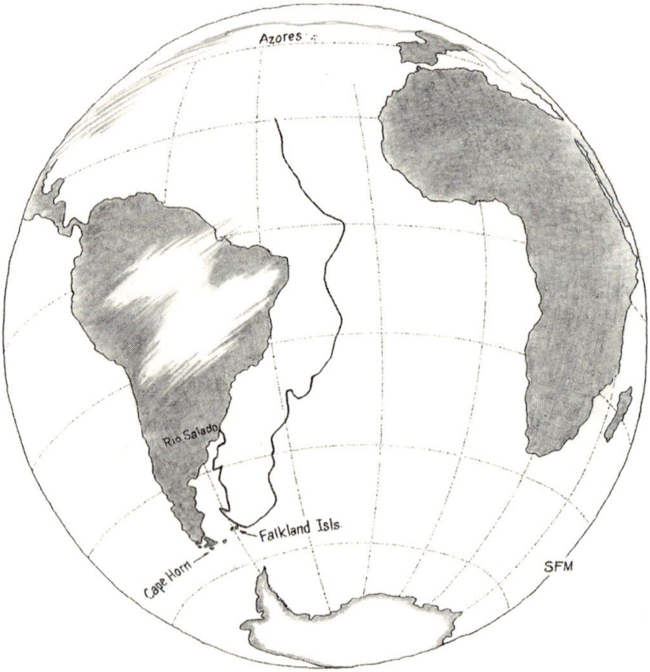

Donald Crowhursts Route
10. März 1969 – 1. Juli 1969

27

Nachdem er Nelson Messina am Rio Salado zum Abschied gewinkt hatte, fuhr Donald Crowhurst nordwärts, nach England – selbstverständlich, um die Regatta zu gewinnen. Aber als er hinterm Horizont und damit dem Gesichtskreis Nelson Messinas und der Patrouillen der Prefectura National Maritima entschwunden war, wandte er sich nach Süden. Er plante, wieder in das Rennen einzusteigen.

Seine Idee war, irgendwann im April wieder aufzutauchen, seine Funkstille zu brechen, seine Position bekannt zu geben und dann den letzten Rest des Rennens Richtung Heimat zu fahren, als hätte alles seine Ordnung. Wo, wann und wie er dies tat, war entscheidend für den Erfolg seines Betrugs. Er wollte von keinem Schiff entdeckt und identifiziert werden, bevor er auf einer vertretbaren Position lag, und er musste seine gefälschten Daten für die Pazifiküberquerung und die Umrundung des Hoorn noch ausarbeiten. Er hoffte außerdem, etwas von den Bedingungen, die in den »Brüllenden Vierzigern« herrschten, auf 16-mm-Film bannen und vielleicht auch Aufnahmen von den Falkland-Inseln machen zu können. Sie waren zwar nicht Kap Hoorn, aber sie lagen doch tief im Süden. Es konnte glaubhaft, einfach und sogar empfehlenswert sicher sein, Kap Hoorn so weit vor der Küste zu passieren, dass man es gar nicht mehr sichten konnte. Zwar war ein Blick auf das Hoorn für einen Erdumsegler eine fast unwiderstehliche Versuchung, aber schweres Wetter konnte selbst bei einem geringen Sicherheitsabstand dazu führen, dass der berühmte Felsen im Sturmgebraus verborgen blieb. Eine Aufnahme der Falkland-Inseln würde für diejenigen, die nicht zu ernsthaften

Zweifeln neigten, seine Fahrt durch die südlichen Ozeane bezeugen. Und als Letztes würde er dann einen Funkspruch in seine Heimat absetzen – vorgeblich aus dem Pazifik via Wellington, Neuseeland –, und zwar noch vor dem Datum, das er für seine Umrundung des Hoorn angeben würde. Das würde leichter sein, so glaubte er, wenn er erst weit genug im Süden stand, um ein Funksignal über den dort niedrigeren und schmaleren Rücken der Anden hinweg abzustrahlen. Also ging er am 10. März von seiner Position vor Rio Salado auf Südkurs und segelte in das verlassene, einsame Fahrtgebiet des Südatlantiks, wo ihn die Augen der Welt nicht sehen würden, um dort seinen Wiedereinstieg in das Rennen und die Strategie, mit der er Nigel Tetley noch den Geldpreis streitig machen konnte, auszuarbeiten.

Seine letzte vorgebliche Position, bevor er in Funkstille verfiel, war am 15. Januar die Insel Gough westlich von Kapstadt gewesen. Von dort nach Kap Hoorn waren es fast 13 000 Seemeilen. Er beschloss, sich 90 Tage für die Fahrt von der Insel Gough bis nach Kap Hoorn zu bewilligen, und würde dann dort am 15. April eintreffen müssen – das entsprach einer durchschnittlichen täglichen Fahrtstrecke von 144 Seemeilen, unglaubhaft, aber nicht ganz unmöglich (Moitessiers Einrumpfboot *Joshua* schaffte oft mehr). Ein Wiederauftauchen im Südatlantik kurz darauf würde ihm – nach gefahrener Zeit – einen sicheren Vorsprung vor Nigel Tetley verschaffen. Dann würde er so schnell nach Hause segeln, wie er eben konnte.

Etwa am 16. März überquerte er den 40. Breitengrad Süd und setzte seinen Zickzackkurs nach Süden fort. Er hatte immer noch einen Monat, bis er in etwa dort wieder auftauchen musste, wo er sich jetzt befand. Bald geriet er auch für mehrere Tage in einen der für die »Brüllenden Vierziger« typischen Stürme, aber als er am 29. März vor der Nordküste der Falkland-Inseln lag, war das Wetter untypisch ruhig geworden. Er filmte einen idyllischen Sonnenuntergang bei Port Stanley. Dann trugen ihn starke Westwinde über zwei Tage von den Inseln davon und nach Nordosten in den Atlantik hinein.

Anfang April begann er auf den Frequenzen, die von Wellington, Neuseeland, benutzt wurden, morsetelegrafierte Funksprüche abzusetzen, jedoch ohne Erfolg (was nicht unbedingt an der Entfernung, sondern an den atmosphärischen Bedingungen lag). Allerdings empfing ihn am 9. April Radio General Pacheco in Buenos Aires und fragte wiederholt nach seiner Position. Wie es für ihn typisch war, kam Crowhurst der Bitte nach klarer Information nicht nach. Stattdessen sandte er über Radio General Pacheco nach elfwöchiger Funkstille seine ersten Worte nach England. Es war eine in Morsetelegrafie übertragene Botschaft an Rodney Hallworth:

> DEVON NEWS EXETER – KURS DIGGER RAMREZ, LOG KAPUTT 17697 28. WAS GIBT'S NEUES, SEEDURCHPRÜGELTERWEISE.

Der Funkspruch wurde Hallworth telefonisch am Morgen des 10. April durchgegeben. Er war gerade dabei gewesen, sich zu rasieren. Er rief sofort Clare Crowhurst an, um ihr die tollen Neuigkeiten mitzuteilen. Später setzte er sich hin, um die kurze, rätselhafte Nachricht aufzuschlüsseln. Wie typisch für Donald: der karge Humor, der enttäuschende Mangel an Details und das Fehlen einer genauen Positionsangabe. Aber dieser Spruch war immerhin besser, als die meisten anderen es gewesen waren: Crowhursts Log oder Logleine war am 28. Marz beim Stand von 17697 Seemeilen gerissen, und »Digger Ramrez« waren offensichtlich die Diego-Ramirez-Inseln, die knappe 60 Seemeilen oder so vor Kap Hoorn lagen. Ha! Donald segelte also, während er dies las, an Kap Hoorn vorbei! Er machte sich an die Vorbereitung seiner Presseerklärung.

Zwei Tage später, am Sonntag, dem 13. April, berichtete die Hälfte der Londoner Zeitungen, dass Donald Crowhurst Kap Hoorn gerundet habe – fast eine Woche vor dem von ihm avisierten Datum. Die *Sunday Times* räumte ein, dass Crowhurst inzwischen das Hoorn umrundet haben könne, aber das Blatt gab auch zu bedenken, dass es ebenso gut möglich sei, dass er noch 1000 Seemeilen vor dem Hoorn stehe. Aber auf jeden Fall könne er, wenn er sein gegenwärtiges Tempo beibehalte, irgendwann zwischen dem 24. Juni und dem 8. Juli wieder in Teignmouth eintreffen. Das würde eine Erdumseglung in etwa 250 Tagen bedeuten – zehn Tage weniger, als es die jüngste Schätzung von 260 Tagen für Tetley erwarten ließ. Damit würde Crowhurst den Preis von 5000 Pfund gewinnen.

Niemand schien daran Anstoß zu nehmen, dass seine Nachricht

von Buenos Aires aufgenommen worden war, das von Crowhursts vermuteter Position irgendwo im Pazifik jenseits der Anden lag. Funkkontakt auf hoher See war, wie jedermann inzwischen wusste, von Zufällen abhängig. Crowhursts Funkstille hatte einen Monat kürzer gewährt als Knox-Johnstons, der mitten im Atlantik wieder aufgetaucht war. Und im Falle Crowhurst ging es in dem Rennen um den weniger wichtigen Preis. Die Zeitungen waren jetzt voll von Berichten über Robin Knox-Johnston, den »überraschenden Helden« mit seiner kleinen, in Indien gebauten Ketsch, und seine nun für jeden Tag in Falmouth erwartete Ankunft.

An Bord der *Teignmouth Electron* erwartete Crowhurst mit einiger Sorge Hallworths Antwort. Es war jetzt einen Monat her, seit er vom Rio Salado wieder auf See gegangen war. Vom Stand der Wettfahrt wusste er nur, was er beim letzten Funkkontakt vor drei Monaten erfahren hatte. Nachdem er jetzt seine mehrdeutige Positionsangabe gemacht hatte, wollte er natürlich wissen, ob er auf See beobachtet oder an Land gemeldet worden oder ob zu Hause irgendein Verdacht aufgekommen und das Spiel damit verloren war. Aber die Antwort, die drei Tage später eintraf, enthielt keinerlei Hinweis auf irgendwelche Schwierigkeiten.

> DU LIEGST NUR ZWEI WOCHEN HINTER TETLEY, FOTOFINISH WIRD DAS EREIGNIS. ROBIN IN EIN ODER ZWEI WOCHEN HIER – RODNEY.

Ermutigt nach dieser plötzlichen Befreiung aus seiner Isolation wurde Crowhurst am Funkgerät relativ gesprächig. Er sandte einige Funksprüche und beschrieb darin den Duft des Holzrauchs im Wind, der von den Falkland-Inseln herüberwehte. (Hallworth hörte aus diesen kargen Versen Poesie heraus. *Woodsmoke on the wind*, »Holzrauch im Wind«, solle der Titel von Crowhursts Buch lauten, meinte er.) In einem anderen erging er sich missmutig in Spitzfindigkeiten über den Terminus »Gewinner der Wettfahrt«, wie er auf Knox-Johnston angewendet wurde, und schlug eine gerechte Unterscheidung vor zwischen dem, der als Erster ankam, und demjenigen, der die schnellste Zeit vorweisen konnte.

Crowhurst hatte jetzt häufig, wenn auch nicht regelmäßig Funkkontakt sowohl mit General Pacheco Radio in Buenos Aires als auch – inzwischen – mit Portishead Radio in England. So erfuhr er von Moitessiers Aufgabe der Wettfahrt und Tetleys Position, der ihm weit voraus vermutet wurde. (Bizarrerweise verliefen die Fahrtrouten der beiden Trimarane am 24. März so dicht beieinander, dass die beiden Männer sich tatsächlich in Sichtweite passiert haben könnten – Crowhurst lief nach Süden auf die Falkland-Inseln zu und Tetley an den Falklands vorbei nach Norden. An diesem Tag herrschte stürmisches Wetter, und die Sicht war schlecht – vielleicht wäre das Rennen sonst anders ausgegangen.)

Seit er angeblich Nord anlag und an Kap Hoorn »vorbei« war, fielen Crowhursts gefälschte und seine tatsächlichen Positionen allmählich zusammen, und ab Mitte April begann er, so schnell er konnte, zurück nach England zu segeln.

Nigel Tetley spürte ihn kommen. Er hatte erfahren, dass sowohl Knox-Johnston als auch Crowhurst nach Monaten des Schweigens und der Zweifel ob ihres Verbleibs wieder aufgetaucht waren, dass sie noch lebten, wohlauf waren und ihre Boote vorwärts trieben. Wie Moitessier fühlte sich Tetley unter allen Menschen seinen Mitseglern am engsten verbunden, als wären sie alle Soldaten, die einem gemeinsamen Feind gegenüberstanden, und er war immer froh und erleichtert, wenn er hörte, dass sie noch lebten, in Sicherheit waren und es ihnen gut ging.

Aber er war sich jetzt sehr genau der Tatsache bewusst, dass die Preise, die noch vor so kurzer Zeit für ihn greifbar erschienen, ihm jetzt aus der Hand glitten. Er würde nicht der Erste sein, der wieder in der Heimat eintraf, und es sah außerdem so aus, als ob Crowhurst ihn nach versegelter Zeit unterbieten konnte. Er würde also leer ausgehen und auf dem letzten Platz landen.

Also forcierte er sein Tempo mehr denn je. Die *Victress* war inzwischen so beschädigt, dass sie, bis er England erreichte, nur noch Schrottwert besitzen würde. Das nahm er hin. Ihre letzte und jetzt noch einzig wichtige Funktion war, ihn zurückzubringen. Die schlimmsten Seen und Stürme lagen hinter ihnen. Es standen ihnen nur noch die freundlichen Tropen und der Frühling auf dem Nordatlantik bevor. Seine Aufgabe war nicht, das Boot zu schonen, sondern nur, es lange genug flott zu halten, um seine Fahrt zu vollenden, während er gleichzeitig so schnell wie möglich vorankommen musste.

Aber die langsame, beständige, normale Zermürbung infolge von Brüchen und Abnutzung – Teile von Beschlägen, die sich lösten, undichte Fenster, Decks und Außenhüllen – hatte sich durch die harten Monate und die Schäden, die die südlichen Ozeane mit ihren schweren Schlägen hinterließen, verschlimmert und beschleunigt. Das Ruder der Selbststeuerungsanlage war kurz nach Kap Hoorn in der Tiefe versunken. Tetley hatte kein Ersatzteil dafür an Bord, war aber zu diesem Zeitpunkt genau wie Knox-Johnston schon so gut in der Lage gewesen, das Boot unter einer Vielzahl von Bedingungen allein durch die Segelführung auszubalancieren, dass der Verlust nicht schwer wog, sondern eigentlich nur eine Unannehmlichkeit war. Die Steuerdrähte zwischen dem Steuerrad und dem Hauptruder brachen noch einmal, aber er ersetzte sie, wie er es zuvor bereits getan hatte. Die Glasfaserverkleidung des Backbordrumpfes löste sich in langen Streifen ab, sodass das Sperrholz darunter bereits blank lag. In dem Sperrholz gab es keine Plankennähte, wie sie ein konventionell beplankter Rumpf aufweist, sondern nur ein paar Fugen, wo sich verschiedene Sperrholzplatten über den Spanten trafen, aber ohne die wasserdichte Schutzschicht aus Glasfaserlaminat sickerte Seewasser durch diese Fugen und unterminierte den Halt der Verleimung und der gesamten Befestigung dort. In dieser Situation, in der die *Victress* alle Vorsicht und Schonung benötigt hätte, die er ihr geben konnte, war Tetley nun gezwungen, sie härter zu fordern als je zuvor, wenn er seinen Vorsprung vor dem gnadenlos näher kommenden Donald Crowhurst retten wollte.

Aber sie hielt es nicht mehr aus. Eines Morgens, als der Tag graute, entdeckte er, dass ein großer Decksabschnitt zwischen dem Haupt- und dem Backbordrumpf sich auflöste. Die Decksbalken waren gesplittert und gebrochen. Aber neben der Aussteifung des Decks erfüllten diese Balken noch eine wichtigere Aufgabe: Sie waren Teil der einst steifen Längs- und Querkonstruktion, die den Backbordrumpf mit dem Hauptrumpf verband.

Ebenso übel schien es, dass die Sperrholzhülle des Backbordrumpfes am Bug durchlöchert und gerissen war, dass Spanten gebrochen waren und sich von der Außenhaut gelöst hatten und Wasser in diesem Rumpf stand. Als er in den Backbordrumpf hinunterkletterte und sich dort in knietiefes Wasser hockte, konnte er sehen, wie sich über ihm das Deck hob, dass die Spanten sich an den Seiten von der Außenhaut gelöst hatten und sich das Sperrholz unter dem Druck jeder Welle verbog. Der Trimaran fiel auseinander, zerfiel buchstäblich in seine Bestandteile.

Tetleys Rennen schien damit vorüber zu sein. Das war ein schwerer Schlag, und zwar umso mehr, als ihn zu diesem Zeitpunkt nur noch 60 Seemeilen davon trennten, seine Fahrtroute von England zum Kap zu kreuzen und damit die Erdumrundung vollendet zu haben. Aber die *Victress* sank ja auch nicht im eigentlichen Sinne – noch nicht. Tetley glaubte das Vorschiff des Backbordrumpfes reparieren und den Rumpf ausreichend aussteifen zu können, um wenigstens Recife anzulaufen. Er befand sich etwa 200 Seemeilen vor der brasilianischen Küste.

Wie all seine Mitbewerber (außer Crowhurst) hatte Tetley die *Victress* mit einem guten Vorrat von Holzwerkzeugen, Schrauben, Muttern, Bolzen, Metallteilen – eben dem ganzen, gut bestückten, fahrbaren Eisenwarenladen, der zu einem Boot gehört – versehen, und als er sich daranmachte, den Backbordrumpf zu reparieren, überlegte er zunächst, wie er bei den größeren Schäden verfahren solle. Er suchte in seinen Vorräten und fand schließlich, was er benötigte. Die Arbeit selbst nahm über zwei Tage in Anspruch – zwei Tage, in denen er darüber nachdachte, wie weit er schon gekommen und wie nah er der Heimat schon wieder war.

Als er die Reparatur erledigt hatte, versteifte er die Verbindung zwischen Backbord und Hauptrumpf mit behelfsweise angebrachten Querbalken. Die schlimmsten Löcher in der Hülle des Backbordrumpfes waren nun ausgebessert, aber der Schwimmer nahm doch noch so viel Wasser über, dass er unterhalb der Wasserlinie Löcher in dessen Vorderteil bohrte, damit das Wasser wieder abfließen konnte – das Wasser darin stieg nun nicht mehr über den Meeresspiegel.

Es war eine grobe Reparatur, aber Tetley entschied, wenn er damit nach Brasilien segeln konnte, dann konnte er damit verdammt noch mal auch nach England segeln.

Und er würde den Knoten zuziehen. Am Abend des 22. April erreichte die *Victress* auf 6° 50' Süd und 30° 38' West eine Stelle auf der ununterscheidbaren Oberfläche des Meeres, wo er genau vor sechs Monaten gewesen war, und kreuzte damit die Route seiner Hinfahrt. Nigel Tetley hatte als Erster in einem Mehrrumpfboot die Erde umrundet. Aber die Koordinaten in Längen- und Breitengraden sind Abstraktionen, und wenn sie für nichts anderes stehen als eine gewaltige Strecke übers Meer, dann machen sie für Zeitungen und Fernsehen nicht viel her. Von Hafen zu Hafen, das ist ein angemessener Rahmen für eine solche Fahrt, ein sauberer Start und ein sauberes Ziel für die Bücher, in denen Rekorde verzeichnet stehen, nach Regeln einer Zeitung und für ein auf Helden erpichtes Publikum. Tetley war noch 4200 Seemeilen von Plymouth entfernt – 5000, würde ein Segler sagen, wenn er den Kurs unter Berücksichtigung der günstigsten Winde absetzt. Seine Fahrt würde erst in anderthalb Monaten richtig zu Ende sein – wenn das Glück und die *Victress* ihm treu blieben.

28

Als Einziger unter seinen Mitbewerbern hatte der »beunruhigend normale« Robin Knox-Johnston niemals an sich gezweifelt. Scheuklappen, die seiner Fantasie Grenzen setzten, hatten jeden Blick auf seelisches Versagen, auf Zweideutigkeiten oder Unsicherheit, die ihn hätten aufhalten oder zur Aufgabe bewegen können, ausgeschlossen. Er hatte sich nur um seine Prellungen und Verletzungen gesorgt, um sein Auge, um die Symmetrie seines Schnurrbarts, seine Wasservorräte und die Frage, ob die *Suhaili* mit ihrer Ausrüstung über die lange Strecke durchhalten würde. Er und das Boot hatten durchgehalten, und 1000 Seemeilen vor England begannen nach 29 000 versegelten Seemeilen diese Sorgen langsam von ihm abzufallen.

Am frühen Morgen des 7. April machte er zum ersten Mal seit der Passage von Kap Hoorn vor zweieinhalb Monaten am 17. Januar wieder Landfall. Ein kleiner Flecken tauchte am südöstlichen Horizont auf. Es handelte sich um Flores und Corvo, die kleinen nordwestlichen Vorposten der Azoren.

Fünf Tage später, am Samstag, dem 12. April, kam ihm von achtern wieder ein Schiff näher, die *Mungo* aus Le Havre, und begann die *Suhaili* zu überholen. Knox-Johnston – der immer noch keinen Funkkontakt mit dem Rest der Welt aufnehmen konnte – hatte keine Bestätigung, dass die *Mobil Acme* seine Lichtsignalsprüche weitergegeben hatte. Deshalb signalisierte er jetzt auch der *Mungo*, aber das Schiff schien ihn wie gewöhnlich zu ignorieren und lief weiter. Als er jedoch fünf Minuten später wieder aufblickte, sah er, dass es gewendet hatte und zurückkam. Und kurz danach begann die *Mungo* ihm Lichtsignale zu senden. Als Knox-Johnston den Namen seines Bootes, *Suhaili*, hinübermorste, winkte die Mannschaft des Frachters ihm von der Brücke aus zu – sie wusste, wer er war. Einige Augenblicke später, als er über Funk (auf einer nur für kurze Strecken brauchbaren Frequenz) mit dem Funker der *Mungo* sprach, vernahm er die erstaunliche Nachricht, dass Moitessier, vor dessen roter Ketsch er lange Zeit in Furcht gelebt hatte, weil sie jeden Moment achteraus am Horizont hätte auftauchen können, sich in Wirklichkeit auf einer zweiten Erdumseglung im Indischen Ozean befand. Er konnte es kaum glauben und mochte sich auf diese gewaltige Erleichterung gar nicht einlassen.

Der Funker wusste eindeutig über alles, was mit dem Rennen zusammenhing, gut Bescheid, und als Knox-Johnston den Namen seines Bootes bestätigte, sagte er ihm: »Ja, das ist richtig.« Er erklärte sich auch bereit, eine Botschaft an den *Sunday Mirror* weiterzuleiten. Die beiden Männer plauderten eine Weile, bis die *Mungo* schließlich wieder davondampfte. Aber die Neuigkeit war heraus. Im Verlauf des Nachmittags kam noch ein weiteres französisches Schiff, die *Mariotte*, ein Tanker, zu ihm herüber und grüßte die *Suhaili* mit einem Stoß ihres Nebelhorns.

Knox-Johnstons solipsistischer Panzer war endlich aufgebrochen. Fünf Monate lang – seitdem er den Krabbenfischern von Otago Harbour auf Neuseeland Auf Wiedersehen gesagt hatte – hatte er keinen Kontakt mehr zu der nur noch in seiner Erinnerung existierenden Welt jenseits des Horizonts gehabt. Er hatte keinen wahrnehmbaren Beweis dafür bekommen, dass irgendjemand von ihm wusste, dass es irgendjemanden kümmerte, was er mit diesem verrückten Vorhaben, im Spaziergängertempo über die Weltmeere zu kriechen, eigentlich erreichen wollte. Und jetzt wichen Schiffe von ihrem Kurs ab, um ihn mit einem Hornsignal zu begrüßen, und er hatte die Verbindung zur Welt wiedererlangt.

Am nächsten Abend – dem nämlichen Sonntag, dem 13. April, an dem viele Zeitungen berichteten, dass Donald Crowhurst Kap Hoorn gerundet hatte – versuchte Knox-Johnston die Kurzwellenfunkstation des General Post Office in Baldock, Hertfordshire, nördlich von London zu rufen. Monatelang hatte der Versuch, diese Station zu erreichen, nicht zum Erfolg geführt, aber an diesem

Abend kam er wundersamerweise durch. Nachdem sie ein paar Minuten lang geplaudert hatten, fragte ihn der Funker in Baldock, ob er mit irgendjemandem telefonieren wolle, und Knox-Johnston gab ihm die Nummer seiner Eltern. Sein jüngerer Bruder Mike war am Apparat und »sprang beinahe durchs Dach«. Jetzt wusste Knox-Johnston, dass sie sich zu Hause keine Sorgen mehr um ihn machen brauchten, und nachdem er gehört hatte, dass es daheim allen gut ging, konnte er seine Sorgen ebenfalls einschlafen lassen.

Mike bestätigte, was er bereits von der *Mungo* gehört hatte, dass nämlich Moitessier weiter über die Südmeere nach Osten lief. Knox-Johnston hatte sich nämlich tatsächlich gefragt, ob es wirklich die Wahrheit war oder ihm der französische Funker nicht vielleicht einen Bären aufgebunden hatte, damit er es etwas ruhiger angehen lasse. Er erfuhr auch, dass die beiden Trimarane im Südatlantik waren, Nigel Tetley vor der Küste von Brasilien und Donald Crowhurst nach seiner Passage um Kap Hoorn diesem dicht auf den Fersen, und dass sie sich in einem Wettlauf um den Preis nach gefahrener Zeit befanden. Mike erzählte ihm außerdem von den Booten mit der Presse und seiner Familie, die ihn draußen auf See begrüßen würden, wenn er etwas dichter unter Land kam.

Plötzlich schien alles so wirklich. Nach einer Fahrt von zehn Monaten, deren Ende immer unbegreiflich weit vor ihm gelegen hatte, sowohl zeitlich als auch räumlich, ließ Knox-Johnston jetzt die Erkenntnis an sich herankommen, dass er Großartiges geleistet hatte und zu Hause bald eine gewaltige Woge über ihm zusammenschlagen würde. Wenn nichts Ungewöhnliches mehr passierte, dann erreichte er, so schien es, in etwa einer Woche England, als erster Mensch, der allein nonstop um die Erde gesegelt war. Er holte seine Whiskyflasche hervor, ging auf Deck und goss einen Schluck für die *Suhaili* über deren Heck. Dann opferte er einen weiteren Schluck für Shony, einen alten englischen Meeresgott. Und dann trank er selbst.

Als nun die Isolation der vergangenen Monate hinter ihm lag, Schiffe und Funkstationen ihn sichteten und hörten, fühlte sich Knox-Johnston plötzlich wieder wie ein Seemann, ein landverbundenes Wesen, das sich immer zwischen zwei Häfen befindet, und nicht mehr wie eine Kreatur der endlosen Hochsee. Und schon bald darauf kam er sich vor wie ein Fuchs, hinter dem die Meute her ist. Er stand nun in regelmäßigem Funkkontakt zum *Sunday Mirror*, gab diesem seine Positionen und die jeweils voraussichtliche Ankunftszeit durch (die ständig revidiert wurde, da ja das Wetter seinen weiteren Fortschritt bestimmte), sodass der *Mirror* ihn als Erster mit einem Boot erreichen und die Konkurrenz mit den ersten Fotos des zurückgekehrten Helden ausstechen konnte.

Am 18. April, einem Freitag, war die *Suhaili* nachmittags noch 280 Seemeilen von Falmouth entfernt. Knox-Johnston kam jetzt in ein Fahrtgebiet, wo die Schifffahrtsstraßen den transatlantischen Verkehr zu einem einzigen dichten Band verengten. In der Nacht war er von den Lichtern zahlreicher Schiffe umgeben und musste wach im Cockpit ausharren, Leuchtsignale zur Hand und jederzeit bereit, ein Ausweichmanöver einzuleiten, falls ihm eins der Schiffe zu nahe kommen sollte. Kurz nach Mitternacht (also Samstagmorgen) verlangsamte ein hell beleuchtetes Schiff, das die *Suhaili* überholt hatte, seine Fahrt und setzte sich schließlich eine halbe Seemeile hinter sie. Ein weiteres, kleineres Fahrzeug kam heran, wurde ebenfalls langsamer und schloss sich dem ersten an. Knox-Johnston signalisierte dem größeren mit seiner Handmorselampe und fragte nach dessen Namen. *Queen of the Isles* lautete die Antwort. Es war eins der Schiffe, die, wie sein Bruder Mike gesagt hatte, ihm das Geleit geben wollten. Es kam dicht heran, und auf Deck leuchteten in der Dunkelheit die Blitzgeräte von Kameras auf. Auch Knox-Johnstons Eltern waren an Bord, und die drei riefen sich über das dunkle Wasser hinweg laute Hallos zu. Das kleinere Boot war die *Fathomer*, ein ehemaliges Seenotrettungsboot, das vom *Sunday Mirror* gechartert worden war und den *Suhaili*-Fanclub an Bord hatte – Knox-Johnstons Mannschaft, mit der er vor zehn Monaten von London nach Falmouth gesegelt war: den Reporter und den Fotografen des *Sunday Mirror*, die dort seine Story betreuten, und seinen Lektor vom Verlag Cassell. Die *Queen of the Isles* und die *Fathomer* gingen dann wieder auf etwas größeren Abstand und folgten der *Suhaili* während der noch verbleibenden Stunden der Dunkelheit in deren Tempo. Sie übernahmen die Aufgabe, andere Schiffe auf den Segler aufmerksam zu machen, während Knox-Johnston unter Deck gehen und etwas schlafen konnte.

Als er am Morgen aufwachte, waren die beiden Begleitboote verschwunden. Das Wetter hatte sich verschlechtert und zu einem Südoststurm ausgewachsen, der die *Suhaili* nach Norden hin von ihrem Kurs abbrachte. Enttäuscht, weil es ihm nicht gelang, in der richtigen Richtung Höhe zu gewinnen, drehte er bei. Im Laufe des Nachmittags trafen die *Queen of the Isles* und die *Fathomer* wieder bei ihm ein. Jetzt endlich sah er seine Eltern zum ersten Mal nach 310 Tagen wieder und winkte und sprach per Zuruf mit seinem Fanclub. Und sie sahen jetzt auch ihn: Die *Suhaili* war rostgefleckt, ihre Farbe blätterte ab, und am Rumpf hatte sich entlang der Wasserlinie reichlich Tang festgesetzt. Der heimkehrende Held war unrasiert, ungewaschen und trug schmutziges Ölzeug, aber er war unglaublich munter.

Dann ließ der Wind so weit nach, dass Knox-Johnston wieder Segel setzen und die kleine Flotte in der von dem kleinsten Boot vorgegebenen Geschwindigkeit auf die englische Küste zuhalten konnte.

»Erdumsegler Robin kämpft bis zum Ende«, lautete die Hauptschlagzeile auf der Titelseite der *Sunday Times* am nächsten Morgen unter einer Fotografie des bärtigen Seglers an Bord seiner geschundenen Ketsch. Der Artikel auf der Titelseite beschrieb seinen Kampf gegen einen aufkommenden Sturm so kurz vor der Ankunft. Die Zeitung bemerkte auch, dass Bernard Moitessier, wenn er das Rennen nicht aufgegeben hätte, sich jetzt im gleichen Augenblick vielleicht Plymouth genähert hätte.

Auf Seite zwei war ein Porträt von »Robin dem Einzelgänger: Der Held der Überraschungen« abgedruckt. Der Junge, der sich in den Ferien ein Kanu gebaut hatte, der Student, der den A-Level in Physik nicht geschafft hatte, aber zu einem »brillanten« Navigator geworden war, der fest entschlossene Kapitän der Handelsmarine, der das Wissen vieler Generationen vom Meer in sich aufgenommen hatte. Das Porträt hatte Murray Sayle geschrieben, der Reporter der *Sunday Times*, der lieber »Tahiti-Bill« Howell hatte sponsern wollen als den unbekannten Knox-Johnston. Nun mochte Knox-Johnston für Sayle und andere Segelexperten, die ihm vor einem Jahr noch keine Chance eingeräumt hatten, ein überraschender Held sein – aber nicht für die, die ihn kannten. Wieder und wieder beschrieben seine Freunde und seine Familie ihn mit den gleichen Worten: »Er ist genau der Typ, der das tut, was er sich einmal vorgenommen hat.«

Und die ganze Sturheit, die ihn wider alles, was Wind und Wellen ihm entgegensetzten, um die Erde gebracht hatte, benötigte er auch, um die letzten paar hundert Seemeilen zu bewältigen. Das Wetter spielte bei dem Plan, schnell nach Hause zu kommen, nicht mit. Die *Suhaili*, ein wackeres, seegängiges Boot, so wie es ein Held sich nur wünschen kann, war hoch am Wind unter den ungünstigen Bedingungen des englischen Frühjahrswetters und der reißenden Strömungen des Kanals heillos überfordert. Im Mittelpunkt einer ständig wachsenden Armada von Yachten und Booten, von Gratulanten und Presseleuten kreuzte Knox-Johnston langsam den ganzen Sonntag und Montag über auf Cornwall zu. Der Wind ließ Montagnacht nach, aber um neun Uhr am Dienstagmorgen, dem 22. April, als er noch sechs Seemeilen von Pendennis Point am Eingang zum Hafen von Falmouth entfernt war, frischte der ablandige Wind wieder auf Sturmstärke auf und trieb die *Suhaili* nach Osten ab. Den ganzen Vormittag und Nachmittag hindurch kämpfte Knox-Johnston um die letzten Seemeilen nach Falmouth.

Um 15.25 Uhr fuhr er zwischen Black Rock und Pendennis Point durch den Hafencingang. Eine Kanone wurde abgefeuert. Die Menschen auf den Booten und an Land jubelten. Der erstaunliche Held in seinem ungehobelten indischen Boot hatte das große Rennen gewonnen.

Kurz danach, als Knox-Johnston sich seinen Weg unter die Landabdeckung gebahnt hatte, kam das Boot des Amtes für Zölle und Verbrauchssteuern Ihrer Majestät bei der *Suhaili* längsseits. Die Beamten sprangen an Bord der arg mitgenommenen Ketsch, um ihre Pflicht zu tun.

»Woher?«, fragte der Amtsleiter, der nur mühsam die Fassung wahrte.

»Von Falmouth«, sagte Robin Knox-Johnston.

29

Nigel Tetley segelte die *Victress* durch den Gürtel des Nordostpassats nach Norden in den Bereich der wechselhaften Winde, wie sie für die Hochdruckgebiete des mittelozeanischen Rückens im Nordatlantik typisch sind, die manchmal mit dem attraktiv klingenden Namen Bermudahoch bezeichnet werden. Aber die Segler wollen dort normalerweise nicht Urlaub machen: Für sie ist es ein Gebiet leichter, mallender Winde aus wechselnden Richtungen, in dem man nur langsam vorankommt und viel Gelegenheit hat, Frustration anzusammeln.

So erging es auch Tetley, der sich stets der Bedrohung durch Donald Crowhurst in dem anderen, offensichtlich viel schnelleren Trimaran hinter sich bewusst war. Ebenso wenig konnte er die quälende Nähe der Heimat und das bald bevorstehende Ende seiner langen Fahrt vergessen. Während der ersten Maihälfte fuhr er vom westlichen in den östlichen Teil des Nordatlantiks und arbeitete sich langsam über die Breitengrade der Kapverdischen Inseln und der Kanaren nach Norden voran. Oft musste er gegen nördliche Winde ankreuzen, die am Ostrand des Bermudahochs herrschten. Es war ein Luftstrom wie ein Morgennebel, der um den Fuß eines Tafelberges wabert.

In der dritten Maiwoche, als er die Azoren erreichte, wurde der Wind stärker. Ein frischer Nordwest trieb die *Victress* auf Halbwindkurs schnell durch die 60 Seemeilen breite Meeresstraße zwischen Sao Miguel und Terceira, ein sehr willkommener Geschwindigkeitsschub in die richtige Richtung. Tetley hoffte, dass der Wind anhielt. Aber am Dienstag, dem 20. Mai – vier Wochen und ein Tag nach Knox-Johnstons Landung in Falmouth –, frischte der Wind auf und erreichte Windstärke sieben (um 30 Knoten). Von Backbord her baute sich eine schwere See auf und stauchte das Boot mit jeder Welle. Besorgt, weil das Boot bereits geschwächt war, reffte Tetley die Segel, aber die *Victress* lief mit fast unverminderter Geschwindigkeit weiter. Es war nur ein kurzer sommerlicher Sturm, glaubte er nach einem Blick auf seine Karte für den Monat Mai, auf der für das Seegebiet, in dem er sich jetzt befand, kein Wind über Windstärke sieben verzeichnet war. Aber im Laufe des Nachmittags nahm der Wind weiterhin zu, bis er Windstärke neun erreichte – ein ausgewachsener Sturm. In ihrer gegenwärtigen Verfassung wollte er mit dem Trimaran nicht in der Dunkelheit durch schwere See laufen. Also barg er mit Einbrechen der Nacht alle Segel und ließ die *Victress* querab zu Wind und Wellen zu treiben liegen, wie er es schon so oft in viel schwererem Wetter getan hatte. Tetley ging unter Deck, um etwas zu schlafen.

Um Mitternacht erwachte er wieder. Er hörte ein Schrammen und Brechen im Vorschiff. Er kannte sein Boot jetzt so gut, dass das Geräusch allein in ihm das Bild dessen heraufbeschwor, was geschehen war: Der beschädigte Bug des Backbordrumpfes war weggebrochen und hatte sich zwischen den Rümpfen verkeilt. Er hatte ja bereits Löcher in diesen Bug gebohrt, sodass es eigentlich nicht viel ausmachte, wenn er nun abgebrochen war. Das wasserdichte Schott, das das beschädigte Vorschiff nach hinten abschloss, würde das Wasser aus dem Rest des Rumpfes fern halten. Allerdings sollte der aufgeschlagene Rumpf die Fahrt des Bootes verlangsamen. Er musste aufstehen und die Trümmer aufklaren. All das war der Gedanke eines Augenblicks. Dann schaltete er das Licht ein.

Wasser lief in den Hauptrumpf. Das hatte er sich nicht vorgestellt. Er stürzte an Deck und sah, dass das Vorschiff an Backbord weggebrochen war, wie er es vermutet hatte, dass es aber dabei ein Loch ins Vorschiff des Hauptrumpfes gerissen hatte. Als er wieder hinunterging, stellte er fest, dass das Wasser in der Kajüte mit einer Geschwindigkeit stieg, die ihn instinktiv davon abhielt, sich mit dem Leck näher zu beschäftigen – die Menge des Wassers sagte ihm alles. Er ging ans Funkgerät und gab die furchtbarste Meldung durch, die es für einen Segler gibt.

Diese Meldung bedarf einer bestimmten Form. Und man braucht sie nicht gelernt zu haben, um sie auswendig zu können. *Mayday, Mayday, Mayday. Dies ist die Segelyacht* Victress *auf 39° 10' nördlicher Breite, 24° 30' westlicher Länge. Ich sinke und ich bitte um Hilfe. Mayday, Mayday, Mayday...*

Die unverzügliche, knappe, sachkundige Antwort eines holländischen Schiffes dämpfte seine Panik. Aber als er sein Gespräch mit dem Funker des Schiffes beendet hatte, schwappte das Wasser schon um seine Beine. Es war Zeit, die Rettungsinsel hervorzuholen. Immer noch im Dunkel der Nacht zog er sie auf Deck, löste die Fangleine und hievte sie über Bord, wo sie sich automatisch aufblies. In die Insel warf er die Filme und Logbücher, mit denen er seine Fahrt dokumentiert hatte, seinen Sextanten, das Chronometer, die Kamera, Fernglas und ein Handfunkgerät, außerdem einige warme Kleider. Inzwischen hatte das Wasser die Kajüte bereits halb gefüllt, waren die Bewegungen des Bootes träge geworden und beinahe zum Erliegen gekommen. Als er auf die Rettungsinsel umstieg, verfing sich irgendein Teil des Trimarans an deren Leine und hielt sie fest.

»Lass los, Vickie, ich muss dich verlassen!«, schrie Tetley. Er fand die Leine, die ihn an dem sinkenden Boot festhielt, kappte sie und wurde sofort von dem Wrack freigetrieben. Die Wellen gingen immer noch hoch, und die Rettungsinsel drehte sich, wurde hochgehoben und stürzte in die Tiefe wie auf einer Achterbahn im Vergnügungspark. Noch für ein paar Augenblicke leuchteten die Lichter an Bord der *Victress*, aber dann wurden die Batterien überflutet, und die Lichter verloschen. Tetley verlor sein Boot in der mondlosen Dunkelheit aus den Augen.

Er hatte aber ohnehin keine Zeit, seinen Gefühlen nachzuhängen. Seine Zwangslage vertrieb schnell jeden Gedanken an die *Victress*, und er machte sich daran, das kleine Notfunkgerät in Betrieb zu nehmen. Er sandte weiterhin seinen Notruf durch die dunkle Nacht, bekam aber keine Antwort.

Bei Tageslicht konnte er endlich die Bedienungsanleitung des Funkgeräts lesen und stellte fest, dass er versäumt hatte, die Antenne anzubringen. Als er das getan hatte und seine Übertragung wieder aufnahm, meldete sich sofort ein amerikanisches Rettungsflugzeug, das von dem holländischen Schiff alarmiert worden war und bereits nach ihm suchte. Es wurde Mittag, bis die *Herkules* von der auf den Azoren stationierten 57. Rettungsstaffel der U.S. Air Force über ihm kreiste. Um 17.40 Uhr am gleichen Nachmittag wurde er von dem Schiff, das sich seiner Position am nächsten befunden hatte, dem italienischen Tanker *Pampero*, der für British Petroleum unter Charter fuhr, aus dem Wasser gefischt. Die Besatzung war stolz, ihn zu retten.

Nachdem er acht Monate allein gewesen war, stellte Tetley nun fest, dass er gar nicht mehr aufhören konnte zu reden, nachdem er erst einmal damit angefangen hatte. Wie unter Zwang redete er mit dem Kapitän und der Besatzung der *Pampero*. Es bewahrte ihn davor, über den Verlust der *Victress* nachzugrübeln, außer nachts, wenn er allein in der kleinen Kabine lag, die man ihm zur Verfügung gestellt hatte. Dann wanderten seine Gedanken zurück zu seiner Fahrt und dazu, dass deren Abschluss so schmerzlich, so greifbar nahe gewesen war. Die *Victress* war nur 1000 Seemeilen von England entfernt gesunken.

Acht Tage später legte die *Pampero* in Trinidad, einer der Westindischen Inseln, an. Eve war dorthin geflogen und wartete auf ihn, als er ankam.

Es war vorüber, dachte Tetley. Aber er sollte noch herausfinden, dass das *Golden Globe Race* einen langen Schatten warf.

30

Die Nachricht vom Sinken der *Victress* erreichte Donald Crowhurst zwei Tage später, am 23. Mai, in einem Telegramm von Clare. Er war jetzt der einzige Regattateilnehmer, der sich noch im Rennen befand.

Wenn kein Unfall oder sonstiges Missgeschick die *Teignmouth Electron* unbrauchbar machte, bevor er England erreichte, würde Crowhurst den Geldpreis von 5000 Pfund der *Sunday Times* gewinnen. Er würde zusammen mit Robin Knox-Johnston, Nigel Tetley, Sir Francis Chichester und den anderen Schiedsrichtern und Experten der *Sunday Times* am Festessen zur Verleihung des *Golden Globe* an Bord des Großseglers *Cutty Sark* teilnehmen. Dort würden sie Geschichten über die Herausforderungen austauschen, die sie in den südlichen Ozeanen bestanden hatten, und ihren Platz in der exklusiven Gesellschaft derjenigen Männer behaupten, die als die Kap-Hoorn-Fahrer bezeichnet wurden. Und innerhalb dieser Gruppe würden Knox-Johnston, Tetley und Crowhurst ihren Platz unter der vordersten Elite einnehmen, bei denjenigen, die Kap Hoorn allein umsegelt hatten.

Es war die Art von Ruhm, nach der Crowhurst immer gedürstet hatte. Die Berühmtheit und die hohe Geschwindigkeit seiner Fahrt würden seine Firma, Electron Utilisation, zu einem soliden Erfolg verhelfen. Bücher und Werbeverträge würden ihm angeboten werden. Die Brillanz und Überlegenheit Donald Crowhursts würde von der Welt anerkannt werden.

Aber Kapitän Craig Rich vom Londoner Institut für Seefahrt, Sir Francis Chichester und andere würden auch seine Logbücher und navigatorischen Aufzeichnungen sorgfältig prüfen.

Tatsächlich schrieb Chichester bereits einen Brief an Robert Ridell, den Regattasekretär der *Sunday Times*, und bat um Details zu Crowhursts Botschaften und Positionsangaben, vor allem zu dessen letzter Meldung, bevor er den Südatlantik hinter sich gelassen und in der Nähe des Kaps der Guten Hoffnung seine Fahrt durch das Südmeer angetreten habe, und zu dessen darauf folgender Botschaft, er nähere sich dem Hoorn (»Digger Ramrez«). »Wir müssen den Grund für dieses Schweigen vom Kap bis zum Hoorn (auch noch von einem Elektronikingenieur) erfahren ... Warum hat er niemals seine genaue Position durchgegeben? Seine Geschwindigkeit scheint nach Erreichen der südlichen Ozeane auch außerordentlich zugenommen zu haben. Ich glaube, er behauptete, 13 000 Seemeilen in etwa zehn Wochen zurückgelegt zu haben, was höchst seltsam erscheint angesichts seines geringen Tempos für die vorhergegangene lange Fahrtstrecke zum Kap und die darauf folgenden 8000 Seemeilen (vom Hoorn nach Hause).« *Behauptete* – Chichester hatte die Zahlen an seinen eigenen Erfahrungen gemessen, und die Folgerung daraus war für ihn unausweichlich.

Crowhurst spürte bereits das Gewicht der genauen Prüfung, die ihn erwartete. Es war eine Sache, in der einsamen, voll gestopften Kajüte der *Teignmouth Electron* sich eine Geschichte auszudenken und damit den geradezu ekstatisch gläubigen und, was die Geografie anbelangte, völlig ahnungslosen Rodney Hallworth zu füttern, der sie an eine ebenso gutgläubige wie sensationshungrige Presse weiterreichte. Und es war eine ganz andere Sache, seine Lügen einem Komitee alter Seebären und Experten vorzulegen, die das, was er nur vorgeschützt hatte und worüber er auf Vermutungen angewiesen war, wirklich erlebt hatten. Crowhurst wusste das. Er war hochintelligent. Aber er hatte beschlossen, sich darüber keine Gedanken zu machen. Doch jetzt, nur wenige Wochen bevor er unter Scheinwerferlicht an Land gehen würde und seine Logbücher übergeben musste, schlugen sämtliche Auswirkungen seines Betruges über ihm zusammen.

Crowhurst begann zu bummeln. Er verzögerte die Fahrt, er fuhr im Zickzack, er ließ den Wind das Boot treiben, wie es ihm gerade gefiel. In den Wochen zuvor, nachdem er die Funkstille beendet hatte, war er schneller gesegelt und beständiger als auf fast allen anderen Abschnitten seiner Fahrt und konnte sogar eine 24-Stunden-

Strecke von über 200 Meilen verzeichnen – vom Mittag des 4. Mai bis zum Mittag des 5. Mai. Aber vom 23. Mai an, dem Tag, an dem er vom Sinken der *Victress* erfuhr, kam er auf dem Atlantik nur noch ungleichmäßig voran. Er ließ die Zone des beständigen Südostpassats hinter sich und kam in die Mallungen, den heißen, dampfenden, gewitterträchtigen Gürtel stehender Luft und leichter, mallender Winde beidseits des Äquators. Die *Teignmouth Electron* schlich wie ein Geist über das Wasser, während Crowhurst nackt und schweißüberströmt in der elend überhitzten Kajüte zwischen den Überbleibseln seiner großartigen Pläne saß – Drähten, die sich ins Nichts schlängelten, Radios, Funkgeräten, Dosen mit Ersatzteilen und zwei einander widersprechenden Sätzen von Logbüchern – und versuchte, seinen Weg klar und deutlich vor sich zu sehen.

Anfang Juni versagte sein Marconi-Funkgerät. Plötzlich fehlte ihm die wiedergefundene Stimme, deren er sich seit Beendigung seiner selbst auferlegten Funkstille bedient hatte, die kostbare Verbindung zu der Welt außerhalb seiner klaustrophobischen Kajüte, jenseits des leeren Horizonts. Das Versagen seines wichtigsten elektronischen Hilfsmittels brachte Crowhurst um den Verstand. In den nächsten beiden Wochen trieb die *Teignmouth Electron* langsam nach Norden, größtenteils sich selbst überlassen, während er alle Anstrengungen darauf verwendete, das Funkgerät zu reparieren. 16 Stunden am Tag saß er in der kochend heißen Kajüte, umgeben von den ausgeschlachteten Innereien von Radio- und Funkgeräten sowie geöffneten Konservendosen, während er lötete, mit Drähten und Transistoren bastelte, zwischendurch einmal etwas aß, wenn er denn daran dachte, in seiner Arbeit aufging, fasziniert von der Herausforderung, aufrecht gehalten von diesem einen Bereich, von dem er wirklich etwas verstand.

Die See, die dünnflüssige blaue Wirklichkeit hinter den Wänden der Kajüte, die Disziplin der Seemannschaft, der Zweck seines Abenteuers – all das trat zurück.

In den etwas kühleren, dunklen frühen Stunden des 22. Juni konnte Crowhurst sein Funkgerät endlich wieder in Betrieb nehmen und über Morsetelegrafie Kontakt mit Portishead Radio aufnehmen. Sofort sandte er Telegramme an seine Frau und an Rodney Hallworth.

Als dann die Sonne aufging, stieg die Temperatur in der Kajüte wieder, zu der auch die Hitze des reparierten Funkgeräts beitrug. Den größten Teil des Tages verbrachte Crowhurst zusammengekauert vor dem Funkgerät, wechselte Telegramme mit Hallworth, der sich schon mit Verträgen beschäftigte, und mit Donald Kerr von der BBC, der mit ihm vor der Küste einen Treffpunkt für Boote und Helikopter verabreden wollte, die ihn heimgeleiten sollten. Der Empfang mit all seinem Lärm und Getriebe am Ende der Fahrt, das ganze Ende des Spiels, ragten immer drohender vor ihm auf.

Am Dienstag, dem 24. Juni, wandte sich Donald Crowhurst von alldem ab. Er wandte sich von der Welt ab und vergrub sich tief in sich selbst.

Oben auf eine noch unbeschriebene Seite seines Logbuchs – nach wochenlangen Eintragungen, die nur aus unkommentierten Berechnungen seiner Position nach der gemessenen Höhe von Gestirnen bestanden – setzte er die Überschrift: »Philosophie«. Er begann mit einer Besprechung Einsteins, dessen Buch *Über die spezielle und die allgemeine Relativitätstheorie* eins der wenigen war, die er sich zum Lesen auf seine lange Fahrt mitgenommen hatte. Einstein hatte das Buch geschrieben, um seine Theorie einem größeren Publikum nahe zu bringen. Es war seinerzeit ebenso wohl bekannt und weitgehend ungelesen wie Stephen Hawkings spätere Erklärung des Universums, *Eine kurze Geschichte der Zeit.* Aber für Crowhurst, der das Buch in der Isolationshaft in seiner Kajüte auf der *Teignmouth Electron* wieder und wieder gelesen hatte, hatten Einsteins Feststellungen die Wahrheit und die Würde einer heiligen Schrift angenommen.

Ein Paragraf hatte ihn tief beeindruckt:

> Dass Licht die gleiche Zeit benötigt, um die Strecke von A nach M zurückzulegen, die es auch benötigt, um die Strecke von B nach M zurückzulegen, ist in Wirklichkeit weder eine Vermutung noch eine Hypothese über die physikalische Natur des Lichtes, sondern eine Forderung, die ich willkürlich stelle, um zu einer Definition der Gleichzeitigkeit zu gelangen.

Einstein führte an dieser Stelle lediglich eine Definition der Wortes »Gleichzeitigkeit« ein (beziehungsweise machte sie sich zu Eigen), die er für seine Argumentationskette benötigte. Aber für Crowhurst kam dieser Einsteinsche Akt des freien Willens offenbar einer göttergleichen Herrschaft über die Physik und über das Universum gleich. »Das darfst du nicht!«, schrieb Crowhurst in einem vorgestellten Gespräch zwischen sich und Einstein. »Nichtsdestotrotz habe ich es gerade getan«, antwortete Albert. Crowhurst bezweifelte Einsteins Autorität nicht, auf diese Weise die Herrschaft auszuüben. Für ihn war sie ein Beispiel der Macht eines überlegenen Geistes. Das führte ihn tief in ein Labyrinth gequälter Logik.

Bald darauf schrieb er Folgendes:

> Ich führe diese Idee $\sqrt{-1}$ ein, weil sie direkt in den schwarzen Tunnel des Raum-Zeit-Kontinuums führt, und sobald aus diesem Tunnel die Technologie heraustritt, wird die »Welt« »enden« (ich glaube, ungefähr um das Jahr 2000, wie es oft prophezeit worden ist) insofern, als wir dann Zugang zu den Möglichkeiten einer »außerphysischen« Existenz haben werden und damit die Notwendigkeit einer physischen Existenz aufgehoben ist.

Während er schrieb, hörte Crowhurst die Rundfunkbänder ab. Neben seinen philosophischen Einlassungen notierte er, was er gerade hörte: »14.30 GMT, 24.6., Radio Volna Europa. 14.35: Hysterisches Gelächter.«

Er schrieb den ganzen Tag bis in die Nacht hinein und den ganzen nächsten Tag über.

Um 17.00 Uhr am 25. Juni, nachdem er 30 Stunden geschrieben hatte, passierte ein norwegischer Frachter, die *Cuyahoga*, die *Teignmouth Electron* mit geringem Abstand. Crowhurst erschien an Deck und winkte vergnügt, als das Schiff herankam. Der Kapitän der *Cuyahoga* vermerkte in seinem Logbuch, dass der Mann auf dem Trimaran einen Bart und Khaki-Shorts trage und in guter Verfassung zu sein scheine. Crowhurst hatte den Tag damit verbracht, eine Geschichte der letzten 2000 Jahre zu schreiben, mit einem noch weiter ausgreifenden Rückblick auf die Zeit der Höhlenmenschen, und damit gezeigt, auf welche Weise außerordentliche Menschen aller Zeitalter durch die Schockwirkung ihres Genius die Gesellschaft geändert hatten. Und an irgendeinem Punkt in seiner geschichtlichen Darstellung hatte er den Bleistift hingelegt, war auf Deck gegangen und hatte der *Cuyahoga* zugewunken.

Im Laufe der nächsten Woche, nämlich in den acht Tagen von Dienstag, dem 24. Juni, bis zum Mittag des 1. Juli, ebenfalls eines Dienstags, schrieb Crowhurst 25 000 Worte in sein Logbuch (das lief ungefähr auf ein Drittel von dessen Umfang hinaus) und unterbrach diese Tätigkeit nur, um kurz zu essen oder etwas zu schlafen, wenn es sich gar nicht mehr vermeiden ließ. Seine Hand flog praktisch über die Seiten, mit festem Druck. Die Dringlichkeit dessen, was er zu sagen hatte, enthob ihn der Notwendigkeit, seinen Bleistift zu spitzen. Seine sonst so ordentliche Technikerhandschrift wurde groß und unregelmäßig, die Striche dick vor Pathos. Die Seiten waren dicht beschrieben mit Anmerkungen, die sich um die Ränder schlängelten und zwischen die einzelnen Abschnitte gequetscht waren – eine Einsicht nach der anderen überwältigte ihn und vertiefte die Offenbarung. Er schrieb in der Weißglut einer Besessenheit.

Und zwar Sermone wie folgenden:

> Die Ankunft jedes Parasiten steigert das Tempo des Dramas und führt zu Differentialen erster Ordnung während seiner eigenen Lebenszeit innerhalb des Wirts und zu Differentialen zweiter Ordnung von Wirt zu Wirt und so weiter und so weiter …
>
> Und doch, und doch – *wenn* schöpferische Abstraktion bedeutet, als Vehikel einer neuen Ganzheit zu fungieren und den bis dahin stabilen Zustand aufzugeben, *dann liegt es auch in der Macht der schöpferischen Abstraktion, die Erscheinung !!!!!!!!! hervorzubringen. Durch schöpferische Abstraktion können wir es fertig bringen!*
>
> Jetzt müssen wir bei der Beantwortung der Frage sehr vorsichtig sein. Wir befinden uns an einem Punkt, wo die Macht der Abstraktion groß genug ist, um furchtbare Schäden anzurichten … wie eine nukleare Kettenreaktion in der stofflichen Welt, so kann auch unser ganzes System schöpferischer Abstraktion bis an einen Punkt vorwärts getrieben werden, da es kein Zu-

> rück mehr gibt. ... Indem ich diese Worte schreibe, setze ich diesen Prozess in Gang...
> Mathematiker und Ingenieure, die die Technik der Systemanalyse beherrschen, werden mein Werk in weniger als einer Stunde überfliegen können. Danach werden die Probleme, die die Menschheit seit Jahrtausenden peinigen, für sie gelöst sein.

Die Verzweiflung und die moralische Bürde des Betrugs waren von ihm abgefallen und ersetzt worden durch die Begeisterung, eine große Wahrheit zu erkennen. »Ich komme mir vor wie jemand, der eine unglaubliche Gelegenheit erhalten hat, eine Botschaft mitzuteilen – eine tief reichende Beobachtung, die die Welt retten wird«, hatte er seinem Bandgerät vor Monaten anvertraut. Das hatte er immer gewollt, sich selbst für klüger gehalten als den Durchschnittsmenschen, und auf eine Gelegenheit gewartet, das zu beweisen. Nun war die Botschaft ihm in dem speziellen Gefäß, das er für sich gemacht hatte, dargebracht worden, und er schrieb sie fieberhaft nieder, um sie an die Welt weiterzugeben.

War das ein weiterer Betrug? Eine Pose? Ein paar solcher Seiten kann wohl jeder verfassen, der ein Gefühl für das irre Reden hat, das zu einem psychischen Zusammenbruch gehört. Romanschriftsteller und Drehbuchautoren schreiben ständig dergleichen, und manchmal ist es sehr überzeugend. Aber nur ein wirklich aus den Fugen geratener Geist konnte 150 Stunden in Folge darauf verwenden, 25 000 Worte dieses leidenschaftlich wahnsinnigen Geschwätzes niederzuschreiben.

Allerdings hatte Crowhursts Psychose ein stets gleich bleibendes Thema: dass letzten Endes ein überintelligenter Mensch – ein großer Mathematiker – durch einen Willensakt die Bindungen und Regeln und Verpflichtungen der stofflichen Welt ändern und sich daraus befreien konnte. Crowhurst, der bisher als Regattateilnehmer zwar betrogen, aber doch funktioniert hatte, der rationale Telegramme geschickt hatte, gab jetzt jede Navigation und Seemannschaft auf, überließ das Boot sich selbst und verstrickte sich immer tiefer in seinen Wahnsinn, und das alles innerhalb weniger Tage. Aber es hatte sich lange Zeit angekündigt, seit seinen ersten Tagen auf See, als er sich der »verdammt scheußlichen Entscheidung« gegenübergesehen hatte. Von jenem Punkt an, da er noch zu einer sehr rationalen und gesunden Einschätzung seiner unhaltbaren Situation gelangt war, hatte er keinen Weg mehr gesehen, der ihn weitergebracht hätte, und auch keinen Weg, sich zurückzuziehen. Es hatte sich im Grunde um ein moralisches Dilemma gehandelt, angesichts dessen sein Verstand versagte. Crowhurst war zwar klug genug, aber nicht ausreichend gewissenlos, um seinen Betrug aufrechtzuerhalten.

Als Crowhurst eine Woche später von seiner Arbeit aufsah, hatte er keine Vorstellung mehr vom Stand der Zeit. Er wusste weder, wie spät es war, noch welchen Tag man schrieb. Sein Hamilton-Chronometer und seine beiden Armbanduhren (mechanische) waren stehen geblieben. Sein letzter navigatorischer Eintrag datierte vom 23. Juni.

Er ging an Deck. Es herrschte Tageslicht, aber er sah den Mond – den Vollmond – knapp über dem Horizont. Er ging wieder hinunter und suchte in seinem nautischen Almanach, der auch Tabellen der Mondphasen und der Mondauf- und -untergangszeiten enthielt. Daraus schloss er, dass das Datum der 30. Juni sein musste. Und die Uhrzeit berechnete er mit 4.10 Uhr GMT, er addierte eine Stunde hinzu, um die britische Standardzeit zu erhalten, nach der sich der Sendeplan der BBC richtete. Danach war es 5.10 Uhr am 30. Juni. Er notierte die Zeit und das Datum in seinem Logbuch und setzte hinzu, dass er die Uhren wieder aufdrehen und weiterlaufen lassen würde.

Dann begriff er, dass er einen Fehler gemacht haben musste: Wenn es fünf Uhr nach englischer Zeit wäre, dann müsste es dort, wo er sich befand, 40 Längengrade westlich von Greenwich, mitten im Atlantik, noch dunkel sein. Er hatte den dümmsten aller Fehler gemacht.

Er schrieb in sein Logbuch:

30. Juni 5.10 MAX MÖGL FEHLER

Nachdem er noch einmal zum nautischen Almanach gegriffen hatte, entschied er, dass es der 1. Juli sein müsse. Und so genau er es schätzen konnte, musste es nach britischer Standardzeit 10.00 Uhr vormittags sein. Als Navigator, für den Zeit, und zwar auf die Sekunde genau, von religiöser Wichtigkeit ist – das Leben des Seefahrers hängt praktisch davon ab –, hatte er einen bösen Schnitzer begangen. Von nun an achtete er auf jede Sekunde, denn der Countdown hatte begonnen.

Er schrieb:

EXAKTE POS 1. Juli 10.03

Das war eine Position nach Zeit. Seine geografische Position benötigte er nicht mehr. Das alles hatte er hinter sich gelassen.

Die Minuten und Sekunden vergingen. 20 Minuten später schrieb er:

10 23 40 Kann keinen »Zweck« in dem Spiel erkennen.

10 29 ... Kein Spiel, das der Mensch erfinden kann, ist harmlos. Die Wahrheit ist, dass es nur einen Schachmeister geben kann ...

... Es kann nur eine vollkommene Schönheit geben, das ist die große Schönheit der Wahrheit ...

... Kein Mensch darf mehr tun als alles, dessen er fähig ist. Der vollkommene Weg ist der Weg der Versöhnung ...

... Wenn es einmal eine Möglichkeit zur Versöhnung gibt, dann ist es vielleicht nicht mehr nötig, Fehler zu machen ...

... Enthüllt ist jetzt die wahre Natur und der Zweck und die Macht des Spiels, mein Vergehen bin ich. Ich bin, was ich bin, und ich sehe die Natur meines Vergehens ...

Ich werde dieses Spiel nur aufgeben, wenn du zustimmst, dass bei der nächsten Gelegenheit, wenn dieses Spiel gespielt wird, es gespielt werden wird gemäß den Regeln, die festgelegt wurden von meinem großen Gott, der zuletzt seinem Sohn offenbart hat nicht nur die genaue Natur des Grundes für Spiele,

sondern auch offenbart hat die Wahrheit des Weges
der Beendigung des nächsten Spiels, das
Es ist vollbracht – Es ist vollbracht
ES IST DIE GNADE

Vor der großen Wahrheit schienen die kleinlichen Regeln und der Verlauf seiner Fahrt Donald Crowhurst nun ebenso irrelevant, wie sie Bernard Moitessier vorgekommen waren. Jetzt, nachdem ihm die Wahrheit offenbart worden war und er sie für die Welt niedergeschrieben hatte, war seine Fahrt zu Ende.

Die Minuten und Sekunden waren ihm wieder entkommen. Er zeichnete sie noch einmal auf:

11 15 00 Es ist das Ende meines
meines Spiels die Wahrheit
ist offenbart worden und es wird
getan werden wie meine Familie
es von mir verlangt

11 17 00 Es ist Zeit, dass du
deinen Zug machst

Von mir aus brauchen wir das Spiel
nicht zu verlängern
Es ist ein gutes Spiel gewesen, das
zu Ende gehen muss am
ich werde dieses Spiel spielen, wann
ich will, ich werde das Spiel
aufgeben 11 20 40 Es gibt
keinen Grund für schädliche

Er war auf der letzten Zeile der letzten Seite seines Logbuchs angelangt. Er hatte keinen Platz mehr, um weiterzuschreiben, und die Zeit verstrich.

Die Zeit mochte, wenn er nicht darauf Acht gab, ihm sogar entkommen. Also schraubte er das runde Messingchronometer von seinem Schott ab und nahm es mit.

31

Um 7.50 Uhr am Morgen des 10. Juli sichtete der wachhabende Offizier der *Picardy*, eines Schiffes der Royal Mail, die verlassene Yacht. Es herrschte gutes Wetter bei leichtem Wind, die See war fast glatt, aber auf dem Boot war nur der Besan gesetzt, und es schien ziellos dahinzutreiben. Die Position war 33° 11' Nord, 40° 28' West – in etwa mitten im Atlantik, auf halbem Wege der Schifffahrtsrouten zwischen Europa und der Karibik, ungefähr 600 Seemeilen südwestlich der Azoren beziehungsweise 1800 Seemeilen südwestlich von England. Der wachhabende Offizier rief den Kapitän auf die Brücke.

Kapitän Richard Box befahl, auf langsame Fahrt zu gehen und die treibende Yacht in geringer Entfernung zu passieren. Es war ein Trimaran. Ihr Name, *Teignmouth Electron*, war deutlich sichtbar auf das Heck und den Bug des Hauptrumpfes gemalt. An Deck war niemand. Die Besatzung vernachlässigte ihren Ausguck, dass sie die *Picardy* so nahe herankommen ließ, ohne sie zu bemerken. Box ließ das Nebelhorn betätigen – das würde sie aus den Kojen holen. Aber die drei lauten Stöße in der vormittäglichen Stille hatten keinerlei Aktivitäten an Bord der Yacht zur Folge. Jetzt machte sich Kapitän Box ernsthaft Sorgen. Vielleicht war die Mannschaft der Yacht erkrankt oder anderweitig behindert. Er ließ die Maschinen stoppen.

Der erste Offizier, Joseph Clark, und drei Besatzungsmitglieder wurden im Beiboot des Schiffes zu Wasser gelassen. Unter Motor fuhren sie über die glatte See zu der Yacht hinüber, und Clark kletterte an Bord. Als Erstes ging er hinunter in die Kajüte.

Dort erwartete ihn ein widerwärtiger Anblick. Schmutziges Geschirr stapelte sich in der Spüle, drei große Funkgeräte standen auf dem Tisch und auf den Regalen, ihr Inneres zuäußerst gekehrt, Drähte und andere Bestandteile überall verstreut. Ein schmutzstarrender Schlafsack lag auf der Koje der engen Vorschiffkabine.

Clark fand drei blaue, großformatige Bücher – zwei Logbücher und ein Funktagebuch –, säuberlich auf dem Kartentisch aufgestapelt. Daneben lagen sorgfältig ausgebreitet zwei Leerkarten zur Navigation, auf denen Positionen ausgearbeitet waren. Clark blätterte die Logbücher durch. Sie waren beide voll geschrieben. In einem fand er den letzten navigatorischen Eintrag – unter dem Datum des 23. Juni. Er war also zwei Wochen alt.

Zurück auf Deck sah Clark, dass das Rettungsfloß immer noch an seinem Platz festgelascht war. Die Situation deutete auf ein tragisches, aber nicht mysteriöses Geschehen hin: Ein allein fahrender Segler war über Bord gegangen – aber kaum als Folge schlechten Wetters. Neben den Funkgeräten auf dem Kajüttisch stand immer noch eine Milchdose, auf dessen flacher Oberfläche ein Lötkolben lag. Eine unerwartete Welle hatte den Skipper des Bootes also kaum über Bord gehen lassen.

An Bord der *Picardy* erinnerte sich ein Besatzungsmitglied an den Namen der Yacht. Er holte einen Ausschnitt aus der *Sunday Times* hervor. Es war ein Artikel über das *Golden Globe Race*, und dazu gehörte auch eine Zeichnung der gleichen Yacht, die sie hier vor sich hatten, der *Teignmouth Electron*, eines Trimarans. Donald Crowhurst aus Bridgewater in Somerset war ihr Skipper.

Kapitän Box sandte ein Telegramm an seinen Reeder in London und beschrieb, was sie vorgefunden hatten. Lloyd's wurde benachrichtigt. Die U.S. Air Force, die zuvor schon Nigel Tetley gefunden hatte, begann aus der Luft nach Crowhurst zu suchen. Die *Teignmouth Electron* wurde an Bord der *Picardy* gehievt, die anschließend selbst die Suche nach dem vermissten Segler aufnahm.

Am gleichen Abend begaben sich zwei Polizisten aus Bridgewater mit der schlimmen Nachricht zu Crowhursts Haus. Clare ging anschließend mit den Kindern hinauf, sie setzten sich aufs Bett, und sie erklärte ihnen, dass das Boot ohne ihren Vater gefunden worden sei. Aber es werde eine Suche geben, und man werde ihn finden. Dann begann sie zu weinen.

Bald darauf kamen Reporter vorgefahren. Clare Crowhurst erklärte ihnen nur eins: Sie wisse, dass ihr Mann noch lebe.

Am nächsten Tag wurde die Suche nach Donald Crowhurst eingestellt. Zwei Tage später, am Sonntag, dem 13. Juli, konnte man in den Londoner Zeitungen von der Tragödie lesen. Die *Sunday Times* gründete einen Fonds, der Crowhursts Witwe und seinen Kindern zugute kommen sollte. Robin Knox-Johnston, dem jetzt auch der Preis von 5000 Pfund für die schnellste gefahrene Zeit zustand, spendete dieses Geld für den Fonds. Die *Sunday Times* gab weitere 5000 Pfund dazu. Mr. Arthur Bladon, der Vorsitzende des Komitees für Finanzen und Allgemeines von Teignmouth, erklärte, er werde die Gründung eines lokalen Fonds empfehlen. Die BBC gab bekannt, dass sie die Honorare und Tantiemen, die sie Crowhurst für den Film, den er während seiner Fahrt gedreht hatte, habe bezahlen wollen, der Stiftung zur Verfügung stellen wolle. Die Royal Mail Line erbot sich, den Trimaran auf eigene Kosten nach England zurückzubringen. Stanley Best verzichtete zugunsten des Fonds für Crowhursts Nachkommen auf seinen Anspruch auf das Boot.

Die *Sunday Times* nahm an, dass eine Seereling, die es auf der *Teignmouth Electron* nicht gab, vielleicht verhindert hätte, dass Crowhurst über Bord gegangen sei. Es wurden Spekulationen darüber angestellt, dass er keinen Sicherheitsgurt getragen hatte (im Film, den Crowhurst selbst an Bord aufgenommen hatte – bei schönem Wetter – trug er keinen). Sir Francis Chichester trage immer einen, bemerkte die *Sunday Times*. Aber Robin Knox-Johnston sagte, er trage selten einen Gurt, weil dieser seine Beweglichkeit auf dem Boot zu stark einschränke. Und auch ohne Sicherheitsgurt halte er es für unwahrscheinlich, dass Crowhurst so weit gekommen war und dann ohne weiteres über Bord gegangen sei. Er glaube, die einzige Erklärung könne »irgendein furchtbares Missgeschick« sein. Die Zeitung schrieb auch, dass die Wetterberichte zur Zeit von Crowhursts Verschwinden in dem Gebiet, wo sein Boot gefunden worden war, Windstille gemeldet hätten. Zitate von Clare Crowhurst und Rodney Hallworth ließen Donald Crowhurst als einen Abenteurer erscheinen, der das Leben in vollen Zügen genossen und sich seinen Traum wahr gemacht hatte. *Il faut vivre la vie.*

Und Chichester ließ verlauten: »Es ist sehr traurig, dass so ein ungewöhnliches Unglück einen so tapferen Segler nach einer solch denkwürdigen Fahrt und bereits wieder so nah der Heimat treffen musste. Aber bevor er auf See blieb, hat er etwas vollbracht, woran sein ganzes Herz hing: Er hat die Erde umsegelt.«

Rodney Hallworth flog zusammen mit Nicholas Tomalin und Frank Herrmann, einem Reporter und einem Fotografen der *Sunday Times*, nach Santo Domingo in die Dominikanische Republik, um dort auf die Ankunft der *Picardy* zu warten. Als die Boeing 707 über das Gebiet flog, wo Crowhurst verschwunden war, bat Hallworth die anderen, eine Schweigeminute einzulegen.

Als die *Picardy* festmachte, bat Kapitän Box Hallworth allein in seine Kabine. Er hatte genug von den Logbüchern gelesen, um zu wissen, was vorgefallen war, und er drängte Hallworth, die »philosophischen« Seiten um Crowhursts Familie willen zu entfernen. Hallworth kam dem wie in einem Reflex nach. Aber als die Reporter am nächsten Tag den navigatorischen Teil der Logbücher durchsahen und es klar wurde, dass Crowhurst niemals aus dem Atlantik herausgekommen war, zeigte Hallworth ihnen die herausgerissenen Seiten. Sie kehrten nach England zurück und berieten sich mit den Herausgebern der *Sunday Times*.

Es war eine sensationelle Story, aber nicht die, die die Zeitung gewollt hatte. Die *Sunday Times* hatte es jemandem, der unbekannt, unerfahren und unerprobt war, allzu leicht gemacht, an dem Rennen teilzunehmen, und war zusammen mit Rodney Hallworth unwissentlich zum eifrigen Komplizen des von Crowhurst groß angelegten Betrugs geworden. Die wahre Geschichte wäre außerdem bitteres Salz in den Wunden Clare Crowhursts gewesen, die zusammen mit ihren Kindern schon genug zu leiden hatte. Aber man konnte sie nicht mehr unterdrücken.

Donald Crowhursts Betrug, sein Wahnsinn und sein vermutlicher Selbstmord waren die Schlagzeilen aller landesweit gelesenen britischen Zeitungen vom Sonntag, dem 27. Juli. Auf ihrer Titelseite veröffentlichte die *Sunday Times* eine nüchterne Feststellung über ihre Entscheidung, die ganze Geschichte zu bringen, und zwar teilweise wegen der Existenz des von ihr ins Leben gerufenen Fonds zugunsten von Crowhursts Hinterbliebenen, den sie weiterhin unterstützen werde.

An gleicher Stelle schlug Sir Francis Chichester nun jäh eine andere Tonart an und enthüllte öffentlich seine seit längerem privat gehegten Zweifel: »Als Vorsitzender des Schiedsgerichts des *Golden Globe Race* hatte ich vor einiger Zeit beschlossen, dass Donald Crowhursts Logbücher so genau wie möglich überprüft werden müssten.«

Es folgte dann auf einer inneren Seite der Zeitung Nicholas Tomalins Bericht über die tragische Fahrt Donald Crowhursts.

Monate später lobte der Ausschuss für Finanzen und Allgemeines von Teignmouth Rodney Hallworth offiziell für »die sagenhafte Publicity infolge der Donald-Crowhurst-Saga«. Arthur Bladon, der Vorsitzende des Ausschusses, schätzte, dass die Stadt in Devon kostenlos nationale und internationale Publicity im Wert von anderthalb Millionen Pfund eingeheimst habe. »Das haben wir extrem preisgünstig bekommen«, erklärte Mr. Bladon dem Ausschuss, »und ich hoffe, die Stadt weiß das zu schätzen.«

32

Es war merkwürdig, dass ein Artikel über eine Regatta um die Welt, den er zufällig in seiner Sonntagszeitung am Fußende seiner Koje fand, die Bahn von Nigel Tetleys Leben so beeinflussen und ihm mit einem unwiderstehlichen Schwung eine neue Richtung geben konnte. Aber nicht so sehr die See hielt ihn weiterhin in ihrem Griff, nachdem er wieder heimgekommen war, sondern eine innere Metamorphose, die ihn nicht mehr seinem alten Leben und den Lieben an Land zurückgeben wollte. Er hatte sich selbst ebenso hart beansprucht wie die *Victress*. Er war so weit gekommen – zu weit, um dann am Ende doch noch zu verlieren und diese Niederlage ohne weiteres hinzunehmen. Die Wettfahrt war vorüber, aber er fand nicht mehr zurück in sein Leben, wie es früher gewesen war.

Er hatte sich oft gefragt, warum er eigentlich um die Welt segelte. Bis zu dem Zeitpunkt, da sein Boot sank, war ihm die Tat, die Fahrt selber, Grund genug gewesen, und dazu gehörte ein geometrisch sauberer Abschluss. Es musste ein Kreis werden, in sich gerundet, ohne Unterbrechung – dieses Bild hatte sich in seinen Gedanken geformt, und es blieb ihm der Zwang, es zu verwirklichen.

Ihm wurde von der *Sunday Times* ein Trostpreis von 1000 Pfund zugesprochen. Er verwendete sie für den Bau eines neuen Trimarans. Er wollte mit dem neuen Boot am *OSTAR* 1972 teilnehmen und dann noch einmal allein um die Welt segeln, um dabei einen neuen Rekord für die schnellste Erdumseglung aufzustellen.

Das Boot baute ihm der Segler und Bootsbauer Derek Kelsall von Sandwich Marina in Kent. Tetley hatte Kelsall einige Jahre vorher kennen gelernt, als sie beide mit ihren Trimaranen an der Wettfahrt

Round Britain teilgenommen hatten; damals hatte Kelsalls Yacht, die *Toria*, den Sieg davongetragen. Sie waren gute Freunde geworden.

»Nigels Erdumseglung wurde niemals als das anerkannt, was sie eigentlich war«, erinnerte sich Kelsall später, »nämlich eine wahrhaft bemerkenswerte Leistung in einem höchst unpassenden Boot. An dem Boot war aber auch gar nichts für ein Rennen geeignet. Und das Ergebnis hätte ganz anders aussehen können, wenn er nicht noch mit allen Kräften versucht hätte, seinen Vorsprung vor Crowhurst auf dem Rückweg nach England zu verteidigen.«

Das neue Boot, die *Miss Vicky*, ein Trimaran von 60 Fuß Länge, wurde Ende 1971 fertig und brachte ihre Seeerprobung hinter sich. Tetley und Eve zogen an Bord und machten das Boot am Fluss Stour bei Sandwich fest.

Aus den Diensten der Navy war er inzwischen ausgeschieden, und Tetley nutzte die Zeit, um ein Buch über das *Golden Globe Race* aus seiner Sicht zu schreiben. Man erkannte darin den Anstand und die Großzügigkeit wieder, die er für seine Mitsegler übrig gehabt hatte, aber es war insgesamt zu bescheiden und gab zu wenig von seiner inneren Reise preis. Es war etwa so langweilig, wie ein Buch vom Segeln eben sein kann, und es verkaufte sich schlecht.

Nachdem das neue Boot bezahlt war, fehlte Tetley das Geld für die Segel, den Proviant und die weitere Ausrüstung, die er für seine transatlantischen und Weltumrundungspläne brauchte. Also machte er sich wieder auf die Suche nach Sponsoren.

Zu dieser Zeit sahen sich Kelsall und Tetley täglich: »Nigel kam fast jeden Tag in mein Büro, um sich seine Post abzuholen, und wir sprachen oft über den Brief des jüngsten potenziellen Sponsors, auf den er wartete. Es war eine Eigentümlichkeit von Nigel, die mir immer sinnlos vorkam, immer nur einem dieser potenziellen Sponsoren zu schreiben und dann erst dessen Antwort abzuwarten. Er schien all sein Vertrauen genau der Firma zu schenken, an die er gerade herantrat. Ich erzählte Nigel, dass Geoffrey Williams vor ein paar Jahren erfolgreich seine *Sir Thomas Lipton* gesponsert bekommen hätte (für den *OSTAR* von 1968), aber Geoff hatte auch 2000 Briefe geschrieben.«

Vielleicht sandte Tetley denen, von denen er sich Unterstützung erhoffte, auch jeweils ein Exemplar seines Buches mit, denn er erhielt nur gleichförmige Absagen.

Derek Kelsall sah Nigel Tetley zuletzt am Mittwoch, dem 2. Februar 1972. »Er war am letzten Tag, da er seine Post abholte, freundlich wie immer, und ich glaube, ich bin der Letzte, von dem man weiß, dass er mit ihm gesprochen hat, bevor er vermisst wurde. Es hatte niemals ein Anzeichen für irgendein Problem gegeben – außer für das, einen Sponsor zu finden. Alles war von seiner Suche nach einem Sponsor abhängig gewesen.«

Drei Tage später, am Samstag, dem 5. Februar, fand man Tetley in Ewell Minnis Wood in der Nähe von Dover, erhängt an einem Baum.

Viele Menschen ängstigt die Vorstellung großer Wellen und gewaltiger Stürme auf See. »Haben Sie denn keine Angst?«, fragen sie die Segler wieder und wieder. Aber in Wahrheit kommt man mit solchen Gefahren ganz gut zurecht. Wenn die Verhältnisse schlecht werden, ist an Bord eines Bootes, das sich auf See in Gefahr befindet, so viel zu tun, dass man sich gar keine Angst mehr leisten kann. Selbst wenn es schließlich zur Katastrophe kommt, sind die Maßnahmen, die der Segler ergreifen muss, um das Schlimmste abzuwenden, unmittelbar einsichtig und sorgen dafür, dass der Seemann beschäftigt bleibt. Man hat vielleicht Angst, aber aktive Tätigkeit ist ein Segen, der gewöhnlich auch die tiefsitzendsten Ängste und Zweifel vergehen lässt, und wenn man die ersten Stürme einmal abgewettert hat, dann entwickelt man ein beruhigendes Zutrauen in die eigenen Fähigkeiten. Nachdem er die Seen und Schrecken von Kap Hoorn und der südlichen Ozeane überlebt hatte, erwuchs Nigel Tetley die größte Gefahr in ihm selbst, so nahe, dass er ihr nicht entrinnen konnte. Sie fand ihn zu Hause, auf festem Land, in der Gesellschaft von Freunden und derer, die er liebte, dort, wo die meisten Menschen keine Angst haben hinzugehen.

»Außer Eve, seiner Frau, kannte ich Nigel zum Zeitpunkt seines Selbstmordes wahrscheinlich besser als jeder andere«, sagte Derek Kelsall. »Das bedeutet aber nicht, dass ich ihn gut kannte. Vielleicht kannte ihn niemand gut. Ich glaube nicht, dass es je eine vernünftige Erklärung für den Selbstmord gab. Es gab natürlich ein paar Geschichten, aber die gibt es von fast allen Bootsleuten.«

Epilog

Nach zehn Monaten auf See ließ Bernard Moitessier schließlich am Samstag, dem 21. Juni 1969, bei Papeete in Tahiti Anker fallen. Er brachte seine Geschichte der Wettfahrt, *Der verschenkte Sieg*, zu Papier, die in Frankreich ein Bestseller wurde und auf Französisch und auf Englisch in den letzten 30 Jahren immer wieder neu aufgelegt worden ist. Und das wird zweifellos so bleiben, solange es Menschen gibt, die Bücher über das Meer lesen. Er blieb hauptsächlich in Polynesien, reiste aber gelegentlich in die Vereinigten Staaten und nach Neuseeland. Er und Françoise blieben nicht zusammen. Fast jeder, der ihn kennen lernte, liebte Bernard Moitessier, und er seinerseits liebte auch sie alle freimütig. Es war keine angenehme Rolle, seine Frau zu sein. Noch zwei weitere Frauen sollten diese Rolle spielen. Mit einer von ihnen hatte er ein Kind, Stephan.

1980 segelte er mit der *Joshua* nach San Francisco, wo er fast zwei Jahre blieb. 1982 segelte er wieder nach Süden, zurück in den Südpazifik. Er hatte für den ersten Streckenabschnitt den Schauspieler Klaus Kinski dabei, der damals selbst daran dachte, die Erde zu umsegeln. Moitessier setzte ihn in Cabo San Lucas in Mexiko ab. Dort blieb er zwölf Stunden zu lang. Bevor er den Anker lichten und die freie See gewinnen konnte, wütete ein inzwischen berühmt gewordener Sturm in der Flotte von Yachten, die vor Cabo San Lucas ankerten, und warf die meisten von ihnen – einschließlich der *Joshua* – auf den Strand, wo er sie unter Sand begrub. Moitessier mochte gar nicht sehen, wie die *Joshua* zugerichtet war, und schenkte das Boot Freunden. Es war sein dritter Schiffbruch, und jeder hatte ihn in eine neue Phase seines Lebens geworfen, jedes Mal mit einem neuen

Boot. Und so war es wieder. Andere Freunde bauten ihm in Point Richmond an der Bucht von San Francisco einen neuen Stahlkutter, die *Tamata*. 1983 segelte er damit nach Hawaii und von da aus zurück nach Tahiti.

Moitessier starb am 16. Juni 1994 in Frankreich an Krebs. Er liegt in dem bretonischen Städtchen Le Bono begraben, auf einem Seemannsfriedhof.

1990 wurde die wiederhergestellte *Joshua* vom Museum für Seefahrt in La Rochelle, Frankreich, erworben, wo sie nun im Rahmen der Ausbildung von Fahrtenseglern gesegelt wird.

John Ridgway eröffnete in Ardmore in Schottland eine »Schule« für Outdoor-Aktivisten. Auf einer Maxiyacht, der *English Rose VI*, segelte er mit Mannschaft im *Whitbread Round The World Race* mit und schloss eine zweite Erdumseglung mit seiner Frau und seinen Kindern an.

Chay Blyth war weiterhin fasziniert von den masochistischen Aspekten, wie sie eine Alleinerdumseglung garantierte. Er überredete die British Steel Corporation, ihm ein neues Boot zu finanzieren, 50 Fuß lang und getauft auf den Namen *British Steel* (und natürlich aus Stahl), das er dann 1970-71 erfolgreich allein und nonstop um die Welt segelte – aber »falsch herum«. Er segelte in westlicher Richtung gegen die vorherrschenden Westwinde der »Brüllenden Vierziger«, die ungeachtet Robin Knox-Johnstons mehrwöchiger Frustration die vorherrschenden Winde der südlichen Ozeane sind. Es war eine brutale Fahrt, und Blyth schien sie voll und ganz genossen zu haben. Er blieb in britischen Fahrtenseglerkreisen eine prominente Gestalt, Patron und selbst Teilnehmer von langen Fahrten, die sich durch ihre Härte auszeichneten.

Bill King reparierte die *Galway Blazer II* und ging 1969 noch einmal zu einer Nonstop-Erdumseglung in See. Probleme zwangen ihn bereits bei Gibraltar zur Aufgabe, aber er konnte sich nicht mehr dem Griff dieses Abenteuers entwinden. Er versuchte es 1971 noch einmal. Vor Australien wurde die *Galway Blazer II* mit großer Wucht von etwas, das King später für einen großen weißen Hai hielt, getroffen und leckgeschlagen. Nachdem er das Loch mit Segeln zugestopft hatte, gelang es King noch, Freemantle in Australien zu erreichen, wo die *Galway Blazer II* repariert wurde. Einige Zeit später fuhr er wieder los und vollendete 1973 seine Erdumseglung via Kap Hoorn.

Loïck Fougeron und Alex Carozzo traten in der Öffentlichkeit nicht mehr in Erscheinung.

Am Ende der Regatta um den *Golden Globe* schickte der *Sunday Mirror* Robin Knox-Johnston zu dem gleichen Psychiater, der ihn vor seiner Reise »beunruhigend normal« genannt hatte. Die Fehldiagnose wurde noch einmal bestätigt.

Robin Knox-Johnston lebt seither davon, Englands herausragendster Fahrtensegler zu sein. Er ist reich und berühmt und wurde mit Ehrenwürden und allen denkbaren maritimen Auszeichnungen überhäuft. 1994 segelte er mit dem bekanntesten Fahrtensegler Neuseelands, Peter Blake, noch einmal nonstop um die Erde, dieses Mal in einem gigantischen Katamaran. Ihre Erdumseglung in 74 Tagen und 22 Stunden war die schnellste aller Zeiten – bis Olivier de Kersauson, ein Franzose, ihre Zeit um drei Tage unterbot.

Knox-Johnston segelte die *Suhaili* weiter, besuchte damit unter anderem zusammen mit Englands bekanntestem Bergsteiger, Chris Bonington, die eisigen Gewässer Ostgrönlands. 1995, in seinen besten Mannesjahren, wurde er von der Queen für seine Verdienste um das Segeln geadelt. Mit seinem grauen Bart, dem Gesicht, dem man nun die Jahre auf See ansah, ausgezeichnet von seiner Königin, war

Sir Robin Knox-Johnston den elisabethanischen Seehelden seiner Jugend, die auf seiner epochalen Fahrt über ihn gewacht hatten, bereits sehr ähnlich geworden.

Nach 35 Jahren harten Dienstes schenkte Knox-Johnston die *Suhaili* dem Nationalmuseum für Seefahrt in Greenwich, wo sie im Glanze ihres Ruhmes in einer permanenten Ausstellung in einem glasgedeckten Museumsbau namens Neptune Court zu sehen ist. Leicht gekrängt steht sie auf einem 40 Fuß langen Block aus blauen Plastikwellen, die gesetzten Segel hängen schlaff herab, und die Pinne ist verwaist. So nobel dieser Platz auch sein mag, für ein Holzboot bedeutet er den Tod. Wenn sie sich nicht in ihrem natürlichen Element, dem Wasser befindet, trocknen die Planken der *Suhaili* aus und schrumpfen, öffnen sich die Nähte, und die langen Risse im Rumpf deuten auf den Beginn des Verfalls hin. Sie entschwindet in die Geschichte.

Die Royal Mail Line widerrief ihr wohl gemeintes Angebot, die *Teignmouth Electron* zurück nach England zu bringen. Der Trimaran wurde auf einer Versteigerung in Jamaika für wenig Geld an einen Mann namens Bunnie Francis verkauft, der damit Touristen zu Tagestouren zur Montego Bay brachte. Manchmal segelte er das Boot auch mit einer Calypso-Band an Bord. Als die steigende Kriminalitätsrate sich auf das Touristengeschäft auszuwirken begann, verkaufte Bunnie Francis das Boot für 12 000 Dollar an Winston McDermott, einen kanadischen Taucher. McDermott hatte vom *Golden Globe Race* gelesen und wusste, was das Boot durchgemacht hatte. Es war für ihn eine Kuriosität, aber im Übrigen plante er, das Boot für seine Tauchschule auf der Insel Grand Cayman zu benutzen. McDermott und ein junger Jamaikaner, den er angestellt hatte, damit er auf dem Boot schlief und es wartete, glaubten, dass es auf dem Boot spuke. Sie sagten, sie hörten Schritte an Deck.

Eines Nachts wurde der Trimaran auf der Insel Cayman Brac von einem Hurrikan beschädigt. McDermott lieh sich einen Kran, um das Boot aus dem Wasser zu holen und zu reparieren, aber er kam nie dazu. Er zog nach Florida, und der Trimaran blieb hoch und trocken auf Cayman Brac liegen.

Dort liegt er immer noch, nah am Wasser im Gebüsch, schräg auf zwei Rümpfen, wie ein merkwürdiges Skelett, von der Sonne ausgebleicht und vergessen. Der Name *Teignmouth Electron* ist noch in schwacher Farbe am Bug und am Heck des Hauptrumpfes zu erkennen. Im Laufe der Jahre sind Teile ausgebaut worden, und alles, was noch brauchbar war, ist verschwunden. Zurückgeblieben sind außer der leeren Sperrholzhülle mit ihren Decks nur die Spüle und Teile der Toilette, die zwischen den Rümpfen auf der Erde liegen.

Im Hauptrumpf führt immer noch ein Gewirr alter Kabel ins Nirgendwo.

1999 wurde die britische Künstlerin Tacita Dean, die irgendwann Interesse an Donald Crowhursts Geschichte gefunden hatte, vom Nationalmuseum für Seefahrt eingeladen, die Fotografien, die sie auf Cayman Brac von der aufgelassenen *Teignmouth Electron* gemacht hatte, auszustellen. Sie wurden im Neptune Court gezeigt, dem Teil des Museums, in dem die siegreiche *Suhaili* zu bewundern ist.

Tacita Dean ließ vier Worte aus dem allerletzten Teil von Donald Crowhursts Logbuch in seiner Handschrift in ein hölzernes Geländer im Neptune Court eingravieren. Dieser Standort vermittelt den klarsten Blick auf das, was das menschliche Streben von der menschlichen Fehlbarkeit trennt. Man steht jetzt an dem Geländer mit Blick auf die keine Bootslänge entfernte *Suhaili* und liest zwischen seinen Händen:

»ES IST DIE GNADE.«

Danksagung

Jedes Buch ist selbst eine Reise eigener Art. Die Stationen meiner Reise bei diesem Buch waren die Menschen, die mir geholfen haben.

Mein engster Gefährte war Dan Conaway, mein Lektor. Dan sieht den Wald *und* die Bäume, und nicht *ein* Arrangement kleiner Zweige bleibt bei ihm ungeprüft. Seine stumpfsinnigen Schnörkel, sein vernichtendes Urteil: »Wie drollig«, sein fast unleserliches Gekritzel auf allen Seiten meines Manuskripts und seine Fähigkeit, den Finger genau auf das zu legen, was falsch war, und mir zu zeigen, wie es richtig lauten sollte – all das hat die Qualität meines Buches weit über das hinausgehoben, womit ich zufrieden gewesen wäre. Aber nicht nur für all das bin ich ihm zutiefst dankbar, sondern auch für seine anhaltende Liebenswürdigkeit im Umgang mit mir, wenn ich mich ihm gegenüber weniger liebenswürdig zeigte.

Hinter jedem guten Lektor steht ein Assistent, dessen Verdienste meistens unbesungen bleiben und dessen Aufgabe langwierig, brutal und wenig glanzvoll ist. Es sind die sieben Zehntel des Eisbergs, die Basis dessen, was als druckreifes Manuskript in Erscheinung tritt. Nikola Scott, Dans Assistentin, hat sich ihrer mit nie nachlassendem Enthusiasmus angenommen. Und sie hat ebenfalls wertvolle Hinweise gegeben, die dem Buch zugute gekommen sind.

Martha Cameron las die Korrekturen. Ich bin dankbar für ihr scharfes Auge, für das Ohr, das sie mir lieh, und für ihre Gelehrsamkeit. Andrew Franklin von Profile Book, London, versah Seite um Seite meines Textes mit Kommentaren, die dem Buch nützlich waren. Nicky White und Kate Griffin bei Profile haben nun schon mein zweites Buch partnerschaftlich begleitet. Nicky spürte für meine Recherchen notwendige Bücher auf, kaufte und schickte sie mir.

Einen besonders schwierigen Part hatte Sloan Harris, mein Freund und Agent. Er ist höflich und ehrlich, und er setzt sich leidenschaftlich für die gemeinsame Sache ein. Er ließ Dinge möglich erscheinen und machte mir Mut. Ein Dankeschön auch an Teri Steinberg.

Jonathan Raban drängte mich, an manchen Stellen tiefer zu graben. Dieser Rat war von unabsehbarer Wirkung zum Vorteil des ganzen Buches, ich bin ihm dafür sehr dankbar.

Sam Mannings Begeisterung und seine Fähigkeit, die Karten, die ich mir immer nur ausmale, tatsächlich zu Papier zu bringen – nur besser –, waren für bereits zwei meiner Bücher ein Segen.

Tacita Dean teilt mein an Besessenheit grenzendes Interesse für Teile der Geschichte dieser Regatta. Sie war sehr großzügig mit ihren Arbeiten, Gedanken und Einsichten und hat mir gestattet, ihre faszinierenden Fotos der *Teignmouth Electron* zu verwenden. Sie als Freundin gewonnen zu haben ist eine der unerwarteten Freuden, die mir dieses Buch beschert hat. Mein Dank auch Dale McFarland und allen anderen von der Frith Street Gallery in London.

Charlotte Brown von News International, London, half mir, mich in den Fotoarchiven der *Sunday Times* zurechtzufinden. Sie befinden sich in einer unterirdischen Kaverne, die sich den gemütlichen Charme Britanniens in den Tagen des Zweiten Weltkriegs bewahrt hat. Es ist genau der Ort, wo es einen echten, altmodischen Archivar mit einem sechsten Sinn für das braucht, was zwar entscheidend wichtig, aber leider gerade nicht an seinem Platz ist. Und so eine Archivarin ist Charlotte.

Mein Dank gilt außerdem Derek Kelsall für seine Bemerkungen über Mehrrumpfboote und Nigel Tetley. Don Love von Production International verhalf mir, ebenso wie Rory Healy von der BBC, zu einem Video.

Matt Murphy von der Zeitschrift *Wooden Boat* machte mir die unglaubliche Bibliothek seiner Zeitschrift zugänglich, aus der ich für mein Buch eine Perle entnommen habe. Jon Wilson, Matt Murphy und alle anderen bei *Wooden Boat* haben mein Leben und das Zehntausender anderer bereichert. Steve und Laurie White aus

Brooklin, Maine, haben mir meinen Aufenthalt dort angenehmer gemacht. Und Joel White hat mich weitgehend beeinflusst, so, wie er es immer machen wird.

Ich danke auch Cynthia Hartshorn auf Cape Cod; Chris und Petey Noyes in Maine, Penny und Robert Germaux, Frank Field und Harriet Guggenheim in Spanien, Irina Zamorina in New York, Greg und Sara Johnson sowie Doug Grant und Kathryn Van Dyke in Mill Valley, Howard Sharp im wildesten Canterbury und wie immer Annie Nichols.

An Betsy Beers geht mein Dank für ihren Humor und ihre Klugheit, an Carole Fungaroli dafür, dass sie mich in die Geheimnisse der Georgetown University eingeweiht hat und dort mein bester Rückhalt war.

Marion und Jeric Strathallan haben mir zwei Mal in London ein Zuhause gegeben und meine Recherchen dort sehr erleichtert. Mary Elliot danke ich für ihr Zimmer, und meiner Mutter, Barbara Nichols, für den genau passenden Platz im feuchten, regnerischen Spanien, wo ich inzwischen große Teile von drei Büchern geschrieben habe. Liz und Tony Sharp habe ich zu danken für zwei schöpferische Aufenthalte auf Mallorca, Joan deGarmo für eine Zuflucht zwischen zwei Inkarnationen, David Nichols für sein Vertrauen und seine Ermutigung. Und Matt und Sheila deGarmo waren mir duldsame und großzügige Gastgeber, denen ich dies mit allzu viel Kommen und Gehen vergolten habe.

Matt hat mir im Laufe der Jahre, seit ich schiffbrüchig an Land getaumelt kam, so viel möglich gemacht, dass er dafür mehr verdient als nur eine Erwähnung ganz hinten in meinem Buch.

Sara Nelson ist mir bei der Arbeit an diesem Buch eine gute Freundin geworden. Danke für die Karten.

Quellen

The London *Sunday Times*
The Daily Mirror
The Sunday Mirror
The Kent Messenger

Anderson, J. R. L.: *The Ulysses Factor: The Exploring Instinct in Man.* London: Hodder and Stoughton 1970.

Blyth, Chay und Maureen: *Innocent Aboard.* Lymington: Nautical Publ. Co. 1970.

Borden, Charles A.: *Sea Quest.* (*Weltmeer unter dem Kiel*, Übers. Jürgen Dahmer, Bielefeld: Delius Klasing 1968.)

Chichester, Francis: *Gipsy Moth Circles the World.* London: Hodder and Stoughton 1967. (*Held der Sieben Meere*, Übers. Fritz Bolle und Alfred P. Zeller, München: Droemer Knaur 1967.)

Coles, Adlard, und Peter Bruce (Bearb.): *Heavy Weather Sailing.* 4. Aufl. (*Schwerwettersegeln*, Übers. Aloys von Hammel und Jürgen Hauert, 9., bearb. u. erw. Aufl., Bielefeld: Delius Klasing 1994.)

Dean, Tacita: *Teignmouth Electron.* London: Book Works 1999.

Henderson, Richard: *Singlehanded Sailing.* 2. Aufl. Camden, Maine: International Marine Corp. 1976. (*Einhandsegeln: Techniken und Erfahrungen*, Übers. Wolfram Claviez, Bielefeld: Delius Klasing 1977.)

Hiscock, Eric C.: *Voyaging Under Sail.* London: Oxford University Press 1959. (*Segeln über sieben Meere*, Übers. Wolfgang Rittmeister, 5. Aufl., Bielefeld: Delius Klasing 1976.)

Hydrographic Office of the British Navy: *Ocean Passages for the World.*

King, William Donald Aelian (»Bill«): *Capsize.* Lymington: Nautical Publishing, London: Harrap 1969.

Knox-Johnston, Robin: *A World of My Own.* (*Allein mit dem Meer: Das Abenteuer der ersten Nonstop-Weltumseglung*, Übers. George A. von Ihering, Bern und Stuttgart: Hallwag 1970.)

Moitessier, Bernard: *La longue route.* Paris: Arthaud 1971. (*Der verschenkte Sieg*, Übers. Wolfgang Rittmeister, Bielefeld: Delius Klasing 1973.)

ders.: *Tamata et l'alliance.* Paris: Le grand livre du mois 1993.

ders.: *Cap Horn à la voile.* Grenoble: Arthaud 1967. (*Kap Hoorn – der logische Weg*, Übers. Hans-Rudolf Rösing, Bielefeld: Delius Klasing 1969.)

Raban, Jonathan: *The Oxford Book of the Sea.* Oxford: Oxford University Press 1992.

Ridgway, John: *Journey to Ardmore.* London: Hodder and Stoughton 1971.

Tetley, Nigel: *Trimaran Solo: The Story of Victress' Circumnavigation and Last Voyage.* Lymington: Nautical Publ. Co. 1970.
Tomalin, Nicholas, und Ron Hall: *The Strange Voyage of Donald Crowhurst.* (*Die sonderbare Reise des Donald Crowhurst,* Übers. Barbara Schaden, München: Piper 1994.)

Abdruckgenehmigungen